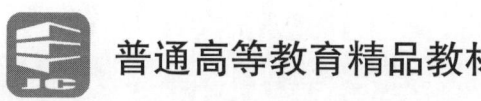
普通高等教育精品教材

学校心理健康教育

主　编◎林荣茂
副主编◎相晓庆　詹　鋆　谢涵颖

中国轻工业出版社

图书在版编目（CIP）数据

学校心理健康教育 / 林荣茂主编. -- 北京：中国轻工业出版社，2025.9. --（普通高等教育精品教材）. ISBN 978-7-5184-5503-4

Ⅰ. G444

中国国家版本馆CIP数据核字第2025A715M0号

责任编辑：李金慧
策划编辑：张文佳　李金慧　　　责任终审：劳国强　　　封面设计：锋尚设计
版式设计：砚祥志远　　　　　　责任校对：刘小透　晋　洁　　责任监印：张　可

出版发行：中国轻工业出版社（北京鲁谷东街5号，邮编：100040）
印　　刷：三河市万龙印装有限公司
经　　销：各地新华书店
版　　次：2025年9月第1版第1次印刷
开　　本：787×1092　1/16　印张：18.5
字　　数：440千字
书　　号：ISBN 978-7-5184-5503-4　定价：68.00元
邮购电话：010-85119873
发行电话：010-85119832　010-85119912
网　　址：http://www.chlip.com.cn
Email：club@chlip.com.cn
版权所有　侵权必究
如发现图书残缺请与我社邮购联系调换
240416J1X101ZBW

前言

"学校心理健康教育"既是心理学（师范类）专业基础课程，也是教师教育类专业必修课程。本课程通过阐述学校心理健康教育的基本理论与原理、组织与管理、课题研究，学习学生常见心理问题的识别与评估、个体心理咨询和团体心理辅导等技术，培养学生科学、有效开展心理健康教育的能力和素养，涵养学校心理健康教育事业的教育情怀，以及坚定从事学校心理健康教育工作的职业志向。通过课程学习，有助于加强学生的师德师风意识，引导学生树立学为人师、行为世范的职业理想，规范学生未来从教的职业操守，培养学生传道情怀、授业底蕴和解惑能力。

本教材编写遵循以下基本思路与理念。

1. 以服务国家战略人才需求为导向，突出思政育人。2023年4月，教育部、国家卫生健康委员会等17个部门联合印发《全面加强和改进新时代学生心理健康工作专项行动计划（2023—2025年）》，标志着加强学生心理健康工作上升为国家战略。加强学生心理健康工作离不开一流的心理健康师资队伍。学校心理健康教育作为中小学心理健康教师培养的基础性、专业性课程，在人才培养中发挥着举足轻重的作用。教材编写以"学生心理健康"这一国家战略为导向，突出"为谁培养人，培养什么样的人"这一教育的根本问题，以习近平新时代中国特色社会主义思想为指导，在教材编写过程中注重对学生的"师爱""师魂"等教育家品质的培养，力争培养出师德高尚、能力一流、具有创新思维的卓越中小学心理健康教师。

2. 以卓越心理健康教师为培养目标，注重课程素养。教材编写以培养造就一批教育情怀深厚、专业基础扎实、勇于创新教学、善于综合育人和具有终身学习发展的高素质专业化创新型中小学心理健康教师为目标，依据学校心理健康教育的学科逻辑，构建"自主学习、知识基础、心育行动、心育情怀"4个一级核心素养指标，以及13个二级指标、31个三级指标，创新并全面落实学校心理健康教育课程素养。

3. 融合数字化与多媒体技术，创新编写形式。充分利用大数据、多媒体技术，将传统教材与数字教材充分结合，以电子资料或书籍方式，拓展学生的阅读时间与空间，打破传统教材的束缚。

本教材具有以下主要特色与创新点。

1. 以最新进展重塑知识，实现课程体系创新。首先，充分吸收国外学校心理学研究的最新进展，尤其是美国学校心理学家协会的综合学校心理服务模型，以系统观、综合化视角建构学校心理健康教育的学科体系。其次，也是更重要的，充分反映具有中国特色的

学校心理健康教育最新进展，力图建构新时代中国心理健康教育学科体系。一是充分反映近年来国家政策精神，体现学科知识体系的国家意志。例如，依据《全面加强和改进新时代学生心理健康工作专项行动计划（2023—2025年）》文件精神，以"健康教育、监测预警、咨询服务、干预处置"四位一体的工作体系为实践框架，构建学校心理健康教育的基本路径和方法；充分反映基础教育的家校社协同共育机制，增设"学校心理健康教育的校家社协同"章节；充分反映民政部等部委对困境儿童心理健康关爱政策，增设"困境儿童的心理健康教育"章节，等等。二是充分吸收近年来基于我国国情开展的学校心理健康教育理论研究和特色实践成果。例如，在学校心理健康教育的概念阐述时，充分考虑"心理教育学"和"学校心理学"等国内新提概念或重新界定的概念。三是将教材负责人及团队近年立足海峡两岸，辐射全国开展的"德育心理化、心育德育一体化"的学校心理健康教育理论体系和实践模式作为学习资料或案例，与学生共同分享与学习。

2. 统合结构化与多样性，实现知识呈现创新。教材采用传统章节方式，每个章节均采用固定的结构，包括学习目标、课前导学、课前思考、思维导图、本章小结（含基本概念和要点回顾）、练习题和拓展阅读。结构化有助于形成完整、统一的知识体系，便于教师备课与学生学习。同时，在每个章节中，通过设置"知识广场""心理剧院"等方式，丰富知识呈现的多样性，为学生学习增加更多的便捷性与学习兴趣。

3. 注重启发式和案例教学，实现教学方式创新。首先，每个章节前均设置了课前导学和课前思考，启发学生自学与思考。其次，在学生心理问题测评与管理、个体心理咨询、团体心理辅导、心理危机干预等重要章节，均独立编写了相关案例，便于教师开展案例教学。

4. 注重以行动促进学习，实现学习方式创新。学校心理健康教育是一门既重视理论，更注重应用的综合性课程。我们在教材编写中尤其强调学生实践和应用能力的培养，提倡学生在学习过程中开展课题研究和项目实践，以行动研究来促进学习。

教材编写具体分工如下：第一、二、三、八章由林荣茂、谢涵颖编写，第四、十章由相晓庆编写，第五、九章由詹鋆编写，第六章以及第七章第五节由许艳凤编写，第七章第一至四节由何元庆编写。林荣茂负责本书的整体框架设计。感谢何元庆和许艳凤老师对本教材的大力支持。本教材入选福建省"十四五"高等学校本科规划教材，获得福建师范大学教材出版资金的资助。我们也将本次教材编写作为未来卓越心理健康教师培养的重要载体，团队中研究生参与资料收集、整理等大量工作，他们在过程中付出了辛勤的劳动，提供了很多新的思路和想法。在此，对他们的工作与付出表示感谢。本教材在编写过程中参考和借鉴了国内外专家、学者的研究成果，在此也表示衷心感谢！由于编者水平有限，书中难免出现疏漏，恳请广大读者批评指正。

本书既可以作为心理学专业本科教材使用，也可作为研究生心理健康教育方向的考试用书，还可以用于专（兼）职心理健康教师的继续教育与培训。

编　者

目 录

第一章　学校心理健康教育概述 … 1
- 第一节　心理健康及其影响因素 … 3
- 第二节　学校心理健康教育的地位与作用 … 13
- 第三节　学校心理健康教育的内容与途径 … 24
- 第四节　学校心理健康教育工作的要求与伦理 … 29

第二章　学校心理健康教育的组织与管理框架 … 39
- 第一节　学校心理健康教育的模式与架构 … 41
- 第二节　学校心理健康教育的软硬件建设 … 48
- 第三节　学校心理健康教育工作的评估 … 61

第三章　学校心理健康教育课程与教学 … 71
- 第一节　学校心理健康教育课程概述 … 73
- 第二节　学校心理健康教育课程设计 … 77
- 第三节　学校心理健康教育教学实施 … 84
- 第四节　心理健康教育校本课程开发与建设 … 90

第四章　学校心理健康测评与管理 … 97
- 第一节　心理健康测评概述 … 99
- 第二节　学生心理发展的常态性测评 … 104
- 第三节　学生心理问题的病理性测评 … 109
- 第四节　心理健康教育的生态性测评 … 114
- 第五节　学生心理档案建设与管理 … 118

第五章　学校个体心理咨询 … 127
- 第一节　学校个体心理咨询概述 … 129
- 第二节　学校个体心理咨询的会谈技术 … 135
- 第三节　认知行为取向的学校个体心理咨询 … 140
- 第四节　积极取向的学校个体心理咨询 … 145

第五节　个体心理咨询案例分析 ·· 150

第六章　学校团体心理辅导 ·· 159
第一节　团体心理辅导概述 ·· 161
第二节　学校团体心理辅导的常用技术 ·· 164
第三节　团体心理辅导活动设计与实施 ·· 171
第四节　团体心理辅导的案例 ·· 176

第七章　学校心理危机干预 ·· 188
第一节　学校心理危机概述 ·· 190
第二节　学生常见心理危机的评估 ·· 195
第三节　学校心理危机干预的技术 ·· 201
第四节　学校心理危机预警与干预体系 ·· 208
第五节　学校心理危机干预虚拟仿真实训 ····································· 216

第八章　心理健康教育的校家社协同 ·· 224
第一节　学校心理健康教育的全面推进 ·· 226
第二节　学校心理健康教育的家庭支持 ·· 231
第三节　学校心理健康教育的社区支持 ·· 240

第九章　困境儿童的心理健康教育 ··· 250
第一节　困境儿童及常见心理问题 ·· 252
第二节　留守儿童的心理健康教育 ·· 255
第三节　流动儿童的心理健康教育 ·· 261

第十章　教师的心理健康与专业成长 ·· 269
第一节　教师的心理健康与维护 ··· 271
第二节　心理健康教师的专业素养与发展 ····································· 276

参考文献 ··· 289

第一章 学校心理健康教育概述

学习目标

1. 理解心理健康的内涵，掌握学校心理健康教育的基本原则和主要内容。
2. 通过案例分析和实践活动，培养解决中小学生心理问题的能力。
3. 树立正确的心理健康观念，增强对学校心理健康教育重要性的认识。
4. 发展批判性思维和同理心，促进个人和社会责任感的培养。

课前导学

学生心理健康问题已成为全球性、时代性和社会性难题。据世界卫生组织（World Health Organization，WHO）发布的《世界精神卫生报告（2022）》显示，全球10~19岁的人群中有七分之一患有精神障碍。如果不及时解决青少年群体的心理健康问题，其负面影响很可能会延续到成年期，对个人和社会造成长远的不良影响。在我国，青少年的心理健康状况同样值得关注。《中国国民心理健康发展报告（2023—2024）》显示，抑郁水平在18~24岁青年群体中达到峰值，随年龄增长呈显著下降趋势，同时，对2010—2020年国内学生心理健康问题检出率的元分析，结果表明我国大中小学生抑郁、焦虑、睡眠问题和自我伤害检出率偏高，其整体心理健康状况堪忧，需要引起全社会的高度警觉。

学生心理健康工作得到党和国家的高度重视。2023年4月，教育部等17个部门印发《全面加强和改进新时代学生心理健康工作专项行动计划（2023—2025年）》（以下简称《行动计划》）的通知。《行动计划》指出："促进学生身心健康、全面发展，是党中央关心、人民群众关切、社会关注的重大课题。"计划的工作目标是"健康教育、监测预警、咨询服务、干预处置"四位一体"的学生心理健康工作体系更加健全，学校、家庭、社会和相关部门协同联动的学生心理健康工作格局更加完善。2025年，配备专（兼）职心理健康教育教师的学校比例达到95%，开展心理健康教育的家庭教育指导服务站点比例达到60%"。《行动计划》的主要任务包括：①五育并举促进心理健康；②加强心理健康教育；③规范心理健康监测；④完善心理预警干预；⑤建强心理人才队伍；⑥支持心理健康科研；⑦优化社会心理服务；⑧营造健康成长环境。

课前思考

1. 什么是学校心理健康教育？
2. 为什么要开展学校心理健康教育？
3. 学校心理健康教育的内容和途径有哪些？

思维导图

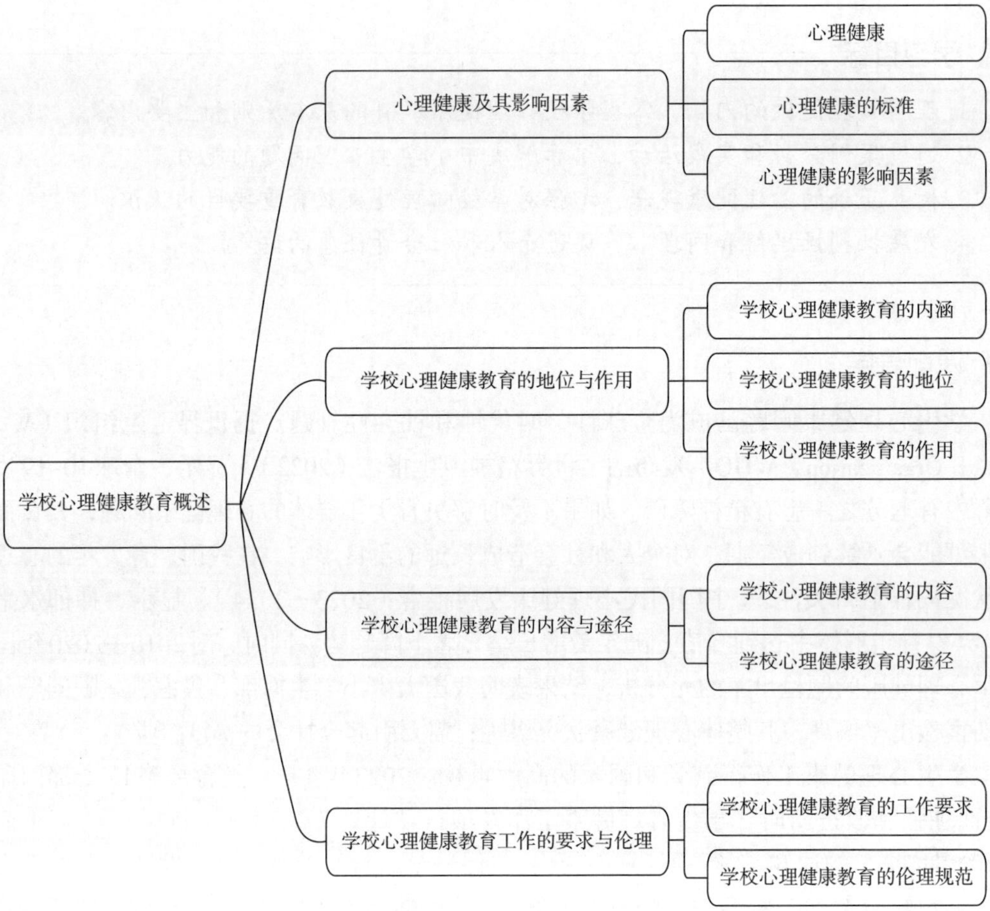

- 学校心理健康教育概述
  - 心理健康及其影响因素
    - 心理健康
    - 心理健康的标准
    - 心理健康的影响因素
  - 学校心理健康教育的地位与作用
    - 学校心理健康教育的内涵
    - 学校心理健康教育的地位
    - 学校心理健康教育的作用
  - 学校心理健康教育的内容与途径
    - 学校心理健康教育的内容
    - 学校心理健康教育的途径
  - 学校心理健康教育工作的要求与伦理
    - 学校心理健康教育的工作要求
    - 学校心理健康教育的伦理规范

学校心理健康教育是现代学校教育和素质教育的重要组成部分。本章为绪论部分，重点为大家讲解心理健康与学校心理健康教育的基本概念，概观学校心理健康教育的基本内容和途径，了解学校心理健康教育工作的基本要求与伦理规范，为系统学习这门课程以及未来开展学校心理健康教育工作奠定基础。

第一节　心理健康及其影响因素

学生心理健康是学校心理健康教育的工作对象，学习学校心理健康教育，首先要了解心理健康及其影响因素。

一、心理健康

随着物质文明的高度发展，人们对精神文明的追求越来越高，心理健康也越来越受到人们的重视。

（一）心理健康的内涵

要理解心理健康的内涵，首先需要了解健康的概念。

健康的内涵伴随着人们对健康的深入了解而不断丰富。早期，健康是与疾病相对的概念，故"没有疾病即为健康"的理念盛行，生理上无病、无残、无伤即为健康。由于世界经济、科学技术的快速发展和生活水平的提升，人们对健康有了更高的需求。1946年，WHO首次把心理健康纳入健康的定义之中，提出"健康不仅是无疾病或不虚弱，还是一种生理、心理和社会适应均趋于完好的状态"，这种新的健康观念使心理健康迅速引起关注和重视。

作为健康的子概念和必要组成部分，心理健康的内涵也历经不断变化。由于受到"健康就是没有疾病"的传统观念影响，早期学者们认为"心理健康就是心理疾病的消除"，即没有心理疾病症状就等于心理健康。这种取向被称为消极心理健康或病理学阶段。在此阶段，心理健康被视为一个单维的结构，即心理疾病的有或无，主要是以精神障碍诊断手册作为心理健康的诊断标准。后来，研究者对心理健康中精神病理学的过度关注产生了质疑。随着积极心理学的兴起，人们对于心理健康的认识进入积极心理健康阶段，也称有益健康取向阶段。第三届世界卫生大会认为，"所谓心理健康，是指在身体、智能及情感上与他人的心理健康不相矛盾的范围内，将个人心境发展成最佳状态"；我国著名心理学家王极盛认为，心理健康的个体能够积极适应自身、自然与社会环境，充分发挥身心潜力。如今，人们对心理健康的理念已进入完全心理健康阶段，也称完全状态取向阶段，该阶段认为心理健康是无心理疾病和积极情绪的结合，其中最具代表性的观点是心理健康的双因素模型（dual-factor model，DFM）。该模型认为，心理健康既包含积极指标（如主观幸福感等），也包含消极指标（如内化问题、外化问题等），积极指标得分高、消极指标得分低的人才是完全的心理健康者。

在我国，心理健康早已成为党中央关心、人民群体关切的热点话题。2016年，国家卫生和计划生育委员会（现为国家卫生健康委员会，以下简称"卫健委"）等22部委联合发布的《关于加强心理健康服务的指导意见》指出，"心理健康是人在成长和发展过程中，认知合理、情绪稳定、行为适当、人际和谐、适应变化的一种完好状态。"具体而言，心理健康的个体应具备以下能力：正确的自我认知和对外界环境客观理解、有效管理和调节情绪、遵循社会和环境规范、积极的人际关系、灵活应对不确定性和挑战的能力。

（二）心理健康水平

心理健康作为一种健康、和谐的心理状态，意味着它并不会保持永恒稳定，而是发展、变化的。依据心理健康的双因素模型，个体的心理健康状态可以分为4种类型，即完全心理健康者、易感者、有症状但满足者和疾患者（图1-1）。

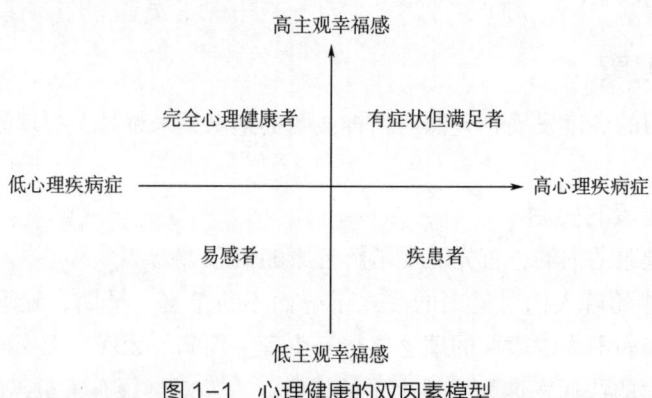

图1-1 心理健康的双因素模型

第一类是完全心理健康者。这类人群的特点是没有心理疾病症状且具有高水平的主观幸福感。完全心理健康者的心理健康状态最佳，表现出良好的情绪调节能力和社会适应能力。例如，在面对生活中的压力或挫折时，能迅速调整心态，积极应对。这种状态不仅能让此类人群在生活和工作中保持满意度，也能够促进良好的人际关系。在教育过程中，教师应发挥这类学生的榜样作用，通过正面激励和情境模拟，增强学生的心理韧性。

第二类是易感者。易感者的心理疾病症状虽未达到精神病学的诊断标准，但主观幸福感较低。此类人群心理状态较为脆弱，容易受到环境因素的影响。例如，在学业压力增加时，会表现出较大的情绪波动。教师应关注这类学生的心理需求和变化，提供及时的心理支持和心理教育，从而推动这类人群转变为完全心理健康者。

第三类是有症状但满足者。他们通常表现出较高的心理疾病症状和高主观幸福感，即在经历心理疾病的同时，也具有较高的积极力量和资源用来摆脱或控制疾病，并进行自我修复等。例如，一些患有抑郁的人会通过增强自身的积极认知和行动，发挥自身能量改善状态。教师在与这类学生相处时，应引导其开发自身的资源和潜能，逐步改善其心理健康状况，促进其向完全心理健康转化。

第四类是疾患者。这类人群具有较高的心理疾病症状和较低的主观幸福感，其心理和社会功能受损，常表现出焦虑、抑郁和生活满意度低等特征，需要专业的心理干预与治疗。心理健康教师在识别出此类学生后，需要给予更多的关注与支持，通过专业的心理干预和辅导，改善其心理健康状况。同时，通过普及心理健康知识，减少社会对心理疾病患者的偏见与歧视，为疾患者营造一个更加包容与理解的环境。

心理健康双因素模型对心理健康水平的划分，突破了以往传统心理健康模型中多将精神病理学指标作为心理健康的衡量水平单一化的不足，以更包容的视角，结合了心理健康积极状态和心理不健康消极状态。但是，将主观幸福感和精神病理学分别作为积极和消极指标的模型仅是具有代表性的双因素模型之一。随着研究的深入，心理健康双因素模型的指标逐渐多样化。例如，有学者选用抑郁、焦虑、攻击行为等作为消极指标，并以生活满意度、幸福感、积极情感等作为积极指标。

二、心理健康的标准

心理健康标准是心理健康概念的具体化和操作化。开展学校心理健康教育，首先要学会理解心理健康的一般标准，其次要关注学生心理健康的具体标准。

（一）心理健康的一般标准

心理健康的一般标准是指既符合大多数的心理健康水平，也符合社会现实状况，为大众所适用的判断依据。关于心理健康与否，主要以统计学标准、社会学标准和医学标准为依据。

1. 统计学标准

统计学标准以统计学上的正态分布为基础，根据个人的心理健康状态是否偏离某一同类人群的平均值来区分心理健康与否。若一个人的心理健康得分越接近同类人群的平均状态，就被认为是健康的。反之，心理健康得分位于正态分布的两极端者，则其心理状态被认为是非健康的。以统计学标准来判定心理健康状态需要利用统计方法确定心理健康常模，与常模相近为正常，偏离常模越远则表示心理非健康越严重。例如，常用的90项症状清单（SCL-90），按中国常模结果，总分超过160分，或阳性项目超过43项，或任一因子分超过2分，意味着个体的心理状态可能是非健康的，需进一步检查。统计学标准的优点在于使心理健康状态的衡量更加客观、具体，便于人群比较和分类，简单易操作，反映了心理健康标准的相对性。但是，并非所有的心理健康现象都是正态分布的，也不是所有对平均值的偏离都意味着心理健康有问题。

2. 社会学标准

社会学标准以社会中某些被大多数人所接受的行为标准为前提，认为行为符合公认的社会行为规范则为健康状态；反之，明显偏离社会行为规范则被视为异常状态。例如，在图书馆中，一个人突然唱歌，这种行为与社会行为标准相反，可能会被视为心理状态异常者。虽然此类标准能快捷识别心理异常者，但由于社会规范本身存在地域性、时代性等局限，因而衡量一个人的行为是否符合社会标准也会有所不同，并且随着社会进步而发生变化。

3. 医学标准

医学标准以精神医学研究为基础，以病因与症状存在与否为标准，其具体表现出具有临床症状或病因者被视为是心理异常者，而没有心理疾病症状被认为是心理健康者。在临床诊断中，常使用的诊断标准有：精神障碍诊断与统计手册（DSM-5）、国际疾病分类（ICD-11）、中国精神障碍分类与诊断标准（CCMD-3）。在使用这类标准时，往往是通过面谈、心理测验、观察等评估技术判断个体是否满足某种心理疾病的诊断标准。医学标准客观且标准化，但这一标准的使用范围有所限制，更适用于医院的临床诊断。从学校心理健康教育来看，学校服务的对象主要是学生，有严重心理疾病者为少数。

另外，心理健康的标准划分也是相对的。在不同的时代或文化中会产生不同的标准，对于不同的群体，也可能有相应的标准作为更准确的评判依据。对于学生而言，其心理健康标准还应结合学生的发展特点，呈现一定的特殊性。

（二）学生心理健康的标准

学生正处于生理发育迅速但心理发展速度相对缓慢，心理水平从幼稚向成熟发展的过渡时期。基于心理健康的一般标准，学者们结合学生身心发展不平衡等特点，提出了更贴合学生实际情况的心理健康的具体标准。这里以中学生为例，从其他学者的角度，介绍中学生的心理健康标准。

林崇德（2013）从学习、人际关系、自我3个方面提出了中学生的心理健康标准。

（1）学习方面。学习是中小学生的主要活动。在学习方面的心理健康主要体现为，学生能表现出自己是学习活动的主体，从学习中获得满足感和增进体脑发展，并保持与现实环境的接触，排除不必要的恐惧，逐渐形成良好的学习习惯。

（2）人际关系方面。中小学生的人际关系主要涉及亲子关系、师生关系和同伴关系等方面，具备一定的人际关系能力体现了其心理健康水平。具体表现为，能了解彼此的权利和义务，客观地了解他人，关心他人的需要，真诚赞美和善意批评，积极沟通并保持自身人格的完整性。

（3）自我方面。正确认识自我、体验自我和控制自我是衡量心理健康的重要方面。中学生要善于正确评价自己，通过他人认识自己，及时正确归因，扩展自己的生活经验，根据自身实际情况确立抱负水平，有自制力。

此外，姚本先和伍新春（2008）则认为学生心理健康标准主要包含以下9个方面：①智力正常；②情绪适中；③意志健全；④人格统一完整；⑤自我意识正确；⑥人际关系和谐；⑦生活平衡积极；⑧社会适应良好；⑨心理特点符合年龄特征。

一般来说，学生心理健康的标准主要从学习、人际关系、自我认知及情绪调节等方面进行考察，切合学生心理发展的阶段性特征。当然，心理健康标准具有相对性，心理异常状态的出现并不等同于心理不健康，而是心理发展过程中可能出现的正常现象，学生的心理健康状态会随个体成长而变化，因此，教师需以发展眼光看待学生的心理健康状态。

总之，心理健康的标准具有动态性、多维性和相对性，教师要以客观、理性的态度对待学生的心理状态，创建包容和支持的教育环境，为学生的心理健康发展服务。

【知识广场】

人格发展理论

埃里克森的心理社会发展阶段理论强调了个体从婴儿期到老年期各发展阶段所面临的社会心理危机及其解决过程，认为这些危机的积极解决是人格健康发展的关键。该理论将人的一生划分为8个阶段，每个阶段都有其特定的心理危机。这些危机的解决，有助于个体形成积极的心理特质，而未能解决则可能导致发展障碍，进而影响个体的心理健康。

青少年期（12~18岁）是尤为关键的阶段，此阶段的核心任务是形成自我同一性。青少年在这一时期不断探索自我概念、价值观、职业倾向等，力求建立稳定的自我认同。若顺利解决同一性危机，将形成积极的自我认知和正确的价值观，有助于维持其积极的心理健康状况；反之，则可能陷入角色混乱，阻碍心理健康发展。

教师在判断学生心理健康状况时，既要尊重发展阶段特点，理解其可能出现的情绪波动和行为变化，也要促进解决特定阶段的心理危机，为其心理健康发展保驾护航。

三、心理健康的影响因素

没有人是一座孤岛，个体的心理健康水平不仅由自身因素决定，也与环境因素息息相关。正如尤里·布朗芬布伦纳（Urie Bronfenbrenner）的生态系统理论指出，个体的心理健康状态并非孤立存在，而是在与环境系统的不断互动中逐渐形成和发展的，这些环境系统包括个体因素、微观系统、中间系统、外部系统和宏观系统，个体因素位于整个系统的核心位置（图1-2）。

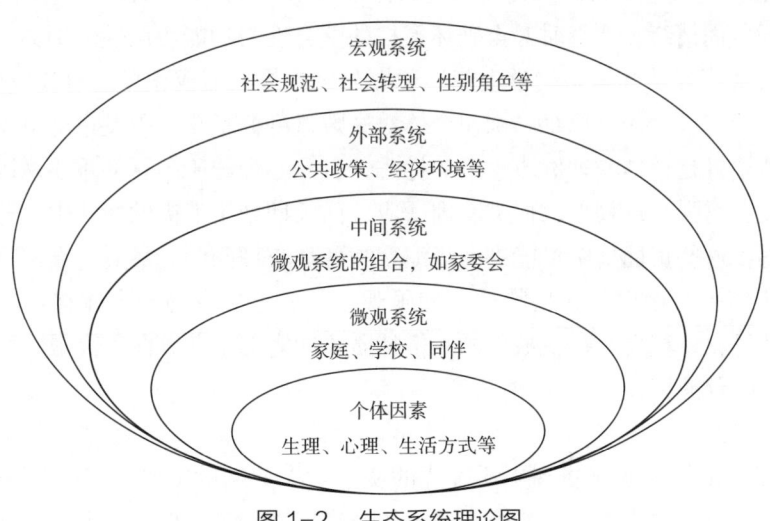

图1-2　生态系统理论图

在整个系统中，个体与各环境系统间的关系是双向且相互依存的。一方面，各环境系统（如微观系统中的家庭、学校）能直接改变个体的心理状态。各环境系统中的积极因素发挥着保护作用,能够促进个体形成积极的自我认知、增强情绪调节能力和社会适应能力,从而维护并提升其心理健康水平。反之,不良的环境因素则可能诱发或加剧心理问题。另一方面,个体并非被动受环境的影响,其心理特征和行为方式能主动适应和改变环境。在心理健康教育中,既要关注个体内在的心理特征,也要重视环境系统间的作用,促进良好的环境氛围与个体发展间和谐共生。

(一)个体因素

个体因素是指个体自身的生理、心理、生活方式等因素,对心理健康起决定作用。

1. 生理因素

生理是心理的基础。尤其在青春期阶段,生理因素在个体的心理状态中扮演着至关重要的角色。首先,青春期是激素水平发生显著变化的时期,性激素(如雌激素、雄激素)以及其他相关激素(如皮质醇)的波动,导致情绪反应的增强与不稳定。例如,作为一种应激激素的皮质醇,在应对压力时分泌增加,使心率加快、血压升高,长期处于这种状态会引发焦虑、抑郁等心理问题。其次,相对于同龄人,青春期发育的早晚与青少年的心理健康存在关系。无论是男生还是女生,相对早熟和晚熟都是心理健康的风险因素。例如,相对早熟的个体因生理过早的变化而陷入心理压力与困扰。此外,慢性疾病或生理障碍等对青少年的心理健康构成长期挑战,制约个体的自我认知、社会交往及学业表现等,削弱其心理韧性与社会适应能力。

2. 心理因素

个体心理是制约心理健康状态的内在核心因素,主要包括认知、情绪、人格特征等方面。首先,认知作为个体与环境互动的基础,涉及信息获取、处理、解释及评价等复杂心理活动。认知功能直接关系到个体思维模式的合理性、信念系统的稳定性及价值判断,当认知出现偏差或失调时(如认知歪曲、逻辑谬误等),易引发认知冲突与矛盾,进而诱发紧张、痛苦等负面情绪,严重时甚至破坏人格的整合性与功能协调性。例如,当面对学业压力时,具备适应性认知策略的学生能够理性分析挑战,形成积极的自我效能感;相反,认知偏差如"全有或全无"思维,则使个体对失败过度概括化,引发过度自卑与无望等情绪。其次,情绪既是评估心理健康水平的标志,也是心理健康问题的重要诱因。积极健康的情绪体验能够增强心理韧性,促进心理适应;而长期处于消极的情绪中,通常会体验到压抑和无力感,这些负面情绪可能进一步演变为各类心理问题。最后,人格特质是个体心理活动的稳定特征,健康的人格特质(如乐观、坚毅等)有助于个体有效应对压力与挑战,保持心理健康;相反,存在缺陷的人格特质(如完美主义倾向、高敏感性等)则可能增加出现心理问题的风险。

3. 生活方式因素

个体心理健康状态明显受到生活方式的调节。无节制的上网、吸烟行为、不均衡饮食、酒精及药物滥用、应激管理能力不足、体育锻炼缺乏等不良生活方式会增加一系列心理健康问题(如人际关系紧张、学习压力增大、适应障碍、心态失衡等)的风险。而积极参与体育运动、充足睡眠时间、良好的饮食习惯等可以维持和提升个体的心理健康水平。这些生活方式不仅会直接作用于身体机能的运作,还会通过间接影响情绪、认知、社会功能等，对个体心理健康产生影响。

除了上述生理、心理及生活方式，还有其他诸多的个体因素会改变心理健康状况。例如遗传特质、个体的创伤经历、心理素养等，也能调节其心理健康状态。全面理解与关注这些因素，对于科学有效地开展学校心理健康教育至关重要。

（二）微观系统

微观系统是指能够直接对个体心理和行为产生作用的各种环境因素，是个体活动和交往的直接环境，主要包括家庭、学校、同伴。

1. 家庭

家庭，作为个体成长与发展的首要微观系统，其成员（尤其是父母）在个体的心理健康中扮演着关键角色。家庭结构、教养方式以及家庭环境均对个体的心理健康产生深刻影响。

首先，家庭结构的稳定性是影响个体心理健康的重要因素之一。单亲家庭或离异家庭通常伴随亲密关系的缺失以及家庭环境的不稳定，易导致个体产生内向、敏感、低自尊等个性特征，使这类青少年总体上有更高的心理健康风险。研究发现，在孤独方面，得分较高的是来自单亲/离异家庭中的青少年，均显著高于一般家庭中的青少年。

其次，不同类型的父母养育风格对青少年心理健康状况的影响存在差异。一般而言，温暖的养育风格有助于个体形成积极的人格特质和良好的心理适应能力。相反，消极的养育风格可能会使个体表现出自卑、逆反、盲从、冷漠等。例如，在抑郁检出率上，不同父母养育风格的差异是显著的。在严父严母的养育风格中，青少年抑郁得分显著高于父母是其他类型的养育风格；而父母同属于慈爱、关爱的养育风格的青少年有更低的抑郁水平；当父母其中一方严厉，另一方慈爱时则会增加青少年的抑郁风险。

最后，家庭的客观环境与主观环境均对个体的心理健康状况产生着不可忽视的影响。就家庭的客观环境而言，如家庭经济状况与居住环境，在一定程度上塑造了个体的性格、行为模式。家庭经济状况不佳的青少年，因资源匮乏而面临更多的心理压力与自卑感，面临更多的心理风险。例如，在抑郁水平上，家庭经济状况越好，青少年的抑郁得分越低。同时，青少年所体验到的亲子互动质量、家庭氛围等主观家庭环境因素，与其心理健康状态具有直接且显著的相关。良好、健康的亲子关系和家庭氛围，即支持、温暖和安全感的环境，有助于青少年建立安全的依恋关系，促进情绪调节，培养社交能力等。不良、消极的亲子关系和家庭氛围，即情感忽视、压抑或常常受到批评的环境，有损青少年的自尊、自信以及产生绝望、内疚和羞愧等负性情绪，不利于形成良好的人际关系和积极自我认知，从而导致各种内化或外化的心理行为问题。另外，父母期待对青少年心理健康也具有明显的影响。已有研究表明，过高的父母期待会给青少年带来压力，影响其心理健康，严重者可能产生焦虑、抑郁等心理问题。

2. 学校

学校是学生学习、生活的主要场所。学校的常规管理、校风班风学风、教师等形成一个复杂的、综合的环境，这一环境在促进学生心理健康的发展中占据着举足轻重的地位。

首先，学校的常规管理、教学质量、校风学风以及师生、生生间的人际关系等对学生的心理健康状态起调节作用。单调或紧张的学习氛围、人际关系的不协调会加剧学生的心

理负担。良好的学校文化、积极的师生关系等会增强学生的认同感，从而提升学生的学习动机、心理健康水平。另外，学校的教育评价方式对学生心理健康也具有明显的影响。传统的教育评价方式常以结果评价为导向，评价指标过于单一，唯分数论，既不利于学生的身心健康，也不利于学生的全面发展。

其次，教师在学校环境中扮演着不容忽视的角色。教师的个性特征、管理方式、期望水平及专业能力均与学生的心理健康紧密相连。具体而言，教师的积极期望、合理的管理方式有助于激发学生的学习动力和营造温暖和谐的班级氛围，促进学生间的合作与交流；而教师的偏袒与不公则可能引发学生的负面情绪和互动方式，如恶性竞争、欺凌等。

最后，学校心理健康教育和服务也会作用于学生的心理健康。学校通过开展心理健康教育不仅可以提升学生的心理健康素养、强化学生的心理健康意识、提升向专业人员寻求帮助的意愿，还能指导学生主动获取心理健康信息，采用科学有效的方法维护和促进自身的心理健康。学校提供专业、有效和有针对性的个性化心理服务，为学生提供一个安全、私密的倾诉空间，可以提高学生获得心理健康服务的便捷性与获得感，有效地帮助学生及时缓解与疏导心理问题与疾病，改善心理健康状况。

3. 同伴

随着个体逐渐摆脱对家庭的依赖，同伴关系成为其寻求归属感和情感支持的重要途径。良好的同伴关系能够有效满足个体的归属需求，为青少年提供情感支持和安全感，进而帮助其缓解学业压力并减轻负面情感的影响。青少年与同伴积极互动有助于不断调整自我认知，形成客观、积极的自我概念与评价。反之，不良的同伴关系则可能成为青少年心理健康发展的阻碍。同伴欺凌作为一种典型的负面互动形式，对受害者或是欺凌者均造成了深远的负面影响。受害者会出现头疼、胃疼、孤独、无助等一系列内外化问题，欺凌者在人际关系中的冲突问题更为严重。

除了上述提到的家庭、学校、同伴的因素，父母的受教育程度和心理健康状况、学校的自然环境、教师心理健康状况、同伴的心理健康状况和价值观、个性特征等也是青少年心理健康的保护或风险因素。

（三）中间系统

中间系统是指各微观系统之间的联系或相互关系，最为典型的是由家庭与学校之间相互联系所形成的家长委员会。

作为连接家庭与学校的桥梁，家长委员会在沟通协调、资源整合和监督反馈等方面对学生心理健康发挥积极的作用。首先，家长委员会能提高家长与学校之间的信息传递效率，及时反馈学生群体在家庭中的心理健康状况，助力学校在教育教学中更好地关注学生心理健康问题，落实学生心理健康的需求。同时，家长委员会也将学校的心理健康教育理念与措施传达给家长，这种双向沟通机制形成了家校共育的良好氛围，减少因信息不对称而引发的误解与焦虑，为学生心理健康提供了更加完整、有效的社会支持系统。其次，家长委员会利用资源优势，参与或协助学校组织心理健康教育活动，如心理健康讲座、亲子工作坊等，提升家长及学生的心理健康意识与应对能力。通过参与这些活动，家长不仅能学习到科学的心理知识，增强自身情绪管理和亲子沟通能力，也为学生树立了良好的榜样，鼓励他们正确地面对自己的心理问题，主动寻求帮助与支持。最后，家长委员会监督教育教学活动的实施情况，包括心理健康教育的师资力量、教学资源配置等，完善心理健康服务体系，为学生心理健康提供制度保障。

（四）外部系统

外部系统指发生在两个或多个环境之间的相互作用过程与联系，即个体并未直接参与却产生影响的系统，这些系统主要涵盖公共政策、经济环境等。

1. 公共政策

近年来，我国政府相继出台了一系列旨在加强心理健康服务与教育的政策文件，有效地推动了社会和学校健全心理健康服务体系建设，促进了学生心理健康发展。政策的出台使学校心理健康教育体系全面升级，许多学校增设心理咨询室、配备专业师资、开设心理健康课程，从而为学生提供了更为便捷、专业的心理援助渠道，从根本上增强了学生面对心理困扰时的应对能力，减少了因忽视而导致的心理健康问题。随着社会各类心理健康服务的大力发展，如心理健康热线的普及、公益心理讲座的广泛举办等，学生获取心理健康知识和服务的途径日益多元，大众对心理问题的偏见与歧视也逐步消解，极大地缓解了学生寻求心理帮助的心理负担。总而言之，公共政策通过优化心理健康服务系统、改善社会心理环境和提升大众心理素养，为学生的心理健康创造了更加有利的条件，形成了全方位、多层次的支持体系。

2. 经济环境

良好的经济环境能够促进教育资源的投入，提高学校心理健康服务的质量，也能降低家庭经济压力，稳定家庭结构，保障学生心理健康。

一方面，教育部门加大统筹力度，优化财政支出结构，可有效保障学生心理健康工作经费。学校也可以通过建立多元化投入渠道，鼓励社区和社会组织参与，促进心理健康服务的多样化和广泛性。教育部门的经费投入为心理健康教育的落实、干预和评估提供了坚实的经济基础。另一方面，经济转型可能加剧社会竞争压力与"内卷"现象的普遍化，使家庭经济负担随之加重，从而出现了留守儿童、流动儿童、城市农民工子女等较为特殊的青少年群体。这些群体往往缺乏必要的心理支持和社会资源，导致其与一般青少年群体相比，存在更高的抑郁水平、孤独感和较差的自尊水平、情绪稳定性、人际关系等。

总之，外部系统对心理健康问题的影响属于间接作用。除了公共政策、经济环境因素外，社区环境、大众传媒等因素也对学生心理健康具有明显影响。良好的社区环境和积极、正向媒体宣传，能够有效地促进学生心理健康。

（五）宏观系统

宏观系统是一个范围更大、内涵更丰富的系统，它包含了存在于以上3个系统中的文化、亚文化和社会环境，是一个广阔的意识形态。简而言之，宏观系统主要包括了社会规范、社会转型、性别角色等。

1. 社会规范

社会规范是指被社会群体普遍认同并遵循的行为准则和道德规范。首先，社会规范是

一种隐形的社会压力源。尤其是在公共场合，这种压力促使个体持续监控自身行为，以符合社会期待，从而引发恐惧与不安。特别是处于青春期的青少年对外界评价高度敏感，这种心理压力更为显著，可能加剧其内化问题。其次，社会规范在塑造个体自我认同中扮演着关键角色。当个体行为或价值观与社会规范高度一致时，其自我认同感往往得到强化；反之，若个体特质或行为偏离社会规范，可能面临自我认同的危机，进而产生孤独感与挫败感。此外，社会规范隐含着社会排斥与歧视的风险，特别是外貌、体重、身高等，导致某些群体感受到强烈的社会孤立，甚至会造成心理创伤。例如，对体型和外貌的刻板印象，会让某些个体陷入持续的负面评价和自我贬低。

2. 社会转型

一般认为，社会转型是导致青少年心理健康状况不容乐观的更深层原因，主要表现在经济发展、社会多元化以及环境的不确定性3个方面。

首先，经济发展对心理健康的影响具有两面性。一是经济飞速发展作为社会转型的核心动力，显著改善了人们的物质生活水平，提升了客观幸福感。但是，经济高速发展也容易催生物质主义倾向，加剧与传统规范、传统伦理的矛盾冲突，带来消极情绪体验，降低幸福感和生活满意度。

其次，社会多元化易带来价值观的冲突。社会多元化给人们带来更多的选择，增加人们的自由和权利，但也带来面对多重选择时的心理困扰、矛盾和冲突。同时，社会阶层的多元化削弱了传统社会的同质性。现代社会的异质性日益凸显，这种变化会影响人们的归属感和认同感，使个体经历更多的社会规范和社会认同的冲突。

最后，环境的不确定性会增加焦虑情绪。环境不确定性的激增，特别是在信息化浪潮的冲击下，网络信息的爆炸性增长与即时传播，使得人们面临更为复杂多变的社会环境，加剧了对于未来不确定性的恐惧与焦虑。

3. 性别角色

性别角色是基于社会文化对男性和女性角色、行为及责任的期待。这些角色期待不仅塑造了个体对自我的认知，还要求了其在社会互动中的角色和行为。

传统观念中，男性被期望展现坚强、理性、独立等特质，而女性则被期望温柔、体贴等，这种刻板印象不仅限制了个体的自我认知、行为与兴趣，还可能导致不符合传统期望的个体因社会偏见而自我怀疑。随着自我意识的发展，个体会经历性别角色冲突，主要指个体社会化的性别角色行为模式对自己或他人有消极影响的心理状况，这会导致许多消极心理特征、消极情绪和危险行为的产生。此外，积极的性别认同有助于建立稳固的自我概念，增强自尊与自信；反之，若性别认同过程受阻，如遭遇歧视、排斥或自我否定，则可能引发一系列心理健康问题，包括社交障碍、自尊受损及长期的心理健康疾病风险。

总之，心理健康是由个体因素、微观系统、中间系统、外部系统和宏观系统的相互作用决定的。在这些系统中的保护性因素如家庭温暖、学校支持、积极同伴等，共同构成了心理健康的防护线。风险性因素如不良的亲子关系、师生关系、同伴关系等会导致新的心理健康问题出现，或加剧心理健康问题。不同系统中的保护性因素或风险性因素往往是协同作用，即个体面临一个系统中的保护性因素或风险性因素的同时也面临另一系统中的保护性或风险性因素，而这些不同系统中的因素相互作用便形成了累积保护模型或累积风险模型，进而对个体心理健康发挥更强的积极效应或消极效应。此外，不同系统中的保护性因素不仅能直接保护个体免于风险性因素的消极影响，也能补偿风险性因素对个体心理健康的消极作用。基于生态系统论可知，心理健康应从个人、家庭、学校和社会多方面入手来加强心理健康教育和服务，健全社会心理服务体系和危机干预机制，构建幸福校园、和谐社会、健康中国。

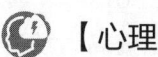【心理剧院】

不想上学的小朵

最近，张老师发现小朵同学精神不振、做什么事情都提不起劲，连她平常喜欢的绘画也不感兴趣了。开学一个月里，她开始找各种理由请假、不去学校，任凭父母如何劝说，最终结果还是在家里待着。父母带孩子去医院心理精神科就诊，结果显示，小朵是中重度抑郁。张老师与家长进行面谈后发现父母都有比较稳定的工作，家庭收入不错。小朵在初中时，成绩平平，就读学校以升学率为主要目标，且教师的精力主要放在那些成绩较好的学生身上，而对像小朵这样的学生注意很少。甚至，有老师经常在课堂批评或不正确地评价她，说她没有上进心，一天到晚只知道发呆消磨时间。在初三升学时，来自教师和父母各方面的压力让她负担很重，有一段时间入睡困难、注意力难以集中，特别是中考结束和开学前。由于小朵在学校觉得不被人重视，更加剧她对学习的厌倦，进而转化为对周围事物的厌倦。

小朵同学的心理问题源于多方面的综合影响。个人方面，她因自我认知偏差和缺乏有效的压力应对策略，导致自我价值感低下且兴趣丧失。家庭环境中，父母可能过于关注学业成绩而忽视了她的情感需求，教育方式也可能过于严厉。在学校，以升学率为导向的教育环境使她感到被忽视，加之教师的不当评价和批评，进一步损害了她的自尊心。同时，同伴关系的缺失也加剧了她的孤独感。因此，小朵的心理问题是个人、家庭和学校因素共同作用的结果，需要全方位的关怀和支持来改善。

第二节　学校心理健康教育的地位与作用

了解学校心理健康教育的地位与作用，能够帮助教育者理解学校心理健康教育在现代教育体系中所扮演的角色，以及它如何促进学生的全面心理发展和社会适应能力。

一、学校心理健康教育的内涵

心理健康是儿童和青少年健康成长的基础。学校作为育人的关键场域，不仅是科学知

识传授的殿堂，更是帮助学生身心健康成长、健全人格的重要阵地。学校心理健康教育作为学校教育重要内容之一，是帮助学生发展良好心理素质的有效途径。

（一）学校心理健康教育的定义

学校心理健康教育是现代教育的重要组成部分。尽管在实践应用或理论研究领域还有多种近似的概念或提法，但从实践应用的角度来看，"学校心理健康教育"的概念更被人们所接受。2012年，教育部印发的《中小学心理健康教育指导纲要（2012年修订）》指出："中小学心理健康教育，是提高中小学生心理素质、促进其身心健康和谐发展的教育，是进一步加强和改进中小学德育工作、全面推进素质教育的重要组成部分。"2018年，教育部印发的《高等学校学生心理健康教育指导纲要》指出："心理健康教育是提高大学生心理素质、促进其身心健康和谐发展的教育，是高校人才培养体系的重要组成部分，也是高校思想政治工作的重要内容。"由此可见，学校心理健康教育是提高大、中、小学生心理素质的教育。

学校心理健康教育作为学校教育的一项重要内容，是心理学在学校教育中的具体运用，属于应用心理学的范畴，是直接服务于学校心理健康的一门独特的理论与技术。具体而言，学校心理健康教育是教育者根据学生的生理、心理发展特点，运用心理学、教育学及相关学科的理论与技术，通过心理健康教育课程、心理健康教育活动、心理健康监测与评估、心理辅导与咨询服务、心理危机干预以及多种融合方式（如学科融合、德育融合、劳动教育融合等），帮助学生解决成长过程中的心理问题，促进学生心理素质提高的综合性、专业性教育活动。

学校心理健康教育的学科基础是教育学和心理学，是二者的交叉融合。一方面，心理学在方法论和实验设计等方面对学校心理健康教育产生影响；另一方面，教育学在理论分析和实践应用上对学校心理健康教育提供滋养。随着学科交叉融合的深度发展，学校心理健康教育的基础研究和实践应用应进一步摒弃传统学科的门户之见，真正实现以人的发展为核心，以现实教育问题为导向，运用心理学的研究方法，坚定地站在教育学的立场上，不断强化心理学与教育学研究范式的有机结合，开展跨学科的交叉融合式研究与实践，不断提高学校心理健康教育的科学性和实效性。

（二）学校心理健康教育与心理辅导、心理咨询、心理治疗

为进一步理解学校心理健康教育的内涵，必须厘清它与心理辅导、心理咨询和心理治疗等相关概念之间的关系。整体而言，在学校心理健康服务体系中，心理健康教育、心理辅导、心理咨询和心理治疗是紧密相连的概念，它们各自扮演着独特的角色，共同为学生的心理健康保驾护航。

1. 心理辅导

心理辅导是指心理辅导者对某个特定对象——心理求助者的自我成长、人格、适应等问题予以心理援助，从而获得更好发展的一种心理学应用性技术。

在学校心理健康教育中，心理辅导的对象往往是处在转变或转折时期的普通学生，即他们的心理健康状况相对良好。心理辅导的干预重点是预防，根本目标是促使学生形成良好的心理素质，充分发挥个人潜能。

2. 心理咨询

心理咨询是指咨询师协助来访者就自身存在的心理不适或心理困惑，通过语言、文字等交流媒介，与咨询师进行述说、询问与商讨，通过共同讨论找出引起问题的原因，分析问题的症结，进而支持和帮助来访者寻求摆脱困境、解决问题的方法对策，以恢复心理平衡，提高对环境的适应能力，增进身心健康的专业助人活动。

在学校心理健康教育中，心理咨询的对象往往是遇到心理困惑或有强烈心理冲突与矛盾的正常学生。心理咨询的干预重点是发展，根本目标是改善学生个体的心理机能，提高心理健康水平。

3. 心理治疗

心理治疗是指在良好治疗关系基础上，由经过专业训练的治疗者运用心理学的有关理论和技术，对当事人进行帮助的过程，以消除和缓解当事人较严重的心理问题和障碍，促进其人格健康协调发展，恢复其心理健康的专业工作。

在学校心理健康教育中，心理治疗以心理健康水平较低，或心理机能失调以及心理上有障碍的疾患学生为对象。心理治疗的干预重点是矫治，根本目标是纠正与治疗学生心理与行为的失常问题，恢复其心理健康。

心理辅导、心理咨询、心理治疗处于学校心理健康教育的不同层级，遵循预防、发展和矫治相结合的原则，共同作用于学生的心理健康发展，三者的区别见表1-1。

表1-1 心理辅导、心理咨询与心理治疗的区别

类别	对象	干预重点	根本目标
心理辅导	处在转变或转折时期的普通学生	预防	形成良好的心理素质
心理咨询	遇到心理冲突与矛盾的正常学生	发展	改善个体的心理机能
心理治疗	心理健康水平较低的疾患学生	矫治	恢复个体心理健康

心理辅导、心理咨询和心理治疗都是学校心理健康教育工作的重要组成部分，学校心理健康教育工作者应面向有心理困扰的学生提供个体心理辅导和心理咨询；对于有严重心理问题或心理障碍的学生，也应该及时发现并做好转介工作，使其接受专业的心理治疗。心理辅导、心理咨询与心理治疗三者应相辅相成，为学生的心理健康提供多层次的保障与支持。

二、学校心理健康教育的地位

了解国家战略层面对学校心理健康教育的重视，有助于我们认识到心理健康教育在国家发展中的重要地位。

（一）学生心理健康工作上升为国家战略

近年来，促进学生心理健康发展是党中央关心、人民群众关切、社会关注的重大课题。一般认为，教育部等17个部门联合印发的《行动计划》标志着加强学生心理健康工

作已上升为我们的国家战略。

回溯历程，我国学校心理健康教育事业自20世纪80年代中期开始起步发展至今，从弱到强、由点及面、服务对象与人群不断扩大、教育内容日益扩展和深化，取得了巨大成绩。这一系列政策的演进，不仅彰显了国家对这一重要领域重视程度的不断攀升，更体现了对学生心理健康工作规范化、专业化及多元化发展的深切关注与持续努力。

20世纪80年代中期，学生心理健康教育工作开始起步。这一时期，全国各地开展的各种学校心理健康教育探索性工作为我国学校心理健康教育政策的出台起到了积累经验的作用。1988年12月，《中共中央关于改革和加强中小学德育工作的通知》指出，需培养学生良好心理品质和正确价值观、人生观与世界观，这也是政策层面对于学校心理健康教育重视的端倪。但当时的学校心理健康教育被当作德育工作的一部分，被纳入整个德育工作体系中。

进入20世纪90年代，随着我国改革开放步伐的加快、国民经济的迅速发展和素质教育的全面推进，我国学校心理健康教育政策陆续出台，政策体系初步形成。1994年8月，《中共中央关于进一步加强和改进学校德育工作的若干意见》指出，要积极开展青春期卫生教育，通过多种方式对不同年龄层次的学生进行心理健康教育和指导，帮助学生提高心理素质，健全人格，增强承受挫折、适应环境的能力。这是中央文件中首次正式使用"心理健康教育"这一概念，"心理健康教育"一词从此正式进入我国政策条文。1999年8月，教育部《关于加强中小学心理健康教育的若干意见》对开展学校心理健康教育的基本原则、主要任务、实施途径、师资队伍建设、组织领导以及需要注意的问题等提出了指导性意见，强调要将学校心理健康教育和德育分离，标志着学校心理健康教育从民间推动向官方主导发展，从基层探索上升到国家有计划地推进。

进入21世纪，改革开放和社会转型进一步深化，教育改革和素质教育开展也在不断深化，我国学校心理健康教育政策进入完善与实施的深化阶段。2002年4月、2002年8月以及2004年7月，教育部分别印发了《普通高等学校大学生心理健康教育工作实施纲要（试行）》《中小学心理健康教育指导纲要》和《中等职业学校学生心理健康教育指导纲要》，三个文件从指导思想、基本原则、目标与任务、主要内容、途径和方法、组织实施等方面对大中小学（含中职）学校心理健康教育提出具体要求，标志着我国大中小一体化心理健康教育体系的初步形成。

进入21世纪的第二个十年，国家社会发展与心理健康深度融合，学校心理健康教育政策在思想政治、卫生与健康等重要领域不断创新、深化，成为国家顶层设计中至关重要的组成部分。2012年12月，教育部颁布《中小学心理健康教育指导纲要（2012年修订）》，提出"全面推进、突出重点、分类指导、协调发展"的工作方针，为心理健康教育在学校层面的目标与任务、主要内容、途径和方法、组织实施等方面提出了新的框架与要求。另外，《普通高等学校心理健康教育工作基本建设标准（试行）》（2011年）、《普通高等学校学生心理健康教育课程教学基本要求》（2011年）和《中小学心理辅导室建设指南》（2015年）等文件对心理健康教育课程建设、心理辅导室建设等具体工作进行实质性要求和指导，体现出国家对于提升学校心理健康教育实践活动的专业化和规范化水平的不懈追求。2016年10月和12月，中共中央国务院发布《"健康中国2030"规划纲要》，国家卫生和计划生育委员会（以下简称"卫计委"）等22个部门联合印发《关于加强心理健康服务的指导意见》，两个文件的出台标志着学校心理健康教育进入协同推进的新时代。2023年4月，教育部等17个部门联合印发的《行动计划》指出，要"把心理健康工作质量作为衡量教育发展水平、办学治校能力和人才培养质量的重要指标"，进一步凸显了国家层面对学生心理健康工作的高度重视与战略部署。

【知识广场】

我国学校心理健康教育政策文件一览表

文件名称	颁发时间	颁发部门
中共中央关于改革和加强中小学德育工作的通知	1988年12月	中共中央
中共中央关于进一步加强和改进学校德育工作的若干意见	1994年8月	中共中央
中小学德育工作规程	1998年3月	教育部
中共中央 国务院关于深化教育改革全面推进素质教育的决定	1999年6月	中共中央、国务院
教育部关于加强中小学心理健康教育的若干意见	1999年8月	教育部
中共中央办公厅、国务院办公厅关于适应新形势进一步加强和改进中小学德育工作的意见	2000年12月	中共中央、国务院
教育部关于加强普通高等学校大学生心理健康教育工作的意见	2001年3月	教育部
普通高等学校大学生心理健康教育工作实施纲要（试行）	2002年4月	教育部
中小学心理健康教育指导纲要	2002年8月	教育部
中共中央 国务院关于进一步加强和改进未成年人思想道德建设的若干意见	2004年2月	中共中央、国务院
中等职业学校心理健康教育指导纲要	2004年7月	教育部
关于进一步加强和改进大学生思想政治教育的意见	2004年10月	中共中央、国务院
教育部 卫生部 共青团中央关于进一步加强和改进大学生心理健康教育的意见	2005年1月	教育部、卫生部、共青团中央
普通高等学校学生心理健康教育工作基本建设标准（试行）	2011年3月	教育部
普通高等学校学生心理健康教育课程教学基本要求	2011年5月	教育部
中小学心理健康教育指导纲要（2012年修订）	2012年12月	教育部
中小学心理辅导室建设指南	2015年7月	教育部
"健康中国2030"规划纲要	2016年10月	中共中央、国务院
关于加强心理健康服务的指导意见	2016年12月	卫计委等22部委

续表

文件名称	颁发时间	颁发部门
普通高等学校健康教育指导纲要	2017年6月	教育部
全国社会心理服务体系建设试点工作方案	2018年11月	卫健委、政法委等10部门
中共中央 国务院关于深化教育教学改革全面提高义务教育质量的意见	2019年6月	中共中央、国务院
健康中国行动——儿童青少年心理健康行动方案（2019—2022年）	2019年6月	国务院办公厅
国务院办公厅关于新时代推进普通高中育人方式改革的指导意见	2019年12月	卫健委等12部门
教育部办公厅关于加强学生心理健康管理工作的通知	2021年7月	教育部办公厅
关于进一步减轻义务教育阶段学生作业负担和校外培训负担的意见	2021年7月	中共中央、国务院
教育部等五部门关于全面加强和改进新时代学校卫生与健康教育工作的意见	2021年8月	教育部等5部门
全面加强和改进新时代学生心理健康工作专项行动计划（2023—2025年）	2023年4月	教育部等17部门

（二）学校心理健康教育与"五育"的关系

"五育并举"即德智体美劳全面发展，是党和国家的全新育人体系。2019年6月，中共中央和国务院《关于深化教育教学改革全面提高义务教育质量的意见》指出，要坚持"五育"并举，全面发展素质教育。要准确理解学校心理健康教育的地位，必须厘清学校心理健康教育与"五育"的关系。人的全面发展包含了心理层面的健全发展，教育为促进人的素质发展服务，而心理健康教育是为促进全体学生心理素质发展而服务的。

1. 德育是学校心理健康教育的价值导向

德育以学生身心发展特点和规律为基础，按照特定的社会要求和规范，对学生施以思想道德、思想政治、价值观念等方面的影响，其目标是"育德"，发展学生良好的"德性"。在此过程中，学校心理健康教育扮演着重要角色，它为德育提供心理支撑与理论指引，而德育则引领学生心理品质健康成长，两者共同构筑学生成长的坚固基石。

一方面，德育对心理健康教育具有"定向"作用。德育的实质就是对人的思想品德施加影响，包括影响人的世界观、道德品质等心理品质的核心部分。德育还可以推动个体心理品质的全面和谐发展。通过思想品德教育帮助个体充分认识心理品质中的优势与不足，激励个体通过扬长补短从而促进心理品质和谐发展。此外，德育是维护个体心理健康的重要屏障。德育可以通过增强个体对自身行为的控制能力，引导个体自觉抵御不良因素侵扰。

另一方面，学校心理健康教育对德育具有促进作用。首先，学校心理健康教育为德育工作提供理论依据，提高德育工作的针对性；其次，学校心理健康教育丰富德育工作的内涵，增强德育工作的深度。此外，学校心理健康教育使德育工作深入人心，增强德育工作的可接受性和科学性。

2. 智育是心理健康教育的前提条件

智育是为学生的全面发展、创造性发展和可持续发展提供文化知识和智力基础的教育活动。在新时代背景下，智育的内涵不仅包括有目的、有计划地向学生传授知识和相关技能，同时还涉及通过培养和发展学生的记忆、思维、想象和注意等诸多心理品质，提高学生的智力水平和思维能力。因此，智育的内涵得以丰富与拓展，成为连接知识学习与心智成长的桥梁。

智育为学校心理健康教育准备了必要的前提条件。首先，智育开发和提升个体的智力，确保学生具备探索未知、解决问题的能力。其次，智育过程中个体将客观存在的知识结构表征为大脑中的认知结构，这一心理活动过程引起个体心理变化进而促进心理机能的发展成熟。同时，学校心理健康教育通过非智力因素为智育注入活力。非智力因素，如兴趣、动机、情绪稳定性、意志品质及性格特征等，对学习效果产生了深远影响。学校心理健康教育致力于激发学生的内在学习动力，培养积极的学习态度与良好的心理素质，从而间接促进智育目标的全面达成。

3. 体育是学校心理健康教育的体质基础

体育是全面发展教育的重要组成部分，指的是传授健身知识和技能，养成锻炼身体的习惯，增强体质和机能，提高身体综合素质。在新时代教育改革背景下，体育被视为学校心理健康教育的体质基础，对于促进学生的身心健康、全面发展具有不可替代的作用。

首先，通过激发学生参与体育锻炼的热情，在强身健体的同时提高学生的身体素质、坚强的意志品质、情绪调节能力和团结合作精神，从而使个体能够实现自我超越，促进个性和全面发展。其次，体育和学校心理健康教育共同构建了身心和谐发展的教育体系。身心协调是人健康发展的两个方面，体育与学校心理健康教育共同组成了身心统一的教育。因此，体育不仅是增强体质的手段，更是学校心理健康教育不可或缺的体质基础。

4. 美育是学校心理健康教育的基本内涵

美育作为全面发展教育的组成部分，不仅能满足人的审美需要，还能借助美好的事物愉悦人的心理、陶冶人的情操、净化人的心灵，具有"入心、化人、怡情"的教育功能，即通过美育的熏陶，使人的心灵得到升华，个性得到塑造，情感得到滋养。

首先，美育对情绪调节具有积极作用。通过开展审美活动，可以诱发出学生积极的审美情绪和愉悦的情绪体验，使人心中紧张的某种基本情绪（恐惧、愤怒等）获得调适。此外，美育还具有潜在的积极心理学价值。对美好事物的追求，往往能够极大地调动学生的学习积极性，促使情感兴奋，强化意志努力，并用美的标准来规范自己的行为。学校心理健康教育与美育都追求健全人格、完整人性和健康身心，二者本质上有着相通性和契合性。

5. 劳动教育是学校心理健康教育的重要途径

劳动教育是以培养学生的劳动意识、劳动技能为核心，塑造个体良好的劳动习惯为目的的教育活动。在进行劳动教育时，单纯的体力劳动仅是起点，真正的价值在于促进学生认知、态度与情感的全面发展与转变。劳动意识作为劳动教育中的基本因素之一，是在学生学习过程中开展心理健康教育的基本条件。

首先，劳动教育不仅锤炼学生优秀的意志品质，更将学生发展和社会责任相结合。在挥洒汗水的艰苦劳动中，个体能够培养吃苦耐劳、坚韧不拔等心理品质和能力，有利于其生存能力、生涯规划能力、创造能力的发展。其次，劳动技能的掌握，是个体立足社会、追求幸福生活的基石。在掌握技能的过程中，个体收获的不仅是物质的成果，更是内心的满足与成就感，这种积极体验促进了健康劳动观念与习惯的形成。因此，劳动教育以其独特的价值，成为提升个体心理品质、培养生活与社会适应能力的重要途径。

（三）学校心理健康教育与核心素养的关系

核心素养是指个体适应社会发展和终身发展所必备的品格和能力。培育学生的核心素养已成为教育的主要任务。2014年，教育部发布的《关于全面深化课程改革落实立德树人根本任务的意见》中将"确定学生发展核心素养体系"作为首要环节。2016年9月，《中国学生发展核心素养》总体框架发布，明确了学生适应未来社会与个人发展所需的六大核心素养，即人文底蕴、科学精神、学会学习、健康生活、责任担当与实践创新。

首先，心理健康素养是核心素养的基础。学校心理健康教育与核心素养的培养框架高度契合，尤其在学会学习、健康生活和责任担当三方面体现显著。在学会学习素养上，学校心理健康教育为其提供心理基础。学会学习素养中强调的"学生的学习意识的形成和学习进程的评估监控"，正是通过心理健康教育中的元认知训练、学习适应性培养等专项工作来实现的。心理健康教育课程中教授的自我监控策略、注意力训练方法，以及心理咨询中开展的学习动机辅导，筑牢了学会学习素养的心理基础。在健康生活素养上，学校心理健康教育为其提供内容支撑。心理健康教育课程中认识自我、情绪管理、生命教育等模块，与核心素养要求的"珍爱生命、健全人格、自我管理"相对应。在责任担当素养上，学校心理健康教育与其内容一致。责任担当中包括的社会责任强调具有团队意识和互助精神，这与学校心理健康教育中提到的和谐人际关系在本质上是一致的。由此可见，形成中小学生的核心素养，培育和提升其心理素养和学校心理健康教育起着至关重要的作用。

其次，心理健康素养作为核心素养的重要组成部分，对于"全面发展的人"而言至关重要。我国学生发展核心素养的目标指向"全面发展的人"。基于"全面发展的人"的内涵与本质，学生发展核心素养的理论结构必然包含着主体性，其中包括身体（生理）、精神（心理）、个性品质等方面的素养，精神（心理）素养作为核心素养的重要的一个方面，在发展核心素养的过程中起着重要的作用。因此，心理健康素养的培育无疑是学生全面发展的应有之义。

心理健康素养界定为个体在促进自身及他人心理健康，应对自身及他人心理疾病方面所养成的知识、态度和行为习惯。在此基础上，心理健康素养进一步发展为能够适应社会发展的综合性的关键心理能力和心理品质。心理健康素养由基础至顶层分为四个层面：一是个体特质，这是心理健康素养最基础的层面；二是知识和技能，指基本的心理健康知识和技能，主要包括掌握心理健康知识、了解心理调节的方法和心理异常现象、掌握心理保健常识和技能、专业帮助的知识、寻求心理健康信息的知识等内容；三是态度和信念，涉及对待心理问题、专业帮助的态度和信念以及心理健康意识等；四是心理能力和心理品质，指在系统的心理健康教育过程中通过体验、认识及内化等逐渐形成稳定的心理能力和心理品质，是心理健康知识、技能、态度和信念的统整和融合，主要包括认知品质、个性品质和适应能力等。从具体内容来看，心理健康素养主要包括意义感、积极的自我概念、乐群性、人际沟通能力、职业规划意识和能力、问题解决能力、学习能力、创造力、耐挫能力、情绪调节能力等。这些心理能力和心理品质将促进个体的心理健康状态和对精神障碍的正确认识、处理或预防。因此，培育心理健康素养是保证学生自主发展、有效应对现代社会各种挑战的重要前提。

【知识广场】

心理健康素养十条

2018年，国家卫健委疾病预防控制局结合中科院心理健康素养网络调查结果，针对社会对心理健康的主要关切，经过多方专家论证，编制了"心理健康素养十条"在全国范围内推广，内容如下。

第一条：心理健康是健康的重要组成部分，身心健康密切关联、相互影响。

第二条：适量运动有益于情绪健康，可预防、缓解焦虑抑郁。

第三条：出现心理问题积极求助，是负责任、有智慧的表现。

第四条：睡不好，别忽视，可能是心身健康问题。

第五条：抑郁焦虑可有效防治，需及早评估，积极治疗。

第六条：服用精神类药物需遵医嘱，不滥用，不自行减停。

第七条：儿童心理发展有规律，要多了解，多尊重，科学引导。

第八条：预防老年痴呆，要多运动，多用脑，多接触社会。

第九条：要理解和关怀精神心理疾病患者，不歧视，不排斥。

第十条：用科学的方法缓解压力，不逃避，不消极。

三、学校心理健康教育的作用

学校心理健康教育的作用主要体现在个体层面、学校层面和社会层面。探究学校心理健康教育的作用，是理解其对学生个体成长重要性的关键一步。

（一）个体层面：促进学生健康成长

学生是学校心理健康教育的第一受益者。2023年4月，教育部等17个部门联合印发

《行动计划》，提出学校心理健康教育的主要目标包括"培育学生热爱生活、珍视生命、自尊自信、理性平和、乐观向上的心理品质和不懈奋斗、荣辱不惊、百折不挠的意志品质，促进学生思想道德素质、科学文化素质和身心健康素质协调发展，培养担当民族复兴大任的时代新人"。

学校心理健康教育的作用关键在于落实以生为本、立德树人的根本任务，促进学生身心健康与人格健全发展，全面提高学生心理健康素质，为学生成长、成才和幸福生活奠定基础。对学生个人层面而言，学校心理健康教育的作用有以下几点。

第一，了解心理健康知识，树立心理健康意识。通过心理健康教育活动帮助学生学习心理健康知识、认识自身心理特点与个性特征，自发认识到维护心理健康对于个人成长的重要作用，树牢心理健康意识。

第二，提升心理健康素质，增强社会适应能力。小学阶段心理健康教育的重点是掌握生活和学习技能以及认识自我、人际交往、情绪调适、社会适应等方面；中学阶段的心理健康教育除上述内容外，还要配合青春期教育、学业与职业规划，帮助他们建立正确的自我认知、增强自我管理能力、正确认识各类职业特点，做好升学、就业、创业的心理准备。

第三，运用心理调节方法，掌握心理保健技能。学校心理健康教育运用现代心理科学的成果，针对学生心理素质发展中出现的问题，采取有效的干预措施，使学生掌握科学的心理调节方法，减少心理困惑和心理冲突，及时调节负面情绪；掌握科学、有效的心理保健技能，养成良好的学习与生活习惯，实践健康生活方式。

学校心理健康教育在个体层面发挥着不可替代的积极作用，是学生全面发展的重要基石。从时间的纵向维度看，随着学生身心发展的不同阶段，心理健康教育内容不断深化，既注重基础性的生活技能与情绪管理能力的培养，又兼顾青春期特有的心理变化与未来规划的引导，为学生的全面发展提供了坚实的心理支撑。从内容的横向维度看，通过系统的教育活动和科学的方法指导，学生不仅能够深入了解心理健康的核心概念与重要性，树立起维护心理健康的自觉意识，还能够显著提升自身的心理健康素质，增强面对生活挑战和社会变迁的适应能力。

（二）学校层面：促进教育质量提升

学校整体教育质量的提升离不开学校心理健康教育。素质教育是学校教育的主要内容，培养学生的核心素养是学校教育的主要任务。教育为促进人的素质发展服务，心理健康教育为促进全体学生心理素质的发展而服务。心理健康教育不仅是时代的需求，更是教育进步的必然产物。它在学校层面的作用主要体现在以下两个方面。

第一，有效提升素质教育效能。通过系统化的心理健康教育，学校能够更有效地识别并满足学生在心理层面的需求，从而为他们提供更加个性化、精准化的教育支持。当学生的心理处于积极健康的状态时，其学习效率、创新思维和问题解决能力都会相应增强，从而实现德智体美劳全面发展，带动整体教育质量的提升。这种以学生为中心的教育模式，不仅促进了学生心理素质的全面提升，还间接提升了其他领域（如德育、智育等）的学习效果，实现了教育资源的优化配置和素质教育效能的飞跃。

第二，构建全面发展的教育体系。心理健康教育与德育、智育、体育、美育及劳动教育紧密相连，共同构成了学生全面发展的多维框架。在这一框架中，心理健康教育不仅是其他五育的补充，更是深化与升华其他五育的催化剂。它通过与五育的深度融合与双向建构，为学生提供了更加全面、立体、生动的成长体验，是新时代教育大格局下实施教育创新、培养复合型人才的重要路径。

学校心理健康教育在学校层面的作用不可忽视。它不仅提升了素质教育的实践效能，还促进了全面发展教育体系的构建与完善。在新时代背景下，加强学校心理健康教育，是提升教育质量、培养复合型人才、推动教育现代化进程的重要举措。

（三）社会层面：促进社会和谐进步

心理健康教育是实现"健康中国"战略宏伟蓝图中不可或缺的一环。2016年8月19日，全国卫生与健康大会在北京召开，习近平总书记在会议上将全民健康确定为国家发展目标；同年8月26日，《"健康中国2030"规划纲要》发布，心理健康是其中的重要内容。为了实现全民健康的宏伟目标，必须重视心理健康的发展，尤其是儿童青少年的心理健康。儿童青少年作为社会的未来和希望，其心理健康状况关系到社会的发展。学校心理健康教育不仅是个体成长和学校教育的需要，更是社会和谐稳定与持续发展的重要力量。

一方面，学校心理健康教育致力于培养具备高素质、强心理韧性的未来人才，为社会的持续进步注入不竭动力。学前教育机构关注和满足儿童心理发展需要，保持儿童积极的情绪状态，使儿童感受到尊重和接纳。特殊教育机构针对学生身心特点开展心理健康教育，注重培养学生自尊、自信、自强、自立的心理品质。中小学校心理健康教育培养学生积极乐观、健康向上的心理品质，促进学生身心可持续发展。高等院校积极开设心理健康教育课程，开展心理健康教育活动。同时，家校社协同关心留守儿童、流动儿童心理健康，为遭受学生欺凌和校园暴力、家庭暴力、性侵犯等儿童青少年提供及时的心理创伤干预。通过系统化、全方位的心理健康教育，学生在掌握心理健康知识、提升自我调节能力的同时，也在多方面实现了均衡发展，成长为能担当民族复兴大任的时代新人，为社会的繁荣进步贡献力量。

另一方面，学校心理健康教育是社会主义核心价值内化于心、外化于行的重要途径。学校心理健康教育通过引导学生正确认识自我、理解情绪、管理压力等过程，帮助学生建立起积极向上的人生观、价值观和世界观。学校心理健康教育不仅仅关注学生的个体成长和社会适应，也引导学生学会关爱、理解差异、尊重多元，培养起强烈的社会责任感和集体荣誉感，让学生意识到自己是社会的一分子，有责任为社会的进步和发展贡献自己的力量。这如同纽带一般，将每一个个体紧密相连，共同构建了一个更加团结、和谐、繁荣的社会环境，为健康中国的宏伟目标奠定了坚实基础。

学校心理健康教育为构建健康中国、实现全民健康目标奠定了坚实基础。在《"健康中国2030"规划纲要》的引领下，心理健康纳入全民健康体系之中，学校心理健康教育作为实现健康中国的重要途径，为儿童青少年的健康成长保驾护航。通过持续的努力与探索，学校心理健康教育将不断提升教育质量与服务水平，为培养更多身心健康、全面发展的时代新人贡献力量,进而推动整个社会向更加和谐、稳定、繁荣的方向迈进。

第三节 学校心理健康教育的内容与途径

掌握学校心理健康教育的内容与途径至关重要,这决定了如何有效地将理论知识转化为促进学生心理健康的具体行动。

一、学校心理健康教育的内容

学校心理健康教育旨在提高学生的心理健康水平。心理健康往往受到多方面因素的影响,其中尤其不能忽视教师、环境(含学校、家庭以及社会环境)等因素。学生是学校心理健康教育的重点对象,教师和环境则是学校心理健康教育的目标对象。

(一)以学生为主体

学校心理健康教育的内容,首先,需要符合学生的年龄特点、发展状况和思维水平。这是因为个体心理发展具有一般顺序和规律,每个阶段都有相应的心理发展任务。例如,要是把高中的"职业生涯规划与志愿填报"这一内容教授给小学低年级学生,显然不符合他们的年龄特点及发展任务。其次,学校心理健康教育的内容应当关注学生成长过程中的普遍课题及其相关问题,如认知发展与学习、自我意识与人格发展、情绪管理与调适、人际交往与社会适应、生涯规划等,并能够解决学生的实际问题,而不是为了"教育"而教育。

1. 认知发展与学习促进

学习是学生阶段的主要任务。学校心理健康教育要能够促进学生的认知发展,并就学习方面的具体问题进行辅导与教育。在认知发展方面,要培养学生观察力、注意力、记忆力、想象力、推理能力、聚合思维和发散思维等方面的良好品质。在学习促进方面,能够帮助学生激发学习动机、培养学习兴趣、确立合理的学习目标、掌握学习策略(含认知策略、元认知策略、资源管理策略)、养成学习习惯、提高学习的自我效能感、学会正确归因以及应对考试问题等。

2. 自我意识与人格发展

自我意识和人格的良好发展对于学生的心理健康至关重要。个体通过探索和整合各个层面的自我,会形成更为稳定的人格特征。反过来,成熟的人格也会促进自我意识的提升,使个体更清晰地认识自己。首先,学校心理健康教育需要帮助学生在不同的发展阶段形成较好的自我认识,即主体我能够完成对客体我身心特征和社会状况的认知,并在自我认知的基础上进行恰当的自我评价。其次,培养学生自我接纳的能力,即以积极的态度看待自身的优缺点,形成自尊、自信的人格品质。同时,帮助学生学会正确对待生命中的挫折和挑战,形成正确的生命观。最后,提高学生自我控制的能力,即个体能主动掌握、调整自身的思想与言行朝着预定目标前进,实现人格的积极发展。

【成长画廊】

20个我

自我意识根据意识活动形式（认知、情感和意志）可以分为自我认知、自我体验和自我调控；根据意识活动内容可以分为生理自我、社会自我和心理自我；根据自我认知中的自我概念，可以分为现实自我、投射自我和理想自我。请根据自己的实际情况，写出20个可以形容"我是……"的句子。请按照不同分类，分析这"20个我"中各个自我的比例是多少，你更关注你的哪个部分？

3. 情绪管理与调适

情绪管理与调适是学生成长过程中的必修课题，也是学校心理健康教育的重要内容。首先，学校心理健康教育需要帮助学生学会情绪认知和情绪识别，让学生了解情绪的定义、表现、类别以及情绪对健康、认知和人际的影响，使学生能够更好地觉察自身和他人的情绪。其次，帮助学生学会情绪表达与理解，让学生学会以合理恰当的言语或非言语手段表达自身的情绪，并尊重他人的情绪表达。再次，帮助学生调节自身和他人情绪，让学生掌握情绪宣泄法（如运动、倾诉等）、注意力转移法以及情绪ABC法等多种科学调节情绪的基本手段[1]，并学会体察、共情、抚慰他人的情绪。最后，帮助学生培养积极情绪，及时疏解消极情绪。

【知识广场】

情绪无好坏之分

情绪有积极情绪和消极情绪之分，但没有好坏之分，更多是起到传递信息的作用。例如，恐惧可以让人下意识脱离危险；羞耻会使人减少违背社会规范的行为。

4. 人际交往与社会适应

有效的人际交往能够促进个体的社会适应，而成功的社会适应又能反过来增强人际交往技能。两者的良性互动对于个体的心理健康和社会功能的发挥都是至关重要的。学校心理健康教育一是需要帮助学生在不同的发展阶段树立正确的人际交往观，让学生明白亲子关系、同伴关系、师生关系以及异性关系等不同的人际关系及其在不同阶段的不同功能。二是需要培养交往技能，懂得人际交往的基本原则（如平等、尊重、真诚等）、掌握影响人际交往的因素（如态度相似、刻板印象等）以及能够分析人际冲突的产生原因并妥善地解决。最后，帮助学生克服和消除社交障碍问题（如社交焦虑、自我中心等），提高人际交往质量，以促进社会适应。

---

[1] 情绪ABC法认为引起人们困扰的不是事件本身，而是人们对事件的认知和看法。

【知识广场】

聚光灯效应

1999年，季洛维奇和萨维斯基在心理学实验中，要求被试者穿上印有不合适图像的T恤，走进一间有人的教室里。研究人员先询问穿T恤的被试者，觉得有多少人注意到身上这件不合适的T恤？再去问教室里的人是否注意到T恤上的图像？结果显示，"穿T恤的学生"觉得有五成以上的人都注意到他的衣服，但是针对教室里的人的调查发现，只有一成的人看清楚T恤上是什么图案。这一实验告诉我们，人们太在乎和自己有关的事物，以为别人的目光都聚集在自己身上，即聚光灯效应。当我们出丑时总以为人家会注意到，其实并不是这样的。其他人或许当时会注意到可是事后马上就忘了，没有人会像你自己那样关注自己的。明白这一效应后，个体的社交焦虑或许就会少一些。

5. 生涯发展与规划

生涯规划，也称作人生规划，是指一个人对自己未来生命进行有目的、有计划、有系统的安排。生涯规划可以通过明确的目标、增强自我认知和适应能力等方式，帮助个体建立更积极的心态和良好的生活状态。生涯规划辅导与教育，一是帮助学生了解生涯规划的意义、"生涯四度"的概念以及职业生涯规划的重要性；二是帮助学生掌握生涯规划的关键过程，包括知己（如自身的兴趣、性格个性、能力、价值观以及拥有的资源等）、知彼（如职业分类、课程/专业与职业的关系、职业的社会环境等）、综合内外部因素后进行决策、行动以及在实践中进行调整和反思这五个部分；三是根据实际情况介绍升学志愿填报、职业选择以及简历制作和面试的技巧。

（二）以教师为主体

学校心理健康教育不仅要关注学生的心理健康，也要重视所有教师的心理健康与维护。《中小学心理健康指导纲要（2012年修订）》明确指出："要重视教师的心理健康教育工作。各级教育行政部门和学校要关心教师的工作、学习和生活，从实际出发，采取切实可行的措施，减轻教师的精神紧张和心理压力。"教师是学校心理健康教育的重要推动者，也是影响学生心理健康的关键因素，在学校教育教学活动中扮演着极为重要的角色。教师的心理健康状况直接影响教师的教育方式，进而对学生的身心发展和健康成长产生深远的影响。

目前教师的心理健康状况存在一些典型的问题，如职业倦怠、人际关系问题等。这些问题的出现受到多种因素的综合影响，如日常工作压力大、教育变革带来的高要求以及社会对于教师的高期望等。要想提高教师的心理健康水平，除了教师自身需要进行心理健康的积极调节，离不开各级教育行政部门和学校的作用。

作为学校心理健康教育的主要推动者，心理健康教师是否具备足够的专业素养、专业成长是否能够得到保障至关重要。《中小学心理健康指导纲要（2012年修订）》指出："心理健康教育是一项专业性很强的工作，必须大力加强专业教师队伍建设。""大力开展心理健康教育教师培训"。因此，首先，应有相应的培训体系使心理健康教师的专业能力和素养得到成长。其中，专业能力和素养包括课程设计、教学实施、学校心理健康监测与评估、个体心理咨询、团体心理辅导、心理危机干预等。其次，畅通心理健康教师的发展渠道。《行动计划》指出："组织研发心理健康教育教师专业标准，形成与心理健康教育教师资格制度、教师职称制度相互衔接的教师专业发展制度体系。"

（三）以学校、家庭和社会为主体

正如心理健康受到多方因素的影响一样，学校心理健康教育也离不开学校、家庭以及社会等多方力量的支持。目前有部分学校教育者、家庭甚至社会组织忽视了心理健康的重要性，也有一些是明白其重要性但却不知道具体该怎么实施。因此，要想做好学生的心理健康教育工作，在一定程度上要同时做好对于学校、家庭以及社会的心理健康教育工作。具体来说，一是帮助相关力量认识到目前学生心理健康的重要性，加深对当前存在的学生心理及行为问题的理解；二是在了解的基础上，明白学校、家庭以及社会自身（如学校的教学质量、家长的教养方式以及社会的舆论风气等）对于学生心理健康状况的重要影响；三是提供切实可行的具体措施，鼓励多方力量根据实际情况进行实践和调整，不要追求一蹴而就。

二、学校心理健康教育的途径

学校心理健康教育的途径是学校心理健康教育顺利实施的基本保障。根据《中小学心理健康指导纲要（2012年修订）》，学校心理健康教育的途径包括：①教育教学全过程；②密切联系家长共同实施心理健康教育；③充分利用校外教育资源开展心理健康教育。结合近年学校心理健康教育的有效实践，我们将学校心理健康教育的途径按作用方式分为：专门途径、基本途径和协同途径。

（一）专门途径

学校心理健康教育的专门途径涵盖课程教育、监测评估、咨询服务和危机干预处置等方面。

课程教育是学校心理健康教育体系最核心的组成部分，是学校心理健康教育最主要的工作内容。它以活动性和体验性为特征，以课程的形式教授学生心理健康的基本知识和技能，系统性地促进学生在认知、情感、意志、行为、人格和社会性等多方面的发展，较为全面地提高学生心理健康水平。

健康监测评估是顺利开展心理健康教育的第一步，同时也是检测心理健康服务效果的关键一步。它通过定期开展心理测试、问卷调查、生理指标测量、行为观察等方式，同时也可以融合大数据技术等手段，了解学生的心理动态变化，在发现潜在的心理问题时也能够进行及时的干预。

咨询服务是学校心理健康教育中专业化程度最高也是极其重要的部分，主要可以分为个体心理咨询和团体心理辅导。个体心理咨询一般是指，心理健康教师运用咨询的理论与技术，与有心理困扰或心理问题的学生建立咨询关系，帮助学生消除心理问题、提高心理健康水平。个体心理咨询主要是一对一的形式，而团体心理辅导是指在团体情境中为学生提供心理帮助与指导的一种辅导形式。在专业团辅人员的引导下，通过人际互动构建一种温暖、尊重、信任的团体氛围，促使团体成员以直接、坦诚的言语或非言语形式共同探讨关心的问题，从而达到自助和互助的目的。它有助于解决学生在某阶段的普遍性问题，如新生适应问题、考试焦虑问题和人际交往问题等。

危机干预处置在学校心理健康教育中扮演着应急响应和恢复支持的关键角色。具体是指，教育者运用专业的危机干预技术，对于处在危机情境（如自杀危机）的学生给予及时的心理帮助和支持的过程。它有助于帮助学生处理迫在眉睫的问题，恢复心理平衡，安全渡过危机。

（二）基本途径

《行动计划》提出，五育并举促进心理健康教育。一是以德育心；二是以智慧心；三是以体强心；四是以美润心；五是以劳健心。心理健康教育应始终贯穿于教育教学全过程，涉及学科教学、学生管理、各种体育、艺术和劳动等活动以及学校环境等各个方面，这是学校心理健康教育的基本途径。

以德育心。学校的德育思政工作人员（如班主任和德育处等）需将学生心理健康教育融入教育教学、管理服务和学生成长各环节，善用心理学理论完善自身的管理方式，有意识地帮助学生树立正确的世界观、人生观、价值观，促进整体素质的提高和个性的全面发展，实现"以德育心"。

以智慧心。教师在传授知识、技能以促进学生智力发展的同时，需有意识地运用心理学的理论和方法，维护和增进学生的心理健康，塑造健全人格。达到"既教书，又育人"的目标，即"以智慧心"。这一基本途径涉及学科内容本身以及学科教学过程，需要教师充分利用学科课程资源（如历史学科可以通过历史事件和人物培养社会责任感），设定合理的教学目标，注意学科教学活动的设计，营造愉悦的课堂教学心理环境，实施合理的反馈与评价方式，以促进学生健康地成长。

以体强心、以美润心和以劳健心。具体是指在丰富多彩的体育锻炼活动、美育实践活动、劳动教育活动以及其他的班集体或团体活动，甚至是学校自然环境和人文环境的建设中促进学校心理健康教育。这需要充分发挥各种不同活动的作用。例如，在体育课或运动会等活动中可以调节学生情绪、培养集体意识；在美术课、科技文化艺术节、墙报板报主题比赛、教室或宿舍文明比赛等活动中陶冶学生情操、促进团队合作；在劳动课、户外拓展等活动中可以提高学生认知水平、磨炼意志品质。寓教育于活动，以多种活动促进心理健康教育，健全学生的人格发展，实现"以体强心""以美润心"和"以劳健心"。

教育教学全过程对于心理健康教育的重视，有助于为学校心理健康教育的发展性目标和预防性目标提供最持久、最可靠的依托。

（三）协同途径

学校、家庭和社会是影响青少年发展的重要力量，学校虽然在学生成长过程中起着主导作用，但家庭和社会对于学生的发展与成长同样起着不容忽视的作用。因此，学校心理健康教育离不开家庭和社会的支持。建立起一种以学校为主导的"家庭—学校—社会"协同的"三位一体"心理健康教育模式对于学校心理健康教育的工作至关重要。

1. 家庭心理健康教育

心理健康教育走进家庭是推行学校心理健康教育的必然要求。家庭是学生成长的首要环境，家庭氛围、父母的教育方式、亲子关系等都会直接影响学生的心理健康。因此，将心理健康教育延伸至家庭，可以创造一个良好的支持环境，为学生提供更全面的心理健康教育。

首先，很多家长对心理健康的认识不足，可能会忽视孩子的心理需求。针对这一问题，学校可以通过心理健康讲座、亲子教育活动等多种方式，帮助家长树立正确的教育观念，了解和掌握孩子成长的特点、规律，增强对心理健康及其影响因素的认识；提醒家长及其他家庭成员注重自身的心理素质和心理健康水平的提高，加强亲子沟通，以积极健康和谐的家庭环境更好地支持孩子的成长。其次，心理健康教育不仅仅是在学校的教育内容，而是一种长期的生活方式。学校可以通过主题班会等各种方式让学生家长了解学校正在开展的学校心理健康教育工作及其成效，指导家长帮助孩子形成良好的心理健康习惯（如积极的情绪管理），同时帮助家长了解如何识别和积极应对孩子的心理问题，以共同解决孩子在发展过程中的心理行为问题，支持孩子的健康成长。

2. 社会心理健康教育

社会心理健康教育则是另一种促进学校心理健康教育的协同途径。社会环境会对人们的心理健康产生潜移默化的影响。当然，很多社会事件是不可控制的，但相关部门以及媒体需有意识地营造一个良好的社会环境，引导正确的舆论导向，例如，针对小学生最近流行的"烟卡"活动进行合理管控。除了营造良好的社会环境，"宣传教育—心理普查—心理健康教育活动—专业心理咨询"社会预防体系的建立至关重要，这需要联合多方社会组织的力量，从更加具体和微观的层面为心理健康提供保护和屏障。同时，学校要充分利用校外教育资源（如公共文化机构、社会团体等）开展心理健康教育，组织开展各种有益于中小学生身心健康的文体娱乐活动和心理素质拓展活动。

专门途径、基本途径和协同途径共同构成一个相对完整的学校心理健康教育体系。在具体实施时，既要注意各种途径的相互结合和补充，也要根据现实情况，发挥各自优势，弥补不足。

第四节 学校心理健康教育工作的要求与伦理

掌握学校心理健康教育工作的具体要求和伦理规范，是确保心理健康教师工作科学性、有效性及专业性的关键，是为学生提供高质量心理健康服务的基础。

一、学校心理健康教育的工作要求

学校心理健康教育的工作要求，是在深入理解学生心理发展规律、紧密结合学校教育

实际的基础上，对心理健康教育工作提出的具体指导和规范。这些要求不仅体现了心理健康教育的专业性和科学性，还充分考虑了学校教育的特殊环境和学生的实际需求。它们是确保心理健康教育工作有效实施、促进学生心理健康发展的重要保障，对于指导学校心理健康教育的实践工作具有重要意义。

（一）工作目标

科学构建学校心理健康教育目标，是扎实、有效开展学校心理健康教育工作的基石。这一目标体系不仅为教育内容、方法和手段的选择与实施提供了明确的指引，还对整个教育过程起着宏观调控与微观定向的关键作用，增强了教育活动的连贯性和效率，并为全面、客观地评估学校心理健康教育工作效果提供了重要的依据和基本标准。

近年来，不同学者从各自的研究领域和角度出发，提出了各有侧重的心理健康教育目标，如维护心理健康、培养良好的个性心理品质、开发智力、培养学生的适应能力、促进行为习惯的养成等。同时，基于不同的标准，目标也被相应地分类，如医学或心理学的目标、中间或终极的目标、内部或外部的目标等。

学校的心理健康教育目标的确立应遵循以下依据：应与教育的总目标一致，应促进学生个性充分和谐发展，应是多层面及各系统的协同，应立足当前又面向未来并兼顾个人与社会。其总目标是：提高全体学生的心理素质，培养他们积极乐观、健康向上的心理品质，充分开发他们的心理潜能，促进学生身心和谐可持续发展，为他们健康成长和幸福生活奠定基础。

学校心理健康教育的具体目标则包括：使学生学会学习和生活，正确认识自我，提高自主、自助和自我教育的能力，增强调控情绪、承受挫折、适应环境的能力，培养学生健全的人格和良好的个性心理品质；对有心理困扰或心理问题的学生，进行科学有效的心理辅导，及时给予必要的危机干预，提高其心理健康水平。

为了更系统地实施这一目标，我们可以将其分解为基础目标、中间目标和终极目标三个层次。

1. 基础目标

学校心理健康教育的基础目标是防治心理疾病，增进心理健康。鉴于心理疾病的发展往往经历一个由量变到质变的过程，我们必须坚持预防为主的方针，通过系统地开展心理健康教育活动来消除诱发心理疾病的各种因素。一旦发现学生有心理疾病的苗头，应立即采取积极措施，在问题尚处于量变阶段时即予以解决；若学生已确诊患有心理疾病，则应给予及时且有效的治疗，以帮助其尽快恢复健康。此外，心理健康教育的基础目标还包括：使学生学会自我心理保健，掌握预防和消除心理疾病的原则和方法，对自身的心理健康状况有正确的认识，能够自主解决心理困扰，从容应对生活中的各种挫折和挑战，并保持乐观、稳定、积极向上的心态。

2. 中间目标

学校心理健康教育的中间目标是优化学生的心理素质，促进其全面发展。心理素质是指个体所具有的心理品质和行为模式，它反映了人的身心潜能的开发与利用程度。良好的心理素质既包括与现代社会文化要求相适应的心理素质，也包括与中小学生当前生活相适应的心理素质。具体来说，这要求学校心理健康教育：培养学生自主坚强的人格，帮助他们认识并接纳自己，提高自信心；培养学生的独立性和勇敢品格；激发学生的成就动机，鼓励他们追求上进；培养学生的坚持性和耐心；培养学生的关爱品格，使他们养成良好的社会兴趣和交往技能；并培养乐观开朗的性格特征。学校心理健康教育的基本目的在于使学生学会调节和适应，既要使他们学会正确对待自己、接纳自己、化解内心冲突，确立适当的志向水平，保持精神生活的内部和谐；又要使他们形成正确的适应行为，使行为符合社会规范，消除人际障碍，改善人际关系。

3. 终极目标

学校心理健康教育的终极目标是立德树人，促进学生人格的健全发展，实现自我价值与社会价值的和谐统一。这要求我们不仅关注学生的心理健康状态，更要引导他们树立正确的世界观、人生观和价值观，培养他们的思想道德素质、科学文化素质和身心健康素质。通过心理健康教育，帮助学生认清自己的潜力和特长，激发他们的内在动力，使他们能够积极面对生活，勇于担当社会责任，追求有意义的人生目标。同时，注重培养学生的创新精神和实践能力，提升他们的综合素养，使他们成为具有高尚品德、健全人格、全面发展的人，为实现个人价值和社会进步做出积极贡献。这既是心理健康教育的最高追求，也是立德树人教育理念的具体体现。

（二）基本原则

学校心理健康教育的基本原则，是确保教育实践科学性、实效性和发展性的关键要素。这些原则涵盖了从教育理念到实施策略的多个层面，体现了心理健康教育的内在逻辑和价值导向，共同构成了心理健康教育工作的核心指导体系。

1. 科学性原则

科学性原则要求学校心理健康教育必须严格遵循学生身心发展的客观规律和心理健康教育的科学原理。在开展心理健康教育时，应充分考虑学生的年龄特点、心理发展阶段以及个体差异，确保教育内容的科学性和教育方法的合理性。学校心理健康教育工作者需要运用心理学的研究方法和评估工具，如心理测验、行为观察等，来准确评估学生的心理健康状况，制订出既符合学生心理发展需求又具有针对性的教育计划。同时，教育过程中应融入积极心理学、发展心理学、认知心理学等科学理论，通过科学的方式推动学生心理健康的全面发展，培养学生的积极心理品质和适应能力。

2. 实效性原则

实效性原则强调心理健康教育应注重实践效果，切实提高学生的心理素质和心理健康水平。这要求心理健康教育不仅要有理论指导，更要注重实践操作，通过有效的教育活动和辅导策略，帮助学生解决实际问题，提升其应对生活挑战的能力。因此，针对青少年学生各种心理问题的心理健康教育内容、形式和方法等，不能只停留在一般知识的简单传授上，应精心组织和设计符合学生发展需要和兴趣爱好的活动，让学生在各种模拟与实际情境中去讨论、体验和训练等。同时，要定期评估教育效果，根据反馈调整教育策略，确保心理健康教育的实效性。

3. 发展性原则

发展性原则强调心理健康教育应坚持发展、预防和危机干预的有机结合，这体现了心理健康教育工作的前瞻性。该原则要求学校心理健康教育不仅要关注学生的当前心理状态，更要着眼于其长远的发展，致力于培养学生积极的心理品质和挖掘其潜在的心理能力。为此，心理健康教育应关注学生心理发展的阶段性和连续性，通过有针对性的教育活动，促进学生的心理成长和成熟。同时，发展性原则也强调预防和解决学生发展过程中的心理行为问题的重要性。这需要心理健康教育工作者具备敏锐的观察力和判断力，能够及时在现实中发现学生可能存在的心理问题，并采取有效的预防措施进行干预。此外，对于应急和突发事件，心理健康教育更需迅速响应，及时进行危机干预，以减轻学生的心理压力，确保其心理健康的持续发展。

4. 全体性原则

全体性是指心理健康教育要面向全校所有学生，全体学生都是心理健康教育的对象和参与者，学校心理健康工作者要树立心理健康教育意识，尊重每一位学生，平等对待全体学生，心理健康教育的设计、实施、计划、组织都要着眼于全体学生，要考虑到绝大多数学生的共同需要和普遍存在的问题，以绝大多数乃至全体学生的心理健康水平和心理素质的提高为学校心理健康教育的基本立足点和最终目标。这要求教育工作者树立全员参与的意识，确保心理健康教育惠及每一位学生。

5. 差异性原则

差异性是指学校心理健康教育要关注和重视学生的个别差异，根据不同学生的不同特点与需要，开展形式多样的、针对性强的心理健康教育活动，以提高学生的心理健康水平。人是有差异的，青少年也不例外，他们具有自己的个性特点，拥有不同的社会背景、家庭环境、生活经验和价值观念。因此，学校心理健康教育不是要消除学生的特点与差异，相反是要使学生的差异性、独特性最合适地展示出来。强调差异性，也就是要求心理健康教育要同学校其他教育教学工作一样，根据学生心理发展特点和身心发展规律因材施教，使每个学生的心理健康水平得以提高，最终实现全体学生心理素质的提高。

6. 整体性原则

整体性是指在学校心理健康教育过程中，教育者要运用系统论的观点指导教育工作，注意学生心理活动的有机联系和整体性，对学生的心理问题作全面考察和系统分析，防止和克服教育工作中的片面性。这要求学校心理健康教育工作者关注学生人格的整体发展，重视学生德智体美全面发展。从学生自我完善的需求出发，注重学生知、情、意、行几方面协调发展，从个体心理的完整性和统一性，个体身心因素与外部环境的制约性、协调性等综合因素出发，全面把握和分析学生心理问题的成因，采用相应的教育与辅导对策。并且，对学生心理问题的教育与辅导要采用综合模式，不局限于某一种方法和技术。只有这样，学校心理健康教育工作才能更有成效、更有意义。

7. 主体性原则

主体性是指学校心理健康教育要以学生为主体，充分尊重学生的主体地位，充分发挥学生的主体作用，所有工作都要以学生为出发点和落脚点，要把教师的教育辅导和学生的主动参与有机结合起来。这意味着心理健康教育应是一种助人与自助的活动，旨在培养学生的主体意识和能力，使其能够自主地维护自身心理健康。因此，要在教师的教育指导下，充分发挥和调动学生的主体性，引导学生积极主动关注自身心理健康，培养学生自主自助维护自身心理健康的主体意识和能力。

（三）具体要求

在新时代的征程中，学校心理健康教育应以习近平新时代中国特色社会主义思想为指引，全面贯彻党的教育方针，坚持为党育人、为国育才，落实立德树人根本任务。在此背景下，学校心理健康教育需坚守健康第一的教育理念，将心理健康工作置于更加突出的位置，致力于全面培育学生的心理品质和意志品质，为学生的全面发展奠定坚实基础。

为实现这一目标，学校心理健康教育需统筹政策与制度，确保工作的有序进行；注重学科与人才的结合，打造专业的心理健康教育师资队伍；运用先进的技术和营造良好的环境，为学生提供全方位的心理健康教育支持。同时，心理健康教育应贯通大中小学各学段，确保教育的连续性和系统性，并贯穿学校、家庭、社会各方面，形成协同育人的强大合力。

具体而言，学校心理健康教育应通过全面促进学生的思想道德素质、科学文化素质和身心健康素质的协调发展，为培养能够担当民族复兴大任的时代新人奠定坚实的基础。这些构成了学校心理健康教育的具体要求，指导着我们在实践中不断前行和完善。

在此基础上，学校心理健康教育工作的基本要求应聚焦于以下几个方面。

1. 坚持全面发展，深化教育体系改革

完善全面培养的教育体系，注重心理健康教育与德智体美劳各方面的融合，确保学生综合素质的全面提升。推进教育评价改革，建立多元化的评价体系，既考查学生的学业成绩，也关注其心理健康状况和综合素质的发展。培养学生的全面发展，注重其思想道德素质、科学文化素质和身心健康素质的协调发展，以培育社会主义建设者和接班人为目标。

2. 坚持健康第一，强化心理健康地位

将健康作为学生全面发展的基石，特别是心理健康的重要性，确保其在教育中的核心地位。遵循学生成长成才的规律，将心理健康问题的解决与学生成才发展的实际问题相结合，形成综合性的教育策略。将心理健康工作质量作为衡量教育发展水平、办学治校能力和人才培养质量的重要指标，确保学生身心健康的全面发展。

3. 强化师资队伍建设，提升专业能力

加强心理健康教育师资队伍的建设，注重教师的专业培训和持续发展，提高其心理健康教育的理论和实践水平。优化教材、课程和学科设置，确保心理健康教育内容的科学性和针对性，满足学生不同发展阶段的需求。建立健全学生心理健康问题的预防和监测机制，实施主动干预策略，提升心理健康工作的科学性和有效性。

4. 促进多方协同，形成育人合力

健全学校、家庭、社会多方联动机制，明确各方在心理健康教育中的责任和角色，形成协同育人的良好氛围。聚焦影响学生心理健康的核心要素和关键领域，通过补短板、强弱项的策略，系统强化学生心理健康教育工作。加强与学校其他部门的沟通与合作，确保心理健康教育工作与学校整体教育工作的有机结合和相互促进。

二、学校心理健康教育的伦理规范

学校心理健康教育伦理规范是开展学校心理健康教育工作时所必须遵循的行为准则，它包括学校心理健康教育者禁止的行为和应尽的职责。学校心理健康教育伦理规范是维系学校心理健康教育专业发展的基础，也是确保学校心理健康教育有效开展的重要保障。

（一）职业伦理的作用

职业伦理的作用在于确保心理健康教育的专业性和有效性，是提升服务质量的关键。

1. 提高专业水平

学校心理健康教育的伦理规范有助于净化并提升该领域的专业化队伍。随着学生心理问题的日益复杂化，对心理健康教育工作者提出了更高要求，而具备良好的专业素养是其最基本的要求。例如，日本对学校心理健康教育工作者的资格认定严格把关，要求申请者必须在专业基础知识和实践能力两方面均达标，且取得资格的教师需每5年更新一次认证。同时，《美国学校心理学家学会职业道德准则》强调，心理健康教育者不应满足于已有的资格证书和从业执照，而应持续接受培训，不断提升自身的理论素养和实践技能。这意味着，心理健康教育者应认识到专业发展的重要性，积极参与持续职业发展活动，制定个人职业发展规划，定期接受培训，并通过阅读最新科研成果、参加学术研讨会或专业组织活动等方式，使自身知识紧跟科学发展步伐，以满足服务对象日益增长的需求。高质量的师资队伍是提供高质量服务的前提，因此，制定一系列伦理规范对于学校心理健康教育的专业化发展至关重要，也是培养高质量师资队伍的基础。

2. 提升行业地位

学校心理健康教育工作者在学校中的身份和地位不明确是当前面临的一大挑战。他们往往身兼数职，面临角色冲突、身份模糊、权责不清的困境。建立一套系统的专业伦理规范，有助于明确心理健康教育者的身份，提升其在学校工作中的地位，并增强其对职业的认同感，从而树立良好的公众形象。

学校心理服务是一个系统工程，需要学校、家庭和社会的共同配合与努力。《美国学校心理学家学会职业道德准则》明确要求心理健康教育者鼓励家长通过多种途径了解并参与影响孩子的项目，同时强调与社区保持密切联系。高效的心理服务需要一种更全面的视角，即教师、家长和社区的协同合作，这也符合美国学校心理学"学校—家庭—社区"服务模式的基本要求。因此，学校心理健康教育的伦理规范有助于动员全社会力量，促进对学校心理健康教育的理解和接受，进而提升其行业地位。

3. 避免伦理失范

对于学校心理健康教育工作者而言，保护和尊重学生至关重要。然而，在实际工作中，由于缺乏伦理意识和知识，一些心理健康教育工作者可能在触及敏感领域时无法自查，甚至在出现过失后逃避责任，而非及时补救。专业伦理规范能够明确各方权责，有效指导心理健康教育工作，预防伦理失范现象的发生。但需注意，伦理规范仅是对从业者的最低要求，并不能涵盖心理服务过程中遇到的所有问题。因此，心理健康教育者需根据具体情况灵活判断和决策。《美国学校心理学家学会职业道德准则》在强调"必须"的同时，也提供了诸多"例外"情况，如在保密原则中的"危急情况例外"。尽管"尊重求助者隐私"被视为至高无上的职业道德，但也存在关于"保密例外"的规定。又如，心理健康教育工作者通常需在家长或监护人正式同意下为学生提供服务，但并非所有服务都需征得此同意。作为教育工作者，他们在权限范围内审查教育记录、进行课堂观察和监测并及时干预，均属于常规教学活动，此时不经过家长或监护人同意在道德上也是允许的。

（二）职业伦理的要求

遵守职业伦理的要求，是每位心理健康教育工作者的基本职责，也是赢得学生和社会信任的前提。

1. 尊重

心理健康教师应将学生的利益置于首位，在工作过程中始终遵守"以人为本"的理念，在其言论和行动中表现出对来访者自主权及其决定权的尊重，保障来访者的知情同意权，对工作对象隐私保持尊重。应坚持公平、公正的原则，坚持面向全体学生和关注个别差异相结合，尊重所有的来访者，尊重每个学生的独特性，关注学生的个体差异和需求，不偏袒任何学生，不因个人喜好或偏见而区别对待学生，根据学生的情况制订个性化的心理健康教育计划，提供公平的机会和资源，确保每位学生都能享受平等的心理健康服务。

2. 责任

心理健康教师致力于促进学校、家庭和社区环境的健康发展。他们在识别影响儿童、青少年和学校的不公正社会现象方面发挥了积极作用，并努力改革制度层面的不公正模式。心理健康教师应明确自身职责，加强心理健康教育；应参与完善家校社协同机制，主动推动家校社协同，为学校心理健康教育的发展做出贡献。

3. 诚信

为了培养并维持信任，心理健康教师必须忠于事实，履行职业承诺，并在专业和职业关系中保持诚信。心理健康教师应对他们的资格、能力和角色保持坦率。心理健康教师应客观准确地向他人确认他们的职业资格，包括能力资质、教育背景、毕业准备、经验、认证和许可证书等。心理健康教师应纠正他人对于自身资格的任何误解。若缺乏权威的毕业准备标准和在专业性方面受督导的经历和经验，心理健康教师不得表露自己是某一特定领域的专家。心理健康教师确保他们服务的性质和范围是真诚坦率的。心理健康教师应以一种简洁明了的方式向他们服务的对象及其他人解释其专业能力、角色、任务和工作关系，以清晰易懂的方式向学生解释并澄清所有的专业服务。

4. 专业胜任力

学校心理健康教师应能够具备扎实的专业知识和技能，不断提升自己的专业能力，保持良好的个人素质和道德品质。心理健康教师应具备相关的教育背景和专业资格。他们应持有国家认可的心理健康教师资格证书，该证书应要求教师具备相关的心理学知识和技能，以及教育学和教育心理学等方面的基础知识。同时，心理健康教师应具备扎实的心理学知识和专业技能，应了解心理健康教育的理论基础和实践方法，掌握心理评估和干预的技能，能够有效地识别和处理学生的心理问题。

学校心理健康教师主要需要具备的专业知识和技能主要如下：

（1）掌握搜集、整理和学习心理学相关新资料的方法；

（2）具备设计教案与实施心理健康教育活动课程的能力；

（3）掌握心理测评与心理调查分析的技术，能熟练运用SPSS等软件进行量化分析研究；

（4）具备建立心理档案的能力；

（5）掌握学生常见心理问题的识别与诊断能力；

（6）掌握个别咨询和团体辅导的技能；

（7）掌握发展性心理训练的常用方法；

（8）了解心理治疗的常用方法。

（三）职业伦理的培训

在学校心理健康教育领域，职业伦理不仅是理论上的指导原则，更是实践中的行动指南。为了确保心理辅导教师能够在实际工作中遵循职业伦理，必须对其进行系统的教育与培训。以《中学心理辅导教师工作准则》为例，提供明确的指导和规范。

第一条　辅导教师须遵守国家相关法律法规，遵守《中华人民共和国未成年人保护法》，遵守教育部关于心理辅导室功能的定位，严守教师职业道德规范，本着高度负责的精神，为来访学生提供心理辅导服务。

第二条　辅导教师须遵守《中国心理学会临床与咨询心理学工作伦理守则（2025）》。

第三条　辅导教师应确保来访学生了解心理辅导的专业性质、特点和可能的局限，做好预约、说明工作。

第四条　辅导教师须态度真诚，尊重每一位来访学生，建立客观、公正、平等的辅导关系，对来访学生不得有任何偏见、歧视。

第五条　辅导教师有责任保护来访学生的隐私，当发现来访学生存在保密例外的情况，须及时向学校相关部门报告并协助学校预警，按照最低限度原则在最小范围内披露有关信息。

第六条　辅导老师遵循合作的原则，在学校会商工作中，有责任对会商对象进行有关伦理的宣讲，以共同负起保护和帮助学生的责任。

第七条　辅导教师应清楚了解多重关系对专业判断和来访学生的可能不利影响，确保不因为多重关系危害来访学生利益。

第八条　当出现来访学生与监护人、校方等方面有权益冲突时，辅导老师应进行充分协商讨论，以最大限度保障学生权益为原则予以处理。

本章小结

基本概念

心理健康　学校心理健康教育　心理辅导　心理咨询　心理治疗

要点回顾

1. 心理健康是人在成长和发展过程中，认知合理、情绪稳定、行为适当、人际和谐、适应变化的一种完好状态。在这一过程中，心理健康会受到个体因素、微观系统、中间系统、外部系统、宏观系统的综合影响，因此心理健康教育既要关注个体也要重视环境。

2. 学校心理健康教育作为学校教育的一项重要内容，它是心理学在学校教育中的具体运用，属于应用心理学的范畴，是直接服务于学校心理健康的一门独特的理论与技术。当前学生心理健康工作已经上升为国家战略，充分彰显了学校心理健康教育促进学生健康成长、促进教育质量提升、促进社会和谐进步的重要作用。

3. 学校心理健康教育的内容应考虑不同主体的需求，例如，以学生为主体的内容包括认知发展与学习、自我意识与人格发展、情绪管理与调适、人际交往与社会适应、生涯规划等；同时还应考虑教师、学校、家庭和社会等主体。在实际工作开展中，学校心理健康教育应将专门途径、基本途径和协同途径相结合，根据实际需要灵活运用。

4. 工作要求和伦理规范是学校心理健康教育工作开展的重要保障。工作目标、基本原则、具体要求确保学校心理健康教育工作有效实施；伦理规范在提高专业水平、提升行业地位和避免伦理失范等方面具有重要意义，同样不容忽视。

练习题

1. 如何理解心理健康的标准？
2. 影响学生心理健康的因素有哪些？
3. 学校心理健康教育是一种什么样的教育？
4. 在实际的教学中，心理健康教师应如何开展学校心理健康教育？
5. 结合以下案例，谈一谈学校心理健康教育伦理规范与要求。

小明是一名初中二年级的学生，近期因学业压力增大和家庭关系紧张，表现出明显的焦虑情绪和抑郁倾向。学校心理健康教师林老师注意到了小明的变化，主动邀请他进行一对一的心理咨询。在咨询过程中，林老师尊重小明的隐私权、保密原则，保持客观中立的态度等。然而，在咨询后期，林老师发现小明的情况超出了自己的专业处理能力范围，便及时将小明转介给了专业的心理咨询师，并与其家长进行了沟通，共同制订了支持计划。

拓展阅读

[1] 中华人民共和国教育部. 教育部等十七部门关于印发《全面加强和改进新时代学生心理健康工作专项行动计划（2023—2025年）》的通知 [EB/OL].

（2023-04-27）[2024-08-31]. http://www.moe.gov.cn/srcsite/A17/moe_943/moe_946/202305/t20230511_1059219.html.

[2] 林崇德，辛涛，邹泓. 学校心理学[M]. 人民教育出版社，2000.

[3] 俞国良，靳娟娟. 心理健康教育与"五育"关系探析[J]. 教育研究，2022，43（1）：136-145.

[4] 俞国良. 心理健康教育的新诠释：教育效能视角[J]. 清华大学教育研究，2024，45（1）：110-119.

[5] 俞国良. 心理健康问题的当代诠释：学理与系统视角[J]. 北京师范大学学报（社会科学版），2024，（2）：29-43.

第二章　学校心理健康教育的组织与管理框架

学习目标

1. 理解学校心理健康教育的基本模式与架构。
2. 了解学校心理健康教育软硬件建设的基本要求。
3. 掌握学校心理健康教育工作评估的主要方法与过程。

课前导学

A校为市属重点中学。该校不仅构建了"学校—家庭—社区"心理健康教育共同体，使得心理健康工作覆盖了校内每一个角落，更将触角延伸至家庭与社区，形成强大的支持合力。A校的学生心理健康指导中心，作为这一共同体的核心，不仅汇聚了专业心理咨询师，还主动"破圈"，邀请社区心理专家、家长成为心理健康教育的同行者，共同编织了一张无微不至的关怀网。

B校为偏远农村小学。该校因地制宜，结合留守儿童较多的特点，通过"心连心"热线架起学生与远方父母沟通的桥梁。学校住校生较多，学校充分利用宿舍条件，在学生宿舍区创建"心理健康角"，进行心理健康知识科普。学校还利用课外时间，开展多种形式的心理游戏、心理团辅活动，让学生在轻松愉悦中学会了自我调节，找到了心灵的避风港。

课前思考

1. 学校心理健康教育工作有哪些模式和基本架构？
2. 学校心理健康教育需要哪些软硬件设施？
3. 如何评估学校心理健康教育工作的成效？

思维导图

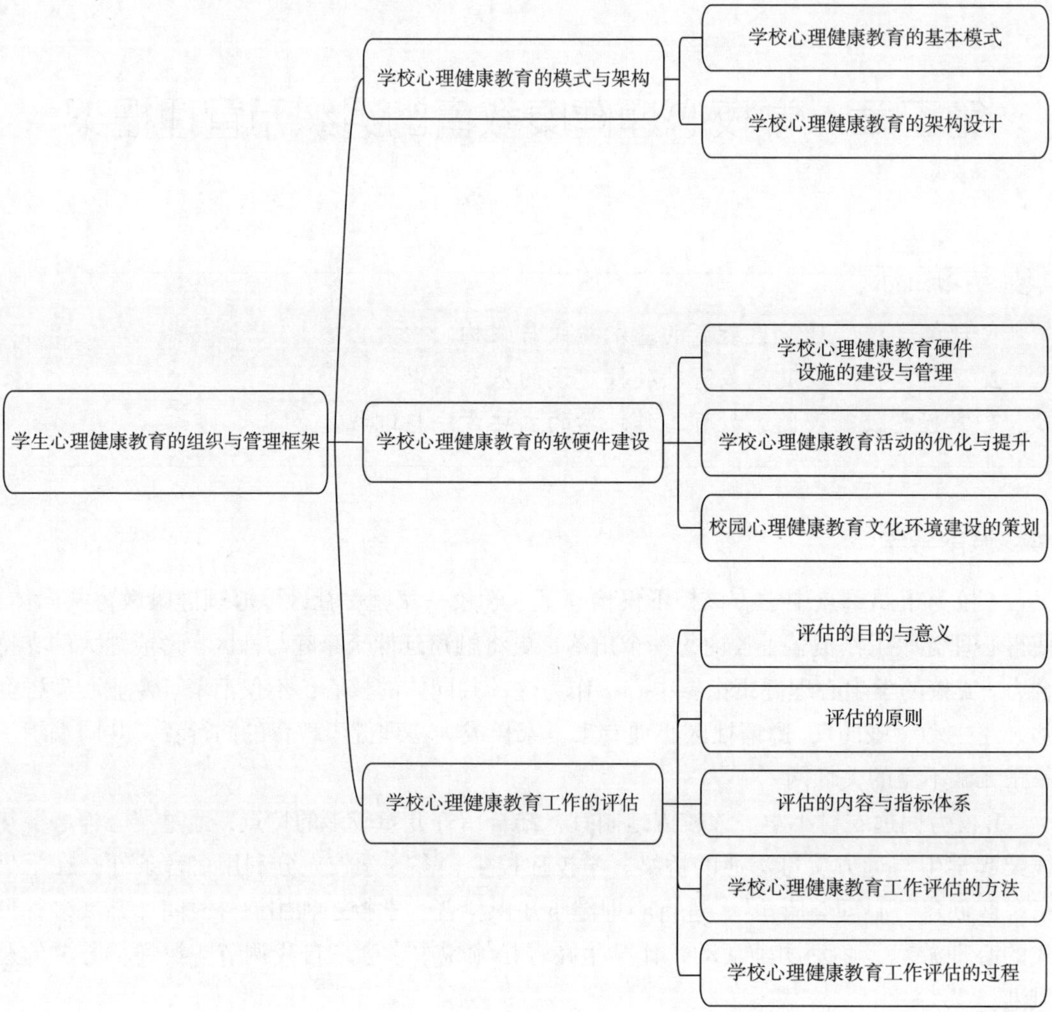

- 学生心理健康教育的组织与管理框架
  - 学校心理健康教育的模式与架构
    - 学校心理健康教育的基本模式
    - 学校心理健康教育的架构设计
  - 学校心理健康教育的软硬件建设
    - 学校心理健康教育硬件设施的建设与管理
    - 学校心理健康教育活动的优化与提升
    - 校园心理健康教育文化环境建设的策划
  - 学校心理健康教育工作的评估
    - 评估的目的与意义
    - 评估的原则
    - 评估的内容与指标体系
    - 学校心理健康教育工作评估的方法
    - 学校心理健康教育工作评估的过程

系统开展学校心理健康工作是全面推进素质教育高质量发展的关键环节。本章聚焦于学校心理健康教育的组织与管理框架，首先阐述其主要模式与架构，随后探讨软硬件建设，包括设施管理、环境优化及文化环境营造，以构建利于学生心理健康成长的校园环境；最后，介绍心理健康教育的评估体系，明确评估目的、原则、内容及方法，旨在通过科学评估机制确保教育工作的有效性与持续改进。

第一节　学校心理健康教育的模式与架构

学校心理健康教育的模式与架构是学生健康成长及教育体系稳定运转的基石，对于系统理解和实践心理健康教育、构建健康和谐的校园心理环境、促进学生全面发展具有重要意义。

一、学校心理健康教育的基本模式

学校心理健康教育在促进学生全面发展、预防心理问题、提升心理素质等方面发挥着至关重要的作用。学校心理健康教育模式为学校心理健康教育的有效服务提供重要参考依据。

（一）"四位一体"模式

"四位一体"的心理健康教育模式是一个全面、系统的学生心理健康工作体系，它包括健康教育、监测预警、咨询服务和干预处置4个核心组成部分。

1. 健康教育

这是学校心理健康教育工作的第一步。这一环节侧重于通过课堂教学、专题讲座、心理健康活动月等形式，普及心理健康知识，提升学生的自我认知和心理调适能力。它旨在帮助学生建立正确的心理健康观念，学会识别常见的心理问题，并掌握基本的应对策略。

2. 监测预警

通过建立心理健康监测体系，定期对学生进行心理测评，及时发现潜在的心理问题或风险。这有助于学校及时掌握学生的心理状态，为后续的咨询和干预提供有力支持。预警机制还包括设置心理危机预警信号，以便在关键时刻迅速响应。

3. 咨询服务

学校设立心理咨询室，配备专业的心理咨询师，为学生提供个性化的心理咨询服务。咨询服务涵盖学业压力、人际关系、情绪管理、自我发展等多个方面，旨在帮助学生解决心理困扰，提升心理韧性。

4. 干预处置

对于出现严重心理问题的学生，学校应启动干预处置程序，包括转介到专业医疗机

构、制订个性化的干预计划、提供持续的心理支持等。这一环节强调及时、有效、专业的干预，以减轻学生的心理负担，促进其早日康复。

（二）家校社协同模式

家校社协同的心理健康教育模式强调家庭、学校和社区之间的紧密合作，共同促进学生的心理健康发展。这一模式认为，学生心理健康受家庭环境、学校教育、社区文化等多重因素影响。

1. 家庭环境

家庭是学生心理健康的第一道防线。家长应关注孩子的情绪变化，与孩子建立良好的沟通关系，为孩子提供温馨、和谐的家庭氛围。学校可以通过家长学校、家庭访问等方式，提升家长的心理健康教育能力。

2. 学校教育

学校是学生心理健康教育的主阵地。学校应建立健全心理健康教育体系，提供专业的心理咨询服务，开展丰富多彩的心理健康活动，营造积极向上的校园文化氛围。

3. 社区文化

社区作为学生生活的重要组成部分，也应承担起心理健康教育的责任。社区可以组织心理健康宣传活动，提供心理咨询服务，为学生创造健康、安全的成长环境。

通过家校社的紧密合作，形成心理健康教育的合力，共同促进学生的心理健康发展。

（三）德育融合模式

将心理健康教育纳入学生德育体系，是目前中小学心理健康教育中常见模式之一。这一模式强调心理健康教育与德育的相互促进和融合，旨在从心理健康的视角促进学生全面发展。

1. 校长作为第一负责人

在这一模式中，校长被视为学校心理健康教育的第一责任人，负责统筹规划和监督心理健康教育的实施。校长应关注学生的心理健康状况，为心理健康教育提供必要的支持和资源。

2. 分管德育的副校长组织指导

分管德育的副校长具体负责心理健康教育的组织指导工作。他们应了解心理健康教育的最新理念和方法，制订符合学校实际情况的心理健康教育计划，并协调各方资源，确保计划的顺利实施。

3. 德育处组织落实

德育处作为学校心理健康教育的具体执行者，负责组织心理健康教师落实具体工作的开展。他们应定期组织心理健康课程、活动和心理咨询，关注学生的心理状态，及时发现问题并采取措施进行干预。

通过基于德育融合的心理健康教育模式，学校可以更加全面、系统地推进心理健康教育，提升学生的心理素质和道德水平，促进学生的全面发展。

（四）NASP综合服务模式

NASP综合服务模式是学校心理学的综合服务模式，即NASP专业实践模型，是由美国学校心理学家协会（Nation Association of School Psychologists，NASP）为学校心理学的综合服务模式制定的官方政策框架（图2-1）。该模式为学校心理学家、教育工作者等提供专业指导，明确了服务类别与范围。

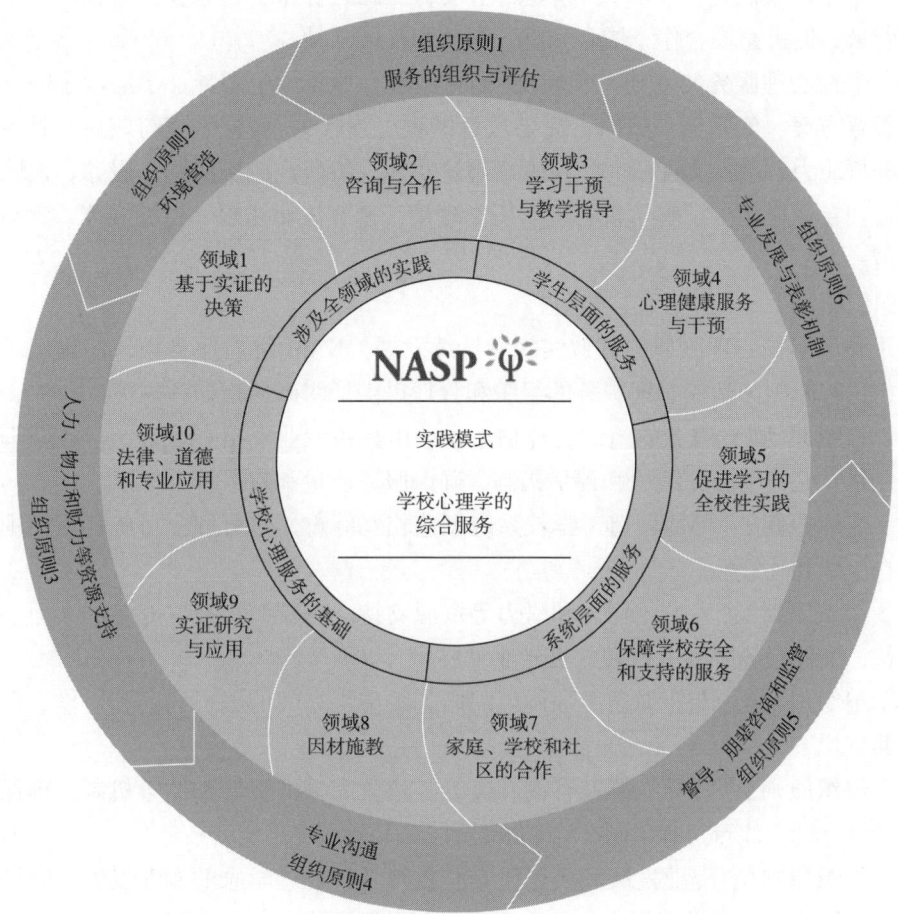

图2-1　学校心理学的综合服务模式（NASP专业实践模型）

1. 专业实践领域

NASP综合服务模式涵盖以下核心领域。

（1）涉及全领域的实践。领域1：基于实证的决策。学校心理学家运用评估工具，基于数据做出决策，制定干预措施，并在多层次体系中监测和评估效果，确保服务科学性和针对性。领域2：咨询与合作。学校心理学家熟练掌握各种咨询模式，包括个人咨询、家庭咨询、团体咨询以及系统咨询等。与专业人士及教育机构建立合作关系，形成全面服务网络，促进学生全面发展。

（2）学生层面的服务。领域3：学习干预与教学指导。深入了解学习影响因素，运用循证策略，提供个性化学习支持，激发学生学习兴趣和潜力。领域4：心理健康服务与干预。关注学生心理与行为健康，设计并实施心理咨询、教育、干预等服务，增强学生心理韧性，提高适应能力。

（3）系统层面的服务。领域5：促进学习的全校性实践。制定和实施全校性策略，例如，为学校心理健康教育创造安全、有效和支持性的学习环境。领域6：保障学校安全和支持的服务。与学校管理层、社区合作，建立危机预防、应对和恢复机制，确保校园安全，参与安全政策制定。领域7：家庭、学校和社区的合作。与家长沟通合作，了解家庭和文化背景，促进家校合作，增强家庭、学校和社区互动。

（4）学校心理服务的基础。领域8：因材施教。尊重学生差异，了解学生需求，制定个性化教育方案，实施循证策略，完善教育体系。领域9：实证研究与应用。具备研究设计数据分析能力，进行实证研究，探索新理论实践，将研究成果应用于服务。领域10：法律、道德和专业应用。了解学校心理学历史理论，遵守法律法规和道德规范，参与道德和专业决策。

2. 组织原则

为了确保学校心理服务的有效实施和持续发展，NASP综合服务模式还提出了以下组织原则，这些原则为学校心理服务的组织和管理提供了明确的指导和规范。

（1）组织原则1：服务的组织与评估。强调由具备专业资格和认证的学校心理学家提供服务，建立完善的服务组织和评估机制，确保服务质量和效果符合标准。

（2）组织原则2：环境营造。学校系统创造相互尊重、包容和支持的环境氛围，确保服务的自由性和独立性。

（3）组织原则3：人力、物力和财力等资源支持。学校系统提供充足的人力、物力和财力支持，确保服务顺利进行和人员专业发展。

（4）组织原则4：专业沟通。强调组织内各级员工之间的积极沟通和协作，促进信息流通和共享。

（5）组织原则5：督导、朋辈咨询和监管。建立完善的督导和监管机制，确保服务的有效性和可靠性，注重过程的科学性和规范性。

（6）组织原则6：专业发展和表彰机制。重视学校心理学家的专业发展，制订年度计划，提供多样化培训和学习机会，建立表彰机制激励进步。

NASP的专业实践模型为学校心理学家提供了明确的实践指南和规范要求，为学校心理服务的持续发展奠定了坚实基础。

二、学校心理健康教育的架构设计

为确保学校心理健康教育工作的顺畅推进，必须依托完善的制度体系和强健的组织领导架构，从而增强心理健康教育的规范性、科学性及实效性。构建高效科学的心理健康教育管理体系，需要明晰学校心理健康教育的组织机构、各部分的功能职责与工作程序。

（一）学校心理健康教育的组织机构

中小学心理健康教育工作的实施应在校长的总体指导下，由分管副校长直接负责，并设立心理健康教育中心。该中心团队构成多元化，包含年级组长、专职心理健康教师及若干行政人员。其中，分管副校长兼任中心主任职务，中心副主任一般由专职心理健康教师出任，其余管理人员按需配置。心理健康教育中心的主要职责包括策划与执行全校范围内的心理健康教育活动，为学生提供常规心理咨询与辅导服务，并对全校教职员工及学生家长进行专业培训。

1. 校长室

校长室是学校心理健康教育工作的总指挥机构，负责学校心理健康教育工作的顶层设计，履行管理职责。校长室的主要职能在于全面规划与指导、协调资源、强化师资队伍建设、保障经费与设备管理、有效组织会议与活动，并建立完善的评估与反馈机制。具体而言，校长室需根据上级教育行政部门的要求和统一部署，结合学校实际，制定心理健康教育的发展规划，并确保在教育科研专家的指导下进行专业实施。同时，它需协调校内各部门关系，整合教育资源，确定并培训心理健康教育专职教师，为全体教师及专职教师提供进修培训机会，并确保经费与设备的充足供应。此外，校长室还需积极参与并指导心理健康教育的各类会议与活动，建立评估机制，收集师生反馈，以持续优化和提升学校心理健康教育工作的质量和效果。

2. 德育处

德育处在分管德育校长的引领下，是辅助心理健康教育中心推进心理健康教育工作的关键部门之一，其具体职责包括以下几个方面：①在分管德育校长的领导下，指导或配合心理健康教育中心，推进学校心理健康教育的全面开展；②协助并督导班主任在班级日常管理和活动中有效融入心理健康教育，提升学生的心理素质，积极开展心理与其他学科的跨学科融合工作；③负责组织和策划专门的心理健康教育活动，为学生提供多样化的心理健康教育体验；④为班主任提供心理健康教育相关的专业培训，提升他们的心理健康教育能力；⑤联合心理健康教育中心及家长（社区）委员会，安排家访和家长会等活动，加强家校沟通，共同关注学生的心理健康成长等。

3. 心理健康教育中心

心理健康教育中心作为学校心理健康教育工作的核心部门，其具体工作涵盖多个关键领域。该中心负责制订和实施全校范围内的心理健康教育计划，确保不同年级的学生都能获得与其发展阶段相适应的心理健康教育和支持。

中心致力于构建一个完善的基础设施体系，包括配备必要的硬件设备，如心理咨询室、心理测评工具、情绪调节设备等，以及提供丰富的心理健康教育资源，为师生提供便捷、全面的心理服务；中心承担着学生心理健康问题的早期识别与干预工作，及时发现并解决学生的心理问题，为学生提供必要的心理支持和转介服务，确保学生的心理健康得到及时、有效的关注和保护；另外，中心还承担着心理辅导教师的专业培训与发展任务，通过组织定期的研讨会、工作坊和继续教育课程，提升教师的心理学理论素养和实践技能，确保他们能够以科学、专业的方式为学生提供有效的心理支持和干预等。

4. 家长委员会

首先，家长委员会积极参与学校心理健康教育工作的规划与实施，通过定期会议和交流，了解学校心理健康教育的最新动态，为学校提供来自家长视角的建议和意见，促进家校合作，共同营造有利于学生心理健康成长的校园环境。其次，家长委员会协助学校举办家长学校活动，邀请心理健康教育专家为家长提供专业培训，帮助家长掌握科学的家庭教育方法和心理健康知识，提升家长的教育能力和心理素质，引导家长树立正确的教育观

念，更加理解和支持学校的心理健康教育工作。此外，家长委员会还承担着家校沟通的重要职责，通过组织家长会、家访、家长志愿者活动等形式，搭建家校互动平台，增进家长与学校之间的了解和信任，及时解决学生在学习和生活中遇到的问题，形成家校共育的良好氛围。最后，家长委员会还会积极参与学校周边环境的治理与维护，与社区合作，共同维护学校的教学秩序和安全，为学生创造一个和谐、安全、健康的学习和生活环境。

5. 班主任

班主任在学校心理健康教育工作中扮演着至关重要的角色。具体来说，班主任首先是学生心理健康的宣传者和教育者。他们利用班会、家长会及个别谈话等机会，向学生及家长普及心理健康常识和理念，提升学生的心理健康意识。在实际工作中，班主任需要创设良好的班级心理环境，包括班级人际环境、班级舆论环境和班级物质环境，让学生感受到温暖、接纳和尊重，从而有助于学生形成积极的自我认知和良好的人际关系。此外，对于有特殊心理需求的学生，如外地学生、有自杀倾向的学生等，班主任更是需要给予特别的关注和照顾。同时，班主任还需要与心理健康教育中心、专业心理健康服务机构等紧密合作，为学生提供全方位的心理健康支持。因此，班主任在学校心理健康教育工作中既是教育者、观察者，也是协调者和支持者。他们通过多样化的工作内容和方式，为学生的心理健康成长提供有力的保障。

6. 心理危机干预小组（特别行动小组）

当出现重大危机事件时，学校应成立心理危机干预小组，以确保能够从多个角度为学生提供全面、专业的心理支持，成员通常包括多个专业角色：学校分管领导、年级组长、心理健康教师、班主任、校医、保卫处等。

首先，心理危机干预小组负责对学生可能出现的心理危机进行早期识别。他们通过日常观察、与学生交流以及心理健康测评等方式，及时发现学生中可能存在的心理问题或危机其次，干预小组会针对识别出的心理危机进行评估。评估的内容包括学生的心理健康状况、自杀风险等方面。对于情况较为严重的学生，干预小组还会将他们及时转介给专业的医疗机构或心理治疗师进行进一步的治疗。在干预过程中，心理危机干预小组还非常注重与家长的沟通和协作。他们会及时将学生的情况告知家长，并建议家长如何在家中给予孩子支持和帮助。这种家校合作的方式有助于形成教育合力，共同促进学生的心理健康发展。

（二）学校心理健康教育专业队伍建设

学校心理健康教育队伍是维护学生心理健康的重要力量。其中，专职的心理健康教育教师负责设计并实施心理健康课程，提供专业指导；学生心理委员作为同伴支持，以亲身经历理解并帮助同学；校外专家及合作机构以其专业的知识背景、丰富的实践经验和广泛的资源网络，为学校心理健康教育提供宝贵的外援与帮助。三支队伍协同合作，共同构建全方位、多层次的心理健康教育体系，为学生的健康成长保驾护航。

1. 心理健康教育专职教师

心理健康教育专职教师在维护和提升学生心理健康方面发挥着不可替代的作用。他们作为学校心理健康教育课程的设计者与实施者，通过精心策划的课程内容，如情绪管理、人际交往、压力应对等，向学生传授必要的心理健康知识和技能，帮助他们建立积极的心理态度和应对策略。同时，这些教师还是学生心理咨询与辅导的主力军，他们运用专业的心理学理论和技能，为学生提供个别咨询、团体辅导等服务，帮助他们解决各种发展性的心理困扰，如适应不良等，增强学生的心理韧性和自我调适能力。

此外，心理健康教育专职教师还是心理健康教育资源的开发者与整合者，他们不断探索和实践新的教学方法和技术，如心理剧、绘画治疗、正念冥想等，以丰富多样的形式满足学生的不同需求。同时，他们还积极参与心理健康教育的科研活动，通过学术研究和实践探索，为学校心理健康教育政策的制定与实施提供科学依据和参考建议。

通过这些努力，心理健康教育专职教师致力于构建一个全方位、多层次、个性化的心理健康教育体系，为学生的全面发展提供坚实的心理支持和保障。他们不仅是学生心灵的导师，更是学校心理健康教育事业的推动者和引领者。

2. 学生心理委员

这是一支由学生组成的团队，是学校心理辅导工作中不可或缺的辅助力量，他们不仅是自愿加入的志愿者，更是拥有健康心理素质和乐于助人精神的代表。选拔过程既体现了班主任的推荐信任，也融合了心理辅导专职教师及专业咨询师的精准指定，确保了团队的高素质与专业性。

学生心理委员在团队中扮演着多重角色，肩负着三大核心职责：①心理活动的积极参与者和组织者。他们不仅通过自身的行动和态度感染并带动其他学生，还在活动中发挥骨干作用，确保活动顺利进行，有效促进学生心理健康知识的吸收与实践；②心理困扰学生与心理辅导教师之间的沟通者。基于同辈交流的便利性，有心理困扰的学生可能更愿意与心理委员倾诉，当心理委员无法解决时，他们可以充当起师生间沟通的重要桥梁，确保每位学生的心声都能被听见并得到妥善处理；③学生的心理支持者。他们为遇到心理困扰的同学提供及时的心理安慰与帮助。他们还能够为低年级学生提供有针对性的帮助与服务，通过分享经验、传递正能量，促进不同年级学生间的相互理解与支持，共同营造一个积极向上、和谐共融的校园心理氛围。

3. 校外专家及合作机构

校外专家及合作机构是学校心理健康教育专业队伍建设中不可或缺的重要力量。校外专家作为指导者，能够为学校心理健康教育提供专业的理论指导和实践建议。他们可以帮助学校明确心理健康教育的目标和方向，优化教育内容和教学方法。

合作机构作为合作者，与学校共同开展心理健康教育项目和研究。这些机构通常拥有丰富的教育资源和实践经验，能够与学校形成优势互补，共同推动心理健康教育工作的深入开展。通过项目合作和资源共享，学校能够不断提升心理健康教育的质量和水平。

校外专家及合作机构还是重要的资源提供者。他们能够为学校提供心理健康教育相关的培训机会和资源支持，帮助学校培养一支高素质的心理健康教育师资队伍。这些培训资源不仅有助于提升教师的专业素养和教学能力，还能够促进教师之间的交流和合作，形成积极向上的工作氛围。

（三）学校心理健康教育的工作程序

学校心理健康教育的工作是一个系统而全面的过程，旨在帮助学生建立积极的心态、增强心理素质，并预防及解决心理问题。

1. 开设心理健康课程，解决学生共同困惑

学校将心理健康教育纳入课程，定期开设心理活动课，每两周至少一次，每学期每班不少于八节。课程内容涵盖情绪管理、压力应对等，由心理健康教育中心确定主题并提供素材。该课程旨在提高学生心理素质，挖掘心理潜能，传授预防心理疾病技巧，并营造安全舒适的课堂氛围，引导学生形成积极的学习生活态度。

2. 举办心理健康活动，普及心理健康知识

学校应定期策划心理健康活动，如讲座、班会、知识竞赛等，涵盖压力管理、情绪调节等内容，并设互动环节。利用校园广播、海报等平台宣传，提升学生心理健康意识，学习维护技巧。活动旨在营造良好教育氛围，全面促进学生心理健康发展，引导学生自觉维护自身心理健康状态。

3. 建立心理咨询服务体系，实施心理危机干预

学校应设立心理咨询室，配备专业咨询师，设立规范值班制度，提供面对面咨询。同时，设心理热线、在线咨询平台，为不便线下辅导的学生提供便捷服务。另设宣泄室、放松室等，引进规范心理档案管理。心理咨询中心负责解决学生心理困惑，引导学生积极心态，帮助学生认清潜力，保持良好状态。通过日常咨询和心理筛查，制定危机干预预案，确保及时有效处理心理危机，保障学生安全。

4. 建立家长学校，促进家校合作共育

学校通过家长会、家访等形式了解学生家庭表现和心理需求，传授家庭教育理念和方法，共同制订心理健康教育计划。成立"家长学校"，定期召开会议，讲解学生身心特点、学习方法，指导家长科学教育，营造良好家庭氛围。每年聘请心理专家与家长面对面交流，宣传家庭环境对学生成长的影响，辅导家长维持学生平和心境，培养学生的良好心理品质，应对心理危机。

5. 加强师资队伍建设，提升教师心理健康教育水平

学校定期组织心理健康教育专业培训，邀请专家深入讲解核心理念、理论基础和实践方法，确保教师系统掌握知识和技能，并通过评估检验成果。建立经验交流机制，鼓励教师分享问题、挑战和成功案例，集体讨论解决方案，参观先进学校学习。实施能力提升计划，针对短板提供个性化指导，建立资源库，包括课件、案例、测试量表等，方便教师学习，提升工作效率。

第二节 学校心理健康教育的软硬件建设

学校心理健康教育的软硬件建设，作为支撑心理健康教育大厦的基石，其重要性不言而喻。它不仅是心理健康教育活动得以顺利开展的物质基础，更是确保教育效果、提升学生心理素质的关键所在。

一、学校心理健康教育硬件设施的建设与管理

《中小学心理辅导室建设指南》指出，心理辅导室建设应坚持立德树人，以促进学生健康发展为根本，软、硬件设施配置遵循中小学生身心发展特点和心理健康教育规律，重在提供心理辅导和心理健康服务。

心理辅导室通过向学生提供发展性心理辅导和心理支持，提高全体学生的心理素质，培养他们积极乐观、健康向上的心理品质，促进学生身心和谐可持续发展，有效适应学校生活和社会公共生活，为他们快乐学习、健康成长和幸福生活奠定坚实基础。

（一）学校心理辅导室的功能定位

心理辅导室是心理健康教师开展个别辅导和团体辅导，指导帮助学生解决在学习、生活和成长中出现的问题，排解心理困扰的专门场所，是学校开展心理健康教育的重要阵地，其主要功能涵盖以下几个方面。

①心理健康教育。以全体学生的心理健康为关注点，通过发展性和预防性的教育活动，提升学生的心理素质，培养积极乐观、健康向上的心理品质。

②团体心理辅导。组织并开展团体心理辅导活动，帮助学生通过团体互动学习社交技巧、解决人际冲突、提升团队协作能力，促进学生之间的相互理解与支持。

③个别心理辅导。针对学生的个性化需求，提供一对一的心理辅导服务，帮助学生解决个人心理困扰，提升自我认知与应对能力。

④心理健康监测。定期对学生的心理健康状况进行监测与评估，及时发现并干预潜在的心理问题，为学生的心理健康保驾护航。

⑤营造心理健康环境。通过心理健康教育课程、心理讲座、心理剧等多种形式，营造积极向上的心理健康氛围，提高学生的心理健康意识，促进校园心理健康文化的建设。

（二）学校心理辅导室的建设标准

为了确保心理辅导室能够充分发挥其功能，为学生提供一个专业、舒适、安全的环境，明晰心理辅导室建设具体标准至关重要。应遵循科学、合理的原则，满足心理健康教育的实际需求。

1. 位置要求

心理辅导室位置的选择应以安静和方便为原则，尽量避开教学区、食堂、学生活动区等热闹处，且楼层不宜太高，可以选择邻近学校图书馆、卫生医疗室等相对安静又方便到达的场所。

2. 环境要求

心理辅导室周围环境应当整洁、优雅、清静，可以适当装饰一些墙绘贴纸、绿色植物等，营造亲切有生机的氛围。室外可以张贴一些简明醒目的欢迎标语和图示。

室内环境需温馨舒适，确保来访者有安全感和放松感。设计装饰需考虑学生身心发展特点，运用色彩心理学、光环境、心理声学等理论，色彩以淡黄、米色等暖色调为主，可

适当搭配淡绿、淡蓝；光线适中，隔音良好。

3. 功能区域

心理辅导室的功能区域一般可划分为办公接待区、个别辅导区、团体游戏区（包括小团体辅导与心理辅导课专用教室），有条件的学校还可以设置心理放松（宣泄）室、心理测评档案室、心理阅览室、生涯规划室等区域。心理辅导室的各部分功能区域可以单独建室，也可以兼容、共享使用。各学校可结合心理辅导工作的实际需要和学校的具体情况选择配置标准，设置各功能区域。

4. 配置标准

（1）基础配置。基础配置主要包括心理健康教师办公室和个别辅导室（表2-1）。

心理健康教师办公室如单独建室，面积应在10平方米左右，供心理健康教师办公和接待来访者使用。办公室墙上应挂有心理辅导范围、心理辅导教师工作守则、来访者须知、辅导教师介绍等宣传资料，色调柔和平静，营造温馨舒适的氛围。基本配套设施包括电脑、办公桌椅、档案柜、办公用品、空调机、电话机以及心理学书籍（教师用书）等。

个别辅导室面积要求在10~15平方米，应有独立的场所和出入口，室内光线柔和、平静且充满生机。窗帘的选择应能给学生带来温馨、安全的体验，让学生感到温暖、亲切、放松和安全。基本配套设施包括咨询椅或沙发（呈90°或60°摆放）、茶几、面巾纸、垃圾桶、空调、挂钟以及饮水设备等。根据条件，还可以配备适量的心理学挂图。

表2-1 学校心理辅导室基础配置

心理健康教师办公室	面积要求	10平方米左右
	布置要求	墙上挂有心理辅导范围、心理辅导教师工作守则、来访者须知、辅导教师介绍等宣传资料。色调柔和平静、温馨舒适
	基本配套设施	配备电脑、办公桌椅、档案柜、办公用品、空调机、电话机以及心理学书籍（教师用书）等
个别辅导室	面积要求	10~15平方米
	布置要求	有独立的场所和出入口，室内光线柔和、平静、充满生机；选择能给学生温馨、安全体验的窗帘
	基本配套设施	配有咨询椅或沙发，呈90°或60°摆放；配有茶几、面巾纸、垃圾桶、空调、挂钟、饮水设备。可根据条件配备适量的心理学挂图

（2）标准配置。标准配置在基础配置的基础上，增加了小团体辅导室（表2-2）。

心理健康教师办公室面积扩大至10~15平方米，除了办公和接待来访者外，还可以兼作心理阅览室和心理测评档案室。办公室的基本配套设施也更加完善，包括电脑、打印机、办公桌椅、档案柜、办公用品、空调机、电话机、期刊架以及图书资料等。根据条件，还可以配备学生心理测评及档案管理系统（软件）等心理学产品。

个别辅导室的配置与基础配置相同，但可以根据条件配备放松音乐、心理学挂图、录音设备等。小团体辅导室面积要求在15~20平方米，应有独立的场所和出入口，明亮整洁，通风和采光良好。基本配套设施包括可移动桌椅、坐垫以及多媒体设备等。根据条件，还可以配备团体心理辅导箱、游戏心理辅导包等心理学产品。

表2-2 学校心理辅导室标准配置

心理健康教师办公室	面积要求	单独建室，面积在10~15平方米
	布置要求	墙上挂有心理辅导范围、心理辅导教师工作守则、来访者须知、辅导教师介绍等宣传资料。色调柔和平静、温馨舒适
	基本配套设施	配备电脑、打印机、办公桌椅、档案柜、办公用品、空调机、电话机、期刊架、图书资料等。可根据条件配备学生心理测评及档案管理系统（软件）、心理学书籍（教师用书）等心理学产品
个别辅导室	面积要求	10~15平方米
	布置要求	有独立的场所和出入口，室内光线柔和、平静、充满生机；选择能给学生温馨、安全体验的窗帘
	基本配套设施	配有咨询椅或沙发，呈90°或60°摆放；配有茶几、面巾纸、垃圾桶、空调、挂钟、饮水设备。可根据条件配备放松音乐、心理学挂图、录音设备
小团体辅导室	面积要求	15~20平方米
	布置要求	有独立的场所和出入口，明亮整洁，通风好，采光好
	基本配套设施	配置可移动桌椅、坐垫以及多媒体设备等。可根据条件配备团体心理辅导箱、游戏心理辅导包等心理学产品

（3）高级配置。高级配置是最为完善的配置类型，包括心理健康教师办公室、个别辅导室、小团体辅导活动室、心理辅导活动课专用教室、心理放松室、心理测评档案室以及心理阅览室等功能室（表2-3）。

心理健康教师办公室的配置与标准配置相同，但可以根据需要进一步完善。个别辅导室和小团体辅导活动室的配置也与标准配置相似，但可以根据条件配备更多的心理学产品和设备，如放松椅、放松音乐、视频音频监控设备或安装单向可视玻璃墙壁等。

心理辅导活动课专用教室面积要求不小于40平方米，应有独立的场所和出入口，明亮整洁，通风和采光良好。基本配套设施包括可移动桌椅、多媒体设备、空调、饮水设备、心理学挂图、录音设备以及视频音频监控摄影设备等。

心理放松室面积要求在10~15平方米，应具备良好的隔音效果、安全性能和保密性。基本配套设施包括合理宣泄人、涂鸦板、宣泄球、催眠放松椅等心理宣泄设备。

心理测评档案室面积也在10~15平方米，应安静通风、保密性好。基本配套设施包括电脑、打印机、带锁档案柜等，并应安装标准化专业测试软件，实现学生心理档案的电子化。

心理阅览室面积同样在10~15平方米，应明亮整洁、安静通风、安全轻松。基本配套设施包括桌椅、期刊架、书架以及心理学书籍（学生用书）、期刊等。此外，还可以根据条件配备心理学挂图等辅助材料。

表2-3 学校心理辅导室高级配置

心理健康教师办公室	面积要求	单独建室，面积在10~15平方米
	布置要求	墙上挂有心理辅导范围、心理辅导教师工作守则、来访者须知、辅导教师介绍等宣传资料。色调柔和平静、温馨舒适
	基本配套设施	配备电脑、打印机、办公桌椅、档案柜、办公用品、空调机、电话机、饮水机、心理学书籍（教师用书）等
个别辅导室	面积要求	10~15平方米
	布置要求	有独立的场所和出入口，室内光线柔和、平静、充满生机；选择能给学生温馨、安全体验的窗帘
	基本配套设施	配有咨询椅或沙发，呈90°或60°摆放；配有茶几、面巾纸、垃圾桶、空调、挂钟、饮水设备。可根据条件配备放松椅、放松音乐、心理学挂图、录音设备、视频音频监控设备或安装单向可视玻璃墙壁
小团体辅导活动室	面积要求	15~20平方米
	布置要求	有独立的场所和出入口，明亮整洁，通风好，采光好
	基本配套设施	配置可移动桌椅、坐垫、多媒体设备。可根据条件配备团体心理辅导箱、游戏心理辅导材料、室内拓展器材等心理学产品
心理辅导活动课专用教室	面积要求	不小于40平方米
	布置要求	有独立的场所和出入口，明亮整洁，通风好，采光好
	基本配套设施	配置可移动桌椅、多媒体设备、空调、饮水设备、心理学挂图、录音设备、视频音频监控摄影设备等
心理放松室	面积	10~15平方米
	布置要求	隔音效果好、安全性能好、保密性强
	基本配套设施	配备合理宣泄人、涂鸦板、宣泄球、催眠放松椅等心理宣泄设备
心理测评档案室	面积	10~15平方米
	布置要求	安静通风、保密性好
	基本配套设施	配备电脑、打印机、带锁档案柜，安装标准化专业测试软件，实现学生心理档案电子化
心理阅览室	面积	10~15平方米
	布置要求	明亮整洁、安静通风、安全轻松
	基本配套设施	配备桌椅、期刊架、书架、心理学书籍（学生用书）、期刊、心理学挂图等

(三)学校心理辅导室运行规范

心理辅导室的运行不仅依赖于硬件设施的建设,更离不开科学、规范的管理与运营机制。

1. 心理辅导室应有专门的人员负责

心理辅导室应配置专人负责管理,并安排专兼职教师值班并接待辅导。心理辅导室应制定明确的值班制度,并公之于众,确保学生在需要时能够得到及时的帮助。心理辅导室至少应配备一名专职或兼职心理健康教师,并逐步增大专职人员的配比。这些专兼职教师应具备心理学或相关专业本科学历,取得相关资格证书,并经过岗前培训,掌握心理辅导的基本理论、专业知识和操作技能。同时,他们还应定期接受一定数量的专业培训,以不断提升自身的专业素养。心理健康教师应享受班主任同等待遇,其开展心理辅导的工作应计入工作量考核,并按课时进行计算。

2. 心理辅导室应安排固定的开放时间

中小学个别辅导室每周应安排固定时间开放,其他心理辅导室也应定期对学生开放。开放时间的确定应基于学生数量和学校心理健康教育的实际情况。原则上,学生在校期间每天均应开放心理辅导室,课间、课后等非上课时间也应安排一定时间向学生开放,并安排专人值班。各功能室应按照需要开放,并建立日常使用记录。来访学生的咨询记录应完整、真实,档案管理应规范有序。

3. 心理辅导室应建立专业的辅导工作制度

心理辅导室应根据省中小学心理健康教育指导中心的相关规定逐步建立科学、健全的辅导工作制度,包括辅导室使用及管理制度、辅导人员工作职责、辅导室值班制度、辅导预约制度、辅导反馈制度、辅导档案建立与保管制度。

4. 心理辅导室应建立危机干预和转介机制

心理辅导室应逐步建立心理危机干预和转介机制,制定心理危机干预工作流程,出现危机事件时能够做到发现及时、处理得当、干预有效,避免因心理问题引发的自残、自杀等极端事件的发生。心理辅导室应与精神卫生专业医疗等机构建立畅通、快速的转介渠道,如果发现需要转介的情况及时转介,转介过程记录翔实,建立跟踪反馈制度。

5. 心理辅导室应建立常态化的研讨和研究制度

心理辅导室应定期组织教研活动、典型案例讨论、组织参加专家督导,定期开展心理健康普查和心理健康调查研究,撰写分析报告,不断提高心理辅导的科学性和实效性。

6. 心理辅导室应设立专项经费投入

学校应设立心理健康教育专项经费,纳入年度经费预算,保证心理辅导室工作正常开展。心理辅导室应免费为本校师生、家长提供心理辅导。

7. 心理辅导室应进行学生成长档案记录与管理

心理辅导室应为学生建立成长信息记录。一般包括学生的基本情况、家庭情况、心理状况、辅导记录等。辅导记录一般包括学生目前的心理状况、辅导的主要问题及问题的评估和鉴定,并有相应的分析、对策与辅导效果评价。学生成长信息记录、测评资料、信件、录音录像和其他资料,应在严格保密的情况下保存。

8. 心理辅导室工作人员应遵循辅导伦理

心理健康教师应坚持育人为本，着力提高全体学生的心理素质。在学生出现价值偏差时，要突破"价值中立"，帮助学生树立正确的世界观、人生观和价值观；在辅导过程中严格遵循保密原则，保护学生隐私，但在学生可能出现自伤、他伤等极端行为时，应突破保密原则，及时告知班主任及监护人，并记录在案。

二、学校心理健康教育活动的优化与提升

丰富的心理健康教育活动是学校心理健康教育的重要载体。心理健康教育活动的开展形式有很多，如心理主题班会、心理专题讲座、心理健康教育活动月（周）、校园心理剧、心理知识宣传展、校园心理广播电台、心理手抄报大赛、社团心理拓展活动等。

寓心理教育于活动中，可以调节学生情绪，陶冶学生情操，给学生的心理健康成长提供一个平台，使他们在活动中形成独立、自主、团结、乐观、富有责任心等良好的品质。同时，各种形式的心理健康教育活动的开展还有助于丰富校园文化活动，共同创设校园心理健康教育文化氛围。

（一）校园心理健康活动的策划与实施

心理健康教育活动作为学校心理辅导工作的重要组成部分，旨在针对学生的心理特点，通过科学设计的活动实施心理健康教育，普及心理健康知识，提升学生的心理自助能力。为了确保活动的质量和效果，科学、系统地策划与实施一系列高质量的心理健康教育活动显得尤为重要。

1. 心理健康教育活动月（周）

心理健康教育活动月（周）是学校定期举办的大型系列活动，旨在普及心理健康知识、培养心理健康意识、展示优秀成果，并提升学生自主心理健康教育能力。此活动能形成规模效应，吸引全校师生广泛参与。

（1）开展流程。具体开展流程通常包含策划阶段、准备阶段、实施阶段、总结阶段。

①策划阶段。明确活动主题、内容和步骤。策划具体活动，如心理讲座、知识海报、情景剧、心理游戏等，并确定活动时间、地点、步骤、预算及资源配合等。

②准备阶段。营造活动氛围，准备物资。利用校园资源吸引学生参与，同时确保经费、场地、器材等资料准备到位。

③实施阶段。按照策划方案具体贯彻实施。实施过程中，组织者要发挥专业和领导作用，及时修正或弥补预案与现实操作的偏差。

④总结阶段。撰写报告，评估效果，展示成果。通过座谈、问卷等形式检验目标达成情况，总结经验教训，为下次活动提供改进依据。

（2）活动方案制定要素。制定方案时，需逐一明确以下要素，形成活动雏形，随后细化各项内容，尤其是活动内容和操作步骤，需反复推敲并广泛征求意见。

①活动主题。主题是活动的核心思想，需鲜明、具有凝聚力和感召力，体现心理专业特色及校本特色。

②活动名称或标题。活动的名称一般包括限定部分和主题部分。如"××中学第×

届心理活动周",限定部分是××中学和第×届,主题部分是心理活动周。

③活动目标。目标是行动的指南。心理健康教育活动的目标应着眼于树立学生心理健康意识,传播心理健康教育知识,优化学生心理品质,维护并促进学生的心理健康。

④活动内容。内容必须紧扣主题,服务主题。同时,内容要具有可行性。要关注内容是否可以操作,条件是否具备。只有可行而具有创意的活动,才能真正达到教育学生的目的。

⑤活动资源。活动资源一般包括三个方面：人力资源、财力资源、物力资源。三者缺一不可。需要能够恰当地安排人员,拥有相应的专项经费,准备好活动需要的物力资源。

⑥活动进度。活动进度是指在时间上对活动何时宣传、何时准备、何时开展等工作进行的统筹安排,保证活动有条不紊地进行。

（3）活动方案制定时的注意事项。从内容、时间到规模等各方面都需要照顾到。

①文字简明。活动方案应分步设计,文字简明扼要,无须华美阐述。

②时间适中。活动持续时间不宜过长,一般不超过一个月,以免分散精力,影响效果。

③体现特色。方案需体现自身特点,避免简单模仿其他部门或单位的活动方案。

④规模适度。活动规模与整体布局要兼顾,不宜盲目追求场面盛大,应确保活动规模适中,布局合理。

2. 校园心理剧

近年来,校园心理剧在中小学广泛流行,成为学生喜爱的心理辅导方式。心理健康教师应充分利用这一方式,推动学校心理健康教育的发展。

（1）校园心理剧的策划。校园心理剧活动包含明确问题、解决问题和分享讨论三个核心环节,策划工作应紧密围绕这三个环节进行。

①明确问题。针对学生的心理发展阶段和现实生活中的问题,深入剖析不同年龄段学生面临的主要心理困惑及其成因。通过调研、访谈、问卷调查等方式,收集学生常见的心理问题,如学业压力、人际关系、自我认知、情绪管理等,并明确这些问题的具体表现和背后的心理机制。

②解决问题。在明确问题的基础上,设计专业的解决方案,并通过角色扮演或言语表达（书面或口头）来展示这些方法。具体方法可包括认知行为疗法中的合理情绪调节、情绪释放技巧、沟通技巧训练、自我肯定训练等。通过剧中角色的互动和情节发展,生动展现这些专业方法在实际情境中的应用,使学生能够在观看过程中学习到有效的心理应对策略。

③分享讨论。在所有参与者观看心理剧后,组织分享讨论环节。心理健康教师应引导讨论,鼓励参与者分享自己的感受、经验和心理剧对自身的影响。讨论中,参与者应围绕自身是否有类似心理体验、如何处理这类问题以及从剧中学到了什么进行发言。为确保讨论的有效性和深度,应遵循不分析、不建议、不提问的原则,避免对剧情和角色进行简单评价或发表空泛议论。通过充分的分享和讨论,增强参与者对心理问题解决的认识和调节能力。

（2）校园心理剧的推广与运用。校园心理剧与学校教育教学工作相结合,能发挥更大作用,具体建议如下。

①结合心理辅导课目标，在课堂上开展校园心理剧活动，帮助学生意识到良好心理品质的重要性，掌握心理应对方式和行为策略。

②结合班会教育目标，在班会中运用校园心理剧，形象呈现班级问题及其心理过程，通过讨论针对性解决学生心理困惑，增强活动的实效性。

③结合家校合作目标，在家长会或家长学校中演出校园心理剧，特别是反映亲子关系的剧目，组织家长讨论，促进家校配合，共同关注学生心理健康发展。

（3）校园心理剧实施中需要注意的问题。在校园心理剧实施中，需要注意以下内容。

①导演角色要求。校园心理剧是创造性解决心理问题的教育过程，导演需由具备丰富临床经验的心理健康教师担任。导演应思路清晰、目光敏锐，具备较强的应变能力，并熟练掌握团体辅导技巧等心理学基本理论。

②关注学生观众。学生观众在校园心理剧中扮演着重要角色，他们不仅思考剧情发展，还提供反馈、建议，鼓励主角做出决定，并成为主角的倾诉对象。同时，学生观众还可担任公众意见代言人，促进多角度思考。

③局限性认识。校园心理剧应与其他心理辅导方法相结合，以发挥最大效用。心理健康教师应避免滥用技术，以免对学生造成不良影响，并需充分了解心理方法对于特定群体的适用性和局限性。

（二）心理社团与朋辈辅导

心理社团作为连接专业心理健康服务与广大学生群体的桥梁，发挥着不可替代的作用。通过朋辈辅导这一有效形式，能够进一步从朋辈视角促进学生心理健康的积极发展。

1. 学生心理社团

学生心理社团是一种有效的同伴辅导资源，近年来在校园里蓬勃发展。虽然心理社团是学生自主管理的团体，但是心理辅导老师对社团的策划与指导作用是毋庸置疑的。心理社团的功能定位和组织架构设计、专业培训、相关技术指导等工作是不可替代的，应该由心理健康教师负责。当然，心理社团的运作可以放手让学生自主管理、自主活动。具体给心理健康教师提出以下建议。

（1）构建职责分明的组织机构。学生心理社团有许多活动可以组织，成功的心理活动需要有精细的组织落实。以广东佛山石门中学学生心理协会为例，心理协会设五个部：组织部、策划部、实践部、宣传部和社刊部。各部门都有明确分工和职责，学生可以根据自己的个性特点和兴趣爱好自主参加不同的部门，体现了学生心理社团的自主性。

（2）引导学生自主开展活动。心理社团活动需要有一定的专业知识铺垫，心理健康教师对学生的相关培训非常重要，这是心理社团活动开展的基础。学生心理社团活动的开展，推动了心理健康教育普及化，为学生心理的健康成长营造了良好的校园环境氛围。

【心理剧院】

自主舞台，心灵绽放

在某中学心理健康协会，学生自主开展活动是核心。经过心理健康教师的专业培训，学生逐渐掌握心理健康知识，自主策划并实施了一系列丰富多彩的活动。

学生摇身一变，成为沙龙的主人翁。他们不仅自主设计幻灯片课件，更以自信从容的姿态，向在场的师生分享自己独到的见解与感悟。学生主持人精心规划活动流程，巧妙穿插趣味横生的心理游戏，引领大家沉浸于心灵的交流与碰撞之中。而学生记者则手持相机，捕捉每一个精彩瞬间，为协会留下了宝贵的记忆。他们不仅主讲心理讲座，传递专业知识；还勇敢采访校长，就校园心理健康话题进行深入探讨。同时，他们积极参与心理网站的建设，为师生提供便捷的心理健康服务。

社刊部的学生干部们更是大展身手，他们自主策划、编辑报纸，每个人各司其职，担当起"责任编辑"的重任。定期举办的"在风雨中萌芽"等成长主题心理征文比赛，更是激发了学生的创作热情，让他们的心声得以在字里行间流淌。

这些自主活动的开展，不仅推动了心理健康教育的普及化，更为学生心理的健康成长营造了一个积极向上、充满活力的校园环境氛围。在该心理健康协会的引领下，学生正以自己的方式，书写着属于他们的心灵篇章。

2. 朋辈辅导

"朋辈"融合了"朋友"和"同辈"的含义，通常指的是年龄相近、生活境遇相似或关注点相同的人群。朋辈辅导，即经过短期专业培训的同龄者，为周围需要心理帮助的同学和朋友提供心理开导、安慰和支持，形成一种助人自助的辅导模式，可以有效地开发同辈群体的辅导资源。

（1）朋辈辅导的实施程序。一般说来，朋辈辅导的实施主要包括以下4个步骤：选拔、培训、实施和效果评估。

①朋辈辅导员的选拔。选拔是朋辈辅导实施的关键环节，朋辈辅导员的素质直接影响培训质量和辅导效果。选拔过程包括招募、初步筛选和培训后考核。招募可通过学生自愿报名、老师推荐或两者结合的方式进行，明确要求对心理健康感兴趣、有服务同学之心，并优先考虑具备诚实守信、责任心强、宽容、情绪稳定、观察力强、语言表达良好等心理特质的学生。

②朋辈辅导员的培训。培训应采取短期且系统化的方式，重点放在辅导技能上，而非仅仅传授理论和知识。培训内容应涵盖倾听、情感反应、面质等常用心理咨询技术，常见精神障碍的识别，心理危机干预的基本技巧，以及团体心理辅导技能和校园心理活动的设计与组织等。培训形式可多样化，如讲座、示范、角色扮演和反馈等。

③朋辈辅导的实施。朋辈辅导以其灵活性著称，可采取多种形式进行。个别会谈中，朋辈辅导员能主动发现并协助有心理困扰的同学，不受时间地点限制，更加贴近学生生活。团体辅导中，朋辈辅导员因与同学经历相似、情感共鸣强，更易营造信任氛围，提高效率。心理沙龙选取学生关心的话题或时事热点，引导深入讨论。网络辅导则利用网络平台，如QQ、微信和网络论坛，拓展辅导时间和空间，降低部分同学的顾虑。

④朋辈辅导的效果评估。朋辈辅导形式多样，效果评估存在一定难度。可借鉴一般心理咨询效果的评估方式，如来访者自我报告、亲戚朋友的报告、心理辅导老师的观察分

析、心理测验前后结果的比较等。同时，校园心理健康氛围的提升和学生对心理咨询态度的变化也是重要的评估方面。

（2）朋辈辅导实施中的注意要点。第一，在选拔朋辈辅导员时，应重视候选人的个性特征，如积极的人生观、高度的责任心、宽容、情绪稳定、观察力强等，这些是朋辈辅导员必备的素质。第二，专业咨询教师与朋辈辅导员之间应密切配合，朋辈辅导员在实施过程中应保持与专业咨询教师的联系，及时请教疑难问题，遇到有心理危机的学生应立即联系专业咨询教师。第三，加强对朋辈辅导员的督导，专业心理辅导教师应负责此项工作，以确保朋辈辅导员的心理素质稳定，避免受到不良心理暗示的影响。第四，可依托学生心理社团，开展多样化的朋辈辅导活动，如心理剧、心理健康知识竞赛、征文、讲座等，丰富朋辈辅导的活动形式，促进学生心理调适和健康成长。

（三）校园网络咨询与热线电话

校园网络咨询与热线电话已成为心理辅导室提供学生心理服务的重要渠道，众多学校已开展此服务。

1. 网络心理咨询的方式

目前通过网络提供的心理服务包括两大类：一类是提供辅导建议，咨询人员一般是通过电子邮件对求助者提出的问题（一般是具体的生活或工作烦恼）做出一次性的解答，咨询人员并不一定受过专业的心理学训练。另一类是心理咨询，相对前者而言双方需要建立长期的关系，解决的是传统心理咨询范围内的问题。实施方式通常包含以下几类。

（1）电子邮件咨询。来访者通过电子邮件发送问题，心理辅导教师在24~72小时内回复。此方式便于来访者随时联系，无须预约，且书写过程有助于来访者自我审视和情感宣泄。异步交流减轻了双方快速思考的压力，但回复周期较长。

（2）即时文本交流。通过QQ、微信等通信软件进行一对一或一对多咨询，以文字和网络符号实时同步交流。此方式互动直接，信息反馈快，且研究表明其与面对面咨询在情感理解和个人影响上无显著差异。然而，非言语信息缺失和文字输入速度限制是其主要问题。

（3）视频会谈。利用网络传输声音和影像，实现双向动态交流，接近面对面咨询情景。此方式能弥补信息传达缺失，但对网络连接、电脑配置和经济成本有较高要求，目前应用尚不广泛，但有望未来成为主流手段。

2. 校园网络咨询系统的构建

构建校园网络咨询系统是学校心理健康教育的重要一环。学校应首先明确网络咨询的目标和定位，确保其为学生提供便捷、专业的心理支持。

在具体构建过程中，学校需整合校内外资源，搭建稳定的网络咨询平台，并配备专业的心理辅导教师团队。同时，应建立完善的咨询流程，包括来访者登记、问题分类、咨询安排及后续跟踪等。

此外，学校还应加强对心理辅导教师的培训，提升其网络咨询技能和专业素养，确保网络咨询系统的有效运行。

三、校园心理健康教育文化环境建设的策划

校园心理健康教育文化环境，是学校内部独特的空间氛围与人文精神的综合体现，它融合了物质与精神两个层面。良好的校园文化环境，能潜移默化地熏陶学生，使其言行举止自觉融入并受环境约束，思想、情感、精神及行为得以提升。

（一）校园物质环境的功能与作用

学生置身于校园这一特定的物质环境中，其心理品质和心理健康深受环境质量的影响。校园物质环境在心理健康教育方面扮演着重要角色，具体功能与作用体现在以下几个方面。

1. 自然环境的影响

校园自然环境的净化、绿化与美化，不仅为学生提供了宜人的学习生活环境，更在潜移默化中陶冶着学生的情操。郁郁葱葱的山谷、起伏的原野、四季变换的色彩，这些美丽的校园风景如同无声的教育者，激发着学生的美感与求知欲，对心灵的成长与发展产生积极影响。

2. 时间环境的安排

鉴于人的生理和心理活动能力在一天内存在波动，学校应科学合理地规划时间环境。通过合理安排作息时间，确保学生在精力最充沛、思维最活跃的时段进行学习和活动，从而提高学习效率，促进身心健康。

3. 空间环境的组织

空间环境的组织形式和空间密度对学生的心理健康及教学活动效果具有重要影响。班级规模、教室布局、活动空间等都需要合理规划，以避免过度拥挤或疏散。

4. 设施环境的设计

建筑设计、景观设计以及教学场所和用具的设计与优化，是校园物质环境中不可忽视的一部分。光线、声音、温度、空气、色彩和布局等因素，都会对学生的审美感受和心理体验产生影响。学校应注重设施环境的舒适性和美观性，以营造良好的学习氛围。

（二）校园精神环境的功能与作用

与物质环境相比，校园的精神环境对学生心理健康的影响更为直接，也更为重要。许多精神文化内容通过学生的感悟、解读或转化，就能直接产生心理意义，因此成为隐性心理健康教育课程的重要组成部分。具体体现维度及其作用如下。

1. 心理环境的影响

学校的办学思想、优良传统、校风学风、人际关系、班集体氛围和课堂心理气氛等都对学生的心理健康产生重要影响。良好的人际关系，即良好的师生关系、同学关系、亲子关系是心理健康的标志之一，它有助于增强学生适应环境的能力，形成积极的人生态度和良好的性格。

2. 制度文化的作用

学校的规章制度和公约守则不仅具有团体约束力，还具有强大的号召力和感召力。它们为学生提供了评价标准，对塑造学生良好品质和养成正确习惯起着重要的导向作用。制

度文化的合理性和学生对制度的认可程度都对学生心理健康产生潜在影响。

3. 文化活动的影响

丰富多彩的校园文化活动是学校开展心理健康教育的重要平台。学生置身于活动中，可以尽情表达思维成果和情感，实现多向沟通，丰富心理体验。这有助于学生个体心理的发展和增强团体的活力和凝聚力。

（三）心理健康教育文化环境建设的途径与方法

建设校园心理健康教育文化环境，是校园文化与心理健康教育深度融合的重要体现，也是实施学校心理健康教育策略的关键环节。校园物质环境与精神环境的协同作用，共同构成了校园整体文化环境，形成了具有独特文化形态的隐性心理健康教育课程。因此，学校应注重物质环境与精神环境的整体文化综合心理效应，力求实现"整体大于部分之和"的教育成效。

1. 从硬环境着手，充分发挥"静态文化"的心理健康教育功能

为了营造一种积极向上、健康和谐的校园物质文化氛围，需要从硬环境入手，精心设计与改造，让"静态文化"发挥出心理健康教育的功能。

（1）校园环境的净化、绿化与美化。学校应从教育理念出发，遵循经济、实用、发展的原则，对校园人工物质环境进行精心设计与改造。具体说来，学校建筑在造型设计上应具有校园特色且富有个性；在布局上应层次分明、错落有致；在色彩匹配上应摆脱灰暗、单一的色调而趋于明快、亮丽复合的色调；在室内设计上应考虑简洁明快、光线充足、优雅美观且符合学生的年龄特征；在校园的景观设计与布局上应突出韵律、流动、对比、融合等审美特征并体现出学校的特点等。

（2）教育教学物质设施的改善。学校可通过配备现代教育技术设备、购置丰富的图书资料、完善科学实验设施、建设体育艺术器材及场地、建立社会劳动实践基地等措施，为学生全面发展提供有力支持。

（3）重视校园宣传的"阵地化"建设。宣传阵地应布置反映心理健康教育主题的校报、校刊、横幅、展板、壁画、黑板报、墙报、宣传手册等。同时，学校还要充分利用校园广播站（电台）、校园电视台、校园网、校园论坛、学校微信公众号等媒介，充分发挥它们在心理健康教育中的传播功能。

总之，校园的物质环境在设计与改造过程中应凸显心理健康教育的理念，充分体现校园物质文化的价值取向和审美情趣，以便能以最佳的效果影响学生的审美感受和心理体验，将心理健康教育的理念深入人心。

2. 从软环境着手，充分发挥校园"动态文化"的心理健康教育功能

校园软环境，作为校园文化的重要组成部分，对学生的心理健康成长起着至关重要的作用。为了营造一种积极向上、健康和谐的校园氛围，需要从多个方面入手，充分发挥校园"动态文化"的心理健康教育功能。

（1）办学思想和教育观念的更新。学校应秉持素质教育与心理健康教育的先进理念，融合教育性与人文性，树立新的学生观和人才观。定期组织教师培训，邀请专家讲座，分享前沿教育理念，并鼓励教师将这些理念融入日常教学，注重学生综合素质与心理健康的培养。

（2）校风、班风建设。学校应双管齐下，抓好学生管理与教师队伍建设，通过思想引导、正面激励、评价活动、宣传工具及表率作用，形成积极向上的班级舆论，进而塑造良好班风。班风与学风相辅相成，长期积累可形成优良传统。学校应制定校风、班风建设方案，明确目标及措施，并通过主题班会、班级文化建设等方式加强实施。

（3）融洽的人际关系。学校应营造良好的教学心理环境，促进师生间、学生间的和谐关系。通过全员培训强化教师意识，鼓励教师以新理念建立平等、民主、互助、合作的新型师生关系。组织师生交流活动，如座谈会、共读活动等，增进相互了解与信任。

（4）完善制度管理。学校应理顺管理思路，建立管理网络，制定并执行行之有效的规章制度，确保师生行为有章可循。修订和完善校规校纪，确保与心理健康教育要求相符。同时，建立学生心理健康档案，关注学生心理健康状况，及时提供支持。

（5）丰富校园文化活动。学校应有计划地举办科技节、读书节、艺术节、体育节等校园文化活动，组织社团活动和传统教育。通过训练、比赛、表演、宣传、竞选等多种活动形式，丰富学生心理体验，提升心理素质。

总之，校园的精神环境是通过一系列具体活动和制度得以体现的"动态文化"。为了更有效地发挥校园"动态文化"在心理健康教育中的作用，学校应注重实践与创新，通过具体举措和实施细节来落实教育理念，营造良好的校园精神环境。

第三节 学校心理健康教育工作的评估

在深入探讨学校心理健康教育的实践与成效时，对其工作的科学评估显得尤为重要。同时，可靠的评估结果有助于心理健康教育工作的持续优化与提升。

一、评估的目的与意义

在探讨学校心理健康教育工作的评估之前，明确其目的与意义是首要任务。

（一）对教育质量的影响

心理健康教育评估作用显著。其一，为教师反馈课程与辅导效果，帮助其调整教学方法以契合学生需求，学校也可借此找出有效策略，推广并提升教学效率。其二，有助于发现课程设置短板，及时修订完善，保障心理健康教育内容的科学性和系统性。其三，评估结果能反映教师专业素养与能力，为学校制订师资培训计划提供依据。

（二）对学生发展的促进

首先，评估可以帮助学生深化对自身认知、行为、情绪的认识与管理，进而提升他们的心理健康素养，为未来的学习和生活打下坚实的基础。其次，评估能够帮助学生掌握应对生活、学习、人际关系等方面问题的方法与技巧，增强社会适应能力，更好地融入社会。同时，评估关注学生个性发展，尊重其兴趣特长，通过激发潜能促进学生全面发展。此外，学校借助评估可以及时察觉学生心理问题并给予专业指导，有效预防心理问题发生，降低学生心理问题发生率。

二、评估的原则

在进行学校心理健康教育工作的评估时，遵循一系列科学、合理的原则至关重要。这些原则不仅确保了评估的准确性和有效性，还指导了评估的全过程。

（一）科学性原则

科学性原则是学校心理健康教育工作评估的基石，它要求评估过程必须严谨、客观、准确。第一，评估要基于科学研究，采用经验证的评估工具和方法，确保评估结果的可靠有效。第二，评估的标准应当明确、具体、可测量，贴合学校实际，兼顾学生的年龄、性别、文化背景等差异，以保证公平、准确反映教育目标要求。第三，评估要克服主观偏见和形式主义，确保结果客观真实。

（二）全面性原则

全面性原则对学校心理健康教育工作评估意义重大。它要求从外在和内在两个方面做价值判断，全面反映工作状态、水平和教育效果。同时，贯彻全面收集材料信息，综合多种评估方法，结合学校心理健康教育的横纵向情况研究的原则。例如，仅看学校心理咨询与辅导室的外在条件就判定其工作展开是否成功是片面的，需要深入考察活动对学生心理的实际作用，如是否满足学生心理需求、减少心理困扰等，才能全面衡量工作的成效。

（三）主体性原则

主体性原则强调评估学校心理健康教育工作时，充分发挥评估主体的作用，以学生为中心，兼顾教师、家长和学校管理层等多元主体。一方面，聚焦学生心理健康、发展需求与满意度；另一方面，教师要参与提供教学反馈，将家长和学校管理层纳入评估体系，有助于完善心理健康教育政策以及资源的优化。

（四）发展性原则

发展性原则以发展的眼光评估学校心理健康教育工作，注重连续性和动态性。一是关注长期效果，推动可持续发展；二是将评估结果作为改进依据，通过反馈机制优化内容与方法，提升师资；三是要有前瞻性，为心理健康教育的长远规划提供科学依据。

三、评估的内容与指标体系

在构建学校心理健康教育工作的评估框架时，除了关注具体的实施环节和成效外，还需对相关的专业人员、基础设施及档案管理等进行全面而细致的考量。

（一）学校心理健康工作者的评价

在评估学校心理健康教育工作者的整体情况时，我们首先需要关注他们的基本配置、专业能力以及工作成效等多个维度，以确保心理健康教育的质量和持续性。

1. 人数与编制

《行动计划》以及教育部办公厅颁布《关于加强学生心理健康管理工作的通知》（以下简称《通知》）均强调，要求各地加强保障管理，加大综合支撑力度，配齐建强骨干队伍。《通知》强调，"高校按师生比不低于1∶4000比例配备心理健康教育专职教师且每校至少配备2名"。"每所中小学则至少要配备1名专职心理健康教育教师，县级教研机构要配备心理教研员"。

2. 制度与体系

学校评价制度和体系的建设是保障心理健康教育工作质量和专业性的关键。在制度建设层面，职业道德规范制度是基石。它要求工作者严守准则，如严格保护学生隐私、保持客观中立等。对于违规行为，要有相应惩处，以此维护行业的尊严。工作流程监督制度确保了心理健康教育工作的有序开展。个体咨询、团体辅导、课程教学等都应有清晰的流程。反馈与沟通制度促进工作持续优化，整合学生、家长、同行的反馈，定期开展沟通会议，能及时发现并解决问题，推动整体工作水平的提升。

3. 过程与效果

工作过程与效果是评估心理健康教育工作者的关键指标。工作过程涵盖咨询、课程教学、活动组织等，效果包括工作成果、学生满意度、家长反馈以及同行评价等。

工作过程是效果达成的途径。优秀的心理健康教育工作者能让学生在知识上掌握心理健康知识；在态度上转变观念；在技能上掌握调适方法；收获家长好评与同行。

对于工作者自身而言，职业发展与支持是衡量其工作效果的重要方面。工作者资格有形式资格（如证书、教育教学经验）和内容资格（如心理专业技术、方法、技巧的掌握），评估其心理健康素养，可以关注学历、培训经历、专业证书等。此外，学校应给予职业发展支持，如培训和学习机会、搭建合作平台、建立激励机制等。评估时，可以关注学校职业发展计划、资源、激励机制以及工作者的满意度和期望。

（二）学校心理健康活动场地与设施的评价

在评估学校心理健康教育工作的整体情况时，场地与设施作为支撑心理健康教育活动的重要基础，其完善性和适用性不容忽视。一个良好的心理健康教育环境，不仅能够为学生提供安全、舒适的咨询与辅导空间，还能有效提升心理健康教育活动的质量和效果。

1. 心理健康教育室（中心）

2015年颁布的《中小学心理辅导室建设指南》明确要求，心理辅导室要有个别辅导室、团体活动室和办公接待区等基本功能区域，有条件的学校可增设心理测量区、放松室等拓展区，使用面积适配在校生规模。学校可按需与校内其他场所共建共享，各功能区在不影响本职前提下兼容。其中，室内布局应利于学生活动、咨询，确保安全舒适。此外，心理健康教育室要定期开放，外设心理信箱，方便学生使用。

2. 心理健康教育的设施及器材

学校在器材配备上应备有抑郁、焦虑等心理测验量表，助力教师与心理咨询师精准地评估学生的心理健康状况。同时，电脑测试系统也是一个重要的工具，凭借计算机技术进行心理测评，不但大幅提升了测评的效率和准确性，而且能够为学生赋予更加便捷、个性化的测试体验。此外，像沙盘、沙具、音乐放松椅等简单心理治疗器具，在咨询师的引导下，可辅助学生调节心理、训练技能，增强心理素质和应对能力。

（三）学校心理健康教育档案材料的评价

心理健康教育档案材料是学校心理健康教育工作的重要记录，对于评估教育效果、优化教育策略具有重要意义。

1. 工作情况材料

工作情况材料是对学校心理健康教育工作实施情况的详细记录，其中包括工作计划与总结，即每学期或每年的心理健康教育规划、活动策划和总结报告；会议记录，如工作部署、案例分析会的纪要；教师培训记录、证书及心得，反映教师的专业成长；还有各类心理健康教育活动的记录、照片、视频等，能直观呈现活动的丰富性与学生的参与度。这些材料为学校心理健康教育工作"留痕"，有助于后续复盘与提升。

2. 学生心理健康档案资料

学生心理健康档案资料是评估学生心理健康状况、跟踪辅导效果的重要依据。其中，学生个体心理测评结果要有量表得分、解读分析与建议。心理咨询记录涵盖咨询时间、内容、过程、建议及后续跟进。针对有心理危机倾向学生的干预记录，应当包含识别、评估、干预措施及效果评估等内容。与此同时，还应设有学生成长记录袋，记录如情绪、人际交往能力等在心理健康教育中的成长变化事例。

（四）学校心理健康教育组织管理的评价

学校心理健康教育组织管理的评价是一个全面而细致的过程，旨在确保学生的心理健康得到充分的关注和有效的支持。

1. 领导重视程度

一是领导要积极参与，党委和校长统一领导部署学生的心理健康教育工作，常检查、处理问题、参与实践活动等，如出席心理健康讲座、心理咨询室的开放活动等。二是经费投入，学校要设立心理健康教育专项经费并按比拨付，用于心理健康教育工作的开展、设施更新、培训学习、课题研究等。三是定期检查，督导课程开设、辅导室运行等环节，检查后及时反馈、整改并跟踪成效，确保心理健康教育工作持续优化。

2. 管理机构

管理机构包括学校心理健康教育的机构设置情况和管理人员的配备情况。如是否具有校级领导成员任组长的心理健康教育领导小组，是否有心理健康教育与心理咨询的专门机构，该机构职责范围及工作任务是否明确，是否有健全的校、院（系）、基层学生组织三级心理健康教育工作网络等。

3. 管理过程

管理制度包含学校是否制定了心理健康教育工作的具体规范和要求，明确心理健康教育的评价标准和方法，建立心理健康教育工作的反馈机制。管理措施包含学校是否开设了专门的心理健康教育课程，并列入课程表，课程内容是否符合教育部《中小学心理健康教育指导纲要（2012年修订）》的内容要求、是否定期组织心理健康教育活动、是否建立了学生心理健康档案等。

4. 跨部门合作

要评价校内是否实现了与其他学科资源的融合，充分利用教学内容及教育契机，积极贯穿心理健康教育。校外是否加强了与社区的合作、与家长的沟通联系，是否建立了学生自我反思、班主任关注、家长反馈和班级活动等多渠道的问题发现机制等。

四、学校心理健康教育工作评估的方法

在明确了学校心理健康教育工作的评估内容与指标体系后,接下来将探讨如何用科学、合理的评估方法,以确保评估工作的准确性和有效性。

(一)评估的方法

评估的方法是评估的骨骼,它支撑起评估中的各相关因素。评估的方法是否选择得当、运用得法,直接影响着评估完成的效果和质量。

1. 档案袋评价法

档案袋的英文是"portfolio",有"代表作选辑"之意。它收集能展现学生心理、行为变化的材料,像日记、作业、试卷、绘画作品、心理测试、心理咨询记录、心理活动参与情况、心理干预计划、心率变异性、电脑游戏等多元评估内容,以此客观评价学生的情感体验、个性、价值观与心理发展历程。

2. 情境式评价法

情境式评价法是设计与学生学习、生活相关的活动场景,使学生在较为自然的状态下表达自己的内心世界。学校心理健康教育的评价就是要"必须找到不仅允许表现这种行为的情境,而且实际上能够鼓励或唤起这种行为的情境"。

3. 协商对话式评价法

在学校心理健康教育评估中,要摒弃评估者绝对权威的模式,构建协商对话式评价法。该方法注重学生、教师、家长等各方参与,让多方都能表达对学校心理教育工作的看法。教师在其中起着关键的引导作用,最终形成以促进学生心理健康为核心的多元评价格局。

4. 发展性评价法

学校心理健康教育评估提倡发展性评价法,它包含两方面内涵:一是以学生发展为本,将人的价值作为根本价值标准;二是致力于推动心理健康教育的持续改进。以心理健康教育课程评价为例,它能为课程设置者、教材编制者、师生提供反馈,发现薄弱环节,进而优化课程计划、课程标准以及教材,提高教学质量和教学效果。

(二)评估的工具

在评估学校心理健康教育工作时,需要借助一系列工具和方法来收集和分析数据。

1. 问卷调查与访谈

问卷调查是一种广泛使用的评估工具,通过设计问卷,可以系统地收集师生对心理健康教育工作的反馈和意见。问卷内容可以涵盖心理健康教育的满意度、参与度、有效性等多个方面。访谈则是通过面对面的交流,深入了解师生对心理健康教育工作的看法和感受。访谈可以针对特定群体,如心理委员、班主任、学生代表等,以获取更具体、深入的反馈。

2. 筛查表、反馈表与成果报告

筛查表用于初步识别学生可能存在的心理问题,为学校提供有针对性的心理健康教育服务。反馈表用于收集学生和家长对心理健康教育活动的反馈,以便及时调整和优化服务。成果报告则是对心理健康教育工作的全面总结,包括工作成效、存在问题及改进建议等。

3. 个人反思日志与家校联合反馈

个人反思日志是教师和学生记录心理健康教育学习和体验过程的重要工具。教师可以了解学生的学习进展和心理变化，学生也可以反思自己的成长和不足。家校联合反馈则是通过家长会和家校联系册等方式，让家长了解孩子的心理健康教育情况，共同关注和支持孩子的心理健康发展。

4. 跟踪评估与成长记录

跟踪评估是对学生心理健康教育效果的持续监测和评估。通过定期收集和分析学生的学习成果、心理状态等数据，及时发现和解决问题，确保心理健康教育工作的持续改进。成长记录则是记录学生心理健康教育过程中的关键事件和成长点滴，为学生提供个性化的指导和支持。

五、学校心理健康教育工作评估的过程

在进行学校心理健康教育工作评估时，一个系统而有序的过程是至关重要的。这一过程包括评估的准备阶段、实施阶段和总结与反馈阶段。

（一）评估的准备阶段

评估的准备阶段是确保整个评估工作顺利进行的基础。

1. 学校心理健康教育评估准备阶段的工作内容

在学校心理健康教育评估的准备阶段，多项工作需有序开展。首先是组织准备，成立由教育行政部门人员、理论专家、一线工作者和学校领导构成的评估小组，负责制订计划、明确目标与分配任务，确保评估全面精准。其次，方案准备为核心，评估小组依据学校实情与心理健康教育目标，制定涵盖目的、内容、指标体系等的完整方案，且方案要兼具灵活性与可操作性。最后，确定评估目标，充分考量学生心理需求与发展特点，使其与学校教育理念、教学安排相协调，具备可衡量、可达成和挑战性，保障评估顺利进行。

2. 学校心理健康教育评估指标体系的设计

（1）指标的设计。评估指标体系由指标、权重和评估标准三个系统构成，反映评估对象某方面的本质特征。指标设计需经过初筛和筛选，初筛可采用因素分解法、理论推演法等，筛选则可用简单经验法或复杂数学方法，如相关系数 t 检验法。集体经验法为筛选指标的一种，通过统计每项指标舍留意见或重要程度评价的人数及百分比，决定保留或舍去哪些指标。

（2）指标的分解。选好评价指标后，需对其进行分解以确定评价体系。以近期的学习心理指导活动评价为例，目的是评估活动从组织到实施的成绩与不足，促进完善。据此，将活动计划、实施、成效设为一级指标，并分解为具体可行、重点突出、对象具整体性与个别性、经费安排合理等二级指标。通过层层分解，最终确定整个评价指标的体系。

（3）权重的确定。指标设计完成后，需赋予其相应权重，以体现评价者的重视方向。权重的确定需科学、合理，不能随意。确定权重的方法有多种，如专家会议法、德尔菲法、两两比较法及逆向法等。以学习心理指导活动为例，一级指标中"活动成效"的权重应较大，定为40%，"活动计划"和"活动实施"各定为30%，以体现各指标的重要性差异。

（4）标准的规定。确定指标和权重后，可将每个指标分为优、良、中、及格、差5个等级。例如，对于"活动计划具体可行"，评为"优"需满足计划完整细致、操作性强等要求；"良"则需与学校校务计划相衔接，内容完整；"中"则计划全面但可操作性不足；"及格"有初步计划但不够具体；"差"则无计划或计划粗糙难操作。通过设定这些具体标准，可以更加准确地评价活动的实施效果，如表2-4所示。

表2-4 学校心理健康教育评估指标体系

一级指标及权重	二级指标及权重	等级分值				
		优90及以上	良80~89	中70~79	及格60~69	差59及以下
领导重视 10%（A）	有学校领导亲自负责学校心理教育工作（0.3） 学校领导定期检查心理教育工作开展情况（0.3） 发现工作中问题及时处理（0.4）					
师资素质 15%（B）	有一定比例受过专业培训的教育人员（0.3） 心理教育人员有机会参加研讨班或进修（0.3） 定期为学校教师举办有关心理辅导技能的培训活动（0.4）					
活动场地与设施 15%（C）	有专门的心理教育场所（包括教师工作室、团体辅导室、个别辅导室）（0.3） 具有完整的学生档案（0.3） 测验工具完善（0.3） 有开展工作所需的充足的书籍报刊资料（0.1）					
教育过程 25%（D）	教育计划的制订（0.3） 心理教育课程的开设情况（0.3） 资料的传播及有关的宣传工作（0.1） 心理测验使用（0.2） 教育者的合作精神（0.1）					
教育质量 35%（E）	学生的评估（0.3） 教师的评估（0.2） 专业人员的评估（0.2） 心理教育人员能及时发现学生心理问题（0.1） 心理教育课气氛活跃（0.1）					
总分						

（二）评估的实施阶段

学校心理健康教育评估的实施阶段是实际进行评价活动的阶段，它是评估者根据评估方案所确定的指标体系、方法、步骤等，收集评价信息，并在整理和处理评估信息的基础上做出价值判断。

1. 预评估

为了保证学校心理健康教育评估的可信性和有效性，最好在正式评估之前先进行试评，以便取得经验，完善评价方案，提高评价质量。

2. 正式评估

（1）搜集评估信息。评估依据是评估工作的基础，它依赖于充分且全面的评估信息收集。评估结果的准确性和客观性，很大程度上取决于所拥有评估信息的充分性和全面性。搜集评估信息的主要手段有观察法、调查法、文献资料法、心理测验法、档案记录法、情境模拟法和协商交流法等。

（2）整理评估信息。整理评估信息涉及检查信息的全面性、准确性、适应性和方法可靠性，包括归类、审核和建档三个主要步骤。归类是将信息初步分类；审核是核实信息，去伪存真，修正补充缺失或不合理信息，舍弃次要信息；建档则是根据评估指标体系，将审核后的信息制成表格或卡片，编号存档。

（3）处理评估信息。处理评估信息是评价的核心，包括量化和质性评价两种方法。由于评估易受主观因素干扰，存在严格误差、宽容误差、光环效应等多种误差。为严格控制误差，评估人员需接受培训，熟悉评价目标等内容，秉持专业态度，多观察并收集资料。尽量采用多人分别评估取平均的方式，并让评价者注明依据，以此提升评估的准确性和可靠性。

（4）做出综合评价。综合评估借助教育学、统计学理论，汇总分项评定结果。评估者要从三级指标开始逐级整合信息，算出综合分数。常用方法有累加法和加权求和法。累加法直接相加同级指标项结果得出总分，无法体现指标的重要性。加权求和法将指标评估结果乘以权重后再求和，能更准确地反映各项指标的重要性。最后还可将综合分数转换成等级，以此全面客观了解评价对象。

3. 再评估

再评估在正式评估之后进行，主要对评估过程、评估结果及评估影响进行反思和评估。再评估可以包含对评估方法的适用性、评估标准的合理性、评估结果的准确性及可靠性的评估，同时考察评估是否达到了预期目的，是否对评估对象产生了积极影响。此外，再评估还可以收集各方反馈意见，为今后的评估工作提供改进方向和建议，确保评估工作的持续改进和优化。

（三）评估的总结与反馈阶段

学校心理健康教育评估的总结与反馈阶段是评估过程的最后一个阶段，这一阶段完成的质量与效果好坏，直接影响评估功能的发挥。

1. 形成评估报告

对待学校心理健康教育评估结果需谨慎且发展地看待。首先，评估结果由多元方法综合得出，虽提升了效度，但也增加了误差，初评后要复盘流程，控制误差后再认可。因精准度有限，用等级呈现结果更为妥当。

其次，评估不能依据单一等级，应出具详尽的评估报告。评估报告用于反馈信息与结论，包括封面、正文和附件。封面提供报告题目、评估者及接受者姓名、完成时间、呈送日期等信息；正文有评估综述、背景、实施过程、结果分析、结论与建议；附件用于补充、说明正文相关材料。通过评估报告，被评估者能全面了解工作表现，明确心理健康教育工作的改进方向。

2. 反馈评估结果

反馈能帮助学生提升心理素质，优化教师教法，完善学校工作体系。反馈对象主要有部门领导、教师及同行、学生等。反馈方式可采用书面汇报、座谈会、个别交谈等。借助这些反馈方式，充分利用结果，持续改进学校心理健康教育工作，实现评估工作的真正目的。

本章小结

基本概念

"四位一体"模式　NASP综合服务模式　学校心理辅导室　校园心理剧　朋辈辅导

要点回顾

1. 学校心理健康教育的"四位一体"模式（健康教育、监测预警、咨询服务、干预处置）、家校社协同模式、德育融合模式以及NASP综合服务模式，每种模式为学校心理健康教育提供了多样化的框架选择。

2. 学校心理健康教育组织机构的构成，包括校长室、德育处、心理健康教育中心、家长委员会、班主任及心理危机干预小组等，为心理健康教育的有效实施提供了组织保障。

3. 学校心理辅导室的功能定位、建设标准及运行规范，包括位置选择、环境要求、功能区域划分及配置标准等，为心理辅导室的专业化、标准化建设提供了指导。

4. 学校心理健康教育活动具有多种形式，如心理健康教育活动月、校园心理剧、心理社团与朋辈辅导等，旨在通过丰富多样的活动形式，提升学生的心理健康素养。

5. 学校心理健康教育评估具有重要目的与意义，明确了评估的科学性、全面性、主体性和发展性原则，为评估工作的有效实施提供了理论支撑。评估内容与指标体系应包括学校心理健康工作者、心理健康活动场地与设施、心理健康教育档案材料及组织管理在内的多维度评估体系。

练习题

1. 什么是"四位一体"模式？
2. 学校心理健康教育中心在学校心理健康教育体系中的作用是什么？
3. 学校心理健康教育工作的评估包含哪些环节？

4. 如何根据NASP综合服务模式构建适合我国国情的学校心理健康教育体系？请结合本章内容，阐述你的观点和思路。

5. 小李是一名高中一年级的学生，近期因学业压力和人际关系问题出现严重的焦虑情绪。请结合本章内容，为学校心理健康教师制订一份针对小李的个性化干预计划，包括评估方法、干预措施、效果评估及后续支持等方面的内容。

拓展阅读

［1］中华人民共和国教育部. 教育部等十七部门关于印发《全面加强和改进新时代学生心理健康工作专项行动计划（2023—2025年）》的通知［EB/OL］.（2023-04-27）［2024-0-31］.http://www.moe.gov.cn/srcsite/A17/moe_943/moe_946/202305/t20230511_1059219.html.

［2］中华人民共和国教育部. 教育部办公厅关于印发《中小学心理辅导室建设指南》的通知［EB/OL］.（2015-07-31）［2024-08-31］.http://www.moe.gov.cn/srcsite/A06/s3325/201508/t20150811_199328.html.

［3］中华人民共和国教育部. 教育部办公厅关于实施中小学心理健康教育特色学校争创计划的通知［EB/OL］.(2014-03-18)［2024-08-31］.http://www.moe.gov.cn/srcsite/A06/s3325/201403/t20140318_166186.html.

第三章 学校心理健康教育课程与教学

学习目标

1. 掌握学校心理健康教育课程的内涵、特点、地位和作用。
2. 掌握学校心理健康教育课程设计的基本理念与基本思路。
3. 掌握学校心理健康教育课程的目标、内容和设计步骤。
4. 掌握学校心理健康教育校本课程的基本理念及设计步骤。

课前导学

"心理课真有趣,每次上课都能学到很多有用的知识!""心理老师总是能用有趣的游戏和活动让我们放松心情,还帮助我们更好地认识自己!""我特别喜欢上心理课,每次课后都感觉自己更有自信了!"这些话语字里行间都洋溢着学生们对心理健康教育课程的喜爱和期待。这些积极反馈的背后是心理健康活动课精心的设计发挥作用。

"优点大轰炸"是一个进行自我认识辅导的较为经典的活动。心理老师组织同学们围成一圈,每位同学依次站到中间,接受其他同学对自己优点的夸赞。起初,有些同学还有些羞涩,但随着大家真诚的赞美不断涌现,站在中间的同学脸上渐渐绽放出自信的笑容。这个活动看似简单,实则可以提升学生自我认知并增强学生自信。借助他人客观且积极的评价,学生能突破自身认知局限,更全面、深入地认识自己的优点,进而在后续学习和生活中,以更自信的姿态展现自我。

心理健康活动课具备哪些特点?如何设计出学生喜欢又能够有所收获的心理健康活动课?如何让这些课程在不同校园环境中,结合学校特色和学生学情,充分发挥其最大价值?带着这些问题,让我们一同开启对本章的深入学习。

课前思考

1. 为什么学校需要开设心理健康教育课程?
2. 设计学校心理健康教育课程时应该遵循哪些基本理念和思路?
3. 如何设计和开发学校心理健康教育的校本课程?

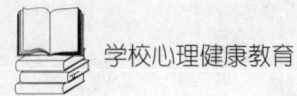

思维导图

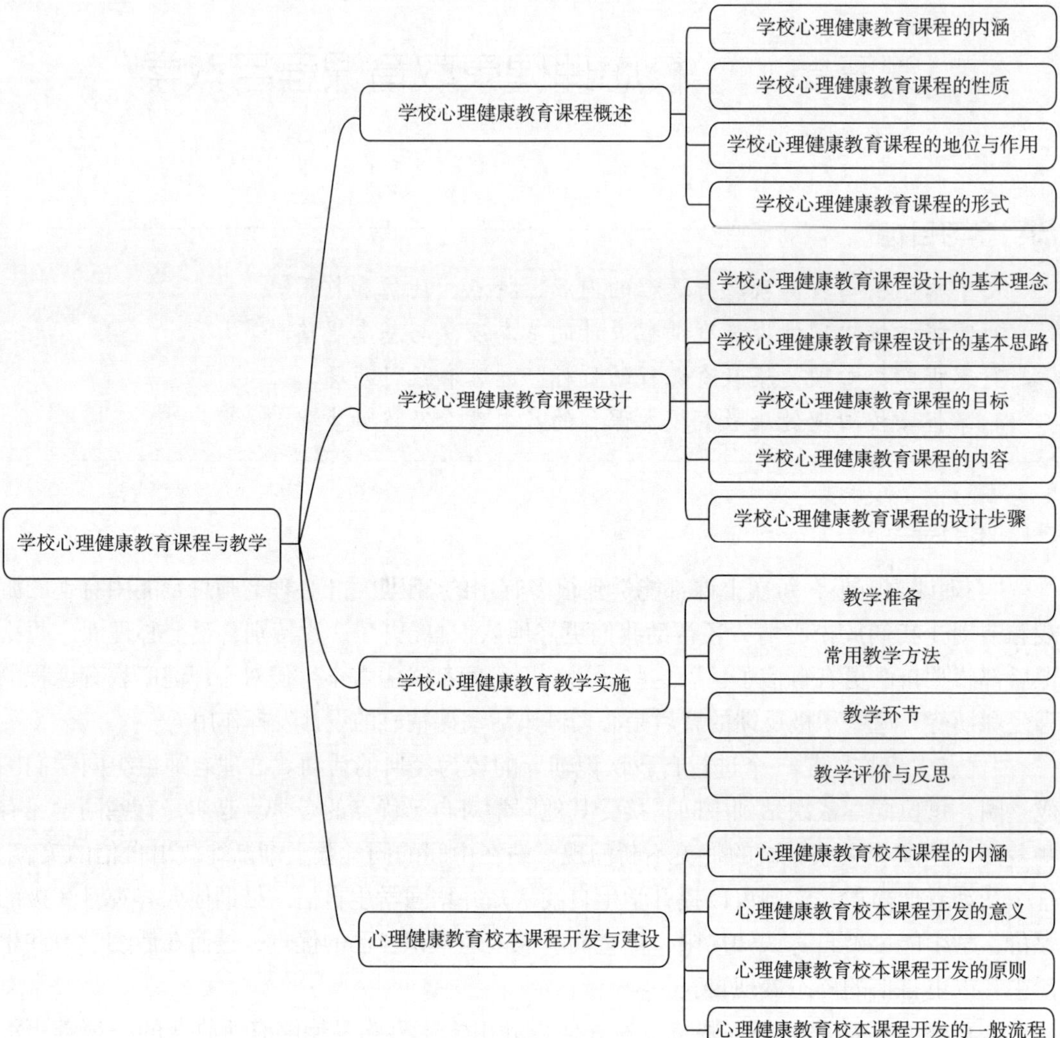

- 学校心理健康教育课程与教学
  - 学校心理健康教育课程概述
    - 学校心理健康教育课程的内涵
    - 学校心理健康教育课程的性质
    - 学校心理健康教育课程的地位与作用
    - 学校心理健康教育课程的形式
  - 学校心理健康教育课程设计
    - 学校心理健康教育课程设计的基本理念
    - 学校心理健康教育课程设计的基本思路
    - 学校心理健康教育课程的目标
    - 学校心理健康教育课程的内容
    - 学校心理健康教育课程的设计步骤
  - 学校心理健康教育教学实施
    - 教学准备
    - 常用教学方法
    - 教学环节
    - 教学评价与反思
  - 心理健康教育校本课程开发与建设
    - 心理健康教育校本课程的内涵
    - 心理健康教育校本课程开发的意义
    - 心理健康教育校本课程开发的原则
    - 心理健康教育校本课程开发的一般流程

学校心理健康教育课程及教学是学校开展心理健康教育的主阵地。本章重点了解学校心理健康教育课程基本概念，解析学校心理健康教育课程设计基本思路，把握学校心理健康教育课程的目标和内容。在此基础上，进一步探究学校心理健康教育教学的实施过程，为更好开展学校心理健康教育课程教学指明方向、厘清脉络。

第一节 学校心理健康教育课程概述

学校心理健康教育课程是学校开展心理健康教育活动的专业化途径，深入理解学校心理健康教育课程的基本内涵、特点、作用及形式，有助于更加充分、更为有效地发挥它在学校心理健康教育中的主力作用。

一、学校心理健康教育课程的内涵

课程是一个发展的概念，是由一定的育人目标、特定的知识经验和预期的学习活动方式所共同构成的一种动态的教育存在。学校心理健康教育课程即学校心理健康教育的课堂教学途径，是指学生在课堂情境中获得关于心理健康发展、心理健康素养提升方面的全部教育性经验。

根据课程内容及目标的不同，一般可将课程分为学科课程和活动课程。2012年教育部印发《中小学心理健康教育指导纲要（2012年修订）》指出，"心理健康教育课应以活动为主，可以采取多种形式""心理健康教育要防止学科化的倾向，避免将其作为心理学知识的普及和心理学理论的教育"。可见，学校心理健康教育课程是区别于传统学科课程的，属于活动课程。

具体来说，学校心理健康教育课程应当是一门以班级心理辅导活动课为主要形式，以学会学习、情绪调适、人际适应、认识自我、生涯规划等为主要内容，致力于提高学生心理素质，充分开发他们的潜能、促进人格健全发展的专门活动课程。

二、学校心理健康教育课程的性质

了解学校心理健康教育课程性质，对于明确该课程在学校教育体系中的定位、把握课程正确发展方向、优化课程设计与实施有着至关重要的作用。

（一）活动性

学校心理健康教育课程以活动为教和学的主要方式。课程的呈现形态主要是中小学生直接参与的各种心理体验性活动、游戏或其他实践活动。活动性是进行学校心理健康教育课程的重要方向，同时也应该注意课程不能为活动而活动。学校心理健康教育课程虽然是以学生为主体、以活动为轴心来进行的，但它追求的不是活动本身，而是借助活动这一载体丰富学生的心理体验。

（二）体验性

学校心理健康教育课程注重学生自身的体验性，通过激发学生心理的内在机制，在内化过程中达成心灵的成长。课程实施时，应确立学生的主体地位，创设和营造能够让学生亲身经历的活动，促使学生探索、感悟、分析和理解，促进心理建构与行为改变。学校心理健康教育课程的体验性生成于活动之中，活动性是心理健康教育课程的形式特征，体验性则是课程的核心属性，学生在课程中能否产生真切的体验以及体验的程度是考察课程有效性的重要一环。

（三）生活性

学校心理健康教育课程回归学生的生活世界，以学生的生活需要为出发点，以现实生活为课程内容的主要来源。开展学校心理健康教育课程时，应注重通过心理生活场景的设计和情境的渲染，呈现具有生活气息的心理空间，通过正确的价值观引领学生的生活适应能力和健全人格的良好发展。

（四）生成性

学校心理健康教育课程强调学生心理建构的过程是一个自我不断生成的过程。在进行课程设计时可以将部分预设性目标考虑在内，但更多要注意课程的生成性过程，即学校心理健康教育课程要注重学生在教师的组织下进行心理发现和感悟的动态生成过程。

（五）连贯性

学校心理健康教育课程强调不同学段、不同年级之间在课程目标和内容上相互衔接，相互促进，前一学段应为后一学段的课程目标和课程内容奠定基础，后一学段的活动应在新的水平上巩固，以及实现对前一学段课程目标的超越。在进行课程设计时，要注重学段之间的有效衔接，避免课程碎片化、断层化。

三、学校心理健康教育课程的地位与作用

学校心理健康教育课程处于学校心理健康教育的核心地位，要想进一步深化对学校心理健康教育课程的认识，了解课程的地位与作用是必要的。

（一）学校心理健康教育课程的地位

在学校心理健康教育体系中，学校心理健康教育课程是最为核心的组成部分，也是中小学开展心理健康教育最主要的途径和工作内容。

从国家相关政策文件的变化来看，学校心理健康教育课程近年来经历了从"岌岌无名"到"被看到、被重视、被需要"的重大转变。20世纪末，教育部印发的《关于加强中小学心理健康教育的若干意见》虽指出心理健康教育可以通过与思想品德课、思想政治课及青春期教育等相关内容结合，利用活动课、班队活动等形式进行，但还未明确指出要以心理健康教育课程为重要载体。进入21世纪，学校心理健康教育课程被逐步重视，教育部颁布多份文件指出学校开展心理健康教育可通过心理健康选修课等途径进行。在此后，国家颁布的政策文件中更是逐步将心理健康教育课程提升到主渠道的重要地位上，明确提出学校须加强心理健康课程建设，发挥课堂教学主渠道作用。

从教育实践角度来看，课堂是教师开展教育教学的主阵地，心理健康教育同样需要抓住课堂，尤其是学校心理健康教育专门课程来进行。一方面，学生在校的绝大多数时间都是在课堂中度过的。以班级为单位，以课程为载体，是面向全体学生开展心理健康教育的高效方式。另一方面，通过心理健康教育专门课程，教师可以系统地、有层级地针对不同年龄阶段的学生设计相关主题课程，以满足学生在特定年龄阶段的心理发展需要。同时，以课程的形式开展，有利于教师根据不同班级的风格、学生群体氛围、特定事件等提供更具针对性的心理健康教育及疏导。

（二）学校心理健康教育课程的作用

学校心理健康教育课程在学生主体性发挥、优化学校课程结构设置以及提升心理健康教育工作质量方面发挥着至关重要的作用。

1. 有利于充分发挥学生的主体性

心理健康教育课程注重学生的内心体验和情感发展，鼓励学生积极参与课堂互动和讨论。该课程通过引导学生自我探索、自我认知和自我成长，激发学生的内在动力，培养他们的自主学习能力和自我帮助能力。在这个过程中，学生不再是被动接受知识的容器，而是成为学习的主体，能够主动地探索自我、认识自我，进而实现自我成长和发展。

2. 有利于优化学校课程的结构

心理健康教育课程的引入，为学校课程体系增添了新的元素，丰富了课程的内容。它与其他学科课程相互补充、相互促进，共同构成了更加完整、更加科学的学校课程体系。同时，心理健康教育课程还注重跨学科整合，能够与其他学科课程进行有机融合，促进学科之间的交叉渗透和协调发展。这种课程结构的优化，不仅有利于提升学生的综合素质，还有助于培养学生的创新精神和实践能力。

3. 有利于推动心理健康教育工作高质量发展

心理健康教育课程是学校心理健康教育工作的重要组成部分，它为学生提供了系统的心理健康知识和技能训练。通过课程学习，学生能够更好地了解自己的心理状态，掌握调节情绪、应对压力的方法，从而增强心理素质和适应能力。同时，心理健康教育课程还能够帮助学生建立正确的心理健康观念，形成积极向上的生活态度和价值观。这些都有助于推动学校心理健康教育工作的高质量进行，为学生的健康成长和全面发展提供有力保障。

四、学校心理健康教育课程的形式

学校心理健康教育课程以活动课程为主，辅之以多种形式，旨在通过多样化的形式载体，最大程度满足学生心理发展需要，培养学生积极心理品质及健全人格。

（一）以活动课程为主

活动课程又称经验课程，是指以学习者从事某种活动的经验为中心而组织的课程。活动课程以发展学习者自身经验为目标，旨在培养具有丰富个性的主体。与学科课程相对，活动课程的内容主要不是系统化了的文化知识，而是以学习者的兴趣、动机和经验为基本内容。

学校心理健康教育活动课程具有以下特点：①开放性。主要体现在活动主题、活动时间及活动空间等的开放上。②整合性。主要体现在课程内容的设计是根据问题的解决或主题的探究而进行的有机整合。③主体性。确立学生的主体地位并发挥其自觉自主性，是活动课程的先决条件。④发展性。主要体现在对教学过程的关注超过对教学结果的关注以及课程目标是在师生互动过程中不断生成的。

除却专门的心理健康教育活动课程外，学校还可以将心理健康教育的内容融入其他活动课程的载体之中，包括班级活动课程（如晨会、班队活动、班级读书活动、团体建设活动等）、科技文体活动课程（如运动会、文艺会等）、主题式活动课程以及社会实践活动课程等。

（二）多种形式结合

学校心理健康教育课程开设的形式是多样的，教师可以根据课程主题、授课学生特点等选择适宜的形式。

①团体辅导。一种在团体环境下进行的心理辅导，借助团体内人际交互作用，促使个体在交往中通过观察、学习、体验，认识自我、探讨自我、接纳自我，调整和改善与他人的关系，学习新的态度和行为方式，以发展良好的生活适应能力。

②心理训练。由专业心理工作者引导个体进行专门化的活动和练习，旨在通过训练帮助个体克服或消除心理障碍，提升心理技能，达到心理最佳状态。

③问题辨析。教师引导学生就某一问题展开分析讨论，学生在充分思考和表达中明辨问题的本质、原因及可能的解决方案，进而获得新的思考和感悟。

④情境设计。在课堂中创建或模拟特定情境，以便个体能够在此类情境中进行充分的体验和实践，加深个体感悟。

⑤角色扮演。在心理健康教育中是一种较为常见的活动形式，通过个体对某种角色的代入，体验角色的情绪情感波动，进而加深对某一问题的思考和认识。

⑥游戏辅导。在轻松、愉悦、积极、开放的游戏氛围中，引导个体自然表露当下的心理困境，教师在此过程中扮演引导者、支持者和陪伴者的角色，以帮助个体在游戏中释放情绪，改进行为，增进自我认同及社会技能。

⑦心理情景剧。将心理辅导和戏剧表演结合，在故事演绎或观看中宣泄情绪、深度体悟、获得解决问题的启发和思考，具有较高的引导价值。

⑧专题讲座。针对个体成长过程中的普适性问题开展系列科普讲座，旨在揭示特定心理现象背后的原理机制，解答个体心中困惑，澄清误区，提供科学性与实操性并存的方法。

【心理剧院】

苦恼的小晴老师

新学期，小晴老师成为某中学的一名兼职心理老师。刚开始接触心理课时，她信心满满，认为自己能够很好地胜任这一教学工作。为此，小晴老师精心设计了许多充满活力和创意的活动。在她的课堂上总是欢笑不断。然而，随着时间的推移，小晴老师也听到了一些学生对自己所授课程的反馈：心理课就是游戏课；虽然课上玩得很开心，但是感觉没什么真正的收获，本来以为可以学到些实用的知识和方法的……这些反馈让小晴老师心头一震，她陷入了深深的思考。她意识到，自己对心理课的理解存在着偏差。好的心理课程究竟是什么样的？这成了她心中亟待解开的结。

作为一名心理教育工作者，明晰学校心理健康教育课程的基本内涵是必要的。小晴老师在开展心理课程教学前，应当做好充分的准备工作，了解并准确把握心理课程的目标宗旨、内容主题、形式载体。不能只看到心理课的"活动"，忽视心理活动背后所蕴含的心理学理论及学生在心理活动中的内在体验和感悟。

第二节 学校心理健康教育课程设计

课程设计是开展课程教学的关键环节。本节主要从学校心理健康教育课程设计的理念、基本思路、目标、内容、步骤五个方面进行介绍。

一、学校心理健康教育课程设计的基本理念

充分考虑心理健康教育课程在学校教育中的独特性，紧紧围绕科学、正确的理念展开课程设计，是课程设计的关键所在。一般说来，在进行学校心理健康教育课程设计时，应注重以下基本理念的贯彻落实。

（一）德育心育一体化

学校心理健康教育课程应遵循德育和中小学生心理发展的基本规律，充分开发他们的心理潜能，提高他们的社会适应能力、耐挫折能力和自我调适的能力，通过一体化的心理健康教育活动，引导中小学生努力践行社会主义核心价值观，培养他们自尊自信、理性平和、积极向上的心理品质，不懈奋斗、荣辱不惊、百折不挠的意志品质，促进学生思想道德素质、科学文化素质和身心健康素质协调发展，培养担当民族复兴大任的时代新人。

（二）面向全体学生

学校心理健康教育课程应坚持面向全体学生，坚持学生是自我认识、自我体验和自我发展的主体，通过心理健康教育课程的实施，加强全体学生对心理健康的认识和体验。课程目标的设置和课程内容的选择应基于全体学生的最近发展区，活动的设计和教学的实施应强调全体学生的参与性。同时，中小学心理健康教育课程也应关注学生的个体差异，根据不同学生的需要开展形式多样、针对性强的活动，以维护和提高学生的心理健康水平。还应结合学校和学生的实际需要，特别关注城市流动儿童、农村留守儿童等处境不利儿童的心理健康，补齐短板，实现心理发展的"共同富裕"。

（三）发展与预防相结合

学校心理健康教育课程的实施应以促进心理发展为目标，以社会主义核心价值观为指导，通过各种途径和方法创建学生心理素养新的发展区，促进学生心理发展向新的最佳

水平发展。中小学心理健康教育课程的主要目的在于帮助学生体验和适应未来发展中的情境以及可能遇到的问题，调适心态，增强心理和社会适应能力，促进其可持续性发展，同时，学会正确面对负性生活事件和消极情绪，预防可能出现的心理问题或疾病，提高心理适应性和耐挫力。

（四）注重科学和实效性

学校心理健康教育课程的设计和实施应以学生身心发展的规律和特点为依据，同时遵循学校心理健康教育的规律，注重科学性。心理健康教育课程注重活动和体验，但更应注重课程设计背后的心理学理论和依据。科学性是其基本准则，中小学心理健康教育课程应从心理学的基本理论出发，通过课程实施，切实提高中小学生的心理调适能力。

学校心理健康教育课程应以促进中小学生全面成长和心理素养提升为目标，注重实践性。中小学心理健康教育课程应强调对课程实施过程和效果的评估，应通过学生、家长、学校等多个途径收集反馈信息，借助多种评价手段和方式，来评估课程实施的有效性。

二、学校心理健康教育课程设计的基本思路

教学对象的学段和教学的主题内容是进行教师进行课程设计时需要同步思考的两个问题，学校心理健康教育课程设计同样如此。

（一）学段划分

根据义务教育发展整体性要求，考虑中小学生心理发展特征及规律，将学段划分为：小学（低年级、中年级和高年级），初中和高中。

（二）内容划分

根据教育部印发《中小学心理健康教育指导纲要（2012年修订）》中对心理健康教育主要内容的要求，结合中小学生心理发展需要及时代发展背景，将课程内容划分为5个模块：学会学习、情绪调适、人际适应、认识自我和生涯规划。

三、学校心理健康教育课程的目标

学校心理健康教育课程目标由总目标和学段目标2个部分构成。明晰课程目标是引领高质量课程设计的关键。

（一）总目标

学校心理健康教育课程的总目标如下：正确认识自我，提高自主自助能力，学会学习和生活，增强调控自我、承受挫折、适应环境的能力，培育热爱生活、珍视生命、自尊自信、理性平和、乐观向上的心理品质和不懈奋斗、荣辱不惊、百折不挠的意志品质，促进思想道德素质、科学文化素质和身心健康素质协调发展，培养担当民族复兴大任的时代新人。

（二）学段目标

根据学生在不同学段的身心发展特点及认知水平，可以设定不同学段的课程目标。

1. 第一学段（1~2年级）

初步适应学习环境，感受学习的乐趣，初步形成良好的学习习惯，树立纪律意识、时间意识和规则意识；了解常用的学习方法，初步胜任学习任务；初步认识情绪，能觉察自己的基本情绪和识别他人的基本情绪；学会结交新朋友，乐于与老师、同学交往，培养礼貌友好的交往品质，在谦让和友善的交往中感受友情；了解自己生命的来源和外在特征，能够进行简单的自我介绍；初步学会自我控制；了解自己在家里和学习的责任，对学习生涯有初步的认识。

2. 第二学段（3~4年级）

激发学习兴趣和探究精神，乐于学习，初步树立自主学习的意识；培养注意、观察、想象和记忆等基本学习能力，初步懂得科学用脑，提高学习效率，初步培养学习自我效能感；在学习中感受解决问题的快乐，培养直接兴趣；增强时间管理意识，正确处理学习与兴趣、娱乐之间的关系；了解情绪对自己和他人产生的影响，学会体验情绪并表达自己的情绪；建立正确的角色意识，初步适应不同的社会角色；了解自我，认识自我；能够找出自己的爱好和休闲活动，对学习生涯有进一步的认识。

3. 第三学段（5~6年级）

进一步强化学习的直接动机，初步培养间接动机，具有良好的学习习惯；调整学习心态，正确对待成绩，体验学习的乐趣；初步训练思维能力，提高分析问题和解决问题的能力，为初中阶段的学习做好准备；学会恰当表达情绪，掌握正确处理情绪的方法，积极面对困难，积极应对厌学等负面情绪；初步学会处理与老师、父母和同伴之间的关系，正确认识青春期异性交往，建立和维持良好的异性同伴关系，扩大人际交往的范围；正确认识毕业和升学，初步了解初中和小学的不同；帮助学生正确认识自己的优缺点和兴趣爱好，在各种活动中悦纳自己；积极促进学生的亲社会行为，逐步认识自己与社会、国家和世界的关系。

4. 第四学段（7~9年级）

能够适应初中阶段的学习环境和要求，培养正确的学习观念和学习风格，认识与发展注意力、记忆力、思维能力和自控力，改善学习方法，提高学习效率；学会深入了解自己的情绪，学会正确的情绪表达，能够进行有效的情绪管理；愿意与教师、父母沟通，把握与异性交往的尺度，建立良好的人际关系，适应社会生活的变化，逐步适应生活和社会的各种变化，能够应对失败和挫折，提升应对失败和挫折的能力；加强自我认识，学会客观地评价自己，认识青春期的生理特征和心理特征；培养自尊、自信、自爱的积极人格，促进自我同一性，建立健全价值观；把握升学选择的方向，培养职业规划意识，树立早期职业发展目标。

5. 第五学段（高一至高三）

积极适应高中阶段的学习，学会自主管理学习、自主探究学习，开发学习潜能，培养创新精神和创新能力，培养良好的考试心态，积极应对考试压力，克服考试焦虑；确立正确的自我意识，形成清晰而持续的自我概念，认识自我，悦纳自我；培养积极的自我管理策略，进一步发掘自身的潜能和资源；正确认识自己的人际关系，明晰人际交往

的边界，提升人际沟通技能，培养人际交往能力，正确对待和异性同伴的交往，知道友谊和爱情的界限；学会与教师、父母积极沟通，建设有益的人际支持网络，积极挖掘自身及身边的心理资源，培养自律力和抗挫力，培养应对问题的良好方式，明确自我追寻方向，形成正确的世界观、人生观和价值观，树立人生理想和信念，努力实现自己的人生价值。

四、学校心理健康教育课程的内容

学校心理健康教育课程的内容可以细化到每个学段的不同教学模块，具体如下。

（一）第一学段（1~2年级）

1. 学会学习

了解学习常识，初步感受学习的乐趣；培养良好的学习习惯；提高注意和观察等基本学习能力；在学习中培养时间意识和规则意识。

2. 情绪调适

认识情绪的基本类型和表现形式，初步了解各种情绪表现的社会意义；克服上学焦虑，体验学习快乐；能够初步觉察自己的情绪和识别他人的情绪，初步懂得用符合社会行为规范的方式表达情绪，初步发展有益于社会交往的情绪行为。

3. 人际适应

认识班级、学校、日常学习生活环境和基本规则，适应新环境、新集体和新的学习生活；逐步融入集体，体验归属感；体会与同学、老师交往的乐趣，培养礼貌友好的交往品质，乐于与老师、同学交往，在谦让、友善的交往中感受友情；认识到自己是家里的小主人，做好自己力所能及的事情。初步感受家庭和集体的作用，体验自己在集体中的责任和力量，养成朴素的担当意识。

4. 认识自我

从生理自我探索身体的奥秘，了解男生与女生的差别，初步形成自我概念；能够进行简单自我介绍；体验新的社会角色，学会自我控制；在融入集体的过程中获得安全感和归属感。

5. 生涯规划

能够初步描述自己的兴趣，初步了解不同职业及工作者的特点；初步认识自己在家和学校的不同责任，发现自己具备的新技能，培养朴素的生涯意识。

（二）第二学段（3~4年级）

1. 学会学习

激发学习兴趣和探究精神，学会科学用脑的方法，体验合作学习带来的快乐及在合作学习中的成功体验，培养学习自信，乐于学习；提高注意、观察、记忆、想象、思维等学习能力，初步尝试学习迁移，感受有效学习方法带来的积极体验；正确协调学习与兴趣、娱乐之间的关系，增强时间管理意识。

2. 情绪调适

了解快乐、宽容等积极情绪带来的积极影响，掌握保持积极情绪的方法，形成积极乐观的心态；认识愤怒、恐惧和忧伤等具有代表性的消极情绪的特点、表现形式和社会意义及其价值，初步学会接纳和调适负性情绪。

3. 人际适应

建立正确的角色意识，初步适应不同的社会角色；树立正确的交往动机；培养自主参与各种活动的能力；了解基本的交往礼仪，掌握一些基本的人际交往技巧，学习做一个受欢迎的人。初步认识国家和集体的力量，感受自己是国家和集体的组成部分，初步培养集体自尊和自信。

4. 认识自我

了解自我，认识自我，了解自己的行为表现、学习情况、运动技能、人际交往能力及社会接纳程度等，能够从多方面进行自我介绍；初步培养自我觉察的能力，学会接纳自己的不足，欣赏他人的优点，扬长避短，悦纳自我；初步了解生命的特点。

5. 生涯规划

学会想象和描绘自己未来的学习和生活；了解不同工作者的工作内容，培养初步的职业意识；探索个人兴趣爱好和休闲活动。

（三）第三学段（5~6年级）

1. 学会学习

强化直接学习兴趣，培养间接兴趣；端正学习动机，正确对待学习成绩，体验学习成功的乐趣，增强学习自我效能感，降低考试焦虑，减少厌学情绪；学会充分利用资源和科学训练方法，提高学习能力；培养分析问题和解决问题的能力，提高思维品质，为初中阶段的学习做好准备。

2. 情绪调适

体验积极情绪；初步了解情绪的表现形式和社会意义；学会恰当表达自己的情绪；初步掌握处理消极情绪的方法。

3. 人际适应

开展初步的青春期教育，正确认识青春期对异性同学产生的心理萌动，引导学生进行恰当的异性交往，树立正确的异性交往的观念，建立和维持良好的异性同伴关系；扩大人际交往范围，合时合体处理网络中人际关系；感悟师生间相互关爱相互理解的情谊，创建民主平等的师生关系；主动与父母沟通交流，正确认识"逆反"心理，掌握与父母有效沟通的技巧和方法。初步学会关注时事和社会热点，能够初步从社会层面理解个人与集体、国家和社会的关系。

4. 认识自我

探索生理自我、心理自我和社会自我；正确认识自己的优缺点和兴趣爱好，悦纳自我；开展青春期教育，培养性别角色意识；学会进行自我监督和调节；初步形成自我评价。

5. 生涯规划

了解自己的职业兴趣；能够分析和理解自己的优势与不足，懂得兴趣与能力之间的关系，学会发挥优势和能力。

（四）第四学段（7~9年级）

1. 学会学习

树立正确的学习观，强化内部学习动机；培养良好的学习习惯以适应初中学习；发展抽象思维能力和创新能力，改善学习方法，学会劳逸结合，科学用脑，学会合理安排和管理时间；学会合理设定学习目标，保持学习专注力，培养成长型思维和学习坚毅，正确看待和积极应对考试压力和挫折，学会运用各种学习策略提高学习效率，提升学习自我效能感。

2. 情绪调适

深入了解自己的情绪，理解情绪产生的原因及意义，学会接纳自己的情绪；认识和理解焦虑、恐惧、紧张等消极情绪的表现形式、产生原因及作用，掌握调适消极情绪的基本方法，学会控制冲动行为；了解快乐、感激、宽容等积极情绪，培养积极乐观的心态，培养主动情绪表达的意识，初步学会用符合社会行为规范的方式来表达情绪。

3. 人际适应

熟悉初中校园新环境、班级新集体，适应新角色；树立责任意识；了解青春期人际交往的变化，学会理解父母与老师，把握异性交往的尺度；了解人际交往的特点，提高人际交往的技巧，提高团队合作能力，学会通过人际提升自己的支持系统。体验集体的温暖与意义，努力与集体共同成长；根植社会主义核心价值观，理解中国梦的精神理念，培养浓厚的爱国主义精神和爱国情操，积极践行为中华民族伟大复兴而奋斗的信念。

4. 认识自我

更深入地认识自我，学会正确认识青春期生理和心理的变化，学会自我调适与自我保护；逐步学会客观评价自己，确立恰当的自尊和自信水平，形成积极的自我评价；学会正确对待生命中的挫折和挑战，培养生命敬畏感，形成正确的生命观。

5. 生涯规划

了解自己的兴趣和优势，把握升学选择方向，培养职业规划能力；初步了解职业类型和职业理想，进行积极外部探索，初步树立正确的职业和劳动价值观；学会合理规划学业，把握升学方向，培养职业规划意识。

（五）第五学段（高一至高三）

1. 学会学习

学会根据自身实际情况调整学习动机，合理制定学习目标，规划学习；掌握恰当的学习方法和学习策略，科学用脑，提高学习效果；学会自主学习，提高学习自我效能感。

2. 情绪调适

学会有效调节情绪；能够用乐观的态度面对困难，看待心理危机，适当掌握应对危机的方法；学会珍惜生命、敬畏生命、热爱生命，逐步形成幸福生活的能力。

3. 人际适应

正确认识自己的人际关系状况，培养人际沟通能力，促进人际间的积极情感反应和体验，正确对待和异性同伴的交往，知道友谊和爱情的界限；善于处理与老师、父母和同伴之间的关系，不断提高自身的人格魅力，为逐步走向社会积累丰富的人际和适应能力。

4. 认识自我

学会客观、理性评价自我与他人，确立自我同一性，建立完整的自我概念；充分了解自己的兴趣、能力、性格、特长和社会需求，能够有效地进行自我管理，进一步塑造自尊自信的人格特质和水平。

5. 生涯规划

加强自我认识与自我管理，通过对自我和外部世界的探索，找到个人生涯发展的方向；加强学业指导，能够将高中学习与未来的个人学业发展和职业生活建立联系，学会在新高考背景下自主选择专业和职业方向；增强生涯规划意识，掌握常用的生涯决策方法，并具备一定的应变能力，能够积极采取行动为自己的未来生涯发展做准备。感受大国工匠精神，确立职业志向，培养担当意识和社会责任感；树立人生理想和信念，形成正确的世界观、人生观和价值观。

五、学校心理健康教育课程的设计步骤

设计课程时，教师需要围绕课程教学目标、具体教学内容、教学形式和方法等进行逐一思考。心理健康教育课程包括大单元和小单元两个部分，其中大单元包含了多个相关系列小单元。以小单元为例，其课程设计应当遵循以下步骤。

（一）教学标题的确定

确定心理健康教育课程教学标题是课程设计的重要一环，它直接关系到课程内容的聚焦、学生兴趣的激发以及教学目标的达成。教学标题应做到简洁明了、生动有趣、避免专业化及学术化的表达。

（二）教学设计理念的梳理

清晰的梳理并呈现课程设计的背景说明，即设计本节课的原因，包括对课程相关心理学理论、授课对象的基本情况、相关政策文件的规范要求以及本课希望达到的宗旨等方面。

（三）教学目标的设计

教学目标明确规定了学生在完成学习任务后应该达到的知识、技能、态度和价值观等方面的具体要求。教学重难点、教学内容及活动的选择等均需要为教学目标服务。教学目标包含以下4个方面：①思政目标。贯彻"立德树人"的根本教育任务以及"德育心育一体化"的课程理念，教师在设计教学目标时可以充分结合课程主题，融入健全人格、提升个人道德修养、强化政治认同、增强责任意识等课程思政目标。②认知目标。即学生能够在课程中了解、认识到的关于心理健康的知识及理念。③情感目标。即学生在课程中通过系列活动能够体验与感悟到的情绪情感。④行为目标。即学生通过课程的学习获得的能够运用到日常生活、学习中的技能。

在制定教学目标时，要注意以下几点要求：①明确性。教学目标应该清晰、具体，避

免模糊和笼统的表述。②可衡量性。教学目标应该是可观察、可测量的，以便对学生的学习成果进行评估。③可实现性。教学目标应当是通过课程教学可以达到的。

（四）教学重难点的确定

教学重点是指在教学过程中需要深入挖掘的内容，通常是课程的核心知识、关键技能。教学难点是指学生难以理解、感悟或掌握的内容，它可能是由于理念的抽象性或学生的认知、生活经验水平限制等造成的。一般来说，教学重难点应围绕既定教学目标的实现、学生核心需求及现有水平进行确定。

（五）教学内容及活动选择

教学内容及活动的选择是为了更好地实现教学目标。在教学内容上，应当从学生的心理发展需求出发，结合心理学科特点及基本理论，选择贴近学生实际生活，富有启发引导性的内容进行教学。在教学活动方式上，应当从如何最大程度调动学生参与、充分发挥教学内容作用以推动教学目标的实现出发，选择适切且多元的活动作为载体。

（六）教学注意事项

在设计课程时，应考虑课程所需教学时间、教学场地、教学素材等。一般来说，常规课程所需时间以学校教学规定的一课时为宜，团体辅导类课程可以根据具体活动合并两课时；教学场地根据具体活动选择，包括但不限于教室、团体辅导室、学校操场等；教学时所需要的道具物资、影音材料、学习单等需要提前罗列准备。

【成长画廊】

课程设计我能行

学习完学校心理健康教育课程设计基本步骤，你是否对课程的设计有了进一步的了解呢？请选择你感兴趣的心理主题，设计一份课程教案吧。

第三节 学校心理健康教育教学实施

如何上好一节心理健康教育课，充分发挥其在学生心理健康建设中的主要作用，是每位心理健康教师必须掌握的专业技能。本节将聚焦于学校心理健康教育教学的实施过程，从教学准备、常用教学方法、教学环节以及教学评价与反思四个方面，分析其内在逻辑与实践策略，为教育工作者提供一套可操作性强、实效性高的教学指导框架。

一、教学准备

教学准备是确保心理健康教育课程顺利实施的关键环节，它的情况直接关系到课程的质量和效果。在教学准备阶段，教师需要全面考虑学生的需求、教学目标以及教学计划的制订，为后续的课堂教学打下坚实的基础。

(一)了解学生需求

了解学生需求是教学准备的首要任务。心理健康教育的目标是促进学生的心理健康发展,因此,教师必须深入了解学生的心理状况、兴趣爱好、学习风格以及可能存在的心理困扰。这要求教师不仅要关注学生的学业成绩,更要关注他们的情感、态度和价值观。通过问卷调查、个别访谈、课堂观察等多种方式,教师可以收集到丰富的学生信息,从而更准确地把握学生的需求。在此基础上,教师可以设计出更符合学生实际、更具针对性的教学内容和方法,激发学生的学习兴趣和积极性。

(二)明确教学目标

明确教学目标是教学准备的核心环节。教学目标是教学活动的导向和评价标准,它决定了教学内容的选择、教学方法的运用以及教学评价的实施。在心理健康教育课程中,教学目标应聚焦于提升学生的心理健康素养、培养学生的积极心理品质以及帮助学生解决心理困扰等方面。教师在制定教学目标时,应充分考虑学生的年龄特征、心理发展水平和实际需求,确保教学目标既具有挑战性又具有可行性。同时,教学目标还应具有明确性、具体性和可操作性,以便在教学过程中进行有效的监控和评价。

(三)制订教学计划

制订教学计划是教学准备的重要步骤。教学计划是教学活动的蓝图和指南,它规定了教学活动的时间、地点、内容、方法和评价等方面的具体安排。在心理健康教育课程中,教学计划应围绕教学目标进行精心设计,确保教学活动的有序进行。在制订教学计划时,教师应充分考虑学生的实际情况和教学资源,合理安排教学进度和教学活动。同时,教学计划还应具有一定的灵活性和可调整性,以便在教学过程中根据实际情况进行适时调整和优化。通过制订科学、合理的教学计划,教师可以确保心理健康教育课程的顺利实施,为学生的心理健康发展提供有力保障。

二、常用教学方法

教师在心理辅导的教学实践可以通过不同的互动形式和体验方式,帮助学生更好地理解自我、表达情感、解决问题,并促进其心理健康发展。因此,选择合适的方法对于有效传递知识、促进学生心理健康和个人成长至关重要。

(一)讲授法

讲授法是教学中最为常用的方法。讲授是老师运用口头语言或借助其他手段,通过生动有趣、内涵丰富的讲授和演示来启迪和教育学生,以影响学生的认知和行为的一种教学方法。教师可以通过暗示、引导、质疑等方法,让学生发现自己的非理性信念,从而使之建立合理的思考方式。讲授既可以是教师的口头讲解,也可以采用多媒体的教学手段;既可以是简短的说明,也可以是系统的理论传授。

心理活动课十分强调教师与学生之间的沟通与互动。心理辅导课的教学主要是一种活动形式,但教师可以根据学生的需求、专题的需要和学生的年龄特点适当地采用一些讲授的方法。特别是高年级的学生,需结合相关理论进行讲授、帮助学生更好地理解和接受。

（二）游戏活动法

游戏活动法是指以游戏活动为中介，引导学生积极投身于游戏活动中，使其在轻松、愉悦、和谐融洽且充满活力的氛围里，能够毫无拘束地展现自身情绪、自然地投射出内心世界。在游戏过程中，学生不仅能够亲身体验并反思自身行为，还能与同伴分享彼此的经验与深刻感悟，达成具有建设性的心理辅导效果。在心理健康教育课的游戏活动中，学生不知不觉地流露出真实的喜怒哀乐，也显露出存在的问题。在游戏活动中，学生可以满足平时无法满足的欲望，宣泄被压抑的情感，揭开人格的面具，使自己变得真实、豁达，进而促进人格的自我完善。

（三）讨论分析法

讨论分析法是所有教学活动中使用最为普遍的方法。讨论分析法是指在老师的引导和组织下，学生对某一专题各抒己见，经过交换意见或辩论，集思广益，交流思想和感受促使问题的解决。在采用讨论分析法的过程中，教师要做到导而不牵，循循善诱，达到自我教育的目的，并要注意引导学生变被动的听众为主动的演说者，注意引导学生变片面为全面，注意变注重结论为注重过程。在讨论过程中，让学生共同分享的不仅仅是感受，还有彼此的关怀与支持。

（四）角色扮演法

角色扮演作为一种社会心理学技术，最早由奥地利精神病理学家莫雷诺（Jacob Levy Moreno）于20世纪初开创，其核心在于使人置身于他人的社会位置，并按这一位置所要求的方式和态度行事，以增进人们对他人社会角色、自身原有角色的理解，从而学会更有效地履行自己的角色。这种技术的优势在于使人们能够亲身实践他人社会角色，从而更好地正确理解他人的处境体验他人在各种情况下的内心情感。简言之，角色扮演就是让学生以一种类似游戏的方式，表演出自己的心理或行为问题，进而起到增进自我认识，减轻或消除心理问题，发展心理素质的作用。

三、教学环节

一节规范的心理健康教育课并非随意组合活动或漫无目的，而是遵循其内在逻辑展开教学。以下详细介绍三种常见的心理健康教育课教学环节设计模式。

（一）体验式教学

美国组织行为学教授库伯（David Kolb）提出的体验式学习理论指出，有效学习是"始于体验，继而发表看法，引发反思，形成理论，并最终把理论所得应用于实践的过程"。该理论强调教师应创设丰富的学习情境，寓教于乐，引导学生主动学习。

在此理论指导下的体验式教学，是指教师引导学生通过亲身经历或调动已有经验来认知事物，进而实现对教学内容的深刻认识、理解和感悟，其教学模式通常包含4个递进环节：①创设情境，启动体验。教师组织学生参与活动或深入理解某事物，激活学生情感以获得初步体验。②教师提出富有挑战性的问题，激发学生积极思考，深化情境创设所引发的体验。③交流感悟，升华体验。教师引导学生基于情境和问题思考，进行生生、师生间的分享交流，升华体验，促进认知提升。④评价反思，践行体验。教师协助学生进行理性归纳与概括，最终达成知行统一的目标。

（二）建构主义教学

建构主义的知识观认为，知识是在一定情境下，借助人际协作、交流，利用必要信息通过意义建构获得的，其中，情境是支持学习者意义建构的有利环境，意义建构是学习的最终目标。建构主义的学习观认为，学习是学生自己主动建构知识意义的过程。学习是学习者根据自己的经验背景，对外部信息进行主动选择、加工和处理，对所接收到的信息进行解释，进而生成个人的意义或者说是自己的理解。个人头脑中已有的知识经验不同，调动的知识经验相对所接收到的信息的解释就不同。

因此，建构主义教学模式强调，以学习者原有的知识经验作为新知识的生长点，引导其从中主动建构新的知识经验。教师的角色是为学生创设情境、提供支持，最终协助学生完成主动的意义建构。

（三）团体动力四阶段

勒温（Lewin）的团体动力学理论指出，团体是一个有生命力的组织，其动力源于内部成员间的关系与互动。团体动力是所有作用于团体之力，这些作用力分别包括内在和外在对团体产生影响的力量。班级本身就是一个团体，因此，团体动力学是心理健康教育课设计的常用理论基础。基于此理论的教学模式通常包含以下4个阶段。

1. 团体热身阶段

在这一阶段，教师初步引入本次课堂所探讨的问题，营造一种安全舒适的氛围，帮助团体成员形成有凝聚力的实体，将注意力投入心理健康教育课中。顾名思义，团体热身阶段的核心目标，便是让整个团体从相对松散、陌生的状态逐渐"暖"起来，打破成员之间的隔阂，调动起大家参与课堂的积极性。这一阶段主要通过三种行之有效的方式来实现热身目的：一是通过肢体动作让学生的身体活动起来，从而引导学生投入统一的团体活动中；二是通过内心促进热身，主要通过故事、音乐、诗歌、影像材料等，使学生把注意力投入心理辅导活动课的内容中；三是通过人际互动热身，例如，通过游戏、讨论或其他活动让学生之间产生互动，促使学生投入心理辅导活动课中。

2. 团体转换阶段

团体转换阶段聚焦于推动团体发展，实现向"借助团体动力解决共同发展问题"的转变。教师在此阶段扮演关键角色，需通过创设生动情境、抛出针对性问题，充分激发成员探索成长困惑的内在动力，持续催化团体动力。

在具体实践中，教师可灵活运用多元形式，如引入典型案例、组织小品表演、播放游戏影视片段或推荐契合主题的歌曲等，将问题情境直观地展现在学生眼前。围绕某个团体成员普遍关注的问题，引导成员表达不同观点、展现各异的认知模式，进而引发行为方式的碰撞与思想交锋，以此激发团体动力。同时，积极鼓励成员参与讨论，大胆分享个人见解，并引导成员间相互给予积极回应。

这里所说的"转换"，其核心在于将活动主题向与工作阶段紧密相关的方向迁移。不过，此阶段并不直接触及学生的具体问题，而是着重营造更为安全、包容的心理环境，为后续深入探讨活动主题筑牢根基。由此可见，团体暖身阶段与转换阶段均服务于工作阶段的顺利开展，二者在活动内容与形式上存在诸多相似之处。正因如此，部分依据团体动力学理论设计的心理健康教育课程会将这两个阶段合并，将课程整体划分为三个阶段。

3. 团体工作阶段

团体工作阶段是团体进入解决实质性问题的关键时期。该阶段在一节心理健康教育课中所占的比例最大，工作重点是"问题探索"。教师的具体操作流程如下：①深化情境体验，设置更为贴近学生生活实际、更能反映学生成长困惑的活动或情境，引导学生在参与活动的过程中，深入感受、体验并思考相关问题。②强化正向动力，继续催化团体的正向动力，营造安全、支持的氛围，促进学生进行更深层次的自我开放。③引导聚焦协作，有效组织调控团体进程，引导学生聚焦团体共同目标。鼓励成员间积极倾听、相互尊重，并共同探索有效的解决策略。

4. 团体结束阶段

团体结束阶段的团体经验对团体的成效有决定性的影响。在此阶段，教师需充分发挥引导者的角色，带领学生对活动进行深度复盘与总结，帮助学生梳理本次团体活动中的所学所悟，挖掘团体经验背后的深层价值与意义，让零散的感受升华为系统的认知。

当这一阶段的引导取得成功，学生便会主动将团体中的所学运用到生活实践中，活动课结束时留存于记忆中的欣喜、感动等正向情绪，将成为他们未来成长道路上的精神力量，持续滋养心灵。为了更好地实现这一阶段的目标，可采用丰富多样的结束活动。例如，"我的收获"让学生自主回顾成长点滴；"大家都来说"促进成员间的感悟分享；"把心留住"以创意形式定格珍贵回忆；"笑迎未来"引导学生展望积极前景；"礼物大派送"传递温暖心意；此外，契合主题的歌曲也能通过旋律与歌词，深化情感共鸣，为团体活动画上圆满句点。

四、教学评价与反思

心理健康教育课程的实施是否科学合理、能否满足社会和学生的实际需求，以及其价值和效果如何，都需要在课程结束后进行严谨的评价与反思。这样做不仅是评估教学过程的恰当性和效果，也确保课程功能得到最大限度的发挥。

（一）教学评价的原则

1. 客观性和实用性

首先，应以实事求是的科学态度对待心理健康教育课的评价。依据课程的特点设定客观的评价标准和评价途径，从而避免主观偏见。同时，各项评价指标应具体明确，具有可操作性，避免使用模棱两可的语言表述。另外，各项评价指标和标准要切实可行，符合当前心理健康教育课的发展现状，避免使用过高或过低的标准。

2. 发展性和开放性

由于学生的心理素质随着年龄的变化、随着时代的变化而不断地变化和发展，因此心理健康教育课的评价应充分体现发展性和开放性。对教学效果的评价要着眼于学生各项心理素质的发展特征和规律，使用动态性评价。另外，课程评价的内容要具有开放性，随着学生年龄变化和社会发展，进行相应调整。

3. 形成性和主体性

心理健康教育课注重学生在活动中的体验，其评价也注重过程性评价，注重形成性和主体性。尊重学生的主体地位和教师的主导地位，鼓励学生对课堂教学进行客观评价，鼓励教师对自身教学效果进行自评。同时也倡导师生自评与他评相结合，如领导、专家、同事评价等。

4. 特殊性和灵活性

要考虑各学校的实际情况和特殊需求，评价的指标和标准、方式和途径要有一定的灵活性。另外，还要考虑到个体差异，不能要求班级里的每一个学生都达到统一的发展标准。

（二）教学评价的方法

1. 心理测量法

心理测量法是教师采用与课程内容和目标有关的心理测量工具，在课程实施前后进行测验，评价学生心理发展水平变化。心理测量法具有客观性，可以收集到量化数据，采用统计软件分析后可获得客观结果。运用心理测量法时，要注意测量工具的选择是否符合学生年龄特征，注意测量工具是否具有良好的信效度，注意测量情境和过程及结果解释是否已标准化。

2. 问卷法

问卷法是教师运用标准问卷，向学生了解课程实施情况，以及学生心理活动和变化的方法。教师可根据心理健康教育课的基本理论，自行设计调查指标，然后编制问卷题目和选项。可采用封闭式提问，也可以采用开放式提问。最后对收集到的结果，进行量化统计分析或质性分析。问卷法具有灵活性，教师容易掌握。但因为信效度缺乏严格检验，测量的准确性和结论的推广性都受到限制。

3. 观察法

观察法是教师在自然情境下，对心理健康教育课前后学生的行为进行直接观察记录、分析和解释的方法。采用观察法时，首先，要明确观察内容，形成可操作的观察内容体系；然后，要明确观察的时间，选择适当的观察策略和记录方式。常用的观察策略有参与式观察、行为核查表式观察和取样式观察。最后，采用质性方法分析观察结果。

4. 访谈法

访谈法是教师与学生进行访问和谈话的方法。访谈法不仅可以了解学生心理的变化，还可以深入了解心理变化的原因。教师不仅可以对学生进行访谈，还可以对家长、同学班主任进行访谈，了解他人对学生的看法和态度。访谈前，教师编制科学有效的访谈提纲；访谈时，要注意创设良好氛围，帮助访谈对象真诚表达自己的想法；访谈后，对结果进行质性分析。

5. 作品分析法

作品分析法是教师对学生在课程中形成的作品进行分析的方法。作品分析法可以更加深入地了解学生心理变化及其变化原因。常用的作品包括学生的心理日记、心理绘画、自我分析报告等。分析学生作品时，教师要保持客观态度。

心理健康教育课一方面可以由教师开展自我评价，另一方面是邀请督导人员组织教学研讨。督导是教研员或专家依靠专业知识和技能，帮助教师解决专业问题的历程。通过对教师、学生和活动历程的评价，督导能够更好地帮助教师改进心理健康教育课，提升教师专业能力。

（三）教学反思

教学反思是教师提升教学质量、实现专业成长的重要途径。在心理健康教育课程中，教师应定期进行教学反思，回顾教学过程，分析教学效果，总结教学经验。反思的内容应包括教学目标是否明确、教学内容是否贴近学生实际、教学方法是否得当、教学评价是否全面有效等方面。通过反思，教师可以发现教学中的不足和亮点，及时调整教学策略和方法，优化教学设计。同时，教学反思还有助于教师形成自我监控和自我调整的能力，提升专业素养和教学水平。在教学反思的过程中，教师应保持开放的心态，勇于接受挑战和批评，积极寻求同事和学生的反馈，不断完善自己的教学实践。

【心理剧院】

让心理课创"新"起来

海滨小学的心理健康教师李老师正在给同学们上"手机与自律人生"一课。一般讲到手机，很多老师都会讲到手机的危害、如何与手机保持适度距离等，这些都停留在理念或大脑认知层面，学生都知道，但就是做不到与手机保持距离。针对这个情况，李老师设计了"我和手机的雕塑"活动：两人一组互为搭档（出演时可三人一组），分别扮演手机和自己。扮演手机者保持不动，扮演自己的则用身体、表情动作和距离表示自己和手机的关系定格十秒，充分感受以后，再互换角色扮演。在定格时，李老师用手机拍下照片，选择照片投屏分享。学生看到自己及他人与手机的关系造型，如紧紧拥抱、平行、深情注视、远远观望等，触动很大，感受到自己与手机保持适度距离的重要性。在这一课中，李老师的教学设计新颖，教学方法与时俱进，切合学生的心理特点，彰显了时代气息。

目前，不少心理健康教育课设计千篇一律，如抓手指、雨点变奏曲、解手链等活动，从小学到高中一成不变，学生逐渐失去兴趣。教学活动一开始甚至有学生说："老师，我们已经玩过了。"有些活动即使学生没玩过，也觉得了无新意甚至无聊透顶。之所以会这样，就是因为心理健康教师缺乏创新意识，只会盲目照抄书本或照搬别人的东西。所以，在活动设计上，心理健康教师要创新，包括教学理念要创新，教学方法、教学内容、教学形式、运用技术等要创新。尤其在心理健康教育课技能比赛中，教学设计是否具有创新性是一个重要指标，也是一节课能否吸引学生和教师的重要因素。

第四节 心理健康教育校本课程开发与建设

心理健康教育校本课程，是校本课程开发在学校心理健康教育领域的具体运用，它可以结合不同学校的办学特色，以满足学生个体性、差异性的要求，促进学生心理健康、和谐发展。本节将从学校心理健康教育校本课程的内涵、开发的意义、原则与一般流程四个方面进行阐述。

一、心理健康教育校本课程的内涵

校本课程是学校在实施好国家课程和地方课程的前提下,自己开发的适合本校实际的、具有学校自身特点的课程,是一种具有多样性和可选择性的课程。

(一)什么是心理健康教育校本课程

心理健康教育校本课程是由学校教师自主开发,旨在体现学校特色并满足不同学生心理发展需求的活动课程,包括课外兴趣活动及校外实践活动。这类课程以促进学生心理健康发展为目标,补充国家和地方课程,专注于提升学生的自我意识、学习与生活经验积累,帮助他们更好地适应学校和社会生活,确保全体学生的心理和谐发展。

(二)心理健康教育校本课程的特点

1. 针对性强

心理健康教育校本课程针对学生的心理健康需求而设计,具有极强的针对性。通过深入了解学生的心理发展特点、心理状态及心理困扰,课程能够精准地识别学生的需求,提供个性化的心理健康教育服务。这种针对性不仅体现在课程内容的设置上,还体现在教学方法和手段的选择上,旨在通过精准施策,有效提升学生的心理健康水平。

2. 适应性灵活

心理健康教育校本课程在开发过程中注重灵活性和创新性。开发者可以根据学校的实际情况和学生的需求,灵活调整课程内容和教学方法。同时,鼓励教师创新教学方式和手段,如利用现代科技手段进行在线教学、虚拟现实教学等,以激发学生的学习兴趣和积极性。这种灵活性和创新性有助于心理健康教育校本课程不断适应时代发展的需要,为学生的心理健康提供更加有效的支持。

3. 体系完整连贯

心理健康教育校本课程在内容设计上注重系统性和连贯性。课程内容按照学生的心理发展规律和需求进行有序编排,形成完整的课程体系。每个模块或章节之间既有相对独立性,又相互关联,形成一个有机的整体。这种系统性和连贯性有助于学生对心理健康知识形成全面而深入的理解,提升他们的心理健康素养。

二、心理健康教育校本课程开发的意义

在当前的教育环境中,学生心理健康问题日益受到社会各界的广泛关注。在此背景下,心理健康教育校本课程的开发显得尤为关键,其意义深远,具体体现在以下几个方面。

(一)有利于促进学生身心全面发展

心理健康教育校本课程开发的主要教育目标在于提升学生的心理健康素养心理品质。具体来说,是为了培养学生积极乐观、健康向上的心理品质,充分开发他们的心理潜能,促进其身心和谐可持续发展,为他们的健康成长和幸福生活奠定基础。因此,心理健康教育校本课程的开发与建设应根据学生实际情况,有针对性地展开。

在快节奏的现代生活中,学生面临着学业压力、人际关系、家庭环境等多重挑战,这些压力往往导致他们产生焦虑、抑郁等心理问题。通过开设心理健康教育校本课程,能够

引导学生认识到自己的情绪和需求，学会合理表达情绪，避免情绪压抑或过度发泄。课程中的社交技能训练，如倾听、表达、共情等，能够提升学生的人际交往能力，帮助他们建立健康的人际关系，减少因人际关系紧张而产生的心理压力。在心理健康教育校本课程中，学生逐渐建立起积极的自我形象，培养积极的心理品质，增强心理韧性，更加自信地面对未来的挑战。

（二）有利于促进心理健康教师专业成长

心理健康教育校本课程的开发，不仅是学生健康成长的需要，也是心理健康教师专业成长的催化剂。在开发课程时，心理健康教师需要深入研究心理学理论，了解学生的心理发展特点和需求，结合学校实际情况设计符合学生特点的教学内容和方法。这一过程不仅促进了心理健康教师对心理学理论的掌握和应用能力的提升，还激发了他们的创新意识和实践能力。

开发校本课程要求心理健康教师具备扎实的心理学理论知识和广泛的专业知识，以设计符合学生需求的课程。这一要求也同时促进了教师教学实践能力的提升。通过不断学习新知、灵活运用多样化的教学方法（如案例分析、角色扮演和小组讨论等），并根据学生的反馈及时调整策略，心理健康教师不仅能激发学生的学习兴趣和参与度，还能锻炼自身的教学技能和应变能力。此外，校本课程的开发为心理健康教师提供了与其他学科教师交流与合作的机会，共同探讨心理健康教育的融入方式，拓宽了教师的视野，增强了学科之间的理解和信任，有助于构建和谐的校园文化，全面提升心理健康教育的质量和效果。

（三）有利于构建积极的校园文化

心理健康教育校本课程，还是构建积极校园文化的桥梁。校园文化是学校精神风貌和价值取向的集中体现，对学生的学习和生活产生着深远的影响。通过开设心理健康教育校本课程，学校能够营造出一种关注心理健康、尊重个体差异、鼓励积极向上的校园文化氛围。

心理健康教育校本课程使学生获得系统的学习和实践，学会关注自身心理状态，促进个人成长并激发对周围人的关爱，由此形成积极向上的校园文化。同时，还促进了家校之间的沟通与合作，使家长更深入理解孩子的需求，支持其成长；并且能够将心理健康教育的理念延伸至家庭，构建家校共育机制。此外，这类课程提升了学校整体教育质量，通过培养学生的积极心理品质和心理健康素养，创造宽松和谐的学习环境，使学生能自信面对挑战，充分发挥潜能；也让教师能够更好地关注学生的个体差异，提供个性化教学支持，全面提升教育效果。

三、心理健康教育校本课程开发的原则

在心理健康教育校本课程的开发过程中，遵循一系列指导原则对于确保课程的质量和效果至关重要。这些原则不仅为课程的设计与实施提供了明确的方向，也确保了课程能够紧密贴合学校实际情况，反映最新的研究成果，满足学生的实际需求，并以有趣且系统的方式传授知识，从而全面提升学生的心理健康素养。

（一）校本性原则

所谓校本课程开发就是要以学校为本，即校本课程开发的基地和主体在学校，开发主

体是本校教师，要解决的课程问题反映出本校的特点和条件，所贯彻的是本校的办学思想和培训目标，从而形成学校的办学特色。"以校为本"（校本性原则）是心理健康教育校本课程开发与建设中需首要遵循的原则。

校本性原则强调课程必须紧密贴合学校的实际情况和特色。在进行课程开发前，必须深入了解学校的办学理念、教育资源、学生需求以及文化背景，确保课程内容既符合学生的心理发展特点，又能体现学校的独特性和优势。充分利用学校自身的资源和条件，如师资力量、教学设施、校园文化等，形成具有学校特色的课程体系。同时，课程内容和教学方法也应与学校的教育理念和教学目标相一致，确保课程的有效性和针对性。

（二）科学性原则

科学性原则要求课程内容必须基于心理学、教育学等学科的最新研究成果，确保理论知识的准确性和科学性。在课程设计过程中，应充分调研国内外心理健康教育的发展趋势和实践经验，结合学校实际情况，构建科学合理的课程体系。同时，教学方法和手段也应遵循科学原理，注重实证研究和数据支持，确保教学效果的有效性和可靠性。开发者需要不断更新知识，关注学科前沿动态，将最新的研究成果和实践经验融入课程中。此外，还应邀请心理健康教育专家、学者对课程内容进行评审和指导，确保课程内容的科学性和权威性。

（三）时效性原则

时效性原则要求心理健康教育校本课程应紧跟时代发展，关注社会热点和学生需求。在课程设计时，应充分考虑当前社会心理问题的特点和学生心理发展的实际状况，确保课程内容具有针对性和实效性。同时，还应关注心理健康教育的最新研究成果和实践经验，及时更新课程内容，确保课程的前沿性和时代性。

（四）生动性原则

生动性原则强调心理健康教育校本课程应注重趣味性和吸引力。在课程设计时，应运用多种教学手段和方法，如案例分析、角色扮演、小组讨论等，激发学生的学习兴趣和积极性。同时，还应注重课程内容的呈现方式，如采用图文并茂、音频视频等多媒体手段，提高课程的趣味性和互动性。

（五）严谨性原则

严谨性原则要求心理健康教育校本课程在内容设计、教学实施等方面要严格遵守教育规律和心理学原理。在课程设计时，应注重逻辑性和系统性，确保课程内容的连贯性和完整性。同时，在教学实施过程中，应注重教学方法的规范性和有效性，确保学生能够正确理解和掌握心理健康知识和技能。为了确保严谨性，课程开发者需要严格遵守教育法规和心理学原理，确保课程内容的合法性和科学性。此外，还应加强课程管理和监督，确保教学过程的规范性和有效性。同时，还应注重对学生的评估和反馈，及时了解学生的学习情况和问题，以便进行针对性的指导和帮助。

四、心理健康教育校本课程开发的一般流程

心理健康教育校本课程的开发是一个系统化的过程，涵盖从现状调研到实施与评价的多个关键步骤。每个步骤之间紧密相连，旨在确保课程的有效性和针对性，从而促进学生

的心理健康发展和综合素质提升。这一过程不仅体现了以学生为中心的教育理念,也确保了课程能够紧密结合学校的实际情况,形成具有特色的心理健康教育体系。

(一)现状调研:分析学校需求与资源

首先,学校心理健康教育校本课程开发的服务对象是学生,其目的是要促进学生的心理健康发展,因此,要使得所开发的校本课程更符合学生的需要,就需要对学生的心理需求进行调查分析。对学生心理需求调查分析的基本方法是访谈法、问卷法和测量法。其次,校本课程作为国家课程和地方课程的有益补充,最能够体现学校的办学特色。因此,在制定心理健康教育校本课程开发方案之前,还需要对学校的办学特色进行评估,使得心理健康教育校本课程开发能够体现学校的办学特色,或成为学校办学特色的一部分。最后,校本课程开发需要一定的资源支持,因此在开发之前需要对学校现有的各方面资源进行评估,包括人力资源、物质资源和软件设施等。根据对本校人力资源、物质资源和软件设施等方面的评估,发现学校自身的优势与不足,就可以确定心理健康教育校本课程开发的具体目标、任务和方法,使得心理健康教育校本课程开发得以顺利开展。

(二)目标设定:明确课程定位与目标

在对学生和学校资源进行评估之后,就需要根据评估的结果制定出符合学生心理发展需要、体现出学校办学特色的校本课程目标。校本课程目标是指通过校本课程实施所要达到的结果,也就是指通过实施校本课程促进学生心理健康发展。促进学生心理健康发展是校本课程开发的总体目标,为了更好地实现这一目标,需要对总体目标进行分解和具体化。根据布卢姆的教育目标分类学思想,可以将心理健康教育目标分解为认知目标、情感目标和行为技能目标三方面;根据基础教育新课程改革中所提出的三维目标思想,可以将心理健康教育目标分解为知识与技能目标、过程与方法目标、情感态度与价值观目标三方面。目标的设定应具有层次性和可操作性,可行性与可衡量性,既能够引导学生掌握心理健康知识,又能够培养他们的心理调适能力和积极心态。

(三)方案设计:制定课程开发方案和课程标准

设计校本课程的材料与方案既是校本课程开发的直接目的,又是校本课程开发的具体任务和主要内容,它既是校本课程具体实施和管理的抓手,又是检验和评价校本课程实施效果的落脚点。因此,如何设计和编制有效的校本课程材料和方案是校本课程开发的主要内容和任务。方案应包括课程的结构框架、时间安排、教学方法和手段、评估方式等多个方面。在结构框架上,要合理规划课程的章节和主题,确保内容的连贯性和系统性。在时间安排上,要根据学生的学习节奏和心理特点,科学分配课时,确保课程内容的充分展开和深入。在教学方法和手段上,要注重多样性和互动性,运用案例分析、角色扮演、小组讨论等多种方式,激发学生的学习兴趣和积极性。在评估方式上,要建立多元化的评价体系,既关注学生的知识掌握情况,又重视他们的技能提升和情感态度变化。通过精心设计的方案,可以为心理健康教育校本课程的顺利实施提供有力保障。

(四)课程开发:设计课程内容与活动

内容构建是心理健康教育校本课程开发的关键步骤,它要求开发者根据课程目标与方案，设计具体的课程内容与活动。在内容设计上，注重知识的系统性与实用性，既符合心理学的理论与基础，又结合学生的生活实际与心理需求，提供实用的心理调适技巧与方法。例如，在情绪管理模块中，可以设计"情绪识别与表达""情绪调节策略"等主题内容，通过案例分析、角色扮演等活动形式，让学生了解情绪的基本类型、表达方式及调节方法。在人际交往模块中，可以设计"沟通技巧与冲突解决""建立良好人际关系"等主题内容，通过小组讨论、角色扮演等活动形式，培养学生的沟通技巧、合作能力及解决冲突的能力。在活动设计上，注重体验性与参与性，通过心理游戏、角色扮演、小组讨论等多种活动形式，让学生在实践中学习与体验心理健康知识，提高他们的心理调适能力与积极心态。同时，注重内容的趣味性与吸引力，通过生动的语言、丰富的案例、图文并茂的呈现方式等，激发学生的学习兴趣与好奇心。

（五）实施与评价：课程实施与效果评估

在课程开发方案与内容构建完成后，实施与评价成为心理健康教育校本课程开发的最后环节。在课程实施过程中，注重教学的规范性与有效性，按照既定的教学计划与教学方法进行授课，确保学生能够理解和掌握课程内容。同时，注重与学生的互动与反馈，及时调整教学策略与方法，以适应学生的需求与变化。

在课程实施过程中，可以定期组织教学研讨会、观摩课等活动，促进教师之间的交流与合作，共同提升教学质量。同时，建立学生反馈机制，鼓励学生提出意见与建议，以便及时调整教学策略与方法。在效果评估上，建立多元化的评价体系，既关注学生的知识掌握情况，又重视他们的技能提升与情感态度变化。通过问卷调查、访谈、心理测试等多种方式，收集学生的学习反馈与意见，评估课程的实施效果。同时，对评估结果进行深入分析，找出课程实施中的问题与不足，为后续的课程改进与优化提供有力支持。

总而言之，校本课程开发是一个动态循环而不断完善的过程，需要在分析评价的基础上对原先的计划和方案加以修订，同时还要对新的课程方案进行再实施、再评价、再修改，才能使所制定的课程方案越来越符合学校的办学理念、教师的教学实际和学生心理健康发展的实际需求。当然，新的课程方案也不会是完美无缺、一劳永逸的，随着学生的换届和学校的不断发展，校本课程需要实时地改善才能保证其最佳的教学效果。

本章小结

基本概念

学校心理健康教育课程　体验式教学　心理健康教育校本课程　游戏活动法　角色扮演法

要点回顾

1. 学校心理健康教育课程应当是一门以班级心理辅导活动课为主要形式，以学校适应、自我认识、情绪管理、生涯规划等为主要内容，致力于提高学生心理素质，充分开发他们的潜能、促进人格健全发展的专门课程。该课程处于学校心理健康教育的核心地位，

充分把握学校心理健康教育课程的五个性质,即活动性、体验性、生活性、生成性和连贯性,对于推动学校心理健康教育高质量发展、优化课程设计与实施有着至关重要的作用。

2. 在进行学校心理健康教育课程设计时,应注重德育心育一体化、面向全体学生、发展与预防相结合、注重科学和实效性四大基本理念的贯彻落实。在明晰学校心理健康教育课程总目标和学段目标的基础上,分学段分模块地开展课程设计。

3. 学校心理健康教育教学正式实施前,教师需要做好充分的教学准备,围绕团体动力四阶段,即团体热身阶段、团体转换阶段、团体工作阶段和团体结束阶段实施。同时,实施后需要做好教学评价与反思工作。

4. 心理健康教育的校本课程是指学校自主开发的心理健康教育的学科课程、活动课程,以及课外心理健康兴趣活动课程和校外心理健康实践活动课程的总称。它具有针对性强、适切灵活、体系完整连贯的特点。开发心理健康教育校本课程时,应遵循校本性、科学性、时效性、生动性、严谨性等原则,在现状调研的基础上,明确课程目标及方案,展开实施并科学评估其实施效果。

练习题

1. 学校心理健康教育课程的基本性质有哪些?
2. 学校心理健康教育课程设计的基本理念有哪些?
3. 在正式开始心理健康教育课程前,需要做好哪些准备工作?
4. 如何开发心理健康教育校本课程?
5. 结合以下案例,设计心理健康教育课程。

小钟是一名高中一年级的学生,高一下学期即将面临高考选科,为此他陷入了深深的苦恼中。面对繁多的学科选择,他感到迷茫,不知道自己究竟适合什么。未来的职业道路更是让他感到困惑,小钟渴望能找到自己的兴趣所在,明确未来的方向,但眼前的迷雾却让他迟迟无法迈出那一步。据了解,年级里很多学生都有着和小钟一样的苦恼……

拓展阅读

[1] 张丽芬. 如何上好一节心理课 [J]. 中小学心理健康教育,2021(1):33-35.

[2] 徐艳萍. 初中生"情绪管理"校本课程的开发与实践研究 [J]. 中小学心理健康教育,2021,(07):25-27.

[3] 李远. 心理健康教育有效评课六要素 [J]. 中小学心理健康教育,2022(1):29-32.

[4] 黄喜珊. 心理课的教学目标:内涵及设定 [J]. 中小学心理健康教育,2023(28):23-28.

[5] 周隽. 心理课 怎么玩 [M]. 上海:华东师范大学出版社,2021.

第四章 学校心理健康测评与管理

学习目标

1. 理解心理健康测评的作用与意义，树立正确的测评理念。
2. 掌握心理健康测评的基本原理，熟悉心理健康测评的常用工具。
3. 掌握学生心理健康档案的基本内容、建立过程及档案管理中的注意事项。
4. 掌握学校心理健康测评的基本流程，能够规范地在学校开展心理健康测评。

课前导学

学校心理健康测评是心理健康工作的关键一步。科学、专业、有效地推进学校心理健康测评工作，是完善学校心理健康教育"四位一体"工作体系的关键。当前学校心理健康测评存在诸多问题，例如，心理健康指标、界定和工具不统一导致难以比较，心理健康测评对心理问题筛查和危机预警的有效性较低，对学生心理行为问题的判断出现很多不同观点等。如何科学、规范地在学校心理健康教育中开展心理健康测评工作是每位心理健康教育工作者必须掌握的重要技能。

学校心理健康测评是一项科学性、专业性和技术性均要求很高的工作。2023年4月，教育部等17部门印发的《行动计划》指出，要规范心理健康监测。一方面要组织研制符合中国儿童青少年特点的心理健康测评工具，规范量表选用、监测实施和结果运用。依托有关单位组建面向大中小学的国家级学生心理健康教育研究与监测专业机构，构建完整的学生心理健康状况监测体系，加强数据分析、案例研究，强化风险预判和条件保障。国家义务教育质量监测每年监测学生心理健康状况。地方教育部门和学校要积极开展学生心理健康监测工作。另一方面，要开展心理健康测评，要坚持预防为主、关口前移，定期开展学生心理健康测评。县级教育部门要组织区域内中小学用好开学重要时段开展心理健康测评，每学年面向小学高年级、初中、高中、中等职业学校等学生至少开展一次心理健康测评，指导学校科学规范运用测评结果，建立"一生一策"心理健康档案。

课前思考

1. 什么是学校心理健康测评?
2. 学校心理健康测评要测哪些内容?
3. 学生心理档案管理中要注意哪些问题?

思维导图

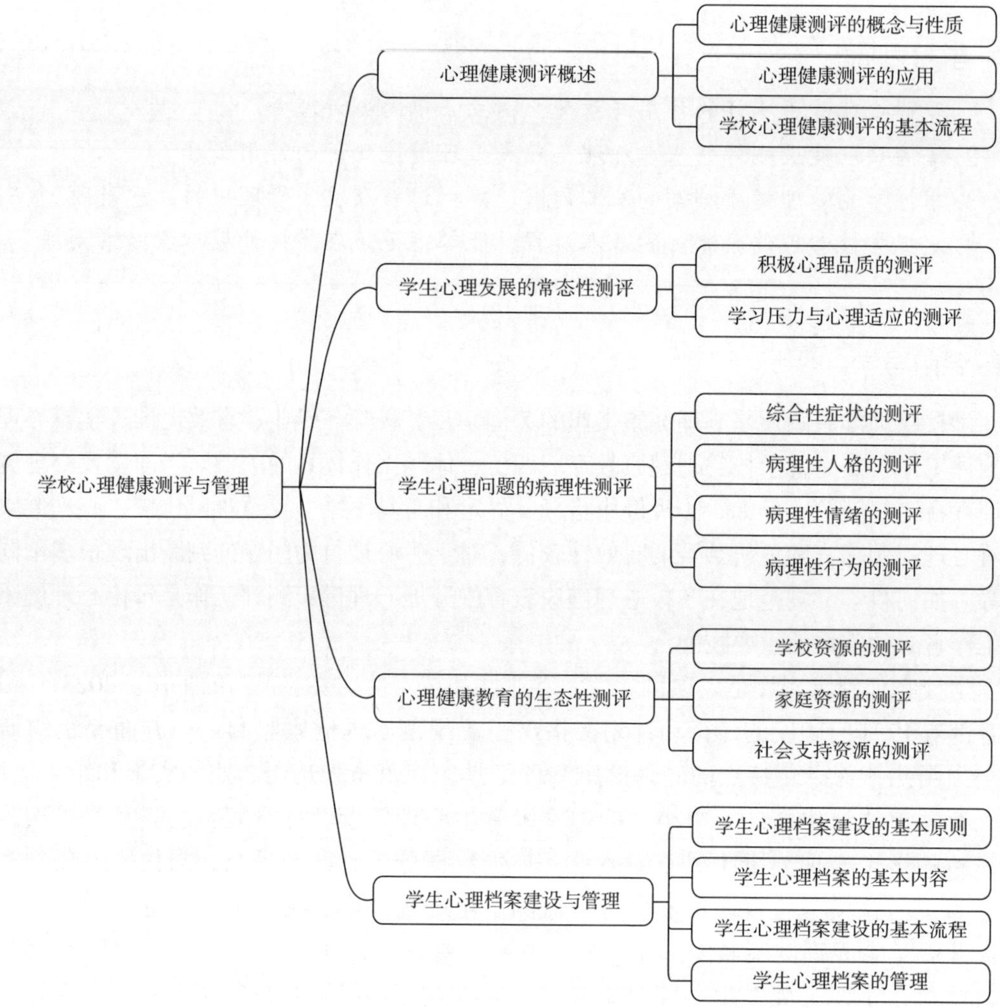

- 学校心理健康测评与管理
  - 心理健康测评概述
    - 心理健康测评的概念与性质
    - 心理健康测评的应用
    - 学校心理健康测评的基本流程
  - 学生心理发展的常态性测评
    - 积极心理品质的测评
    - 学习压力与心理适应的测评
  - 学生心理问题的病理性测评
    - 综合性症状的测评
    - 病理性人格的测评
    - 病理性情绪的测评
    - 病理性行为的测评
  - 心理健康教育的生态性测评
    - 学校资源的测评
    - 家庭资源的测评
    - 社会支持资源的测评
  - 学生心理档案建设与管理
    - 学生心理档案建设的基本原则
    - 学生心理档案的基本内容
    - 学生心理档案建设的基本流程
    - 学生心理档案的管理

心理健康测评与管理是了解学生心理发展和心理健康状况的重要手段。本章重点介绍心理健康测评的基本原理，各类常用的测评量表和心理档案的建设与管理，以便概观学校心理健康测评是什么、测什么、如何测，熟悉各类心理健康测评的常用工具，了解心理档案建设的原则与基本内容，以及如何科学管理档案，规范心理测评和管理测评资料。

第一节　心理健康测评概述

心理健康测评能够科学揭示学生群体的心理倾向及个体心理差异的程度，学习心理测评的基本原理有助于心理健康教育工作者更准确地把握学生的心理特征与状态。

一、心理健康测评的概念与性质

为了更有效地开展心理健康测评工作，我们首先需要深入理解其概念和性质。

（一）心理健康测评的概念

对学生进行测评时，经常遇到术语混淆与相互代替的情况，为了确保心理健康测评工作的科学性和严谨性，有必要明确心理健康测评相关概念的定义与区分。

1. 心理测量与心理测验

心理测量是指使用量表对人的行为加以数量化的描述，或者说依据一定的心理学理论在测验上对人的心理特质进行定量描述的过程。心理测验是对行为样本的客观的和标准化的测量，从定义看，心理测验是心理测量的工具，是名词；心理测量是心理测验的具体实施，是动词。

2. 心理测量与心理测评

与心理测量相比，心理测评的范围更广，不仅包括心理测量，还包括通过观察法、实验法、访谈法、心理物理法等方法进行的测量。心理测量更侧重于对个体心理特性的定量化描述，而心理测评则既包括定量化的描述，也包括定性化的描述，还包括有关的价值判断。总的来说，心理测量是心理测评过程中的一个重要组成部分，而心理测评则是一种更全面的心理评估方法。

3. 心理测评与心理健康测评

心理健康测评是心理测评的一个子集。心理测评范围更广，涉及对个体心理的各个方面进行评估，包括认知能力、人格特征、兴趣爱好等。心理健康测评侧重于对个体心理健康状态的判断，即个体是否处于心理健康的良好状态等。心理健康测评是基于心理健康的相关理论，按照一定的操作程序和方法，对学生的心理健康水平或相关心理特征进行的测量或者评估，分析存在的问题及问题形成的原因，并在此基础上形成初步教育决策的过程。

（二）心理健康测评的性质

心理健康测评与其他测评方法既有联系亦有区别，心理健康测评具有以下三个特性。

1. 间接性

间接性是指心理测验无法直接测量人的内在心理活动，只能测量人的外显行为，即通过一个人对测验项目的反应来推测个体的心理特质。

2. 相对性

相对性是指心理健康测评是基于一定的标准进行的，但是这些标准往往是相对的。不同的文化背景，不同的心理学流派会有不同的心理健康标准。另外，随着社会的发展，人们的心理状态也在发生变化，在使用原有常模时，也要注意时效性。

3. 客观性

客观性是指测量的标准化问题，量具必须标准化，这是对一切测量的共同要求。心理测验的标准化是指测验的编制、实施、计分、分数解释等程序的规范性。

二、心理健康测评的应用

心理健康测评的应用非常广泛，涉及多个领域和方面，心理健康测评在学校中的应用主要体现在以下几个层面。

（一）学生层面

1. 早期发现问题

心理健康测评可以帮助学校及时识别可能存在心理问题的学生。例如，通过使用标准化的抑郁自评量表（SDS）、焦虑自评量表（SAS）等工具，在大规模筛查中发现那些有抑郁或焦虑倾向的学生。对于刚经历重大生活事件（如父母离异、亲人离世等）的学生，测评能够作为一种预警机制，在症状还未明显影响学生日常生活和学习时就介入干预。

2. 个性化支持与干预规划

根据测评结果，学校心理健康教师可以为学生制订个性化的心理支持计划。对于学习压力过大的学生，可以提供压力管理和情绪调节的辅导，如教授放松训练方法等。对于未来比较迷茫的学生，霍兰德职业兴趣测验可以用来帮助了解自身的职业兴趣取向，在高中选科、高考志愿填报及未来的职业规划中发挥着重要作用。

3. 跟踪心理变化

定期进行心理健康测评能够动态跟踪学生的心理状态变化。比如，对于曾经遭受校园欺凌而出现心理创伤的学生，通过多次测评可以观察其创伤后应激障碍（PTSD）症状是否缓解，情绪是否稳定。这有助于调整干预措施的强度和方向，以确保干预的有效性。

（二）班级层面

1. 了解班级心理氛围

可以使用班级环境量表等工具来评估班级整体的心理氛围。例如，了解班级中的师生关系、同学关系是否融洽，班级是否具有积极向上的学习氛围等。如果测评发现班级凝聚力较低，教师可以通过合作学习项目等活动，以增强班级成员之间的归属感和协作精神。

2. 发现群体心理问题倾向

当学校发生重大事件（如校园安全事故）后，心理健康测评可以帮助了解学生群体的心理反应。通过测评可能会发现学生群体中普遍存在的恐慌、焦虑情绪，从而有针对性地开展心理危机干预。

3. 指导教学策略调整

根据班级学生的心理健康测评结果，教师可以调整教学策略。如果班级学生的注意力集中程度测评得分较低，教师可以采用多样化的教学方法，如增加课堂互动环节等，以提高学生的学习兴趣和注意力。同时，对于学习动力不足的班级群体，教师可以通过开展励志教育活动、设定合理的学习目标和奖励机制等方式来激发学生的学习动力。

（三）学校层面

1. 资源分配决策

心理健康测评结果可以为学校资源分配提供依据。如果测评发现某一年级或某一学科的学生心理健康问题较为突出，学校可以合理分配心理健康教师资源，增加对该群体的心理辅导课时。同时，学校可以根据测评结果采购适合的心理健康教育教材、设备（如心理放松设备）等，以满足学生的心理需求。

2. 政策与制度完善

通过对全校学生心理健康测评数据的分析，学校可以发现心理健康教育工作中的薄弱环节，进而完善相关政策和制度。例如，如果测评发现学生的心理健康问题与校园欺凌现象有关，学校可以制定更严格的校园欺凌预防和处理制度，加强校园安全管理和心理健康教育工作的协同，营造更健康的校园环境。

三、学校心理健康测评的基本流程

为了确保学校心理健康测评工作的有序与高效进行，各部门之间必须建立紧密的协作关系，明确分工，各司其职，共同致力于提供一个全面且专业的评估环境。通过这样的合作机制，不仅可以保障测评流程的顺畅和透明，还能有效促进学生心理健康的早期发现与及时干预，为学生的全面发展提供数据支持。

（一）成立学校心理健康测评工作小组

教育行政部门通过督导机制确保学校能够遵循相关政策和标准，在促进学校心理健康工作中扮演着重要角色。学校在上级教育行政部门的指导下，成立心理健康测评工作小组（图4-1），工作小组主要成员由学校分管领导、专（兼）职心理健康教师、班主任等组成。学校心理健康测评工作小组应按时制定学校心理健康测评工作方案，明确工作目标，细化步骤流程，明确责任分工，确保心理健康测评工作顺利开展。学校心理健康测评工作由德育部门（或心理辅导室）负责统筹协调，学校的专（兼）职心理健康教师直接负责，各年级负责人、班主任、学科教师、学生心理委员、学校医务人员等相关人员积极参与其中，各司其职。其中，各年级负责人、班主任应在测评工作中发挥重要作用。

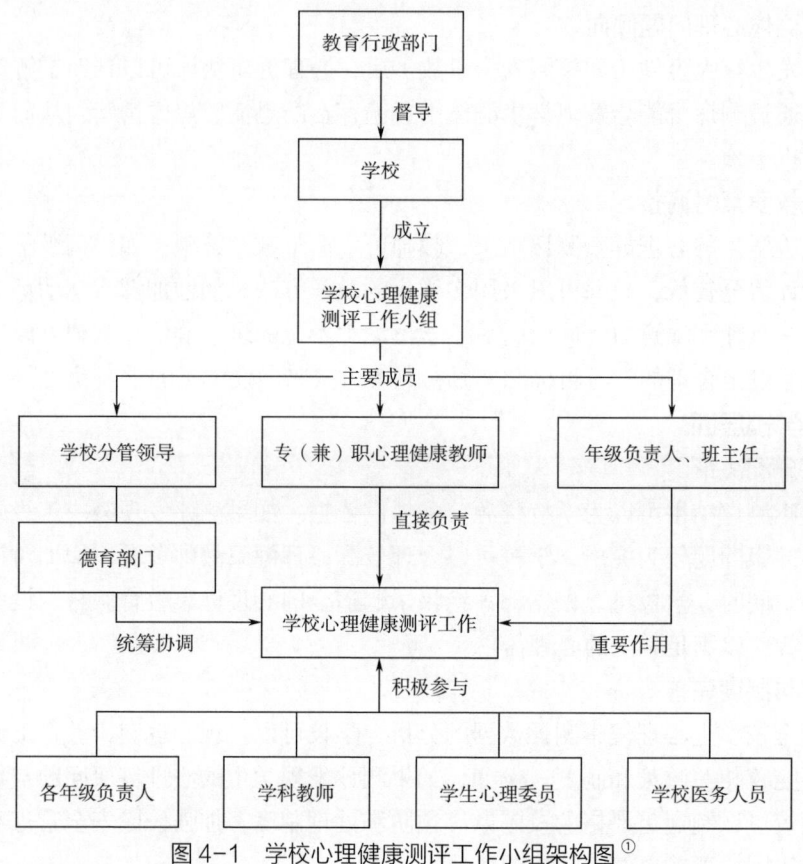

图 4-1　学校心理健康测评工作小组架构图[①]

（二）制定心理健康测评方案

制定心理健康测评方案是确保测评工作有效进行的基础，方案的主要责任人为心理健康教师和分管副校长。一个完善的测评方案通常涵盖以下 6 个关键部分。

（1）明确监测目标。即确定测评的主要目的，如了解学生的整体心理健康水平、识别潜在心理问题、评估心理健康教育效果等，并确保这些目标具体、可衡量。

（2）确定测评指标与测量工具。根据监测目标，选择合适的测评指标，如焦虑、抑郁、压力应对能力等，并选用科学、有效、适合学生群体的心理健康测评量表或问卷。

（3）确定测评时间。要合理安排测评时间，避免与学校其他重要活动冲突，并考虑学生的心理状态，减少外部因素对测评结果的影响。

（4）搭建测评平台。搭建适合学校需求的心理健康测评平台，确保数据的安全性和准确性，且平台易于操作。

（5）明确人员分工。包括测评工作的负责人、执行人员、数据分析人员等，并让所有参与人员都了解测评的目的、流程和注意事项。

（6）进行经费预算。根据测评方案进行经费预算，包括量表或问卷的购买、平台的维护、人员培训等，确保预算合理并申请相应的资金支持。

---

① 许爱红．中小学生心理健康测评与干预［M］．济南：山东教育出版社，2022：07．

（三）开展心理健康测评动员

动员环节是确保心理健康测评工作顺利开展的重要前提。该环节的主要责任人为德育处主任、分管领导以及心理健康教师。他们共同承担着向全校师生传达测评重要性、明确测评内容及流程的任务。

动员大会由德育处主任主持，分管领导出席并发表讲话。随后，心理健康教师会详细解释测评的目的、所选用的测评工具、测评时间的安排以及参与测评的注意事项等，确保师生们对测评工作有全面、清晰的认识。

（四）实施心理健康测评

实施心理健康测评的责任人为心理健康教师和班主任。为确保测评结果的准确性和有效性，需精心选择测评场所，团体实施时应以学生日常学习的教室、专用的机房或心理测评室为宜。对于网络或在线测评，还需与信息技术教师合作，确保网络通畅。同时，测评时间的安排也需谨慎，避免在节假日前后或体育活动后立即进行，以免学生过于兴奋或疲劳影响测评效果。

在测评过程中，心理健康教师和班主任需向学生详细解释测评目的，宣读指导语，确保学生在放松、安全的心态下独立作答，避免相互干扰。还需在教室内巡视，及时解答学生疑问，但不得暗示答案。通过这些细致的安排和注意事项的落实，可以确保心理健康测评工作的顺利实施，为获取准确、有效的测评结果奠定坚实基础。

（五）心理健康测评数据分析

心理健康测评数据分析是测评工作的重要环节，它有助于深入了解学生的心理健康状况，为后续的心理健康教育和干预提供依据。心理健康教师在这一环节中承担着主要责任，需要运用专业的统计和分析方法，对测评数据进行全面、深入的处理和解读。

数据分析通常聚焦于以下几个核心问题：①整体健康水平与问题检出率，统计方法主要为描述统计与元分析；②性别与年级差异分析，统计方法主要为独立样本 t 检验、单因素方差分析；③影响因素分析，统计方法主要为相关分析与回归分析。心理健康教师在进行数据分析时，应确保数据的准确性和完整性，选择合适的统计方法，并结合学生的实际情况和背景信息，并合理解读分析结果，为后续的心理健康教育和干预提供有力的支持。

（六）心理健康测评报告撰写

心理健康测评报告的撰写由心理健康教师负责。

撰写报告时，需遵循以下基本格式与要求：①引言部分简述测评背景、目的与范围；②详细说明测评采用的方法，包括测评工具、实施过程及统计与数据处理方式；③报告结果部分需全面呈现学生的整体心理健康水平、问题检出率、性别与年级等差异分析及影响因素分析；④结合学校实际情况，提出具有针对性和实效性的对策与建议，旨在改善学生心理健康状况，并建立长效监测机制。

学校心理健康测评流程旨在全面、科学地评估学生心理健康状况，为后续干预与教育提供依据，各环节紧密相扣，共同推动测评工作的有序开展。

【知识广场】

近年来,人工智能的飞速发展帮助研究者通过多渠道收集数据。表4-1列出了智能化心理健康测评的四类数据比较结果。

表4-1　智能化心理健康测评的四类数据比较[①]

数据来源	数据获取方式	数据类型	数据量	数据与心理健康研究的相关性	数据在心理健康问题预测中的应用情况
社交媒体	直接爬取公开的社交媒体平台	文本、图像、行为(如点赞、浏览)及元数据(如性别、年龄、位置)等	巨大	不直接相关	有一定的应用,如预测焦虑、抑郁等,预测准确性较低
	在社交媒体上发布相关写作任务,招募被试完成并获取数据		有限	高相关性	
智能设备	招募被试提供数据	通话、短信、听音乐、拍照、位置移动、蓝牙连接、应用软件的使用、音频及视频等	有限	不直接相关	有一定的应用,如预测焦虑、抑郁、自杀倾向等,预测准确性较高
电子游戏	从商业游戏后台直接导出数据	游戏中的行为、发言内容、与其他玩家的互动等	巨大	不直接相关	直接应用非常少,如预测社交焦虑等,但有一些对心理健康相关的心理特质的预测,预测准确性较高
	基于特定研究问题开发或改编游戏,招募被试完成并获取数据		有限	高相关性	
可穿戴设备	招募被试佩戴可穿戴设备,在实验室中完成相关任务,获取数据	脑电、眼动、心率、皮肤温度等生理数据以及精细运动数据	有限	高相关性	应用广泛,如预测焦虑、抑郁、创伤后应激障碍(PTSD)、注意缺陷等,预测准确性高
	招募被试在日常生活中佩戴便携式可穿戴设备,采集日常数据			不直接相关	

第二节　学生心理发展的常态性测评

常态性心理测评旨在监测学生心理健康发展的基本特征和趋势。它既关注学生的积极心理特质,也监测学习压力下的常见心理反应,其主要目标包括:客观监测学生的积极品质以促进其健康发展;做好一般心理问题的前端监测,有效预防一般及严重心理问题。

---

① 姜力铭,田雪涛,任萍,等.人工智能辅助下的心理健康新型测评[J].心理科学进展,2022,30(01):158.

一、积极心理品质的测评

积极心理品质是个体在先天潜能与环境教育交互作用的基础上形成的相对稳定的正向心理特质。对学生而言，培养积极的心理品质不仅能挖掘学生的积极心理潜能、促进自我认知，帮助他们在逆境中正确归因，还能促使学生不断坚持努力，更好地解决问题，从而促进身心健康。接下来主要介绍心理韧性、学业坚毅和个人成长主动性等积极心理品质的测评。

（一）心理韧性

面对生活中的挑战、逆境和压力时保持积极态度和适应性的能力对于学生的心理健康和个人成长至关重要，不仅能帮助他们克服困难，还能促进他们在逆境中的成长和发展。

1. 基本概念

心理韧性是指个体在面对生活压力、挑战、创伤或其他负性事件时，能够良好适应并积极应对的能力和特质。心理韧性是个体适应性和抗逆力的体现，心理韧性越强的个体对生活压力和挫折压力的"反弹能力"越强，当其面临重大的压力时，心理不易失衡，能够很好地调节心理状态，且不会影响正常的学习和生活。

2. 常用量表

青少年心理韧性量表（Resilience Scale for Chinese Adolescence，RSCA）由胡月琴和甘怡群（2008）开发，旨在测量中国青少年群体的心理韧性。该量表基于心理韧性的过程模型，通过访谈法开发，以适应中国青少年的特定文化背景。量表共27个题项，包括2个因素，分别是个人力和支持力，其中个人力包含目标专注、情绪控制和积极认知3个维度，支持力包含家庭支持和人际协调2个维度。

【知识广场】

马丁·塞利格曼和他的积极心理品质理论

马丁·塞利格曼（Martin E.P. Seligman）是一位著名的美国心理学家，被誉为"积极心理学之父"。他提出了积极心理品质的概念，并与其他研究者对其进行了系统的分类和研究，在他的理论中，积极心理品质被分为智慧、勇气、爱与人性、正义、节制和超越6个核心类别。每个类别下又包括了更具体的心理品质。智慧包括：好奇心、爱学习、创造性、批判性、社会智力和观察力；勇气包括：英勇、坚韧性和正直；爱与人性包括：仁慈和爱；正义包括：忠诚、公正、领导能力；节制包括：自控、审慎、谦卑；超越包括：对美的欣赏、感恩、希望、灵性、宽恕、幽默与风趣。

（二）学业坚毅

学业坚毅对学生的成长和成功具有重要意义。学业坚毅的学生不仅能够在克服困难的过程中收获宝贵的经验，提升应对压力的能力，还有助于他们在面对挫折和失败时保持心理健康。

1. 基本概念

坚毅品质是积极心理学当中较受关注的品质之一。学业坚毅（Academic Grit）主要强调学业教育领域里的坚毅，是指个体在追求学业长期目标过程中所表现出来的持久努力，不仅体现在面对挑战和挫折时的应对能力，也包括在普通情况下持续追求目标、克服困难、保持学习热情和兴趣，从而实现学业成就的积极心理特质。

2. 常用量表

学业坚毅量表（Academic Grit Scale，AGS）英文版是在2019年由克拉克（Clark）编制，旨在测量青少年在学术领域内追求具有挑战性的长期目标的决心、抗逆力和专注力。林荣茂等人在2024年对该量表进行中文版修订，是专门为中国青少年群体开发的评估工具，共包含10个题目，主要用于测量学生在追求学术成就方面的坚毅程度。

【成长画廊】

学业坚毅量表[①]

请认真阅读题目，作答时，请根据你的真实情况，思考后选出与你最相符的选项，在相应的数字下画"√"，回答没有对错之分。

题项	完全不符合	有点不符合	不确定	有点符合	完全符合
1. 在学业上，我总是督促自己努力做到最好	1	2	3	4	5
2. 无论多么艰辛，我都会一直朝着自己的学习目标努力	1	2	3	4	5
3. 即使有其他更有趣的事情，我仍然会先尽自己最大的努力完成学业任务	1	2	3	4	5
4. 无论功课或作业有多难，我都会努力完成它	1	2	3	4	5
5. 我决定在学业上尽自己最大的努力	1	2	3	4	5
6. 一旦确立了学习目标，我会努力克服遇到的各种困难	1	2	3	4	5
7. 我有能力平衡刻苦学习与其他兴趣爱好之间的关系	1	2	3	4	5
8. 即使学业艰难，我也坚持做到最好	1	2	3	4	5
9. 在完成课业方面，我总是尽最大努力	1	2	3	4	5
10. 在学业上，我努力去完成富有挑战性的目标	1	2	3	4	5

---

① Lin R, Chen Y, Shen Y, et al. Academic grit scale for Chinese middle and upper grade primary school students: testing its factor structure and measurement invariance [J]. BMC Psychology, 2024, 12（1）.

（三）个人成长主动性

个人成长主动性是学生个人发展的重要因素。不仅能够提升学生的适应能力，还可以帮助学生建立更健康的心理状态，促进学生积极心理品质的发展。

1. 基本概念

个人成长主动性指的是个体在成长过程中有意识且积极主动地提升和完善自己的倾向。具体来说，它描述了个体为了促进个人的积极变化和发展的内在的动机和行为倾向，包括认知倾向（如信念、价值观等）和行为倾向（将信念、价值观转化为行动）2个方面。

2. 常用量表

个人成长主动性量表（Personal Growth Initiative Scale，PGIS）是由罗比切克（Robitschek）在1998年开发，旨在测量个体在个人成长过程中的主动性和积极性，特别关注个体如何主动寻求和利用成长机会。该量表最初是作为一个单维度量表开发的，后来，罗比切克等人在2012年提出了一个多维度的版本，包含对改变的准备、计划性、利用资源和主动的行为4个维度。

二、学习压力与心理适应的测评

学习压力与心理适应的测评不仅可以帮助学生更加充分了解自己，促进自我认知，学生还能够根据自己的心理特点，制订个人发展计划从而实现潜能的最大化。此外，测评的结果还能作为早期发现和干预的重要参考，防止潜在的心理问题演变成更严重的心理健康问题。

（一）学习压力

目前，学生的学习压力是全社会普遍关注的问题，也是影响青少年心理健康的重要因素之一，需要学校、家庭和社会的共同关注和积极应对。通过提供适当的支持和资源，帮助学生更好地管理学习压力，从而促进他们的心理健康和学业发展。

1. 基本概念

学习压力是指学习者在学习和受教育过程中，由于对学习结果的期望较高而产生的心理紧张以及心理负担的感受。研究表明，学习压力既可以是积极的，也可以是消极的。适度的学习压力可以提高学生的学习动机和表现，但过度的学习压力可能导致学生的心理健康问题。

2. 常用量表

（1）中学生学业压力源问卷（Student Stress Assessment，SSA）。该问卷由陈旭在2004年编制，用于评估学生在学习过程中所面临的多种学习压力源。该问卷共包含62个题项，包括任务要求压力、竞争压力、挫折压力、期望压力、发展压力5个维度。整个问卷的内部一致性系数为0.90，重测信度系数为0.96。该问卷适用于评估中学生在学习过程中所遇到的压力来源。

（2）中学生学习倦怠问卷。该问卷由连榕等人于2007年在"大学生学习倦怠问卷"的基础上进行修订，用于对中学生的学习倦怠情况进行评估。具体评估内容包括个体情绪低落、行为不当、成就感低3个维度。其中，情绪低落是指个体在学习后的感受，以及由于学习而导致的耗竭、疲劳状态；行为不当是反映个体对学习的一种负面的行为和态度；成就感低是指个体在学习方面有比较低的个人成就感。目前，该量表广泛应用于中学生学习倦怠及相关问题的评估。

（3）青少年生活事件量表（Adolescent Self-Rating-Life Events Check-list，ASLEC）。该量表是一种专门针对青少年群体设计的心理评估工具，主要用于量化评估青少年在一定时期内遭遇的生活事件的频度及其对个体的影响程度。该量表由刘贤臣等人在1997年编制，包含27个可能给青少年带来心理反应的负性生活事件条目，涉及人际关系、学习压力、受惩罚、亲友与财产丧失、健康与适应问题和其他6个维度。ASLEC能够较好地预测抑郁症状和焦虑状况的出现频率，具有较好的效度。

【心理剧院】

小华的"压力山大"：一名初中生的烦恼与挑战

小华是一名初三的学生，他一直是个品学兼优的学生，成绩在班级里总是名列前茅。然而，随着年级的提高，学习内容变得越来越难，作业量也大大增加。小华的父母和老师对他的期望很高，他们希望小华能够考上重点高中，为进入名牌大学奠定基础。

最近，小华感到前所未有的压力。每天放学后，他都要花很长时间完成作业，复习和预习课程。周末也被各种辅导班和强化训练填满，他几乎没有时间进行休闲娱乐。小华开始感到疲惫不堪，上课时难以集中注意力，作业错误率也在上升。他开始担心自己达不到父母和老师的期望，晚上常常失眠，甚至有时会出现头痛和胃痛的症状。

小华同学的烦恼源于多方面的综合影响。一方面，小华的父母和老师对他的期望可能超出了他的实际能力，这种过高的期望给他带来了巨大的心理压力。另一方面，小华的时间被学习填满，缺乏合理安排休闲娱乐的时间，这可能导致他的身体和心理疲劳。此外，小华可能将自己的价值完全与学业成绩挂钩，一旦成绩出现波动，他可能会感到自我价值受到质疑。因此，小华应该主动与父母、老师进行沟通，设定合理的目标，同时帮助小华掌握管理时间和应对学习压力的策略，并鼓励其劳逸结合，多与家人、老师、朋友沟通交流自己的感受，寻求支持和帮助。通过这些方式帮助其减轻学习压力，回到正常的学习和生活状态。

（二）心理适应

心理适应能力对学生的成长和发展至关重要，这不仅关系到学生的学业和心理健康，还关系到他们的身体发展、道德发展和社会适应，是学生全面发展的重要组成部分。

1.基本概念

心理适应是指个体在面对外部环境变化时，通过自我调节机制，采取同化和顺应策略，积极主动并有效地做出反应，从而使得个体在认知、情感和行为上能够更好地适应环境的要求，使得个体与环境重新达到某种平衡，最终促进个人的进一步成长和发展。

2. 常用量表

青少年心理适应性量表（Adolescence Psychological Adaptability Scale，APAS）由陈会昌等人于1995年编制，专门用以评估青少年群体心理适应力。APAS量表共20个题项，包含身体与体育竞赛量表、陌生情境与学习情境适应量表、考试焦虑情境适应量表和群体活动适应量表4个分量表，这些分量表共同涵盖了青少年在不同情境下的心理适应能力。

第三节 学生心理问题的病理性测评

学生心理问题的病理性测评主要针对学生常见的心理问题和症状。现如今，中小学学生出现心理问题的人数不断上升，且逐渐呈现低龄化趋势。病理性测评对于促进学生的心理健康、提高教育效果、构建和谐校园环境等方面都具有重要的意义。

一、综合性症状的测评

心理健康水平不仅会影响学生的学业成绩和生活质量，还会对精神和行为发展等方面产生一定的影响。有效评估和鉴别处于边缘或异常的个体，能够起到及早发现问题、及时进行帮助和治疗从而及早解决问题的作用。

（一）基本概念

综合性症状主要指学生心理发展过程中的整体心理健康水平，强调对个体心理健康的总体概括。研究表明，综合性症状较少的学生心理健康水平更高，不仅学习更主动，还能更好地调控情绪和行为，处理人际关系并获得更多社会支持。通过综合性症状的测量和评估，可以及时了解学生的心理健康状态，筛查有心理问题倾向和严重心理问题的学生，进行预警和危机干预。在后续辅导中，针对评估结果特别突出的方面进行专门测量与评估，以帮助学生解决心理问题。此外，综合性症状测评还反映学生在日常学习和生活中的适应程度，是建立学生心理档案的重要环节。

（二）常用量表

通过综合性症状测评，我们可以更好地理解和支持学生的心理需求，为他们的未来成功奠定坚实的基础，下面介绍一些常用的量表。

1. 心理健康诊断测验

心理健康诊断测验（Mental Health Test，MHT）是由周步成等人根据日本铃木清等人编制的"不安倾向诊断测验"于1991年修订的问卷，旨在适应中国中小学生的心理健康评估。该量表由8个内容量表和1个效度量表构成，这8个内容量表包括：学习焦虑、对人焦虑、孤独倾向、自责倾向、过敏倾向、身体症状、恐怖倾向以及冲动倾向。

心理健康诊断测验（MHT）主要对焦虑情绪所指向的对象以及由焦虑情绪而产生的行为这两个方面进行测定，适用于小学四年级以上至高中阶段的学生，能够帮助教师和家长更好地了解和指导孩子的心理健康。该测验属于团体测验，但也可以作个别实施。

2. 症状自评量表

症状自评量表（Symptom Checklist-90，SCL-90）由德若伽提斯（Derogatis）于1975年编制。该量表包括90个题项，采用10个因子来反映不同方面的心理症状情况，包括躯体化、强迫症状、人际关系敏感、抑郁、焦虑、敌对、恐怖、偏执、神经病性和其他。该测验的目的在于从感觉、情感、思维、意识、行为直至生活习惯、人际关系、饮食睡眠等多种角度，评定个体是否有某种心理症状以及其严重程度如何。SCL-90通常用以评定一周以内的症状，适用对象为16岁以上的人。

该量表主要适用于筛查某群体中哪些人可能存在心理障碍，有何种心理障碍及严重程度如何，不适用于躁狂症和精神分裂症。此外，该量表除了可以进行自我筛查以外，也可以对他人（如果其行为异常，可能患有精神或心理疾病）进行核查，如果发现得分较高，则应进行进一步的筛查工作。

3. 匹兹堡睡眠质量指数

匹兹堡睡眠质量指数（Pittsburgh Sleep Quality Index，PSQI）由匹兹堡大学睡眠专家伯伊斯（Buysse）等人于1989年编制，主要用于评估过去一个月的睡眠质量。1996年，刘贤臣等人将该量表翻译成中文，专门用于评估被试者近一个月的主观睡眠质量。该量表参与计分的18个自评题项组成7个分量表，分别为睡眠质量、入睡时间、睡眠时间、睡眠效率、睡眠障碍、睡眠药物使用以及日间功能障碍，适用于睡眠障碍患者、精神障碍患者和一般人群的睡眠质量评估。

二、病理性人格的测评

人格的正常发展对学生来说至关重要，人格健全的学生更容易建立和维持积极的人际关系，并积极参与学习活动。通过病理性人格测评早期识别和干预人格问题，减少心理问题的发展和恶化，提高个体的生活质量。

（一）基本概念

病理性人格，即学生在日常学习和生活中表现出来的与学习和生活环境不相适应的人格特质。一般人格问题指的是个体存在的一种稳定的、不适宜的行为模式，该行为模式不仅会影响个体的感知、思维、情感，还会对行为过程产生影响，并且使得个体在这些方面的表现具有相对同一性。严重的人格问题被称为人格障碍，是一种偏离正常发展的思维、感知和行为模式，这些模式不仅明显违背了个体所处社会文化的期望，而且严重阻碍了个体的正常学习和生活，并使得个体自身感到明显的痛苦或产生功能障碍。

（二）常见量表

通过识别潜在的人格障碍和心理问题，人格测评有助于及早干预和治疗，预防心理健康问题的恶化。下面主要介绍常见的人格问题测评工具。

1. 艾森克人格问卷

艾森克人格问卷（Eysenck Personality Question，EPQ）是由英国心理学家艾森克（Eysenck）等人于1975年编制的一种人格评估工具。龚耀先对艾森克人格问卷进行了修订，修订后的问卷包含P（精神质，18项）、E（内外向，25项）、N（情绪稳定性，23项）、L（效度量表，22项）4个维度，共88个题项。中文版EPQ包括成人和儿童两套问卷，成人问卷适用于16岁以上的成人，而儿童问卷适用于7~15岁的儿童，不同文化程度的被试者都可以使用这个问卷。

该问卷考虑了中国的文化背景和社会特点，通过评估个体的人格特质，从而为个体提供更个性化的服务和干预措施。中文版EPQ既可以用于评定正常人的个性特征，也可以用于临床，供精神科和其他科诊断时参考，目前已经广泛应用于医学、司法、教育和心理咨询等领域。

2. 自卑感量表

自卑感量表（The Feelings of Inadequacy Scale，FIS），又称缺陷感量表，它最早由简尼（Janis）和费尔德（Field）在1959年编制，旨在评估个体的缺陷感、自卑感、自我敏感和社交焦虑。该量表经过多次修订，目前应用最广泛的版本是费莱明（Fleming）和科特尼（Courtney）在1984年修订的版本。该量表共36个题项，包含自尊、社交信心、学业能力、外表和体能5个分量表。

自卑感量表（FIS）既能测量全面整体自卑，也能用于测量自卑的单个方面，以此来对个体的自卑水平做出适当的评价。通过FIS的评估结果，心理健康教师可以为学生提供针对性的心理辅导和干预措施，帮助他们提高自尊，减少自卑感。

【知识广场】

什么是自卑？

自卑是指个体与社会人群进行比较，因为自身的某些缺陷、家庭背景、社会地位或其他方面长期对自身持有偏低的自我评价，觉得自己低人一等，是一种自我消沉的消极意识和情感状态。林崇德等学者认为自卑是一种消极心态，是指个体因体验到自己的无能、缺陷而认为自己不如他人。自卑心理在学生中主要表现为自卑情结型（常表现为破罐子破摔）、逆反心理型（采取逆反行为来引起关注）、做白日梦型（躲避现实，陷入自己创造的梦幻世界）。三种形式的自卑对个体的人格发展具有双重影响。适度的自卑感可以产生成就需要从而使得个体奋发向上，而过度的自卑感则不利于个体的发展，可能会因此产生自卑情结而导致适应困难。

三、病理性情绪的测评

病理性情绪，即异常情绪（Abnormal Emotion），是指学生在日常学习和生活过程中所表现出来的与生活和学习环境不相适应的情绪。这类情绪超出了正常情绪反应范围，持续时间较长，且对个体的日常生活、社会功能和心理健康产生显著负面影响。这些情绪状态通常与精神障碍相关，如焦虑、抑郁、孤独等。

（一）基本概念

焦虑是一种常见的情绪体验，既可以是正常的生理反应，也可能发展成病理状态。一一般而言，焦虑是对潜在威胁或不确定性的自然反应，表现为紧张和担忧。轻微的焦虑对日常生活影响较小，而焦虑障碍则是一种精神障碍，以过度的恐惧和焦虑为特征，严重影响个人在家庭、社会、教育、职业等关键领域的功能。焦虑障碍包括广泛性焦虑障碍、社交焦虑障碍和特定恐惧症等，通常需要药物治疗、心理治疗或其他临床干预。

抑郁是个体感到沮丧、情绪低落的一种心境状态，这种体验可能是短暂或长期的。抑郁症是一种常见的心境障碍，以持续的悲伤或对日常活动兴趣和乐趣的显著降低为特点，其症状可分为核心情绪症状（如兴趣减退、情绪低落）、心理症状（如焦虑、思维迟缓、自责、精神病性症状及自杀念头）和躯体症状（如睡眠、饮食和性功能障碍）。抑郁症的严重程度不一，从轻微影响日常功能到严重影响工作、学习和家庭生活，甚至导致自杀。

孤独感是一种封闭的心理状态，通常是指个体在社会关系中感到的被隔离、被忽视或缺乏亲密联系的情绪状态。孤独感与个体的社交需求、情感需求和归属需求是否得到满足有关。同时，孤独感又常伴随着悲伤、焦虑等负面情绪，这些情绪反应可能会进一步加剧孤独感，这不仅会影响身心健康，还可能影响个体的社会功能，如学习效率和人际关系。

（二）常用量表

通过病理性情绪测评，可以及早发现学生中存在的心理健康问题，如焦虑、抑郁等，从而及时进行干预和治疗，防止问题恶化。此外，测评能够为每个学生提供个性化的心理档案，帮助学校和家长了解学生的具体心理状况，从而提供针对性的支持和干预措施，下面介绍一些常用量表。

1. 一般焦虑量表

一般焦虑量表，又称广泛性焦虑量表，是由斯皮策（Spitzer）等人于2006年基于广泛性焦虑（Generalized Anxiety Disorder，GAD）的诊断标准编制而成，它主要评估个体在过去两周内的焦虑症状频率和严重程度。广泛性焦虑量表中文版为自评量表，用于广泛性焦虑筛查及症状严重度的评估。该量表的题项以短句表达，共7个题项，分别对紧张焦虑、不能控制的担忧、过度担忧、不能放松、不能静坐、易激惹和不祥预感进行评定。

2. 病人健康问卷抑郁量表

病人健康问卷抑郁量表第九版（The Patient Health Questionnaire，PHQ-9）是一种广泛使用的抑郁症评估工具，它是由克罗恩克（Kroenke）等人在1999年基于美国精神医学学会编制的《精神障碍诊断与统计手册第五版（DSM-5）》中抑郁障碍诊断标准而制定的问卷。PHQ-9包含9个题项，每个题项分别代表抑郁症状的一个方面，它不仅可以用于筛查诊断抑郁情绪，还能用于抑郁严重程度的评定。

3. 儿童孤独感量表

儿童孤独感量表（Children's Loneliness Scale）是由阿谢尔（Asher）等人于1984年编制的用于评定儿童的孤独感和社会不满程度，李晓巍、邹泓和刘艳后来对该量表进行了修订，旨在适应中国中学生群体。该量表共24个题项，包含孤独感、社交能力知觉、同伴地位评价和社交需要未满足感4个维度。该量表可以作为有效的测量工具来评估中小学学生的孤独感，为促进其心理健康发展提供重要依据。

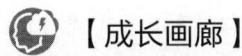
【成长画廊】

广泛性焦虑量表

根据过去两周的状况，请你回答是否存在下列描述的状况及频率，请看清楚题目后，在符合你的情况的数字下画"√"。

题项	从来没有	偶尔几天有	经常有，超过一周	几乎每天
1. 感觉紧张、焦虑或急切	0	1	2	3
2. 不能停止或控制担忧	0	1	2	3
3. 对各种各样的事情担忧过多	0	1	2	3
4. 很难放松下来	0	1	2	3
5. 由于不安而无法静坐	0	1	2	3
6. 变得容易烦恼或急躁	0	1	2	3
7. 感到似乎将有可怕的事情发生而害怕	0	1	2	3

四、病理性行为的测评

病理性行为，即异常行为，是指那些对个体的健康、社会功能或心理状态产生负面影响的行为，对学生来说是指学生在日常生活和学习中表现出来的与生活和学习环境不相适应的行为。较常见的有网络成瘾、校园欺凌、自杀和非自发式自伤行为。

（一）基本概念

网络成瘾是指个体上网失控、强迫性地经常使用网络，沉迷网上活动而难以摆脱，从而损害了个体的身心健康和社会功能的一种行为成瘾。网络成瘾的常见类型包括游戏、色情、社交、信息和网络交易成瘾，以游戏成瘾最为常见。

校园欺凌是指一个学生或一群学生在校园内外通过肢体、言语或网络等途径，对其他学生进行持续、故意、恶意的攻击。这种欺凌具有故意性、权力不平等、重复性和伤害性，分为直接和间接两种形式。直接欺凌包括明显的身体和言语攻击，而间接欺凌则通过第三方实施，如社交欺凌（如排斥、操纵人际关系、社会性拒绝等）和网络欺凌（如发送恶意信息、泄露隐私、网络诽谤等）。

自杀是指个体通过伤害自己的身体最终达到终结自己生命的行为。自杀与其他自伤行为具有以下特点：意图明确、与心理状态紧密相关、普遍性和严重性增加；尽管原因多样，但可预防。预防自杀需考虑相关危险行为。自杀相关行为不仅是青少年健康相关危险行为之一，而且在危险行为风险评估水平当中，它的严重程度属于灾难性危害，风险级别是极其严重风险。因此，自杀的预防控制是关乎生命、健康和社会安定的重要任务，需要社会、家庭和个人加强关注和预防。

非自杀式自伤行为（Non-Suicidal Self-Injury，NSSI）是指个体故意、反复地对自己的身体造成伤害，但没有结束生命的意图。自伤行为可能包括割伤、烧伤、打伤、烫伤和咬伤自己等多种形式。自伤行为通常是一种应对机制，个体可能发现这是处理强烈负面情绪的一种方式。自伤者可能感到难以用言语表达自己的感受，将自伤作为一种沟通方式。这种行为虽然不会直接导致个体死亡，但也具有很大的伤害性和危险性，需要引起个体、家庭和社会的重视。

（二）常用量表

病理性行为的测评通常涉及对个体在特定领域的行为模式进行评估，以确定是否存在对个体健康或社会功能产生负面影响的行为。下面主要介绍网络成瘾、校园欺凌和自杀自伤的相关量表。

1. 网络成瘾量表

网络成瘾量表（Internet Addiction Test，IAT）是由美国学者杨格（Young）于1998年开发的用于评估个体网络成瘾的严重程度的评估工具。IAT量表是依据DSM-5中的诊断标准而编制的自评式问卷量表，由强迫性上网及网络成瘾戒断反应、网络成瘾耐受性、人际与健康问题和时间管理问题4个维度组成，共包含20个题项。该量表适用于评估大学生和青少年的网络成瘾情况，可以作为评估网络成瘾问题的有效工具。

2. 特拉华欺凌受害量表（学生卷）

特拉华欺凌受害量表（学生卷）（Delaware Bullying Victimization Scale of Students，DBVS-S）是由贝尔（Bear）等人于2012年开发的一种专门用于评估学生在校园中遭受欺凌情况的心理评估工具，旨在帮助研究者和教育工作者了解学生在校园中的受害经历，以便更好地预防和干预校园欺凌行为。中文版的DBVS-S由谢家树等人进行修订，主要用于测量青少年欺凌受害状况。该量表包括言语欺凌、身体欺凌、社会关系欺凌和网络欺凌4个维度，加上不计入维度分的第13题"我在这所学校被欺负了"，共17个题项。研究表明，该量表具有较好的信度和效度，可以用于中国青少年的相关研究。

3. 青少年健康相关危险行为量表

青少年健康相关危险行为量表（Adolescent Health Related Risk Behaviour Inventory，AHRBI），是由王孟成等人于2012年编制的专门评估青少年健康相关危险行为问题的工具。该量表包含自杀自残行为、健康妥协行为、攻击暴力行为、违纪行为和无保护性行为等6个维度，共38个题项。研究表明，AHRBI量表具有较好的心理测量学特性，适合用于评估青少年的健康相关危险行为。该量表适用于评估青少年群体中存在的健康危险行为，并在不同的青少年群体中得到应用，具有良好信度和效度，能够为青少年健康风险行为的评估和干预提供科学依据。

第四节 心理健康教育的生态性测评

心理健康教育的生态性测评重点关注学生的全面发展、学习品质以及学生成长过程中的环境影响因素。本节介绍的心理健康教育的生态性测评包括学校资源的测评、家庭资源的测评和社会支持资源的测评。

一、学校资源的测评

学校资源的测评可以帮助学生了解其所处的校园环境，而学校氛围是校园环境测评的重要指标，因此，该测评的重点在于关注学校氛围的测评。

（一）基本概念

学校资源是一个广泛性的概念，涵盖了为学生提供学习、成长和发展所需的各种条件和要素，一般包括教学资源、校园环境及学校氛围，其中学校氛围是指学校整体心理和社会环境的总和，是学校所创造及维持的一种安全校园环境。良好的学校氛围对学生的成长与发展具有深远的影响，它不仅是学习环境的重要组成部分，也是培养学生综合素质、促进心理健康、激发学习潜能的关键因素。大量研究表明，学生感知的学校氛围对学生的学业成绩、情感、态度、社会行为等都有重要影响。

（二）常用量表

为了更全面地评估学校资源的状况，特别是学校氛围这一关键环节，从而能够较为准确地测量学生对学校环境的主观感受，为改进学校氛围提供依据。下面将介绍几种常用的学校氛围测评量表。

1. 学校气氛问卷

学校气氛问卷（Perceived School Climate Inventory-M，PSCI-M）是由葛明贵和余益兵在2006年编制的。该问卷常用于测量学生对于学校氛围的知觉，要求从学生的感知视角来评价学校的心理和社会环境。该量表共38个题项，5个分量表，反映关于学校气氛的5个方面，分别是师生关系、同学关系、学业压力、秩序与纪律和发展多样性。学校气氛问卷不仅能够有效评估学生对于校园整体氛围的个人感知，还能够深入探测学生心理健康状态的积极方面，如情绪调节能力、社交适应能力及自我效能感等心理品质。

2. 特拉华校园氛围量表

特拉华校园氛围量表（Delaware School Climate Surveys-Student，DSCS-S）是由美国特拉华州大学的乔治·比尔（George Bear）和杨春燕在2007年共同编制的，主要用于测量学生感知到的校园氛围。谢家树等学者在2016年对中文版的DSCS-S2013进行修订，修订后的量表包括31个题项，8个维度，分别是师生关系、同学关系、尊重多样性、学生学校活动的参与度、期望的清晰度、规则的公平度、校园安全和校园内欺负行为。

二、家庭资源的测评

家庭是孩子生命起点的地方，家庭资源的测评在于帮助学生了解家庭环境的特征和亲子关系的亲密度。

（一）基本概念

家庭资源是指家庭成员及整个家庭内部可利用的各种支持性资源。这些资源不仅仅是物质层面的，还包括了精神层面的各种因素，它们共同构成了家庭应对内外环境、促进家庭成员成长和发展的基础。家庭资源的丰富程度对孩子的身心发展具有显著影响，具体而言，家庭中可获取的资源越充裕，越能促进学生心理健康的积极与良性发展。

亲子关系的亲密度指家庭成员间的情感联系与和谐关系，反映亲近程度及积极家庭氛围，是衡量家庭功能的核心指标。

（二）常用量表

通过对家庭环境和亲子关系的测评，能够全面而客观地反映家庭资源的多个维度，从而为家庭教育和心理辅导提供有力的数据支持，下面将介绍常用的测评量表。

1. 家庭环境量表

家庭环境量表（Family Environment Scales，FES-CV）是由莫斯（Moos）等人在1981年编制的，主要用于评价10项家庭中的社会因素。而后国内费立鹏等学者对该量表进行多次翻译和修订，形成了中文版的家庭环境量表。该量表主要用于分析不同类型的家庭环境情况，比较不同背景下家庭环境之间的差别。家庭环境量表共计90个题项，10个分量表，分别评估家庭环境的10个方面，即亲密度、情感表达、矛盾性、独立性、成功性、知识性、娱乐性、道德宗教观、组织性和控制性。

2. 亲子亲和量表

亲子亲和量表（Family Adaptability and Cohesion Evaluation Scale，FACES）是由奥尔森（Olson）等人在1979年编制的，主要用于测量亲子关系的情况。国内学者王美萍和张文新在2007年根据我国文化实际进行修订。该量表共计10个题项，分为内容完全相同的父亲、母亲两个分量表，包含亲密度和适应性两个维度。通过应用该量表，可以更加科学地评估亲子关系的现状，识别存在的问题，进而采取针对性的措施来优化亲子关系，促进青少年的健康成长和全面发展。

【知识广场】

家庭系统理论

家庭系统理论是由美国心理治疗学家默里·鲍温（Murray Bowen）提出的，该理论强调家庭作为一个整体系统，其成员之间的互动和关系如何影响个体的心理和行为，其核心在于将家庭视为一个复杂、相互关联的人际系统，在这个系统中具有自己的等级划分和规则，这些等级和规则制约着家庭成员的行为。家庭系统既可以运行良好，提升家庭成员的幸福感，支持他们成长并包容其变化；也可能功能失调，使一个或多个成员产生并持续心理病态。

根据家庭关系和家庭结构，家庭系统可以划分为多个子系统，包括夫妻子系统、亲子子系统以及手足子系统，这些子系统和个人共同维持着家庭系统的有序运转。每个子系统都有其特定的功能和运作方式，同时又与家庭系统的整体运作相互关联。

三、社会支持资源的测评

社会支持资源的测评是对来自多方面的社会资源进行测量，从而帮助学生了解其所拥有的社会资源以及对这些资源的利用情况。

（一）基本概念

社会支持是个体从家人、朋友、同事等社会关系网络中获取的各种形式的帮助和支持。社会支持是多维度的，它在个人与其所处环境之间构建了三个核心层面的关系：首要的是整体参与程度的高低，这关乎个体在社会网络中的活跃度和联结紧密性；其次是社会支持环境的多元化来源，包括家庭、朋友、同事、社区等多个方面；最后是社会支持的实际效用，即这些支持是否能在精神层面给予慰藉或在物质层面提供实质性的帮助，以满足个体的需求。

（二）常用量表

社会支持的测评可以帮助评估个体社会支持的状况，从而帮助个体更好地利用这些资源，以下将介绍在社会支持资源测评中广泛使用的量表。

1. 社会支持量表

社会支持量表（Social Support Rate Score，SSRS）是由肖水源在1986年编制的。他认为，社会支持除了考虑客观的现实支持和主观感受到的支持以外，还应考虑个体对于社会支持的利用程度。肖水源编制的社会支持量表共计10个题项，分为客观支持（3个题项）、主观支持（4个题项）和对社会支持的利用程度（3个题项），用于测量个体在社会环境中得到的心理支持程度和对社会支持的利用程度。该量表通过细致划分支持来源以及个体对支持的感知与利用情况，为研究人员提供了丰富的数据支持。

2. 领悟社会支持量表

领悟社会支持量表（PSSS）是由姜乾金在2001年根据奇梅特（Zimet）等人1988年编制的社会支持多维量表（MSPSS）进行修订的，主要用于测量个体自我领悟来自多方面的社会支持程度。该量表共12个题项，分为家庭支持、朋友支持和其他支持三个维度。领悟社会支持量表通过量化青少年对社会支持的领悟程度，为研究者们提供了深入了解青少年心理状态、社交互动以及心理韧性等方面的宝贵数据。这些数据对于制定有效的青少年干预措施、提升青少年心理健康水平具有重要的指导意义。

 【成长画廊】

领悟社会支持量表

下面是一些与你日常生活有关的描述，请根据你的真实情况在相应的数字下画"√"。注意，每个问题只能选择一个答案。

题项	极不同意	很不同意	稍不同意	中立	稍同意	很同意	极同意
1. 在我遇到问题时有些人（老师、同学、亲戚）会出现在我的身旁	1	2	3	4	5	6	7
2. 我能够与有些人（老师、同学、亲戚）共享快乐和忧伤	1	2	3	4	5	6	7

续表

题项	极不同意	很不同意	稍不同意	中立	稍同意	很同意	极同意
3. 我的家庭能够切实具体地给我帮助	1	2	3	4	5	6	7
4. 在需要时我能够从家庭获得情感上的帮助和支持	1	2	3	4	5	6	7
5. 当我有困难时有些人（老师、同学、亲戚）是安慰我的真正源泉	1	2	3	4	5	6	7
6. 我的朋友们能真正地帮助我	1	2	3	4	5	6	7
7. 在发生困难时我可以依赖我的朋友们	1	2	3	4	5	6	7
8. 我能与自己的家庭谈论我的难题	1	2	3	4	5	6	7
9. 我的朋友们总能与我分享快乐和忧伤	1	2	3	4	5	6	7
10. 在我的生活中有些人（老师、同学、亲戚）关心着我的感情	1	2	3	4	5	6	7
11. 我的家庭能心甘情愿协助我做出各种决定	1	2	3	4	5	6	7
12. 我能与朋友们讨论自己的难题	1	2	3	4	5	6	7

第五节　学生心理档案建设与管理

学生心理档案的建设是一项系统而长期的工作。它旨在全面了解和监测学生的心理健康状况，提供个性化的心理支持和帮助。本节分别介绍心理档案建设的基本原则、基本内容、基本流程，然后针对其管理提出了相关建议。

一、学生心理档案建设的基本原则

建立学生心理档案是一项专业性、规范性很强的工作。在建立心理档案的过程中，只有遵循正确的建立心理档案的原则进行建档和使用，才能步步接近乃至最终实现工作目标。同时，能否遵循建立心理档案的原则是衡量学校心理辅导教师是否称职的重要标尺。

（一）保密性原则

学生心理档案因其包含个人隐私而极具保密性，使用者在使用时必须严格保密，不能对学生产生任何负面影响。保密原则必须贯穿建档、存档、调档的全过程。除专职心理健康教师和学生本人外，禁止任何第三方翻阅或评价心理档案。另外，档案内容严禁用于公开发表或演说，不得侵犯学生隐私，更不可作为用来评定学生品性和衡量学生升学、就业的依据。如果需对学生心理档案做分析研究，应隐去学生姓名。

（二）客观性原则

客观性原则是指测量内容、测量工具、管理制度和运行机制必须客观实际，符合学生心理发展现状及学校发展水平。具体体现在搜集学生心理资料时，必须确保信息的真实性、准确性，严禁掺杂搜集者的主观臆断、偏见或缺乏实证基础的评价。

同时，为了建立客观的学生心理档案，在搜集资料时，除了采用心理测试法之外，还应综合使用访谈法、观察法等测量方法，并结合学生日常生活与学习表现，进行综合评价。

（三）教育性原则

教育性原则是指在建立学生心理档案时，需要始终秉持促进学生心理健康正向发展、提升学校教育教学的整体质量及达成学校教育目标的宗旨。因此，在建立和使用心理档案的过程中不允许给学生留下任何心理创伤，在进行心理测验时，不能夸大测验的作用，避免学生产生紧张、恐惧等消极情绪。另外，在建立学生心理档案时，还要提出教育培养建议。若仅仅停留在对学生各方面信息的搜集与整理层面，心理档案的效用就很有限。

（四）系统性原则

系统性原则指在收集学生心理档案资料时应坚持资料的全面性和连贯性的原则，保证所搜集资料的完整性和有序性，以便进行科学有效的对比分析。系统性首先体现在，搜集资料时要在学校心理教育目标的明确指导下进行，突出重点，使搜集的资料更具针对性和实际意义。其次，搜集的资料要尽可能完整，并且要及时补充、不断调整和更新，以动态地反映学生心理的全貌及其发展变化的轨迹。

（五）发展性原则

个体心理活动是一个动态的发展过程。除在新生入学时进行心理健康状况和个性特征的全面普查外，还应根据每个学生的实际情况，定期开展学生心理状态的跟踪检查，以便及时掌握学生的心理发展动态，及时对学生心理档案加以补充、修改。针对个案辅导的具体情况，也应做具体的分析和客观的评价，并将这些信息及时录入心理档案，以便为后续的心理健康教育工作提供有力的参考和支持。

二、学生心理档案的基本内容

心理档案的内容是指能从中揭示或了解到的有关学生心理状况、心理特点等的材料，应尽可能全面反映学生的心理特点，从而为学校心理健康教育提供可靠准确的信息。学生心理档案主要包括以下内容。

（一）基本情况

基本情况主要指学生的背景资料，以帮助教师深入分析学生心理，正确判断学生问题产生的原因。内容主要包括以下几点。

1. 个人信息

个人信息主要包括学生姓名、性别、出生年月、籍贯、民族、政治面貌、年级、班级、家庭住址、爱好特长等。

2. 身体状况

身体状况主要包括一般健康状况（有无生理残疾等）、出生状况（是否为早产儿、难产儿等）、身体发育状况、生理缺陷、个人病史等。

3. 家庭生活环境

家庭生活环境主要包括家庭成员的工作性质及职务、文化程度、家庭的组织结构（单亲家庭、父母离异、分居、再婚、收养关系、留守儿童、出生顺序等）、居住环境、经济状况、气氛、家长的教育方式与态度、亲子关系、是否独生子女等。

4. 学校学习生活情况

学校学习生活情况主要包括学生的学习成绩、学习态度、学习习惯、思想品德、行为习惯、体育运动、交际水平（包括师生关系、同伴关系）、担任班干部情况、获奖情况等。

5. 对学生个人生活有影响的重大生活事件

如家庭成员的死亡、父母离异、与教师同学关系紧张、生活条件改变、家庭暴力、影响生活的重大挫折等。

（二）心理测评档案

1. 能力状况及教育建议

能力状况及教育建议主要是指学生的智力水平、智力特点，以及如何进行针对性的智力训练。智力水平通常指学生在认知、理解、记忆、分析、解决问题等方面的综合能力表现，它反映了学生处理信息和学习新知识的能力。而智力特点则是指学生在智力发展上展现出的独特性和倾向性，如有的学生擅长逻辑思维，有的学生则更偏向于形象思维。

2. 人格特征分析及培养建议

人格特征分析及培养建议主要是指学生的个性心理特征，如性格、气质等特征，以及个性心理中有哪些良好或不良的品质及怎样进行教育，也包括学生的兴趣、态度、人际关系及品德的特点等，并据此制定教育引导策略。

3. 心理健康状况及辅导策略

心理健康状况及辅导策略主要是指学生的心理健康水平鉴定，测量有无心理问题或心理障碍，程度如何，怎样进行教育或矫治，从而对有心理问题的学生做到早发现、早处理、早康复。

4. 学习心理分析及教育对策

学习心理分析及教育对策主要是指学生的学习态度、方法、动机、考试心理、学习困难的诊断，学习认知因素、动力状况、社会因素分析，以及怎样优化学生的学习心理等。

5. 职业能力倾向类型分析及指导

职业能力倾向类型分析及指导主要是指学生的职业兴趣、职业能力的诊断，分析其个性特点与职业的匹配程度，从而为学生做升学、就业指导。

（三）心理咨询档案与异常反馈记录

对于学生的每次咨询，辅导老师要做好心理辅导的个案记录，包括面谈、电话、网络等多种形式交流的文字记录、时间、主诉及症状、诊断分析、结果、处理意见及措施、辅导效果等信息。异常反馈记录是指在心理咨询过程中，当来访者出现异常情况（如情绪波动、行为异常等）时，心理咨询师所做的记录，这一部分主要针对心理异常或疑似心理异常的学生进行。在条件允许的情况下，邀请家长参与咨询过程，记录家长对学生心理状态的看法和建议，促进家校共育。

三、学生心理档案建设的基本流程

一般来说，建立学生心理档案的程序是：确定心理档案的内容；选择合适的测评工具进行施测；对结果进行整理、分析、解释和记录等。

（一）确定对象

在建立学校心理档案之前，根据学校心理健康教育工作的特点和实际需要，明确心理档案的建立对象，确定是以某个班级、某个年级还是以全体学生为对象建立心理档案。

（二）学生资料的搜集

学校根据实际情况，在确定了对象与心理档案内容后，下一步便是要搜集反映这些内容的资料和信息，这是建立心理档案的关键。学生心理档案的建立是一个系统工程，需要各个部门分工协同。在搜集信息之前做好学生的动员与宣传工作，可以依据班级或年级进行划分，通过分阶段、分内容、分工明确的方式，有计划、有步骤地采集信息。如果是通过网络平台搜集的档案信息，可以进行筛查，对错填、漏填的信息进行纠错与补充，保证档案信息的完整性与真实性。另外，学生资料和信息的搜集方法除了测验法外，还有观察法、访谈法、问卷法、作品分析法（学习心得、笔记、作业、试卷等）、评价法（自评与他评）等。

（三）数据与信息的归档与处理

搜集好的数据与档案信息，要定期对其进行归类与分析。一般可以把档案信息按年级、班级归档，也可以按照学期、学年归档。学生心理档案归类信息处理一览表如表4-2所示。

学生心理档案的形式主要有文本式和电脑软件式。电脑软件的形式，可以减少差错，防止资料丢失，保证资料管理的准确规范，安全可靠，进而提高工作效率。文本式较为常用，每个学生都拥有自己专属的档案袋，档案袋中包含学生填写的各种心理健康档案调查表和测试表、学生咨询记录以及教育培训建议等。心理档案建成后，由专人保管，切实做到严格保密。

表4-2 学生心理档案归类信息处理一览表（时间）[1]

学生编号（ID）	基本信息		背景信息		学业信息		咨询信息		心理测试信息	
	姓名	……	家庭类型	……	学习成绩	……	咨询类型	……	测试1	……
***1										
***2										
***3										
***4										
……										

---

[1] 杨彦平.学校心理测量与评估［M］.上海：华东师范大学出版社，2020.

（四）结果的使用与反馈

在运用学生心理档案时，需充分考虑学校环境、年级层次、班级氛围以及学生个体的独特性，秉持整体视角，将心理健康教育档案视为一个紧密相连、相互作用的系统。

结果的反馈包括两个方面：一方面对学生个体作测试结果的发展性反馈（个人报告）以及对班级或年级的心理健康状况作团体反馈（团体报告）；另一方面要为学校的心理健康教育提供数据支持与决策依据。因此，必须建立定时、定量地对搜集的数据进行分析和反馈的流程，这样既可以提高档案数据的使用效率，又可以在数据的使用与反馈中，发现档案信息存在的缺失或不足，以便后续工作中进行补充与完善。

（五）注意事项

搜集学生资料、建立心理档案的目的是有效地运用，但需要注意以下几个问题。

①心理档案的使用必须严格保密，避免对学生造成任何负面影响。

②心理档案资料不应作为评定学生品德的依据。

③某些心理测验结果的解释需谨慎，不当的解释可能对学生产生较大负面影响。

④建立心理档案并非最终目的，应与心理卫生教育、咨询、教育科研工作配套使用。

因此，心理档案的使用，要为促进学生的心理发展、维护学生的心理健康、提高学校的教育教学质量服务。在坚持保密性、无伤害性原则的前提下，应尽量提高心理档案的利用率，以便进一步提高学校教育、家庭教育和学生自我教育的针对性和实效性。

四、学生心理档案的管理

在搜集和建立心理健康教育档案的过程中，必须加强管理，切实发挥心理健康教育档案在学生心理健康教育工作中的作用，下面对学生心理档案的管理提出一些建议。

（一）构建心理档案专门化管理体系

心理档案专门化管理体系主要包括专门场地和专职人员。建立学校心理健康教育室，安排专人负责学生心理档案资料的建立、使用和管理工作。学校心理辅导室应直接由校长领导，使之与学校的德育室、教务室并立，发挥其独特的心理服务功能。

（二）完善学校心理健康教育档案管理与保密制度

应建立健全学校心理健康教育档案的管理制度，明确工作职责。各学校需遵循统一的规范要求来管理心理档案。心理辅导人员有责任搜集、整理资料，并管理好学生个人心理档案，此外，要加强心理辅导人员的职业道德修养，严格遵守心理辅导资料的管理制度，尤其是保密制度，不能将学生的心理辅导资料向外界公开。

（三）提升学生心理教育档案现代化管理水平

当前，许多学校仍采用手工方式管理，既耗时又费力，且容易出错，尤其难以快速、高效地利用大量资料提供有价值的信息。随着教育现代化的推进，利用计算机处理心理健康教育档案，建立学生心理监控与教育档案管理系统，能够实现档案管理的自动化。这一举措不仅能显著提升工作效率，还能确保资料整理与分析的规范性和准确性，大幅减少错误，同时能够迅速从多个维度获取相关资料，为心理辅导工作提供宝贵的参考信息。

【知识广场】

学生心理档案主要由六大部分组成,即背景资料、在校表现、心理素质、学习适应性分析、观察记录和咨询记录,表4-3和表4-4为示例。

表4-3 学生心理档案(一)

编号_____　　　类别_____

姓名		性别		建档日期	
出生年月		所在学校		所在年级、班级	
家庭住址					
爱好			特长		
健康状况					
既往病史					
重大社会生活事件					
家庭成员	文化水平	职业	联系电话	备注	

亲子状况:

同学关系情况:

学期/排名	学业成绩					体育成绩
	语文	数学	外语	……		

行为表现			
学期	品德评定	行为问题	奖惩情况

智力发展状况:

个性特征:

心理健康状况:

需要辅导的问题:

表4-4　学生心理档案（二）

个人情况

姓名		班级		性别		出生年月	
民族		籍贯		学习情况			

家庭住址	
兴趣特长	
健康状况	□很好；□良好；□普通；□较差；□很差，若很差请具体表述：
过往病史	□无；□脑炎；□癫痫；□心脏病；□哮喘；□过敏史；□肺结核；□小儿麻痹症；□其他：

家庭情况

	称谓	姓名	年龄	职业	个性特点	你对他（她）的喜爱程度			
						喜爱	较喜爱	无所谓	不喜爱
家庭成员	父亲								
	母亲								

父母关系	□1.和睦；□2.不和；□3.分居；□4.其他_____
家庭气氛	□1.和睦；□2.普通；□3.欠和谐；□4.沉闷；□5.其他：_____

学习经历

起止时间	在何校学习	担任职务	对当前所处集体的喜爱程度				
			喜爱	较喜爱	无所谓	不太喜爱	不喜爱

重大生活事件

序号	时间	事件经过
1		
2		
3		

续表

重大生活事件		
序号	时间	事件经过
4		
5		
……		

本章小结

基本概念

心理健康测评　发展的常态性测评　症状的病理性测评　教育的生态性测评　学生心理档案

要点回顾

1. 心理健康测评是基于一定的心理学理论，按照一定的操作程序和方法，对学生的心理健康水平或相关心理特征进行的测量或者评估，分析存在的问题及问题形成的原因，并在此基础上形成初步教育决策的过程。通过心理健康测评，可以了解学生个性差异，诊断、预测和评价学生心理问题，进行人才甄选、分类和安置，为心理咨询和心理辅导服务以及辅助心理和教育科研。

2. 学生心理发展的常态性测评聚焦于客观监测学生积极心理品质和一般心理问题的前段监测，其中积极心理品质测评包括：心理韧性、学业坚毅和个人成长主动性的测评，一般心理问题的测评重点关注学习压力和心理适应两方面的问题。

3. 学生心理问题的病理性测评重点关注学生常见的心理问题和症状，一般包括综合性症状的测评、病理性人格的测评、病理性情绪的测评、病理性行为的测评四个方面。

4. 学生心理健康的生态性测评主要通过学校资源的测评、家庭资源的测评和社会支持资源的测评，帮助学生了解影响其成长和发展的环境因素。

5. 建立学生心理档案是开展学校心理健康教育的一项基础工作，因此，建立学生心理档案，一方面，要遵循正确的建立心理档案的原则进行建档和使用；另一方面，心理档案的内容应尽可能全面反映学生的心理特点，从而为学校教育提供可靠准确的信息。

练习题

1. 如何理解心理测验的应用？
2. 学校心理健康测评的基本流程有哪些？
3. 建立和管理学生心理档案需要注意哪些问题？
4. 在实际工作中，心理健康教师如何有序开展学校心理健康测评？

5. 结合实际，谈一谈学校心理测评的重要性以及在实际操作中可能遇到的问题。

拓展阅读

[1] 戴海琦. 心理测量学 [M]. 3版. 北京：高等教育出版社，2022.

[2] 刘维良. 学校心理健康教育实施与管理 [M]. 重庆：重庆大学出版社，2006.

[3] 杨彦平. 学校心理测量与评估 [M]. 上海：华东师范大学出版社，2020.

[4] 姜力铭，田雪涛，任萍，等. 人工智能辅助下的心理健康新型测评 [J]. 心理科学进展，2022，30（01）：157−167.

第五章　学校个体心理咨询

📚 学习目标

1. 掌握学校个体心理咨询的基本概念、类型及适用场景。
2. 掌握学校个体心理咨询的基本流程和关键环节。
3. 运用言语沟通和非言语沟通技巧,提高心理咨询会谈技术。
4. 掌握认知行为取向和积极取向的心理咨询原理与技术。

🛩 课前导学

小莉,女,15岁,高一学生。性格内向,不善与人交流,最近一段时间情绪低落,成绩下滑明显。她在班级中几乎没有朋友,经常独来独往。在一次期中考试后,小莉因为成绩不理想,情绪崩溃,找到了学校心理健康教师寻求帮助。心理健康教师通过与小莉的交谈,了解到她内心渴望与人交往,但害怕被拒绝,对自己的能力缺乏信心。针对小莉的情况,心理健康教师采用了积极取向的心理咨询技术,帮助她识别自己的优势,培养乐观的心态,并进行积极的自我对话。小莉在心理健康教师的引导下,逐渐认识到自己的优点,如细心、有责任感等。在咨询过程中,心理健康教师教给她如何进行感恩练习,让她每天记录下让自己感到幸福的点滴。经过一段时间的咨询,小莉的情绪逐渐稳定,开始主动与同学交流,成绩也有所提高。

学校个体心理咨询可以为心理困扰的同学提供具有针对性、专业性的心理健康支持服务。从这个案例中,我们可以看到,学校心理健康教师在小莉面临困境时,运用了积极取向的心理咨询技术,帮助她走出心理阴影。那么,积极取向的心理咨询究竟是什么呢?在实施积极取向的心理咨询时,我们应该关注哪些关键环节?在学校个体心理咨询中,还有哪些常用的咨询技术以及取向呢?如何在实际案例中灵活运用咨询技术?

❓ 课前思考

1. 个体心理咨询如何帮助有心理困扰的学生?
2. 个体心理咨询的主要取向及咨询技术有哪些?

思维导图

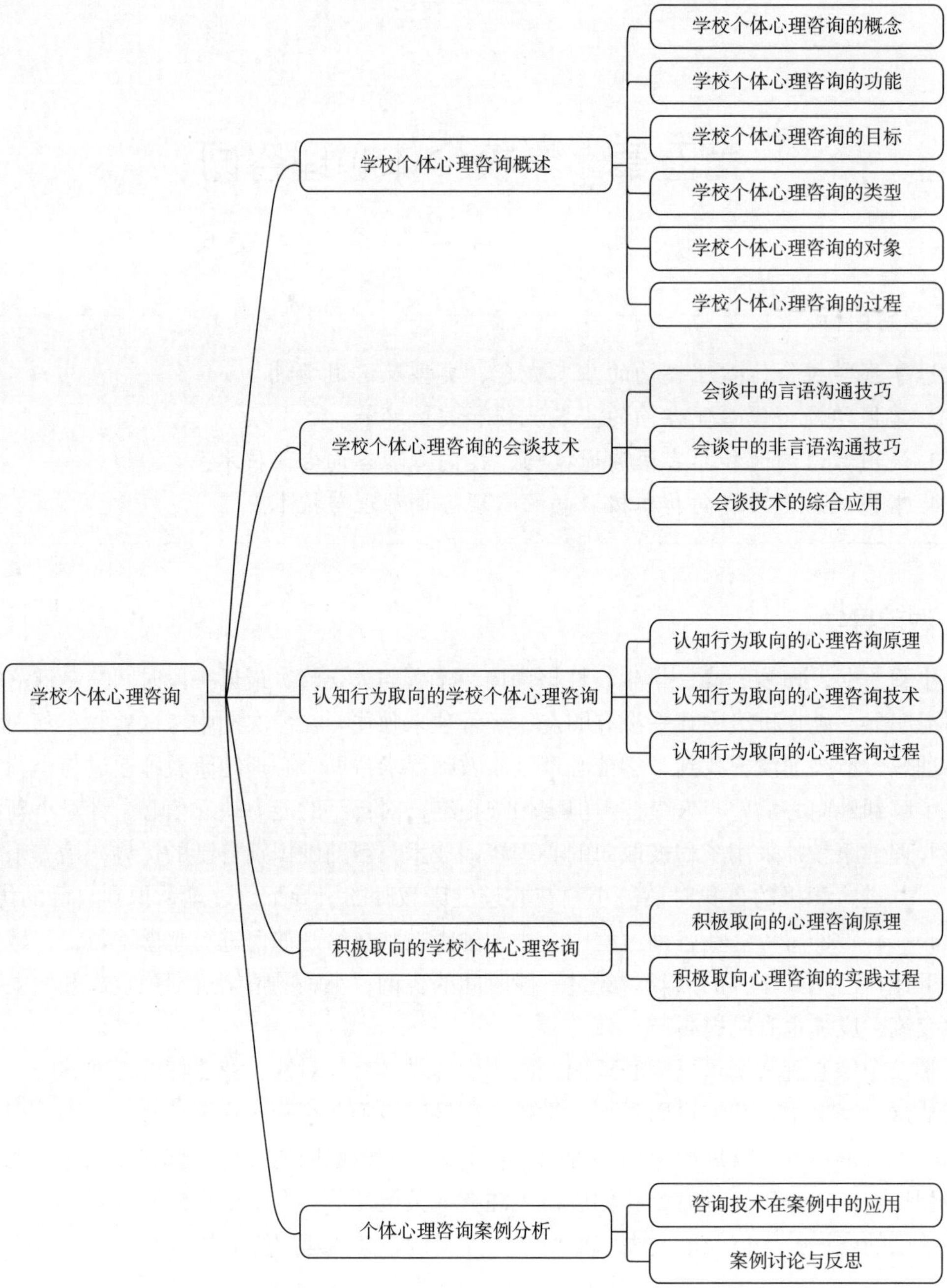

- 学校个体心理咨询
  - 学校个体心理咨询概述
    - 学校个体心理咨询的概念
    - 学校个体心理咨询的功能
    - 学校个体心理咨询的目标
    - 学校个体心理咨询的类型
    - 学校个体心理咨询的对象
    - 学校个体心理咨询的过程
  - 学校个体心理咨询的会谈技术
    - 会谈中的言语沟通技巧
    - 会谈中的非言语沟通技巧
    - 会谈技术的综合应用
  - 认知行为取向的学校个体心理咨询
    - 认知行为取向的心理咨询原理
    - 认知行为取向的心理咨询技术
    - 认知行为取向的心理咨询过程
  - 积极取向的学校个体心理咨询
    - 积极取向的心理咨询原理
    - 积极取向心理咨询的实践过程
  - 个体心理咨询案例分析
    - 咨询技术在案例中的应用
    - 案例讨论与反思

学校个体心理咨询在促进学生心理健康和解决个人心理问题方面扮演着至关重要的角色。首先,概述心理咨询的定义、功能、目标、类型、对象及过程,以帮助理解心理咨询的基本框架。其次,着重讲解会谈技术,包括言语沟通与非言语沟通技巧,作为有效实施心理咨询的基础。另外,本章还将详细介绍认知行为取向和积极取向的心理咨询原理与技术,分析其在实践中的应用效果,并通过案例分析展示这些技术的实际运用。

第一节 学校个体心理咨询概述

为了全面而深入地认识学校个体心理咨询,我们需要理解其概念、功能、目标、类型、对象以及基本流程。

一、学校个体心理咨询的概念

学校个体心理咨询是指在学校环境中,由专业心理咨询师或心理辅导教师为学生、教师和家长提供的心理支持服务,其目的是帮助学生解决心理困扰、促进心理健康、提升学业表现和社交能力,同时为教师和家长提供教育指导和心理支持。学校个体心理咨询是学校教育体系的重要组成部分,旨在为学生创造一个健康、积极的成长环境。学校个体心理咨询有广义与狭义之分。广义的学校个体心理咨询包括对学生、教师、职工和家长开展的心理咨询服务,而狭义的学校个体心理咨询仅是面向学生开展的心理咨询活动。

二、学校个体心理咨询的功能

(1)心理辅导与支持。在咨询过程中,咨询师为来访者提供倾诉、宣泄、理解和支持,帮助他们应对学习压力、人际关系、情绪困扰等问题。

(2)心理教育与引导。帮助来访者了解自身心理特点和发展规律,学习心理健康知识,掌握自我调节方法。

(3)心理危机干预。及时识别和干预学生的心理危机,防止自杀、自伤等极端事件的发生。

(4)心理健康筛查与转介。了解来访者的心理状况,对疑似心理疾病的来访者进行初步评估,并转介至专业机构进行诊断和治疗。

三、学校个体心理咨询的目标

(1)情绪管理。学会识别、表达和管理自己的情绪,避免情绪困扰,保持积极乐观的心态。

(2)人际交往。建立良好的人际关系,融入集体,获得社会支持。

（3）学习适应。了解自身学习特点，掌握学习方法，提高学习效率，适应学习环境。

（4）自我认知。正确认识自我，悦纳自我，树立自信，实现自我价值。

（5）人格发展。培养健全的人格，形成良好的品德，促进个性健康发展。

学校个体心理咨询的目标并非一蹴而就，咨询师要积极运用专业的心理咨询技术和方法，发挥心理咨询的功能，帮助来访者逐步实现自我成长和发展。

四、学校个体心理咨询的类型

学校个体心理咨询可以根据不同的标准进行分类，主要包括时长标准和内容标准。这两种分类标准独立存在，彼此之间没有一一对应的关系。

（一）按时长标准分类

根据咨询的持续时间，学校个体心理咨询可以分为短程心理咨询、中程心理咨询和长期心理咨询。

1. 短程心理咨询

短程心理咨询通常在1~3周内完成，旨在较短的时间内能够帮助来访者解决当下的心理问题。此类咨询强调"就事论事"，聚焦于来访者心理困扰的核心点，通过信息收集与分析，迅速定位问题所在。它要求咨询师能熟练使用各类心理咨询技术，以确保在有限的时间内提供有效的干预。这类咨询结束后能看到来访者状况在短期内的明显改善。

2. 中程心理咨询

中程心理咨询的时程一般在1～3个月，适用于解决较为严重的心理问题，这些问题往往超出了短程咨询的范畴。它要求咨询师制订完整的咨询计划，并设定明确的咨询目标，深入探讨来访者的心理问题，使来访者的心理问题能够得到解决，并具备自我调适和应对未来挑战的能力。

3. 长期心理咨询

长期心理咨询则针对严重心理问题或神经症性类心理问题，咨询时间通常超过3个月。这类咨询需要咨询师制订相对详细的咨询计划，并注重咨询效果的巩固。因此，长期心理咨询不仅要帮助来访者从根本上解决心理问题，还着重于提升来访者的整体心理健康和适应能力。

学校个体心理咨询的类型多样，咨询师应根据来访者的具体情况和需求（表5-1），选择合适的咨询类型，以实现心理咨询的最佳效果。

表5-1 不同时长学校个体心理咨询的优缺点比较

类型	时长	优点	缺点
短程心理咨询	1~3周	快速解决急性心理问题	深层次问题难以彻底解决
		适用于明确、具体的问题	可能需要后续跟进
		节约时间和资源	—

续表

类型	时长	优点	缺点
中程心理咨询	1~3个月	能够处理较为复杂的问题	需要较多的时间和资源投入
		有时间制订和调整咨询计划	来访者的依从性要求较高
		有助于建立信任关系	—
长期心理咨询	超过3个月	适用于深层次和长期的心理问题	时间和经济成本较高
		能够进行全面的心理发展和成长	—

（二）按内容标准分类

根据咨询的内容和目标，学校个体心理咨询可以分为发展性咨询、健康性咨询和危机性咨询。每种类型的咨询侧重点不同，适用于不同的心理需求。

1. 发展性咨询

发展性咨询专注于正常个体在不同发展阶段的成长任务与应对策略，帮助来访者将其心理发展过程中出现的一些心理问题正常化，同时发掘心理潜能，促进心理健康地发展。

在发展性咨询的场景中，咨询师工作的内容主要包括：①帮助来访者明确其所处的心理发展阶段，理解该阶段身心发展的特点以及可能遇到的心理困扰；②咨询师运用专业的心理咨询理论和技术，针对性地解决来访者在心理发展中遇到的问题；③协助来访者设定合理目标，并共同探讨达成目标的策略和方法；④通过对来访者进行心理健康教育和指导，增强其预防心理问题的能力，为其心理健康保驾护航。

2. 健康性咨询

健康性咨询主要针对因各种刺激而产生的焦虑、紧张和抑郁等情绪问题。有些个体可能因多种因素导致其在面对人际关系、情感和学习等危机时，产生轻度的各类心理障碍，如社交恐惧、焦虑、抑郁等。早期（如童年期）存在的心理与行为障碍也可能延续到中学阶段，这也属于健康性咨询的范畴，如适应性问题、各类神经症、性心理或性行为异常等。此类咨询旨在通过早期发现、及时预防与治疗，帮助来访者克服心理问题，缓解症状，恢复心理健康状态。

3. 危机性咨询

危机是指个体面对突发或重大生活变故（如亲人离世或天灾人祸等），以往惯用的应对方式和解决问题的方法失效，导致其心理状态的失衡。一般来说，处于危机的个体会感到生活遭受严重威胁和挑战，可能会出现自杀意念或精神崩溃。这也使危机性咨询从本质上具有直接指导性和行动导向性的特点，这使咨询师在面对危机中的个体时，往往不会有足够的时间供个体进行自我反思或深入探寻问题，而是提供明确有效的指导，使其情绪平稳和感受到安全感，恢复身心的平衡。

五、学校个体心理咨询的对象

学校个体心理咨询的对象是完全健康或有一般心理问题的个体。心理异常或严重精神

障碍者需转介专业医疗机构。因此，在实际操作中，学校个体心理咨询所面对的来访者需同时满足以下几个基本条件。

（一）智力正常

在学校个体咨询中，来访者的智力水平应在正常范围。这主要体现在两个方面：一方面，来访者具备良好的自知力和语言表达能力，能够正确描述其心理问题及相关信息；另一方面，来访者有一定的理解和领悟能力，明白咨询师的言语。所以，智力正常是顺利开展心理咨询的基础。

（二）具有基本的沟通能力

学校个体心理咨询是基于咨询师与来访者间彼此的语言交流。具有基本的沟通能力，较为清晰、明白表达自己的感受和想法，回应咨询师问题，并采取行动的人，才适合在学校里进行个体心理咨询。反之，若有些个体由于某些因素而不愿或是无法表达，则不属于学校个体心理咨询服务的对象。

（三）具有正确的求助动机

咨询动机会直接影响咨询效果。第一，来访者是否具有求助动机关系到整个咨询的进程和效果。在咨询过程中，来访者的求助动机越强，说明其改变的意愿更强，越容易积极配合，进而积极解决个人问题。但是，在实际学校心理咨询中，会有些来访者是应他人要求而走进咨询室的，这并不代表其缺乏咨询动机，可能只是其求助意愿不够强烈，这时咨询师可以采用一些技巧降低其阻抗，增强来访者求助动机。第二，求助动机内容对咨询效果起决定作用。来访者的求助动机要与自我改变息息相关，才能促进咨询目标的实现。倘若，来访者的求助动机不当，如希望别人改变、逃避现实等，咨询师也需要先引导其调整求助动机，否则，应中止心理咨询。

（四）咨询内容符合学校心理咨询范围

学校个体心理咨询的服务内容有限，并不是所有心理问题都能通过心理咨询得到解决。一般的适应问题、情绪问题、行为问题、发展问题等可以进行心理咨询。而严重的心理问题，如严重的神经症、情绪性障碍等临床类心理问题，则不属于学校个体心理咨询的范围。当遇到这类来访者时，咨询师可以进行转介至其他机构或是建议其前往医院。

六、学校个体心理咨询的过程

心理咨询是一个动态的"助人自助"的过程。它有基本流程、关键环节以及主要原则。

（一）学校个体心理咨询的基本流程

学校个体心理咨询的基本流程可以分成三个阶段：初始阶段、工作阶段以及结束阶段。

1. 初始阶段：建立关系，收集资料

咨询师要在与来访者建立良好的关系基础上，广泛而深入地收集相关资料。

首先，建立咨访关系。咨访关系是指咨询师与来访者之间建立的一种特殊的人际关系。咨询师要给予来访者良好的第一印象，使来访者感到温暖、放松，进而推动咨询过程。

其次，收集来访者的各种资料，为探讨来访者的问题做好准备。由于资料的收集是贯穿于整个咨询过程，因此咨询师需要掌握信息收集的具体内容。在学校个体心理咨询中，可以分为两部分来进行：①来访者的求助动机，即主要心理问题是什么，持续的时间以及产生心理问题的原因。②来访者的基本情况，近期的生活和学习状况，重大的生活事件，家庭基本成员和关系等信息。

2. 工作阶段：检查评估，解决问题

咨询师可根据初始阶段收集到的信息，对来访者进行分析和评估，明确其心理问题的类型、性质以及原因等，以便确定咨询目标、形成方案以及干预方法。

第一，确定心理问题的类型及性质。咨询师要判断心理问题是属于人际、学习、适应等哪个方面，进而判断其是发展性咨询、健康性咨询还是危机性咨询。对于不宜在学校开展心理咨询的个体，咨询师应联系其主要负责人，商议转介等相关流程。

第二，引导来访者探讨问题的可能原因。造成来访者心理问题的原因是多方面的，可以从一般原因和深层原因两个层面进行分析。一般原因是指心理问题产生的心理、社会等现实因素。深层原因则是会对来访者的成长史、重大事件、家庭互动等进行剖析。

第三，确定咨询目标，形成方案，实施具体的指导。在明确问题的原因后，咨询师与来访者共同商定每次咨询的具体目标，从而制定相应的咨询方案，再按照其开始干预。对于一般原因形成的心理问题，咨询师可以直接指导来访者通过改变应对方式或思维；对于深层原因导致的心理问题，则需要循序渐进地培养来访者以一个全新、全面、客观的角度认识自我，促进其人格完善和问题解决。

3. 结束阶段：回顾总结，追踪反馈

咨询双方经前面两个阶段的共同努力，基本达到确定的咨询目标后，进入咨询的结束阶段，这一阶段的核心任务包括回顾、总结和追踪反馈，以巩固咨询效果并确保来访者能够持续受益。

首先，咨询师引导来访者回顾整个咨询过程。通过回忆来访者所面临的问题、设定的咨询目标和施行的干预方法，来访者更加清晰地认识到在咨询中的变化。同时，帮助来访者理解自己的成长历程，更充分地知觉自我。

其次，总结来访者取得的进步和成果尤为重要。咨询师应以鼓励和支持的态度，具体指出来访者在咨询过程中所取得的积极变化，并帮助他们意识到这些变化所带来的意义。强调来访者的成就，有助于其将心理咨询中获得的经验内化，变成日常生活中的应对策略，确保所学知识和技能得以应用。

最后，咨询师必须设计合适的追踪反馈机制，以评估来访者在咨询后的适应状况。在学校个体心理咨询中，可以通过以下方式进行：①要求来访者定期填写信息反馈表，及时了解其心理状态和适应能力的变化；②约来访者定期面谈，深入了解来访者的生活变化，察觉潜在问题，并提供进一步指导；③通过访问来访者的家长、老师或同伴来获取更全面的信息。

总体而言，个体心理咨询过程是结构化的，每个阶段都有其特定的内容和任务。然而，咨询师需灵活掌握各阶段的划分，因为这些阶段是相对的。各个阶段不仅相互衔接，还存在交叉和重叠的关系。

（二）学校个体心理咨询的关键环节

在个体心理咨询过程中，无论是哪种类型、何种咨询情景和咨询方法，一个严谨、完整、有效的咨询过程都必然包含了一些关键环节（也称共同要素）。

1. 建立良好的咨访关系

在心理咨询的整个过程中，咨询师必须与来访者发展和维持信任、真诚、温暖、接纳的良好咨访关系，这对咨询的开展和进行起着关键的作用。第一，良好的咨访关系使来访者更容易信任咨询师，降低心理阻抗和防御，提供有效、真实、全面的信息；第二，良好的咨访关系中，咨询师表现出的接纳、理解以及非批判的态度和反应，能缓解来访者的自卑、无能和羞耻感等，使其体验和产生积极的情绪；第三，良好的咨访关系能够促使来访者积极配合咨询师，认同其观点，积极寻求改变。

一般而言，咨询师可以通过共情、无条件积极关注、尊重和温暖、真诚等基本咨询技术建立起良好的咨访关系。

2. 确定咨询目标

咨询目标反映了来访者对心理咨询结果的期望，并直接影响咨询效果。因此，明确咨询目标在咨询过程中至关重要，其意义体现在以下几个方面：①为咨询师和来访者指明努力的方向，从而使咨询过程更加有序；②为选择有效的干预技术提供依据和参考；③便于对咨询效果进行检查和评估。有效的咨询目标要满足几点要求：由咨询师和来访者共同制定目标；目标具有心理学性质；目标具体可操作；目标现实可行；目标是积极的；目标可以被评估；多层次目标内在统一。

3. 制定咨询方案

咨询方案是心理咨询的"地图"，为咨询的顺利进行提供方向和保障。一般来说，心理咨询方案包含6个方面的内容：①咨询目标；②使用的咨询方法和技术；③咨询效果及评价手段；④双方各自的责任、权利与义务；⑤咨询次数与时间安排；⑥其他问题及相关说明。此外，还需要注意的是咨询方案并非一成不变，随着咨询的深入和来访者情况的变化，咨询方案应根据实际情况进行调整和修改。

【知识广场】

心理咨询目标的层次

心理咨询目标共有3个层次：直接目标、中间目标和终极目标。这3个目标相互关联，共同构成了心理咨询目标的完整体系。

1. 直接目标

直接目标具有可操作性、可测量性，是每次心理咨询过程中需要解决的具体问题。例如，缓解焦虑、改善睡眠、克服社交恐惧等，都是直接目标的体现。直接目标可以在较短时间内让来访者感受到咨询的成效，增强信心，并推动咨询进程。

2. 中间目标

中间目标具有阶段性、过渡性，是终极目标的具体体现，是帮助来访者实现心理健全发展中的某一方面。例如，改善情绪状态、提升自我认知、增强人际交往能力、应对压力挑战等，都是中间目标的体现。这些目标相对具体，可以帮助来访者明确咨询方向，并逐步实现终极目标。

3. 终极目标

终极目标具有概括性、笼统性，是指通过心理咨询，帮助来访者成为一个心理健康、人格健全的人。虽然不同理论流派对此目标的描述有所不同，例如，人本主义强调自我实现，理性情绪行为疗法关注理性生活，行为主义则注重良好行为的发展等，但就其本质而言，都指向同一个目标：促进来访者的心理健康和人格完善。

（三）学校个体心理咨询的主要原则

心理咨询的原则是咨询师在咨询过程中必须严格遵守的职业准则和道德伦理要求。就学校个体心理咨询而言，咨询师要遵循信息保密原则、价值中立原则和无条件关注原则。

1. 信息保密原则

在首次咨询时，咨询师必须向来访者明确承诺保密原则。此原则要求咨询师未经来访者授权，不得向任何个人或机构泄露咨询过程中的任何信息。具体来说，保密原则涵盖以下要点：首先，咨询师不得在任何情境下讨论来访者的个人隐私；其次，未经来访者同意，不得向来访者的教师、同学、家长等透露其隐私信息；最后，禁止未经授权的人员查阅来访者的心理咨询档案。但在学生可能出现自伤、他伤等极端行为时，应突破保密原则，及时告知班主任及其监护人，并记录在案，以确保来访者及他人的安全。

2. 价值中立原则

价值中立原则要求心理咨询师在咨询过程中保持客观和中立，不将自己的价值观念强加于来访者。这意味着咨询师应避免对来访者的个人价值观进行评价、鼓励、批判或干涉。但在学生出现价值偏差时，咨询师要突破"价值中立"的原则，帮助学生树立正确的世界观、人生观和价值观。

3. 无条件关注原则

所谓无条件关注是指心理咨询师以真诚、接纳的态度，关注来访者言语和行为中的积极面，并利用其自身的积极因素促使其发生积极变化。这种积极关注能够营造安全、温暖的咨询氛围，使来访者感受到被尊重和理解，从而建立起信任和合作关系，为咨询的顺利进行奠定基础。此外，通过关注来访者的积极面和优势，心理咨询师能够帮助来访者增强自我价值感和自信心，激发其自我探索的动力，并促使他们主动寻求解决问题的方法，帮助来访者实现自我成长和改变。

第二节 学校个体心理咨询的会谈技术

学校个体心理咨询的会谈技术主要包括积极倾听、提问技巧、表达共情等。心理咨询师通过积极倾听来访者的言语和非言语信息，运用开放式和封闭式问题引导会谈，同时表达共情以理解来访者的感受。

一、会谈中的言语沟通技巧

会谈中的言语沟通技巧主要包括积极倾听和有效提问等，通过清晰、尊重的语言传达观点，同时积极反馈和理解对方的意见，以促进有效沟通。

（一）积极倾听

积极倾听在心理咨询中的言语技巧关键在于通过言语的微妙运用，展现出对说话者的全神贯注与深刻理解。

1. 复述与确认

在对方讲述时，适时地复述或确认对方的关键信息，如"你是说……对吗？"或"我理解你的意思，你指的是……"。这不仅能帮助你确保信息的准确性，还能让对方感受到你的专注与尊重。

2. 使用开放性回应

避免使用简单的"嗯""啊"等封闭式回应，而是采用如"然后呢？""这听起来很有意思，继续说说看……"等开放性回应，鼓励对方进一步展开话题，深入表达自己的想法和感受。

3. 表达共鸣与理解

通过言语表达你对对方情感的共鸣与理解，如"我能感受到你的挫败感"或"这听起来对你来说确实是个挑战"。这样的回应能够增强对方的信任感，促进更深层次的交流。

（二）有效提问与回应

有效提问与回应是指咨询师在咨询过程中，根据来访者的具体情况和需求，提出能够引导其深入思考、自我探索和表达的问题，然后咨询师在倾听来访者的表述后，给予其恰当、及时且具有建设性的反馈和回应。

通过提问，咨询师可以获取关于来访者问题、情绪、经历等方面的详细信息，为后续的分析和干预提供依据。除此之外，有效提问可以激发来访者的思考，帮助其从不同角度审视问题，促进自我认知和成长。而通过回应，咨询师可以引导来访者关注问题的核心，避免偏离主题，并且可以推动咨询过程中的信息交流，使对话更加顺畅和深入。

例如：

来访者：我最近总是感到焦虑，特别是晚上躺在床上的时候，总是担心第二天的工作和生活中会发生什么不好的事情。

咨询师：（有效提问，开放式）你能具体说说你担心的是哪些方面的事情吗？是工作上的压力，还是人际关系上的困扰？

来访者：主要是工作上的，总觉得自己做得不够好，怕领导不满意，也怕同事们会对我有意见。

咨询师：（有效回应，给予理解与支持）听起来你对自己的工作表现有着很高的要求，这本身是一件好事，但过度的担忧和自责可能会影响到你的情绪和身心健康。你有没有尝试过与领导或同事沟通，了解他们对你的真实看法呢？

来访者：其实，我没有真正地去沟通过。我总是担心他们会觉得我太敏感或者想太多。

咨询师：（再次有效提问，引导思考）那你有没有想过，或许你的担忧只是自己内心的投射，而实际上他们并没有这样的想法呢？如果有机会，你愿意尝试去沟通一下吗？

来访者：（思考后回答）也许你说得对，我确实应该试着去沟通一下，看看他们的真实想法是怎样的。

（三）澄清与反映

澄清的目的是确保来访者能够更精确、无误地传达其信息内容。在咨询过程中，当咨询师对来访者所传达的信息存在理解上的不确定或疑惑，特别是当来访者使用了可能引起误解的词汇，如代词（如"他、他们"）、模糊短语（如"大概、差不多、有点"）或具有多重含义的词汇时，咨询师通常会采用澄清的交流策略。这一策略旨在通过进一步询问和细化来访者的表述，来准确捕捉并确认来访者想要表达的真实意图和具体含义。

例如：

来访者：我最近感觉压力很大，有点透不过气来。

咨询师：（初步倾听后，发现"压力大"和"透不过气来"是较为模糊的描述，决定使用澄清技巧）你能具体说，是哪些方面的压力让你感到透不过气来吗？

来访者：嗯，主要是工作上的事情。项目一个接一个，感觉永远都做不完。

咨询师：（进一步澄清）你是说，工作项目的数量和强度让你感到压力很大，是吗？

来访者：对，就是这个意思。而且，我还觉得自己的时间不够用，每天都忙忙碌碌的，没有喘息的机会。

二、会谈中的非言语沟通技巧

虽然语言交流在咨询中占据主导地位，但非言语信号同样传递着重要的信息。在咨询过程中，非言语信号指的是除语言交流之外，能够表达咨询师和来访者情绪、态度等的信号，主要包括目光注视、面部表情、身体状态、声音特性、空间距离、衣着步态等方面。

（一）非言语信号的识别

1. 面部表情

面部表情是反映情绪状态的重要指标。例如，皱眉可能表示不愉快或困惑，展眉则可能表示欢欣或愉悦。又如，眼神温柔表示神情和蔼，双眼大张、发愣则是惊讶的表现。咨询师能够通过细致观察来访者面部表情的微妙变化来评估其是否处于紧张状态。这包括观察表情是否显得僵硬、是否频繁皱眉或做出不自然的表情、嘴部是否紧闭，以及是否出现脸红、出汗或脸色苍白等生理反应。

2. 身体语言

身体姿势和动作同样能够传递丰富的信息。例如，点头通常表示同意，摇头表示反对；低头可能表示陈述句的结束，抬头可能表示问句的结束。咨询师应注意观察来访者身体姿势的改变，这种改变往往是在无意识之中进行的，可能反映了对方内心的冲突与斗争。

3. 声音特性

声音的音量、音调、语速以及停顿和沉默等声音效果，也是非言语信号的重要组成部分。例如，说话节奏的快慢可能反映了每个人的个性特征，而语调的变化则更多地包含了情绪的变化。咨询师应细心倾听来访者的声音特性，通过声音的变化来感知其内心的情感波动。

（二）非言语信号的运用

1. 目光接触

在会谈中，咨询师可以通过细致观察来访者眼睛的注视、游移或闪避等微妙变化，推测对方的思绪与态度，判断其是否在积极配合。在进行目光接触时，咨询师需注意以下两点。

（1）眼神交流。咨询师应采用亲切、自然的眼神注视来访者，这种眼神交流应传递出温暖、放松与信任，使来访者感受到被接纳与尊重，从而更易于敞开心扉，深入交流。

（2）转移视线。在会谈过程中，若咨询师察觉到来访者在某些敏感话题（如性侵犯、情感深处等）上表现出有意躲避的眼神，此时咨询师应灵活且恰当地转移自己的视线，避免一味紧盯来访者，以免给对方带来额外的焦虑与不安，影响信息的深入传递与双方的互动效果。通过适时地转移视线，咨询师可以为来访者创造一个更为安全、舒适的交流环境，鼓励其更加坦诚地表达自己的感受与想法。

2. 面部表情

咨询师在咨询过程中，应保持面部表情的自然与真诚。这意味着咨询师的表情应真实反映其内心的情感和态度，而不是刻意伪装或过度夸张。通过真诚的面部表情，咨询师能够向来访者传递出温暖、接纳和理解的信息，从而建立起良好的咨询关系。

3. 躯体动作

躯体动作，也被称作身体语言，涵盖了手脚的姿态、头部的摇摆与点动、辅助性的手势以及坐姿等多种表现形式。在咨询过程中，手势与躯体姿势对于信息的交流起着至关重要的影响。

对于咨询师而言，坐姿的要求尤为关键。理想的坐姿应是上半身微微前倾，整体呈现出自然放松的状态，传递出一种开放和接纳的姿态。应避免过于正式、刻板僵直的坐姿，如正襟危坐等，这样的坐姿可能会让来访者感到压力。

4. 沉默和停顿

沉默和停顿同样是咨询师运用非言语信号的重要方式。例如，当来访者陷入沉思或情绪激动时，咨询师可以适当地保持沉默，给予对方足够的时间和空间来处理自己的情感。此外，咨询师还可以通过停顿来强调谈话的重点内容，或引导来访者更加深入地思考某个问题。

（三）空间与距离的使用技巧

在座位安排上，咨询师与来访者应避免直接面对面的坐姿，因为这样的坐姿容易导致双方感到拘束，且难以自然地回避对方的目光。为了营造更加舒适、自然的交流氛围，一般建议保持90度或60度的倾斜坐姿，这样既能保持视线的相互接触，又能给予双方一定的目光转移空间。

此外，会谈时咨询师与来访者之间的座位距离也需适中。一般来说，1.5米左右的距离较为恰当，既能避免产生疏远、冷漠的感觉，又能防止因距离过近而使来访者感到拘束不安。同时，座位间应避免存在视线障碍物，如桌椅、茶几等，以确保双方能够顺畅地进行目光交流和情感沟通（图5-1）。

三、会谈技术的综合应用

图5-1 会谈座位演示

学校个体咨询会谈技术的综合运用，强调言语沟通技巧与非言语行为的紧密结合。咨询师通过清晰、准确的言语表达，结合肢体语言、面部表情等非言语手段，传达尊重、真诚与共情，从而更深入地理解来访者，并为其提供有效的心理支持。

（一）综合运用言语与非言语沟通

1. 同步性

在个体心理咨询中，言语与非言语沟通的同步性扮演着举足轻重的角色，它不仅是建立咨询关系的基础，也是深化咨询进程、促进来访者自我探索和成长的关键。咨询师在运用言语技巧的同时，必须精心调整非言语行为，使之与言语表达相辅相成，共同营造一个安全、支持且富有成效的咨询环境。

例如，当咨询师使用共情技巧，试图理解并传达对来访者情感状态的理解时，非言语行为如微笑（当情境适宜时，如表示鼓励或理解）、轻轻点头或保持眼神接触，都能极大地增强这种共情的传递效果。这些非言语信号向来访者传递了一个明确的信息：我在这里，我理解你，我愿意陪伴你。这种同步性有助于来访者感受到被接纳和理解，从而增强其开放性和信任感。

2. 灵活性

在个体心理咨询实践中，每位来访者都是独一无二的，他们的需求和情感状态各异，这就要求咨询师具备高度的敏感性和灵活性，能够根据具体情境灵活调整沟通方式。面对不同来访者的特点，咨询师需要巧妙地在言语和非言语沟通之间找到平衡，以确保会谈的适应性和有效性。

例如，面对情绪激动的来访者，他们可能正经历着强烈的情感波动，如焦虑、愤怒或悲伤。在这种情况下，咨询师的首要任务是帮助来访者稳定情绪，建立安全感。此时，减少直接的言语交流，转而更多地依赖非言语沟通方式，如保持平和的肢体语言和舒缓的表情，可以作为一种有效的安抚手段。咨询师可以通过轻轻点头、保持眼神的温柔接触，以及用轻柔的语气进行简短回应，传达出理解、接纳和陪伴的信息。

相比之下，面对反应迟缓或表达欲不强的来访者，咨询师则需要采取相反的策略。这类来访者可能由于种种原因（如内向、防御心理或缺乏自信）而难以主动表达自己的想法和情感。在这种情况下，咨询师可以通过增加言语上的引导性提问和鼓励，激发对方的表达欲望。

（二）建立信任与咨询关系

在咨询初期，来访者可能会对咨询师产生一定的戒备心理。此时，咨询师通过运用微笑、点头以及保持眼神交流等非言语行为，能够向来访者传递出友善、真诚和尊重的态度，有助于缓解来访者的紧张情绪，为建立信任关系奠定基础。

（三）处理会谈中的困难与挑战

1. 阻抗

阻抗是心理咨询中常见的现象，表现为来访者通过沉默、回避、转移话题等方式来阻抗咨询师的提问或建议。

在遇到阻抗的情况时，咨询师首先需要以来访者为中心，倾听和理解来访者的感受和想法。通过积极关注、共情和接纳，建立与来访者之间的信任关系，使来访者更愿意开放自己，接受咨询师的帮助。其次，咨询师需要敏锐地识别来访者阻抗的原因，如恐惧、不信任、逃避等。最后，根据阻抗的原因，咨询师需要灵活调整咨询策略，如改变提问方式、调整咨询节奏等。

2. 情绪爆发

情绪爆发是来访者在咨询过程中可能出现的强烈情绪反应，如愤怒、悲伤、焦虑等。咨询师在面对来访者的情绪爆发时，首先需要保持冷静和稳定，避免被来访者的情绪所影响，保持专业的态度和立场。其次，咨询师需要倾听来访者的情绪表达，给予充分的关注和理解，接纳来访者的情绪。最后，咨询师可以引导来访者通过深呼吸、冥想等方式释放情绪，鼓励来访者表达内心的感受和想法，以减轻情绪压力。除此之外，咨询师也可以与来访者共同制订情绪管理计划，包括识别情绪触发点、采取应对策略等。

第三节 认知行为取向的学校个体心理咨询

认知行为取向融合了认知治疗和行为治疗，是当代心理咨询领域的主流方法之一，其核心在于通过干预个体的思维和行为模式，以促进其心理状态的改善。

一、认知行为取向的心理咨询原理

认知行为取向是一种系统性、结构性的技术，掌握其核心概念和基本理念，有助于理解其基本构架。

（一）认知行为理论的核心概念

认知行为理论主要涉及个体的认知模式、自动思维、中间信念以及核心信念。这些概念在认知行为理论中扮演着重要的角色，共同构成了个体的心理结构和行为反应的基础。

1. 认知模式

认知行为理论中的认知模式认为，个体的情绪、行为及生理等反应受到其对情景的知觉和解释的影响，如图5-2所示。换句话说，情景本身并不直接决定个体的反应，而是个体对情境的解释和认知起关键作用。例如，当看见一只小狗时，不同的人可能会有截然不同的情绪和行为。一些人会认为小狗很可爱，从而产生喜悦的情绪或是抚摸小狗的动作；另一些人则担忧被咬伤而感到紧张、害怕，进而做出回避行为。因此，人的情绪和行为都与对情境的理解和想法有关。

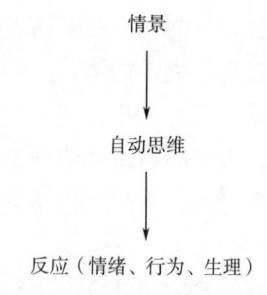

图5-2 认知行为理论的认知模式

2. 自动思维

自动思维指的是在特定情境下，个体无意识、自动产生的想法。这些想法往往未经深思熟虑，却对个体的情绪和行为产生显著影响。例如，一个学生在课堂上被老师提问，他的自动思维可能是"我回答不上来，同学们会笑话我"，这种思维可能导致他感到紧张和不安。识别和挑战这些自动思维，是认知行为咨询中的重要环节。

3. 中间信念

中间信念包括态度、规则和假设，是连接核心信念和自动思维的桥梁。态度是指对某个对象的消极情绪，通常表示为"……是糟糕的/可怕的/危险的"。规则是个体对自身行为的具体要求，通常包含了"应该/必须"等词。假设是指个体认为出现某种状况就会导致某种结果的一种预期，分为积极假设和消极假设。积极假设是指，如果个体采取某种措施，就可以避免消极结果的一种预期；消极假设是出现某种状况就会导致担忧结果的一种预期。假设一般以"如果……那么……"的句型出现。

4. 核心信念

核心信念是指个体在成长过程中，形成的对自我、他人、世界的一般性和概括性的认识。认知行为理论认为，来访者的情绪和行为困扰大多是由其负性核心信念引起的。常见的负性核心信念大致有三类：①"无能的"，如我没用、我不如别人等；②"不可爱"，如我会被拒绝，我不值得被爱等；③"无价值"，如我没有价值、我有罪等。核心信念会影响人们对信息的选取和加工方式。人们会选择性地注意符合核心信念的信息，忽略或扭曲不符合核心信念的信息。

综上，核心信念是基础，决定中间信念和自动思维的内容。不同核心信念的人，相同的情境下会有不同的中间信念和自动思维，三者关系如图5-3所示。这三者的关系也是认知行为取向进行个案概念化的重要依据，即咨询师依据某种心理咨询理论对来访者问题的产生原因和维持因素提出假设，为下一步的治疗方案提供指导。

（二）认知行为治疗的基本理念

理解认知行为治疗的基本理念，有助于更有效地开展

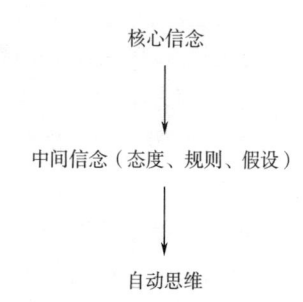

图5-3 核心信念、中间信念、自动思维的关系

个体心理咨询,帮助来访者克服心理困扰,促进其健康成长。

1. 观念决定情绪

认知行为治疗强调,面对相同的情境,个体产生的情绪体验主要取决于其认知。换句话说,人们的想法和信念塑造了其对事件的解释和反应,进而影响情绪和行为。例如,面对期末考试,有的学生感到焦虑,而有的学生则感到兴奋。这种差异源于他们对考试的不同认知。

2. 经验决定观念

个体的认知并非凭空产生,而是基于其过去的经验。这些经验包括学习经历、生活事件、人际互动等,共同塑造了个体对世界的看法和理解。例如,经历过失败的人可能对挑战持有更消极的认知,而经历过成功的人则可能更乐观。

3. 经验需要比较才有意义

为了赋予经验意义,需要将其与某个标准进行比较。这种比较标准可能是他人的表现、自己的期望,或是一个理想化的目标。不同的比较标准会导致不同的认知和情绪体验。例如,将自身表现与完美标准相比,容易导致失望和挫败感;而将自身表现与过去的自己相比,则更容易体验到进步和成就感。

4. 人对同样事情的看法有差异

由于每个人的成长背景、生活经历和认知方式不同,即使是面对同一件事,每个人的看法和认知也会存在差异。这种差异源于个体独特的经验积累和认知方式。例如,乐观的人倾向于看到事物的积极面,而悲观的人则更容易关注事物的消极面。

二、认知行为取向的心理咨询技术

认知行为取向的心理咨询技术主要有认知重构、行为强化以及行为激活与自我监控。

(一)认知重构

认知重构是通过引导来访者识别和改变其错误的认知模式,帮助其建立更合理的思维方式和行为模式,从而解决心理问题。

1. 行为试验

行为试验让来访者尝试做出一些与以往不同的行为,帮助其验证自动想法或假设的真伪,从而改变其认知和行为模式,其主要步骤包括:①识别关键自动想法,咨询师与来访者共同探讨,找出影响来访者行为的关键自动想法或假设;②咨询师设计试验方案,并向来访者解释试验目的、内容、过程,确保来访者理解并认同;③进行试验,鼓励来访者在生活中按照方案尝试;④评估试验结果,将试验结果与来访者的自动想法或假设进行对比,评估其真伪;⑤讨论总结,引导来访者认同客观试验结果,并认识到改变认知和行为模式的必要性。

2. 角色转换

角色转换通过模拟沟通场景,让来访者站在对方的角度思考问题,从而更好地理解对方的感受和反应,并改善自身的沟通方式,其主要步骤包括:①选择典型场景,选择一个对来访者来说频繁发生且引发负面情绪的沟通场景;②描述沟通过程,来访者详细描述场景中的沟通过程，包括双方的语言、行为和情绪反应；③角色扮演，咨询师扮演来访者的角色，来访者扮演咨询师的角色，重新进行沟通；④反思与改进，引导来访者反思角色扮演中的感受，并学习如何站在对方角度思考问题，改进沟通方式；⑤练习换位思考，来访者练习在沟通过程中考虑对方的感受和反应，并根据和谐原则进行回应。

3. 苏格拉底式提问

苏格拉底式提问是一种通过提问引导来访者进行思考的技术，旨在帮助来访者发现其认知中的逻辑错误，并发展出更合理的解释。其主要步骤包括：①询问信息性问题，引导来访者描述其想法、感受和行为；②倾听和反馈，认真倾听来访者的回答，并进行适当的反馈；③汇总信息，总结来访者提供的信息，并与来访者确认；④询问分析性问题，引导来访者分析其想法的合理性，并寻找证据支持或反驳其想法。

（二）行为强化

在行为矫正中，强化指的是某行为发生后，所跟随的结果能够导致将来该行为发生概率增加的过程。根据行为后果的不同，强化分为正强化和负强化2种类型。

1. 正强化

正强化是指在目标行为发生后，给予个体积极的刺激或奖励，从而增加该行为的发生频率。在咨询过程中，正强化的实施可以依据以下步骤：①确定目标行为，明确需要强化的良好行为，如按时完成作业、积极参与课堂讨论等；②选择强化物，根据来访者的喜好和需求，选择合适的强化物，如表扬、奖励等；③实施正强化，当个体表现出目标行为时，及时给予强化物。当个体的目标行为稳定后，逐渐减少强化物的使用，引导个体进行自我强化。

2. 负强化

负强化是指当目标行为发生后，移除或减少对个体产生厌恶或烦恼的刺激，从而增加该行为的发生频率。在咨询过程中，负强化的实施可以依据以下步骤：①确定目标行为，明确需要强化的良好行为；②选择厌恶刺激，选择与行为相关的厌恶刺激；③实施负强化，当个体表现出目标行为时，及时移除或减少厌恶刺激。当出现良好行为时应结合正强化一起使用。

行为强化是认知行为取向常用的技术，可以帮助来访者改变不良行为或塑造良好行为。在使用行为强化技术时，要注意强化的及时性、一致性和适量性，并及时关注个体的行为变化，适时调整强化计划。

（三）行为激活与自我监控

除了认知重构和行为强化，认知行为取向的个体心理咨询中，也会采用行为激活与自我监控等。

1. 行为激活

行为激活是通过引导，使个体获得更高的参与感和掌控感的活动，激活其行为，并逐步增加积极的生活经验，最终帮助个体重建正常生活。第一，咨询师向来访者介绍行为激活疗法的原理，帮助其理解并配合；第二，咨询师与来访者共同制定系统的治疗目标和活动安排，确保目标的可行性和针对性；第三，咨询师与来访者共同制定一系列活动任务，由来访者每天完成并记录执行情况;第四,咨询师根据记录和反馈,帮助来访者选择适应性行为,减少回避行为,并逐步规划日常生活;第五,咨询师与来访者共同回顾治疗过程,并制订预防复发的计划。概而言之,行为激活技术主要是帮助来访者减少回避行为,规划适应性行为并预防复发。

2. 自我监控

自我监控是指个体对自己出现的某些行为反应给予记录,进行直接观察和控制。第一,咨询师与来访者探讨需要监控的行为;第二,由来访者使用记录表或日记等方式,记录目标行为发生的频率、时间、情境等信息;第三,咨询师根据记录信息,分析目标行为的发生规律和影响因素;第四,根据分析结果,咨询师制订相应的干预计划;第五,定期评估干预计划的效果,并根据评估结果进行调整。简而言之,自我监控通过记录与分析个体行为,从而制订和调整干预计划以实现有效改变。

三、认知行为取向的心理咨询过程

认知行为取向的心理咨询过程可以分为三个阶段:问题评估与认知结构分析、认知干预与行为改变策略、咨询进程的反馈与认知调整。

(一)问题评估与认知结构分析

此阶段旨在了解来访者面临的问题,搜集相关资料,对问题进行判断,并据此确定咨询目标和制订咨询计划。通常包括三个环节:①通过会谈、心理测评和监测日志等方式收集来访者的信息;②运用认知行为的认知模型对来访者的问题进行分析,找出问题的产生和维持原因,识别出自动化思维和不合理信念;③与来访者共同制定具体、可操作的咨询目标,并制订相应的咨询计划。

在这个咨询过程中,咨询师应遵循全面性、敏感性、尊重性和合作性的原则,以确保评估的准确性和有效性。

(二)认知干预与行为改变策略

干预是认知行为咨询的核心,旨在帮助来访者改变不合理的认知和行为模式,并学习新的应对策略。干预过程通常包括以下阶段:①自动思维阶段,识别和评估来访者负面的自动思维,通过控辩方证据技术、发散思维技术等方法进行干预,帮助来访者建立更理性的思维方式;②中间信念阶段,识别和评估来访者的中间信念(态度、规则、假设等),通过行为试验、苏格拉底式提问等方法进行干预,帮助来访者挑战和改变其不合理的信念;③核心信念阶段,识别和评估来访者的核心信念,利用角色转换技术等方法进行干预,帮助来访者建立积极的自我概念。

在干预过程中,咨询师应保持高度结构化,关注来访者的情绪变化,强化咨询关系,并鼓励来访者积极参与。

(三)咨询进程的反馈与认知调整

评估与反馈是认知行为咨询的重要组成部分,旨在了解咨询效果,并根据评估结果调整咨询计划。评估与反馈过程通常包括:①定期评估来访者在认知、情绪和行为方面的变化,了解咨询的进展情况;②根据评估结果,调整咨询目标、干预策略和计划,以确保咨询的有效性；③在咨询结束后，安排1~3次巩固性会谈，帮助来访者巩固咨询成果，预防病情复发，并处理咨询师与来访者的分离。

第四节　积极取向的学校个体心理咨询

积极取向的学校个体心理咨询，融合积极心理治疗理念，旨在通过挖掘和强化学生的积极品质与能力，促进其心理健康与全面发展，帮助学生构建积极自我认知与应对策略。

一、积极取向的心理咨询原理

积极取向的心理咨询原理即采取积极心理治疗，它是一种新兴的治疗方式，主要基于积极心理学的原则。积极心理学主要研究能使个人、社区和机构蓬勃发展的条件和过程，旨在探索什么是有效的、什么是正确的，以及什么是可以培养的。积极心理治疗是积极心理学的临床或治疗分支。积极心理学将症状与优势、风险与资源、弱点与价值、遗憾与希望结合起来，以期用一种平衡的方式去理解人类经验的内在复杂性。

（一）积极取向心理咨询的理论假设

积极心理治疗的实施基于以下3个假设。

1. 潜能受阻假设

心理疾病的症状是在个体成长、满足和幸福的潜能受到阻碍时产生的。这意味着当个体在追求个人发展和幸福的过程中遇到障碍，可能会导致心理疾病的出现。积极心理治疗旨在识别和移除这些障碍，以促进个体的健康发展。

2. 积极现实假设

积极情绪和优势与不良症状一样，都是真实存在的。这一假设强调了积极情绪和个人优势在心理健康中的重要性，与消极症状同等重要。积极心理治疗通过识别和增强这些积极因素，帮助个体克服心理障碍，提升幸福感和生活质量。

3. 积极干预假设

在积极心理治疗中，"修补错误"与"建立力量"要并重。这一假设认为，在治疗过程中，不仅要修复个体的缺陷和问题，还要积极培养和强化个体的优势和能力。通过这种双管齐下的方法，个体不仅能够克服当前的心理问题，还能够增强未来的应对能力和心理韧性。

（二）积极取向心理咨询的主要理论

积极心理治疗主要基于塞利格曼提出的幸福理论框架，即PERMA模型（Perma Model），并在实践中常借助"品格优势"等干预工具，用于提升个体的心理资源与幸福感。

1. PERMA 模型

塞利格曼提出的PERMA模型（Perma Model）包含5个要素（图5-4），即积极情绪（Positive Emotion）、投入（Engagement）、人际关系（Relationship）、意义（Meaning）和成

就（Accomplishment）。这5个要素涵盖了幸福感的各个方面，是积极心理学研究的重要框架。理解和培养这5个要素，可以帮助个人和团体提高幸福感，实现更加充实和有意义的生活。

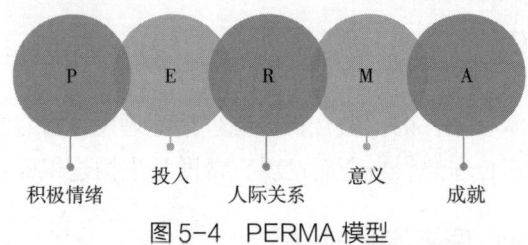

图5-4　PERMA模型

下面是对PERMA模型中5个要素的详细介绍。

（1）积极情绪（Positive Emotion）。积极情绪是PERMA模型的首要元素，代表幸福的享乐维度。这个维度包含体验关于过去、现在和未来的积极情绪，以及学习增强这些情绪的强度和延长其持续时间的技能。它涵盖了诸如快乐、满足、感恩、希望和爱等正面感受。这些情绪能够激发人们的积极性和活力，提升生活满意度和幸福感。在技术应用中，可以通过以下方法来增加积极情绪：①回顾积极事件。定期回顾生活中令人愉快的时刻和经历，可以增强积极情绪的记忆和体验。②感恩练习。每天记录并思考自己感激的事情，可以培养感恩的心态，从而增加积极情绪。③积极语言。使用积极、正面的语言来描述和解释事件，有助于提升情绪状态。

（2）投入（Engagement）。投入是幸福感的一个维度，它与对工作、亲密关系和休闲的追求、投入和专注有关，是指人们在做某件事情时全神贯注、心无旁骛的状态，也被称为"心流"状态。在这种状态下，人们会感到时间仿佛静止，自我意识消失，完全沉浸在活动中。它能让人们体验到从事某项活动的乐趣和满足感。在技术应用中，可以通过以下方式来促进投入：①设定清晰目标。明确的目标可以引导人们集中注意力，更容易进入投入状态。②提供及时反馈。及时的反馈有助于人们了解自己的进展和需要改进的地方，从而保持投入的动力。③创造良好环境。提供舒适、安静的环境，减少干扰因素，有助于人们更好地投入。

（3）人际关系（Relationship）。人际关系是指与他人之间的交往和联系，包括与家人、朋友、同事等之间的关系。良好的人际关系是幸福感的重要来源之一，它可以提供情感支持、社交互动和归属感。在技术应用中，可以通过以下方式来加强人际关系：①社交媒体互动。利用社交媒体平台与他人保持联系，分享生活点滴，增进彼此的了解和感情。②在线社区参与。加入相关的在线社区或论坛，与志同道合的人交流分享，扩大社交圈子。③视频通话。利用视频通话技术，与远方的亲人朋友保持联系，缓解孤独感。

（4）意义（Meaning）。意义是指个体在生活中所追求的目标和价值观，以及这些目标和价值观对个体的意义。拥有明确的生活目标和价值观，可以让人们感到自己的生活是有意义的，从而增加幸福感。在技术应用中，可以通过以下方式来寻找和赋予生活意义：①设定个人目标。明确自己的生活目标和追求，为之制订计划并努力实现。②参与志愿服务。通过参与志愿服务等活动，为他人和社会做出贡献，从中获得成就感和满足感。③寻找个人兴趣。发掘和培养自己的兴趣爱好，将兴趣转化为生活的动力和意义。

（5）成就（Accomplishment）。成就是指个体通过努力取得的成功和进步，包括个人能力的提升、工作成果的获得等。成就感是幸福感的重要组成部分，它可以让人们感到自己的努力是有价值的，从而增加自信和幸福感。在技术应用中，可以通过以下方式来提升成就感：①设定挑战目标。为自己设定具有挑战性的目标，通过努力实现这些目标来获得成就感。②记录进步过程。记录自己在某个领域或技能上的进步过程，回顾自己的成长历程，增强自信心和成就感。③庆祝成功时刻。当自己取得某项成就时，及时庆祝并奖励自己，以增强成就感带来的愉悦感。

2. 品格优势

彼得森和塞利格曼将品格优势定义为一种普遍的特质，它本身就具有价值，且不一定会导致工具性的结果。在很大程度上，性格的优势不会被减弱，相反，拥有这种能力的人会提升那些目睹这种能力的人，继而使他们产生认同而不是嫉妒。

在积极心理治疗的过程中，我们积极寻找并关注个体生活中展现其优势的各个方面，这些优势可能通过才华、技能、天赋、能力和资质等多种形式体现，并可用于培养应对策略，以潜在地缓解和缓冲心理障碍的影响。同时，探索品格优势并不是以忽视症状为前提，而是将症状与优势、风险与资源、脆弱性与韧性相结合，以此促进从病态到健康状态的转变。

二、积极取向心理咨询的实践过程

积极取向的心理咨询以三个阶段展开。

（一）第一阶段：自我认知与优势发现阶段

第一阶段的重点是在于从不同视角发掘个体的优势，并构建一个均衡的自我叙述。此阶段的目标是帮助个体识别并利用其显著的优势，以设定并实现有意义的个人目标。

1. 积极介绍与感恩日志

（1）积极介绍。在心理咨询的初期，咨询师会向来访者介绍积极心理治疗的目标和方法，帮助其理解治疗过程，并建立信任关系。这包括让来访者了解积极心理学的基本概念，如优势、美德和积极情绪等，以及这些概念如何帮助他们提升个人福祉。

（2）感恩日志。感恩日志是一种工具，用于帮助来访者关注生活中的积极方面。来访者被鼓励每天记录下他们感激的事物，无论大小。这种做法有助于培养积极的心态，提高他们的幸福感和生活满意度。可以引导来访者在每天结束时回顾并记录下当天发生的积极事件，或者在每天开始时列出他们期待的积极体验，以此作为一天的积极基调。

2. 品格优势与显著优势

（1）品格优势。咨询师可以利用品格优势评估工具，如VIA性格优势调查，来识别来访者的核心品格优势。这些工具帮助来访者了解自己在智慧、勇气、人性、正义、节制和超越等6个领域的积极品质。根据评估结果，可以制订个性化的咨询计划，将来访者的品格优势融入咨询目标和干预措施中。这样的计划有助于其在面对挑战时发挥自己的长处，增强自信和解决问题的能力。

（2）显著优势。显著优势是指来访者在日常生活中经常展现出来的、具有显著影响力的品格优势。在这一环节中，咨询师会通过自我报告和他人反馈的方式，帮助其识别自己的显著优势。自我报告通常包括让来访者填写问卷或进行自我反思，而他人反馈则可能来自他的家人、朋友或同事。通过这个过程，来访者能够更加全面地了解自己的优势所在，并在日常生活中更加自信地运用这些优势。

3. 实践智慧

实践智慧是指来访者在面对复杂情境时，能够灵活运用自己的品格优势来解决问题的能力。在这一环节中，咨询师会指导来访者如何运用自己的优势来应对挑战和困难。例如，对于具有创造力优势的患者，咨询师可能会鼓励他们通过创新的方式解决问题；对于具有勇气优势的患者，咨询师可能会鼓励他们勇敢地面对恐惧和不确定性。通过这个过程，来访者能够逐渐培养起应对挑战的信心和能力，增强自我效能感。

4. 更好的我

在这一环节中，咨询师会鼓励来访者设定个人成长目标，并努力实现这些目标。这些目标可以是与职业、学业、人际关系或健康相关的方面。通过设定和实现目标，来访者能够逐渐提升自己的能力和价值感，增强自信心和自尊心。同时，咨询师还会鼓励来访者在日常生活中积极寻找和创造积极的体验，如参加社交活动、学习新技能等。通过这个过程，来访者能够逐渐实现个人成长和幸福。

（二）第二阶段：情感处理与关系建立阶段

第二阶段专注于培养积极情绪，并在专业支持下处理负面记忆、经历和感受。这些消极因素可能会阻碍个体的前进步伐，因此本阶段旨在帮助个体克服这些障碍，继续向前进发。

1. 开放记忆与闭合记忆

（1）开放记忆。开放记忆是指来访者能够勇敢面对过去的创伤和负面经历，并通过对话和反思来转化这些经历。在这一环节中，咨询师会鼓励来访者回忆过去的创伤或负面经历，并尝试从中找到积极的意义和价值。例如，来访者可能会意识到这些经历让自己变得更加坚强和成熟；或者这些经历让自己更加珍惜现在的生活。通过这个过程，来访者能够逐渐释放内心的负担和痛苦，减轻心理负担，提升心理健康水平。

（2）闭合记忆。闭合记忆是指来访者能够整理和结束过去的经历，以释放内心的负担和痛苦。在这一环节中，咨询师会帮助来访者回顾过去的经历，并尝试从中找到积极的意义和价值。同时，治疗师还会鼓励患者放下过去的包袱和遗憾，专注于当前和未来。通过这个过程，来访者能够逐渐释放内心的负担和痛苦，减轻心理负担，提升心理健康水平和生活质量。

2. 宽恕

宽恕是指来访者能够释放对他人或自己的怨恨和愤怒，以减轻心理负担和提升心理健康。在这一环节中，咨询师会引导来访者学会宽恕他人和自己。对于他人，咨询师会鼓励来访者尝试理解对方的立场和感受，并放下对对方的怨恨和愤怒；对于自己，咨询师会鼓励来访者接受自己的过去和错误,并学会从中吸取教训和成长。通过这个过程,来访者能够逐渐释放内心的负面情绪和能量,提升心理健康水平和生活质量。

3. 最大化与满足

在这一环节中,咨询师会引导来访者深入探索自己的内在需求和价值观,帮助他们明确自己真正追求的是什么。通过一系列的对话和反思,来访者能够逐渐认识到自己的核心价值,并学会如何在日常生活中最大化地实现这些价值。同时,咨询师还会教授来访者如何找到生活中的满足感,即使面对困难和挑战,也能保持一颗感恩的心,珍惜自己所拥有的。

4. 感恩

感恩是积极心理治疗中的重要组成部分。在这一环节中,咨询师会进一步培养来访者的感恩心态,让他们更加珍视生活中的积极体验。通过定期的感恩练习,如记录感恩日记、参与感恩冥想等,来访者能够逐渐学会从日常小事中发现美好,培养起对生命的敬畏和感激之情。这种感恩的心态不仅能够帮助来访者提升幸福感,还能够增强他们的心理韧性,更好地应对生活中的挑战。

(三)第三阶段:行为改变与目标设定阶段

第三阶段致力于探索和加强积极的人际关系,并促进这些关系的培养和发展。在这一阶段,积极心理治疗还鼓励个体探索生活的意义和目的,以增强其生活的深度和丰富性。

1. 希望与乐观

希望与乐观是积极心理治疗中的关键要素。在这一环节中,咨询师会帮助来访者建立希望和乐观的心态,以应对未来的挑战和不确定性。通过引导来访者思考自己的目标和梦想,以及如何实现这些目标,咨询师能够激发来访者的内在动力,让他们对未来充满期待和信心。同时,咨询师还会教授来访者如何面对困难和挫折,保持一颗乐观的心,相信未来会更好。

2. 创伤后成长

创伤后成长是指个体在经历创伤或负面事件后,通过反思和积极应对,实现个人成长和蜕变的过程。在这一环节中,咨询师会引导来访者回顾自己的创伤经历,并尝试从中找到积极的意义和价值。通过对话和反思,来访者能够逐渐认识到创伤经历虽然带来了痛苦和困扰,但也让自己变得更加坚强和成熟。同时,咨询师还会教授来访者如何运用自己的优势和资源,积极应对未来的挑战,实现个人成长和蜕变。

3. 慢生活与享受生活

在这一环节中,咨询师会引导来访者体验慢生活的魅力,学会在繁忙的生活节奏中放慢脚步,享受当下的美好。通过进行放松练习、专注于简单任务等实践方法,来访者能够逐渐培养起对生活的热爱和珍惜。他们开始学会欣赏生活中的细微美好,如一杯香浓的咖啡、一本好书或一次与家人朋友的聚会。这种慢生活的方式不仅让来访者感受到更多的幸福和满足,还帮助他们建立起更加健康和平衡的生活方式。

4. 积极关系

在这一环节中,咨询师会引导来访者认识到积极关系的重要性,并学习如何建立和

维护这些关系。通过教授沟通技巧、倾听技巧、同理心等,来访者能够学会如何与他人建立深厚的联系,增进彼此之间的理解和信任。积极的关系不仅能够带来情感上的支持和满足,还能够促进个人的成长和发展。

5. 积极沟通

积极沟通是建立积极关系的关键。在这一环节中,咨询师会教授来访者如何运用积极沟通的方式来表达自己的需求和感受,同时倾听他人的声音。通过有效的沟通,来访者能够减少误解和冲突,增进与他人的理解和合作。积极沟通不仅有助于建立和维护关系,还能够提升个人的社交能力和影响力。

6. 利他行为

利他行为是指为了他人的利益而采取行动的行为。在这一环节中,咨询师会鼓励来访者参与利他行为,如志愿服务、帮助他人解决问题等。通过参与利他行为,来访者能够体验到帮助他人的快乐和成就感,同时也能够增强自己的社会责任感和自我价值感。利他行为不仅能够提升个人的幸福感,还能够促进社会的和谐与进步。

7. 人生意义与目标

在这一环节中,咨询师会引导来访者思考自己的人生意义和目标。通过反思自己的价值观、兴趣和才能,来访者能够明确自己想要追求的是什么,并制订出实现这些目标的计划。明确的人生意义和目标不仅能够为来访者提供方向感和动力,还能够帮助他们在面对困难和挑战时保持坚定的信念和勇气。通过追求有意义的目标,来访者能够实现个人的成长和幸福,同时也为社会做出贡献。

第五节 个体心理咨询案例分析

在前面的章节中,我们已经系统学习了个体心理咨询的基本技术和方法。为了帮助大家更好地理解和运用这些技术,本章将呈现两个真实的个体心理咨询案例,其中详细记录了咨询过程中的关键环节,包括咨询技术的具体应用、咨询师的策略选择以及通常会进行哪些讨论与反思。

一、咨询技术在案例中的应用

探讨总结个体心理咨询案例,不仅有助于咨询师自我反思与成长,还能促使咨询师相互学习借鉴。在整理案例时,我们应关注咨询技术的实际运用,思考如何更有效地应用这些技术,以及探索其他潜在的技术手段。同时,面对咨询过程中遭遇的挑战与困难,我们需要回顾解决策略,并探讨进一步提升的空间。

(一)认知行为取向心理咨询案例

来访者张伟,17岁,高二,独生子。他十分畏惧考试,自从进入高中以来几乎每次大考都发挥不佳,1个月前开始出现失眠、心悸等症状。

1. 个案概念化

张伟十分害怕考试，并出现考试焦虑和回避行为（上一次月考请假），焦虑引发入睡困难、食欲下降，上课和写作业时注意力不集中，产生自我怀疑、郁闷情绪。由于张伟十分在意考试结果，又认为自己"不能胜任考试"，所以张伟出现了考试焦虑。此外，家庭方面，母亲常常因为学习问题批评张伟，因此张伟很少和母亲沟通。张伟的考试焦虑情况已持续一个多月，社会功能轻度受损，未出现泛化情况，评估为一般心理问题。

2. 咨询计划

在每个咨询阶段，咨询师都遵循着清晰的结构程序。基本的程序包括：①提供有关认知方面的基本原理使治疗透明化，为咨询过程做好准备；②鼓励张伟管理那些伴随自己的忧虑而出现的想法；③使用一定的行为和认知技术；④帮助张伟鉴别和检查基本信念和想法；⑤教张伟在现实生活中检验自己的信念和想法；⑥教给张伟一些基本的应对技巧，防止他重新退回到原来的行为模式中。

作为咨询的一部分，咨询师还会要求张伟进行一周回顾、对前一阶段的咨询进行反馈、对家庭作业进行评价、和咨询师一起设置咨询日程表、讨论咨询日程的主题以及为本周布置新的作业。

3. 认知行为疗法技术的应用

张伟告诉咨询师，他希望自己能降低考试焦虑并希望能在考前不那么紧张。为了处理张伟的焦虑，咨询师采用了四阶段的治疗方法：①教他学会自我谈话技术；②教他学会对自己的错误信念进行监控和评估；③使用认知和行为干预方法；④和张伟一起设计家庭作业，帮助他在日常生活中实践新的行为。

（1）自我谈话技术。咨询师将帮助张伟了解对自动化思维、自我对话以及对那些他不经思考便接受的"应该""最好""应当"的信念加以检验的重要性。咨询师将以一个合作伙伴的身份出现，引导张伟去发掘他自身的基本信念，正是那些信念影响了他的感受和行为。

以下是张伟自我对话的一些例子："我必须考出好成绩。""如果考得不好，妈妈又会骂我，那将非常难熬。""如果我成绩下降，那我就什么都不是了。""如果我失败了，说明我命中注定就是个失败者。"

（2）自我监控和评估。咨询师会帮助张伟监控和评估自己的不合理信念，比如，察觉到他不停地告诉自己类似上述的自我挫败的话。咨询师挑战了一些特定的不合理信念，最终直捣张伟错误思维的核心。

咨询师：你从哪里能看出来，妈妈的评价是对的？她对你的评价有不对的地方吗？你说你觉得自己是个失败者，你有任何的证据可以支撑这个观点吗？如果你对自己的成绩要求不那么高，你的生活会有怎样的不同？

（3）认知干预。当张伟能完全理解他的认知扭曲以及不合理信念后，咨询师运用一系列认知行为技术帮助他学会如何对自己的信念进行识别、评价和反馈。咨询师可以使用苏格拉底式对话、引导式发现、认知重构等认知技术来帮助张伟检验自己的核心信念。咨询师将和张伟一起进行这个过程，帮助张伟将其基本信念和自动化思维作为待检验的假设来加以评估。通过评估，他可以检验头脑中信念和基本假设的合理性，从而成为一个研究自身的专家。他还可以从这一过程中习得经验，学会在不同情境下监控和评估自己的行为。

例如，他会试着关注某个给自己造成困扰的情境，尤其关注该情境中自己的自动化思维和内在对话。当他处于负面情境中时，他会对自己说些什么？在他处理自己的焦虑时，他将逐渐认识到他的自我对话和他人对自己的评价都会对自己造成影响。他还看到了自己的想法和问题行为之间的联系，在这种知觉的指引下，他就可以开始形成一个新的内在对话了。

（4）设计家庭作业。咨询师会和张伟一起设计个性化的家庭作业来帮助他处理恐惧。这些作业将采用渐进式设计：先在安全的治疗关系中进行模拟练习，待张伟掌握基本技巧后，再逐步过渡到现实场景中的应用。仅仅口头表述自己学到的新技能远远不够，张伟还需要在日常生活中实践这些新的认知和行为技能。

例如，张伟的家庭作业包括：和妈妈表达他对于考试的真实想法。如果他能成功表达，那么他就可以挑战自己对未来的灾难性预期。如果他的表达没有得到妈妈的积极回应呢？在实践过程中，他可以学会为自己的扭曲思考贴标签，并可以自动地识别功能不良的想法并管理自己的认知图式。通过使用一系列的认知和行为策略，他将获得新的信息，对自己的基本信念和计划加以改善，从而贯彻实施新的、更为有效的行为。

4. 反思性问题

（1）如果你日后独立面对来访，你将从以上方法中借鉴些什么？你会使用认知行为疗法的什么技术？

（2）张伟的哪些错误信念明显在阻碍着他的充实生活？你会使用什么认知和行为技术来帮助他检验自己的核心信念？

（3）张伟的生活中充满了很多的"应该"和"最好"。他的自动化思维阻止他获得自己想要的东西。你会使用什么技术来鼓励他进行引导式发现？

（4）什么样的家庭作业可以有效地帮助张伟实现其咨询目标？你将如何和张伟一起设计家庭作业？你如何鼓励他为检验自己的想法和结论而设计并实施可执行的计划？

（二）积极取向心理咨询案例

来访者小芳，16岁，高一，幼时父母离异，与弟弟一起随母亲生活。小芳自小心地善良，性格敏感内向。半个月前与同桌发生人际矛盾，从那时起情绪持续低落。

1. 个案概念化

在学校小芳把同桌当作唯一的好朋友，平时互相帮助相处融洽。但是，小芳偶然听到同桌在背后说她很清高，于是和同桌关系日渐疏远。小芳认为自己被唯一的好朋友背叛，感到悲伤又孤独，近半个月以来情绪持续低落，经常不受控制落泪。同时，母亲对弟弟的偏爱让小芳感受到忽视和不公，加剧她的孤独感和自卑感。此外，小芳的性格敏感多疑，导致她在社交中比较谨慎和防备，难以建立和维护亲密的人际关系。小芳的情绪低落已持续半个多月，社会功能轻度受损，未出现泛化情况，评估为一般心理问题。

2. 咨询计划

作为积极心理学取向的咨询，咨询主要包括以下步骤：①提供情感支持。通过倾听和理解，让小芳感受到关爱和支持，为她创造一个安全、接纳的咨询环境。②力量聚焦与优势识别。引导小芳认识到自己的优点和长处，如善良、乐于助人，并探讨如何将这些优势运用到日常生活中。③感恩与乐观的培养。帮助小芳培养乐观的态度，学会从积极的角度看待问题，提高生活满意度。④积极自我对话与肯定练习。指导小芳进行积极的自我对话和自我肯定，增强自信心和自尊心。⑤社交技能训练。教授小芳一些社交技巧，帮助她拓展社交圈子，建立良好的人际关系。

3. 积极取向的心理咨询技术的应用

小芳告诉咨询师，她希望在咨询中能改善自己的情绪状态。为处理小芳的心理问题，咨询主要采用一系列积极取向的技术来促进小芳的个人成长和积极心态的培养。以下是3种主要技术的应用，每种技术都伴随着一个咨询对话实例，以展示其在实际咨询中的应用。

（1）力量聚焦与优势识别。在咨询过程中，咨询师采用力量聚焦与优势识别技术，通过开放式问题引导小芳思考并识别出自己的优点和成功经验。这个过程旨在帮助小芳认识到自己的内在力量和资源，以及这些力量如何在过去帮助她克服困难。

咨询师："小芳，你能告诉我，过去你是怎么和别人成为好朋友的吗？"

小芳："嗯，我记得一开始和同桌也不熟，有点尴尬。但是有一次我主动借了她橡皮，从那之后，我们俩聊天就变多了。"

咨询师："你的举动让对方感受到你的友好，从而慢慢变熟。"

通过这个过程，小芳开始意识到自己的力量和主动性，并学会如何在日常生活中识别和应用这些特质，从而增强了她的自信心和解决问题的能力。

（2）感恩与乐观的培养。咨询师可以引导来访者思考问题的多面性，并鼓励其从积极的角度看待问题。咨询师将鼓励小芳通过日常的感恩练习来培养乐观的态度，并通过认知重构技术来挑战和改变她的消极思维模式。

咨询师："小芳，这周给你留一个小作业，每天晚上都花点时间写下一件让你感到开心的事情。它们可以是任何小事，比如，一朵美丽的花，或者老师的一句鼓励的话。你能试试看吗？"

小芳："好的，我可以试试，但我不知道这有什么用。"

咨询师："当你写下这些事情时，也请思考一下它们给你带来了什么样的感受。比如，朋友的微笑可能让你感到被支持和珍惜。"

（3）积极自我对话与肯定练习。咨询师可以引导来访者记录自己的内心对话，特别是消极的自我批评和否定；来访者在咨询师的指导下，学会用积极、正面的语言来替代消极的自我对话。咨询师会让小芳记录下自己的消极自我对话，并引导她用更加积极和现实的语言来替代这些消极的想法。

咨询师："小芳，当你发现自己在想'我总是被人误解'时，试着停下来，换个角度看这件事。比如，你可以告诉自己'我可以尝试表达自己的想法，这样大家就能更好地了

解我了',我们来练习一下这个新的自我对话。"

小芳:"我总是被人误解。"

咨询师:"现在,让我们换个角度来看这件事,用新的表达代替它。"

小芳:"我可以尝试表达自己的想法,让大家更好地了解我。"

通过这种练习,小芳学会了如何用积极的自我对话来对抗消极思维,这不仅提升了她的自尊,还帮助她在面对挑战时保持更加积极的态度。通过上述技术的应用,咨询师将帮助小芳建立起更加积极和自我支持的心理框架,从而促进她的个人发展和心理健康。

4. 反思性问题

(1)在咨询过程中,如何促进小芳识别并利用自身特质使其转化为她的内在优势?

(2)在咨询过程中,你会在什么时间、运用什么技术向小芳解释她内心的防御机制?

(3)当协助小芳处理与家庭成员的关系时,你将采取哪些积极取向心理咨询技术来帮助她建立和维护一个舒适的相处状态?

(4)在帮助小芳拓展社交圈子的同时,你将如何专业地平衡她对敏感特质的保持与人际交往能力的提升?

二、案例讨论与反思

探讨了两个具体案例后,以下部分将通过对以上案例的讨论与反思,揭示咨询师在面对不同情境时如何运用专业知识和技术,以及这些方法如何影响当事人的改变和咨询的整体效果。接下来,我们将详细探讨咨询过程中的挑战与解决策略。

(一)咨询过程中的挑战与解决策略

1. 建立信任关系

在初次咨询中,来访者可能会表现出阻抗或防御心理,这可能是由于他们对咨询过程的不了解、对分享个人问题的担忧,或是对陌生人的天然防备。为了建立信任关系,咨询师需要运用倾听技巧,听懂来访者的言语表意和言外之意,通过共情理解其感受,并通过无条件积极关注传达出对学生无条件接纳和支持的态度。

在小芳的案例中,建立信任关系是咨询过程中的首要挑战。由于小芳对咨询过程的不了解和对分享个人问题的担忧,她在初次咨询时表现得较为封闭,不愿告诉咨询师关于自己家庭的情况。咨询师通过倾听技巧和共情态度,逐渐让小芳感到安全和被理解。例如,小芳说:"同学们都在孤立我,让我很难受。我最近很累,睡得不好,吃得也少了。"咨询师在对话中轻柔地说:"听起来你感觉像被压垮了。"这种理解的态度帮助小芳逐渐放下防备,开始信任咨询师。

2. 明确咨询目标

来访者可能对咨询目标感到模糊,或者目标多变,有时甚至不切实际。这种不确定性可能导致咨询过程缺乏方向和效率。同时,在咨询的不同阶段,咨询师可以采用SMART原则来引导目标设定。SMART原则是一种用于设定有效目标的方法论,它确保目标既具体又有助于实现成功,主要包括以下5个原则:确保目标具体(Specific)、可衡量(Measurable)、可达成(Achievable)、相关性(Relevant)和时限性(Time-bound)。通过这种方法，咨询目标更加清晰，有助于双方共同努力。

在小芳的案例中，咨询师面临的挑战是帮助她明确行动目标。小芳最初的目标是改善人际关系，但具体目标模糊不清。咨询师与她一起设定了具体的行动目标，例如："在未来一周，我们将一起练习如何表达你的真实感受。你可以先试着把我当作你妈妈，向我表达你的真实想法。"这样的目标既具体又有时限，为咨询过程提供了清晰的方向。

3. 处理情绪问题

在咨询过程中，来访者可能会出现焦虑、抑郁、愤怒等情绪，这些情绪的调控需要咨询师既具备咨询技巧和敏感性，还要引导来访者习得情绪调控技巧进行自我调控。情绪调节上，咨询师可以介绍即时情绪调节方法，如呼吸放松和渐进性肌肉放松，能够快速放松身体。咨询师还可以介绍情绪释放技巧，如正念书写、艺术表达等，帮助来访者识别和表达情绪。此外，在认知方面，咨询师可以介绍自我对话用来挑战和改变不合理的思维模式。

例如，在咨询中，咨询师会引导张伟进行腹式呼吸练习，并询问："当你感到紧张时，可以试着做几次腹式呼吸。我们现在一起来做几次，跟随我的指令。通过鼻子慢慢吸气，感受腹部鼓起。暂停一下，然后通过嘴巴慢慢呼气，腹部下沉。重复这个过程，保持呼吸缓慢而深长。"通过这些练习，张伟学会了如何在考试前通过呼吸放松身体。

4. 行为改变与维持

制订和执行行为改变计划对来访者来说比较困难，来访者可能会因为缺乏动力或遇到挫折而放弃。咨询师可以引导来访者采取小步骤实施计划，确保目标易于达成。同时，可以利用正向激励，如奖励制度，增强来访者的动力。此外，构建社会支持网络，包括家人、朋友和老师的支持，对于行为的维持至关重要。

在小芳的案例中，咨询师帮助她制订了社交技能训练计划，并鼓励她在日常生活中实践这些技能。为了促进行为改变，咨询师与小芳沟通，建立了小步骤实施计划。例如，咨询师会说："小芳，我知道你很难立马对妈妈说出你内心全部真实想法，我们可以先从表达自己的喜好开始。"

（二）咨询效果的评估与反思

心理咨询的一个基本理念是当事人通过与咨询师的互动后会在某些方面发生变化，并且期望这种变化是积极有利的。但问题在于如何反映这种变化并加以分析，从而判断心理咨询的效果。心理咨询效果的评价是咨询过程的重要环节，常用的方法包括以下3种。

1. 来访者的自评

来访者通过问卷（如咨询满意度问卷、生活满意度量表等）或口头反馈，描述自己在咨询过程中的感受、认知和行为上的改变。同时，来访者也可以通过日记、日志等方式，记录自己在咨询前后的情绪变化和生活事件，从而提供更详细的自我评价。例如，张伟和小芳在咨询过程中定期填写满意度问卷和生活满意度量表，以评估自己的情绪和行为变化。

2. 咨询师的观察

咨询师在每次咨询结束后，记录下来访者的关键行为和情绪表现，以及咨询过程中的重要转折点。咨询师也可以通过案例讨论或督导，对自己的观察进行反思和验证。在咨询师的观察中，行为、情绪、态度以及认知变化是需要重点关注的。例如，咨询师观察到张伟在考试前能主动使用放松技巧，而小芳描述自己在社交场合变得更加放松。

3. 心理测验结果

在咨询前后，使用标准化的心理测验工具进行评估，对比前后测验结果，分析变化的幅度和方向，以客观评估咨询效果。结合来访者的自评和咨询师的观察，综合评价心理咨询的整体效果。例如，在咨询前后，张伟和小芳都进行了标准化的心理测验，如焦虑自评量表和抑郁自评量表。

通过这些方法，我们可以看到心理咨询在张伟和小芳身上产生了积极的效果。这些效果不仅体现在他们的情绪和行为上，也体现在他们对未来的积极态度上。咨询的评估和反思可以使我们可以更全面、更深入地评估心理咨询的效果，并为咨询过程提供反思和改进的依据。

（三）对学校心理咨询实践的启示

学校心理健康教育在促进学生心理健康和个性发展中起着至关重要的作用。通过分析具体心理咨询案例，我们可以提炼出一系列对学校心理健康教育的关键启示，这些启示对于提升教育质量和满足学生心理需求具有重要意义。

首先，信任关系的建立是咨询成功的基础。张伟和小芳的案例都强调了通过倾听、共情和无条件积极关注等基本咨询技能来建立信任关系的重要性。这些技巧帮助学生放松戒备，敞开心扉，为解决心理问题创造了条件。

其次，学校心理健康教育与日常教育的结合。将心理健康教育融入日常课程是预防心理问题发生的有效途径。通过课程教育培养学生积极心态、基本情绪管理技巧和人际交往技能，可以起到事半功倍的效果。

再次，家长和教师的参与至关重要。在张伟的案例中，家长和教师的态度和行为对学生心理状态的影响尤为显著。因此，家长教育和教师培训也是学校心理健康教育的重要组成部分，家校社协同发挥作用的效果远大于教师一人的"单打独斗"。

最后，长期跟踪与效果评估必不可少。曾有过心理问题的学生遭遇心理问题的风险比其他学生更大，因此教师要长期跟踪重点关注风险个体。通过对张伟和小芳的长期跟踪与效果评估，可以看到这是确保心理咨询持续有效的必要手段，它帮助教师在追踪问题的过程中及时调整和优化教育策略。

【成长画廊】

咨询过程和效果问卷（当事人版）

指导语：请指出每项表述在多大程度上反映了您在咨询中的体验。请注意，这些事情并非在每次咨询中都会出现，因为咨询师为了助人常常会采用许多不同的方法。在表5-2的每项中圈出一个数字。

表5-2 咨询过程和效果问卷

题项	非常不满意	不满意	一般	满意	非常满意
在这次会谈中,我的咨询师……					
1. 采用提问帮我探索自己的想法或感受	1	2	3	4	5
2. 鼓励我去挑战自己的信念	1	2	3	4	5
3. 没有帮助我思考我的生活可能会有什么变化	1	2	3	4	5
4. 没有教我解决问题的具体技术	1	2	3	4	5
5. 没有鼓励我表达自己的想法或感受	1	2	3	4	5
6. 帮助我意识到自己想法、感受和/或行为中的矛盾之处	1	2	3	4	5
7. 帮助我思考我所关注的东西	1	2	3	4	5
8. 没有帮助我识别有用的资源(如朋友、父母、老师、学校)	1	2	3	4	5
9. 帮我指出怎样解决一个具体的问题	1	2	3	4	5
10. 帮我理解我的想法、感受和/或行为背后的原因	1	2	3	4	5
11. 没有鼓励我去体验自己的感受	1	2	3	4	5
12. 没有和我讨论我可以做哪些具体的事情以促进改变发生	1	2	3	4	5
13. 帮助我获得看待自己的问题的新视角	1	2	3	4	5
在这次咨询中,我……					
14. 没有体会到我与咨询师之间有什么联结	1	2	3	4	5
15. 喜欢我的咨询师	1	2	3	4	5
16. 信任我的咨询师	1	2	3	4	5
17. 与我的咨询师合作	1	2	3	4	5
18. 很高兴我参加了这次咨询	1	2	3	4	5
19. 对于我在咨询中的收获感到不满意	1	2	3	4	5
20. 认为这次咨询是有帮助的	1	2	3	4	5
21. 认为这次咨询没有价值	1	2	3	4	5

本章小结

基本概念

学校心理咨询　共情　澄清　认知行为疗法　积极心理治疗

要点回顾

1. 学校个体心理咨询的功能包含心理辅导与支持、心理教育与引导、心理危机干预和心理健康筛查与转介。学校个体心理咨询的目标包含情绪管理、人际交往、学习适应、自我认知、人格发展。

2. 学校个体心理咨询的基本流程可以分成三个阶段：初始阶段、工作阶段以及结束阶段。

3. 会谈中的非言语沟通技巧同样传递着重要的信息，主要包括目光注视、面部表情、身体状态、声音特性、空间距离、衣着步态等方面。

4. 认知行为取向的心理咨询技术包括认知重构、行为强化、行为激活与自我监控。

5. 认知行为取向的心理咨询过程可以分为三个阶段：问题评估与认知结构分析、认知干预与行为改变策略、咨询进程的反馈与认知调整。

6. 塞利格曼提出的PERMA模型包含五个要素：积极情绪、投入、人际关系、意义和成就。

练习题

1. 试述学校个体心理咨询的关键环节。
2. 学校个体心理咨询的对象需要满足哪几个条件？
3. 结合实例，阐述如何进行非言语信号的运用。
4. 结合实例，阐述行为强化技术。

拓展阅读

［1］郑希付. 心理咨询原理与方法［M］. 北京：人民教育出版社，2021.

［2］江光荣. 心理咨询的理论与实务［M］. 北京：高等教育出版社，2012.

［3］林孟平. 心理咨询与治疗［M］. 北京：生活·读书·新知三联书店，2022.

［4］朱迪丝·S. 贝克. 认知行为疗法：基础与应用［M］. 王建平，等，译. 北京：中国轻工业出版社，2024.

［5］塔亚布·拉希德，马丁·塞利格曼. 积极心理学治疗手册［M］. 邓之君，译. 北京：中信出版集团，2020.

第六章　学校团体心理辅导

学习目标

1. 掌握团体心理辅导的基本内涵和原则。
2. 理解团体心理辅导的目标及常用技术。
3. 掌握团体心理辅导的实践操作,能够独立设计团体心理辅导。

课前导学

团体心理辅导是在团体情境下进行的一种心理辅导形式,它能够为学校心理健康教育提供有效的帮助。团体心理治疗方法源起于对精神性疾病的康复治疗。随着积极心理学的兴起,更多的学者采用与团体心理辅导活动相结合的干预方式,以帮助来访者形成积极的心理品质。大量研究结果也表明,团体心理辅导对于提升学生的心理健康水平和人际交往能力具有显著效果。一项针对大学生的研究发现,经过8周的团体心理辅导,参与者在冲突控制能力上有了显著提升,并且在症状自评量表上的得分显著降低,显示出团体心理辅导对于改善心理健康具有积极作用。此外,校园心理剧、团体绘画等多种形式以及不同主题的团体心理辅导活动均能有效提升青少年的心理健康水平。

课前思考

1. 什么是团体心理辅导?
2. 为什么要在学校开展团体心理辅导?
3. 团体心理辅导的常用技术有哪些?

思维导图

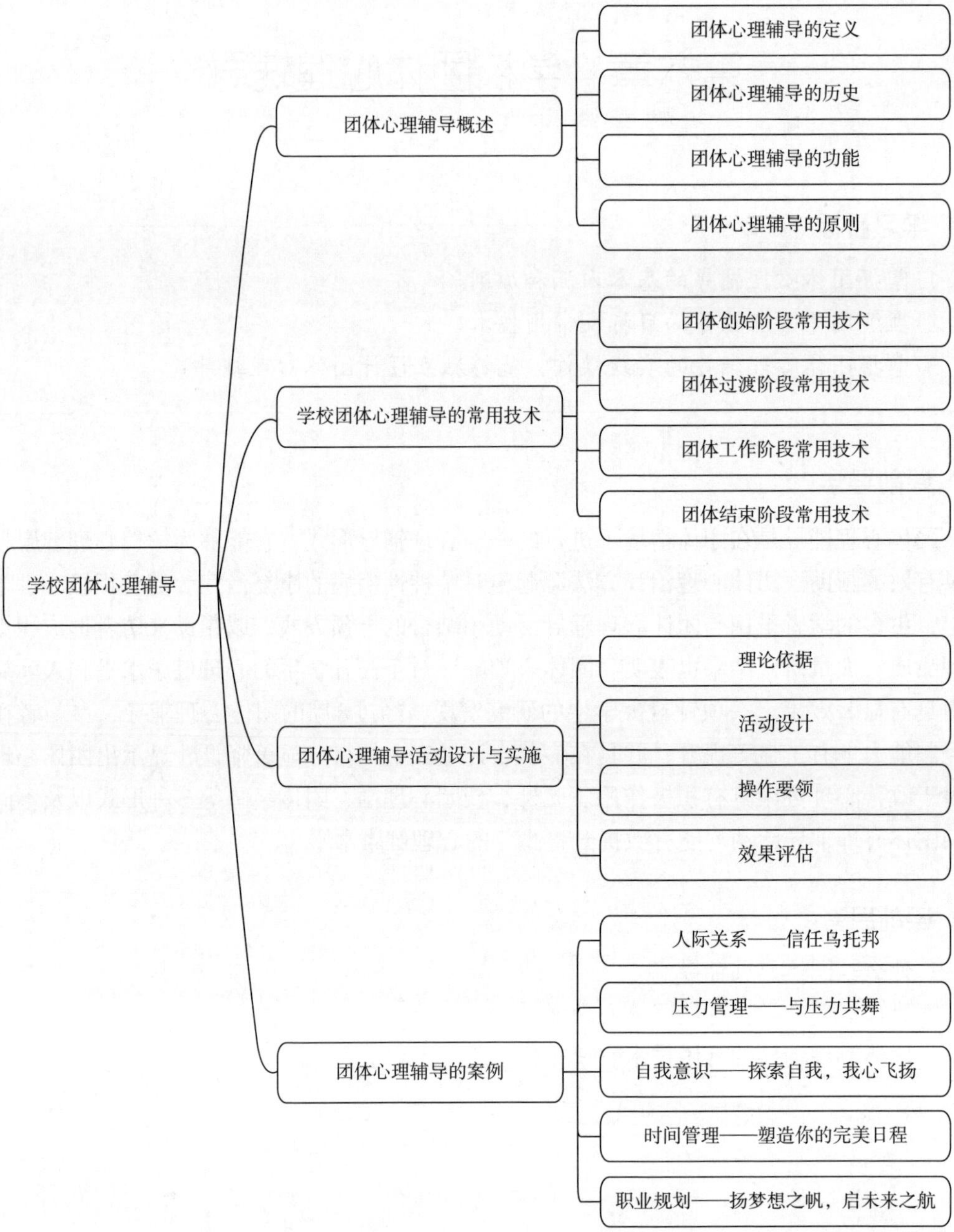

- 学校团体心理辅导
  - 团体心理辅导概述
    - 团体心理辅导的定义
    - 团体心理辅导的历史
    - 团体心理辅导的功能
    - 团体心理辅导的原则
  - 学校团体心理辅导的常用技术
    - 团体创始阶段常用技术
    - 团体过渡阶段常用技术
    - 团体工作阶段常用技术
    - 团体结束阶段常用技术
  - 团体心理辅导活动设计与实施
    - 理论依据
    - 活动设计
    - 操作要领
    - 效果评估
  - 团体心理辅导的案例
    - 人际关系——信任乌托邦
    - 压力管理——与压力共舞
    - 自我意识——探索自我，我心飞扬
    - 时间管理——塑造你的完美日程
    - 职业规划——扬梦想之帆，启未来之航

本章重点介绍团体心理辅导的定义、历史、功能与原则，帮助学生熟悉团体心理辅导全过程中的常用技术、学会设计团体心理辅导活动，掌握实践操作流程和效果评估，并且提供实际案例为未来开展学校心理健康课程提供参考与建议。

第一节 团体心理辅导概述

团体心理辅导是一种有效的心理支持形式，学习团体心理辅导，首先应该清楚团体心理辅导的基本概念。

一、团体心理辅导的定义

团体心理辅导是在团体情境下进行的一种心理辅导形式，是针对有共同心理需要的同质性群体，通过团体成员间的相互分享、支持、互动、认识并解决自己的心理问题。

团体心理辅导往往通过一系列定期的聚会和活动来进行，这些活动让团体成员有机会相互交流和互动。在这些聚会中，成员们围绕共同关心的话题进行讨论，相互启发和鼓励。这个过程有助于成员们不仅增进对自己心理和行为的理解，也增进对他人心理的理解，提高他们的社会适应能力，促进个人的人格发展。

二、团体心理辅导的历史

团体心理辅导发展至今已有百余年，虽然，我国团体心理辅导起步较晚，但是，随着政策的支持以及心理学家的宣传，团体心理辅导已开始迅速发展，并且在学校、社区、企业以及医院等地方发挥着积极重要的作用。

（一）国外团体心理辅导起源与发展

团体心理辅导最早起源于欧美，1905年，普拉特（J. H. Pratt）最早尝试以团体形式进行心理治疗，他将数名患有肺病的患者组成一个团体，采用讲课、讨论、病友经历分享等方式开展治疗，效果非常理想。1907年，戴维斯（J. B. Davis）将团体辅导应用于班级之中，并将范围拓展到了职业和道德指导。随后的1909年，精神科医生兼牧师马施（Marsh）第一个采用团体心理辅导的方式去治疗精神病人。20世纪20年代，莫雷诺（Moreno）丰富了团体心理治疗的方式，首次开创了心理剧（Psychodrama）的治疗方式，心理剧的诞生使得团体心理治疗在理论和实践中有了更为长足的进展。20世纪40年代，库尔特·勒温（Kurt Lewin）提出"集体动力学"和"场论"进一步完善团体心理辅导与治疗的理论，并且在勒温的指导下建设了"人际关系训练实验室"，将团体心理辅导与治疗不再针对有问题人群，同时也可以为正常人提供技能指导与培训。

随着第二次世界大战结束，大量的士兵不仅存在生理上的损伤，而且还出现了不同程度的心理问题，如创伤后应激障碍（PTSD）等。但由于心理治疗专业人员不足，治疗价格高昂等原因，许多士兵负担不起个体心理咨询。于是，团体心理辅导被作为一种经济、高效以及便捷的方式，被广泛应用于战后士兵的心理治疗，并取得了巨大的成效。之后，随着人本主义的兴起，罗杰斯（C.R.Rogers）提倡以"会心团体"为标志的潜能运动开始迅速传播与发展，会心团体是一种以促进个人成长和改善人际关系为目标的团体咨询形式。它倡导成员之间进行直接而坦率的沟通，特别强调在"此时此地"的情感体验中进行互动。通过这种真诚而深刻的心与心的交流，会心团体帮助个体深化自我认识、提升自信心，并构建起富有意义和深度的人际关系。

（二）我国团体心理辅导的发展

团体心理辅导在我国台湾地区和香港地区的发展较早，大陆地区和内地的团体心理辅导起步较晚。但随着对心理健康的逐步重视，大陆和内地的团体心理辅导发展的速度更快。樊富珉（2005）将我国的团体心理辅导分为了4个阶段：导入期、探索期、专业化发展期以及本土化探索期。

20世纪90年代初期为导入期。1991年6月举办的第一期大学心理咨询员培训，是由日本的松原达哉教授介绍，并带领学员体验学习团体理论与操作技巧。1991年10月，中国心理卫生协会大学生心理咨询专业委员会组织了系统的团体心理咨询师培训，本次培训由樊富珉教授带领，参与培训的学员主要是高校从事学生工作和心理健康教育的教师。此后，团体心理咨询与辅导开始在国内传播。

20世纪90年代中晚期为探索期。两本团体心理咨询与治疗相关的著作相继出版，分别是樊富珉所编写的《团体咨询理论与实践》，杨眉编写的《青春期集体心理咨询与治疗的理论与实践——一种解决社交焦虑的模式》，这两本著作让越来越多的人了解到团体心理咨询与辅导。1994年，国家教委开始对各大高校的心理健康教师进行培训，其中就包括了团体心理辅导。

世纪之交，团体心理辅导进入快速的专业发展期。随着社会和国家开始重视心理健康问题，许多相关政策陆续出台，不仅有效推动了心理健康服务的发展，也保障了团体心理辅导作为一项重要的专业技术得到快速发展。例如，劳动和社会保障部制定的国家职业标准《心理咨询师（试行）》，以及卫生部制定的卫生专业技术新职称"心理治疗师"，均要求要了解并掌握团体心理咨询技术。在国家、省、市等各级的大中小学心理健康的骨干教师培训中，也将掌握团体心理辅导作为培训的重要内容之一。许多专业院校也开始将团体心理辅导课程加入心理学专业的培训方案。

21世纪以来，一些研究者开始基于本土文化，探索本土化的团体心理辅导模式。陈丽云等人（2003）基于中国传统文化，将儒释道以及传统中医的理念及智慧与团体心理辅导相结合，提出身心灵全人健康辅导模式。该理论认为人的生命是由身体、心（心理）和灵（人生观念）构成的，需要保持健康的身体、拥有宽广和容纳的心怀，挖掘灵魂深处的感性，学习理解生命的意义。身体、心和灵三者平衡，那么人就可以保持健康，并且全面发展。

近年来，随着现代通信技术的日新月异，在线心理辅导服务如雨后春笋般涌现，并逐渐成为心理健康支持的重要组成部分。线上团体心理辅导，作为一种创新的服务模式，因其便捷性和可及性而广受大众欢迎。

三、团体心理辅导的功能

一般来说,团体心理辅导包含教育、发展、预防和治疗四大功能,这四个方面是相互联系和渗透的,在团体心理辅导过程中一起发挥作用。

(一)教育功能

团体心理辅导的过程经常被认为是一个借助成员之间的互动而获得自我发展的学习过程。辅导学家本耐特(M. E. Bennett)提出重视成员主动学习、自我评估和自我改进。可见,团体心理辅导有利于团体成员的自我教育。参加团体心理辅导的个体在人生成长的问题上常有共性,如学习压力、家庭沟通、成长困惑等问题。在团体心理辅导中,领导者的职责在于指导和协助个体应对日常压力和挑战,学习模仿特定的策略或创造新的行为模式,以便最大程度地发掘他们已有的潜力,或者培养更适宜的应对技巧;成员也可以在团体中互相交流信息、相互学习,以获得正确的观念。

(二)发展功能

团体心理辅导的积极作用在于其发展功能,它可以帮助辅导对象得到充分发展,解决成长过程中的困扰。通过团体心理辅导,能够纠正团体成员之间不成熟的偏差态度及带来的不恰当行为,帮助他们树立信心、培植希望,充分挖掘个体内在的潜能,培养健全的人格。

(三)预防功能

团体心理辅导也是预防问题发生的最佳策略,它可以帮助个体正确认识自己,避免夸大或者误解自己的心理问题。在团体心理辅导中,成员之间可以充分交换彼此的意见、互诉心声,共同讨论日后可能遇到的困难及应对策略,有助于增强个体独立解决问题的能力,有效预防心理问题的发生。作为领导者可以发现那些需要进一步接受个别辅导的成员,及时给予帮助,预防问题严重化。

(四)治疗功能

由于团体心理辅导情境模拟了现实生活中的场景,因此对于解决情绪问题和心理偏差能够取得显著的成效。目前,学校心理辅导应用了各种不同类型的团体心理辅导技术。通过团体心理辅导,那些情绪不稳、适应不良、有心理困扰的学生,不仅能避免问题进一步恶化,而且在辅导者与成员的帮助下能够获得积极反馈,使问题及时得到澄清与解决。

四、团体心理辅导的原则

在团体心理辅导中遵守原则至关重要,因为它们确保了辅导过程安全、有效且专业。团体心理辅导的基本原则包括保密性、民主性、共同性、启发性和发展性。

(一)保密性原则

保密性原则要求团体领导者和成员必须对团体中分享的个人信息和讨论内容保密,不得在团体外泄露。

(二)民主性原则

民主原则鼓励成员开放沟通和集体决策,有助于营造一种轻松而又有秩序的氛围。领

导者是参与者也是促进者,为成员提供透明的运作方式和及时的反馈评估,以此来促进成员间的相互了解和合作,实现团体和个人的共同成长。

(三)共同性原则

一般情况下,团体心理辅导是根据团体共同的问题或目标而组织的,因此需要关注团体共同的发展潜质。

(四)启发性原则

团体心理辅导在群体中各抒己见,却又能从群体中激发出更多的思考,潜移默化地培养成员分析与解决问题的能力。

(五)发展性原则

领导者要用发展的眼光看待团体中的成员,促进成员在多个层面的成长。不仅要解决成员当前的问题,而且需要帮助他们建立起持续成长和发展的基础,使他们能够更好地适应未来的挑战。

第二节 学校团体心理辅导的常用技术

在团体心理辅导中运用一些常用技术,可以帮助我们在校园中更加顺利地开展团体心理辅导活动。从本节开始,所提到的团体心理辅导主要指的是学校团体心理辅导。

一、团体创始阶段常用技术

在团体形成的初始阶段,团体内大多数成员相互之间并不认识,领导者需要采用各种技术促进成员之间相互沟通,营造良好的团体心理辅导氛围,有利于接下来活动的开展。

(一)领导者创始阶段技术

团体心理辅导往往由较大的团体共同参与,因此,领导者选择什么方法进行分组在创始阶段中十分重要。并且,领导者与来访者之间的关系在一开始时并未建立,领导者也需要采用合理的方式与来访者建立关系。

1. 分组技术

恰当的分组有助于形成合适的谈话小团体,进而可以拉近小组内各个成员的距离。下面介绍几种常见的分组方式。

(1)报数随机组合法。该方法需要在分组开始之前需要确定组数以及每组的人数,可以采用一句话或数字进行分组。例如,团体成员一共24人,需要分为3组,每组8人,可以让成员以"1、2、3"报数;报数完成后,报1的为一组,报2的为一组,报3的为一组,以此类推。该方法最简单,并且使用的也最多。

(2)活动随机组合法。在热身活动中,设计一些利于分组的活动,如桃花朵朵开、大风吹、松鼠抱大树等,成员可以在热身活动中随意活动,自由组合和选择。以桃花朵朵开为例,在最后一个阶段中,领导者会说"桃花朵朵开",成员回应道"开几朵",领导者说"开8朵",此时领导者需根据团体成员人数来进行分组。

（3）抓阄随机组合法。该方法需要提前准备好抓阄所需要的物品，团体成员每个人都需要参与抓阄，根据不同的"字""颜色""形状"等进行分组。例如，需要将团体分为3组，每组8人，可以选取3种不同颜色的纸，每种8张，放入不透明盒子后，让成员进行不放回抽取，相同颜色的为一组。

除以上的三种常见方式外，还有分层随机组合法、同类组合法、内外圈组合法等。随机组合可以使得所有人分配到某一组的概率都是相同的；同类组合法可以让有相似或类似特点的成员组合在一起；内外圈组合法可以在短时间内认识更多的成员。领导者应根据团体心理辅导的目的和要求，选择合适的分组技术。

2. 处理成员负面情绪技术

成员处于一个陌生的环境，接触陌生的人，难免会感受到焦虑、害怕等负面情绪，信任感会下降。所以，在首次团体心理辅导时，领导者应及时处理成员的负面情绪。

（1）处理成员焦虑、害怕等情绪，建立信任感。领导者需要适当示范或引导，采用具有催化性的活动，如热身活动、相互介绍自己等，使团队逐渐活跃起来，鼓励个体分享自身感受或经验。其余成员倾听他人表达，站在他人角度给予支持，促进信任感的建立。

（2）处理成员防卫或抗拒行为，提升团体亲和力。在团体心理辅导初期，成员可能因自我防卫或者抗拒，产生沉默少语、有关自己的分享较少、用概括性语言等问题。领导者应及时给予积极反馈，不责备成员，必要时适当带头分享自己的内心感受。

（二）促进成员参与团体创始阶段技术

在团体创始阶段中，领导者需要采用不同的活动或技术让成员更快、更有效地融入团体中，与团体成员之间建立初步关系。

1. 相识技术

相识技术又被称为开启技术，可以帮助成员尽快地、轻松地、有效地与其他成员相识，建立对团体的信任所采取的方式与技术。相识技术有言语与非言语两种形式，需要根据不同的情况制定相应的活动。例如，领导者说："请大家按照要求寻找5个不同特征（戴眼镜、穿运动鞋等）的陌生人，并与他们握手介绍自己。"

2. 引导成员参加团体的技术

采取一些方式引导团体成员从被动的接收者变为积极、主动的参与者，在活动以及团体分享中有所收获。

（1）注意自己感受，主动积极地参与并发表意见。

（2）倾听关心别人，尽可能给予别人积极反馈。

（3）可以合理、肯定而不具有攻击性地表达情绪。

（4）时常检讨团体的过程是否能够增进学习，以及团体的行为是否有助于促进团体目标的实现。

（5）领导团体是每一个人的责任。

二、团体过渡阶段常用技术

团体成员进入过渡阶段时的互动还是较为浅显的，多数成员只是谈论过去发生的事情，而不愿与团体成员有更深入的交流，对于向其他团体成员过多暴露自身想法的举动感到不安和焦虑。在这一阶段，团体领导者需要主动介入团体成员的互动当中，鼓励团体成员认识并表达自己的情感，帮助他们了解自身的问题。

（一）处理成员防卫行为的技术

在团体刚刚形成的过渡阶段，大多数团体成员会对这个团体带有抵触心理，出现防卫行为，比如，对团体不够投入、讲话似是而非、注意力总是放在别人身上、拒绝探索自身等。出现防卫行为的主要原因是缺乏安全感，对团体缺少信任。

面对此类成员，团体领导者可以采取直接回应的方式，提醒出现防卫行为的成员真切地关心自己、关心他人，并真诚回馈团体成员的反应。引导成员正确面对防卫性行为，并将之转化为建设性行为，应对挑战，并引导成员对问题进行深层次探讨。

（二）处理成员冲突的常用技术

在团体心理辅导的过渡阶段，冲突是不可避免的。它们可能源于成员之间的相互适应、对团体目标的不同理解，或是对领导者的挑战。冲突并不只是消极的，它也可以有其积极作用，适当的冲突会对现状提出挑战，进而产生新的观念，促进对团体目标与活动的再评价。

例如，有成员提出"我融入不了这个团体，我感觉大家理解不了我的想法"。团体领导者可以这样回应"你能表达出自己的想法和感受就很棒了，你说你融入不了团体是因为大家理解不了你的想法。那请你告诉团体中的每一个人，你与他们想法的差异在哪里呢？之后，我也会邀请他们对你说的话进行回应"。处理成员冲突时，团体领导者应该引导成员明白，参加团体心理辅导活动是为了探索自己，而不是为了改变他人。

（三）应对特殊成员的常用技术

在团体过渡阶段，会出现一些较为特殊的团体成员，他们的言行给团体带来困扰，阻碍团体凝聚力的发展，减弱团体的治疗功能。面对此类成员，团体领导者应该具有一定的了解和相应的心理准备。

1. 应对安静的成员

有些成员参加了团体，但"身在曹营心在汉"，没有心思参与团体活动，像个旁观者，安安静静地看着其他成员活动。虽然安静可能是团体成员的自身性格因素，但是这种沉默不仅不利于其自身的团体效果，也会影响其他成员的情绪。

作为团体领导者，面对沉默的现象，可以采取以下方面的措施：

（1）明知安静的团体成员并不是都是消极的、破坏性的；

（2）了解团体成员沉默不语的原因，判断是否需要干预；

（3）选择正确的处理方式：如果是性格内向，可以多多鼓励对方发言；如果是认知偏差，则需要进行个体辅导，帮助他改变不合理信念。

2. 应对从众的成员

有些团体成员会在团体中表现出明显的从众心理，每每做出行动之前，总会观察他人，也会产生类似"我这样选择行不行，我这样说会不会太突兀了"等念头。面对此类成员，团体领导者可以多抛出一些利于互动的问题，增加成员的参与度，比如，"请这位成员为我们带来一个简短的分享吧"。

3. 应对带有攻击性行为的成员

有的成员在团体中会表现出一些攻击性行为，比如，针对他人的言语进行嘲讽，对团体领导者出言不逊等。这样的成员会引起其他团体成员的不满，给团体造成负面影响。领导者要先明晰其攻击行为背后的原因，再进行处理。最有效的方式还是个别辅导，协调此类成员与团体成员的沟通。当遇到实在争执不下的情况，可以将攻击性成员转到另外一个团体中。

4. 应对以自我为中心的成员

有的成员在团体中有着异常的活跃度，希望能以此来引起他人的注意。比如，打断别人的发言，源源不断地输出自己的想法，吹嘘炫耀自己的"聪明才智"等。此类成员会引起其他成员的反感，进而影响团体的凝聚力。领导者可以先发制人，创造均等的发言机会，让每位成员都有表达的机会。对以自我为中心的成员，可以适当地提醒。

5. 应对不配合活动的成员

有些成员不太配合活动，经常性缺席迟到早退，或者谈话态度随意，浮于表面。这种行为会破坏团体的凝聚力，不利于领导者带领活动。领导者可以通过展现友善和真诚来消除成员的抵触情绪，从而改善他们的参与度。建立良好的关系，让他们感到被尊重和安全，这样他们才会更愿意表达自己。另外，领导者还可以通过增强团队的吸引力来促进成员的参与，如组织一些有趣的活动等。

三、团体工作阶段常用技术

工作阶段也称为凝聚力阶段，是团体工作中持续时间最长的阶段。此时，团体成员之间相互影响，能够进行有效沟通，把团体作为实验场所，发现和改善不足，并将学到的方法应用到现实生活中。

（一）引导参与和介入技术

虽然各类团体心理辅导的理论依据、活动方式、实施方法可能会存在差异，但是团体成员相互之间的影响是相同的，例如，成员之间相互讨论心理问题和成长体验，以求能够取得其他成员的理解、支持和帮助；利用团体内人际交互反应，发现自身的缺点和不足，更好地认识和接纳自己；将团体作为实验场所，练习自己在团体中所学到的技能，以期拓展到现实生活中。

1. 引导参与技术

工作阶段引导团体成员参与的技术多种多样，具体根据团体的目的、性质、对象情况而定。例如，抑郁症患者组成的治疗团体，先由领导者讲述有关抑郁症的相关知识，让成员认识病情，分析原因，通过讨论交流，帮助成员识别和改变导致抑郁的消极思维模式，学习新的应对技巧。领导者要鼓励并且提供每位成员参与活动的机会，让每位成员都能发表想法。

2. 解决问题的技术

领导者应评估自身能力及环境变化，引导成员做出与其人生目标和价值观相符的决策，以减轻生活压力并促进身心健康，更好地适应社会。领导者应根据成员需求提供背景资料和客观的问题解决原则，激发成员思考和沟通，共同确定并解决问题。

3. 及时介入技术

工作阶段是团体中最重要的时期，此时团体有很强的凝聚力，形成了信任、真诚的氛围。在沟通反馈中团体成员能认识自我并做出改变，但也会出现特殊情况需要领导者发现并且及时介入，否则团体的进展会受到影响。

4. 运用团体活动的技术

在工作阶段，领导者可挑选有助于成员发展的活动，如自我探索、相互支持等。这些活动包括但不限于"我是谁""生命线"等自我探索练习，"临终遗命""火光熊熊"等价值观澄清练习。活动的选择应根据团体目标和成员特性来定，如中老年人应避免过于活跃的动态练习；而青少年则应选择更具趣味性的活动，以吸引他们参与。

（二）团体讨论技术

团体讨论是成员就共同问题交流意见、协作探讨的过程。成员的积极参与、接纳不同意见和相互切磋，有助于团体成员激发兴趣、增进理解、多角度思考、培养个性和增强凝聚力。具体方法有以下几种。

（1）圆桌式讨论。成员围坐一圈，促进熟悉与和谐氛围，易于引发讨论。

（2）分组讨论。成员分成小组讨论同一主题，再分享结果，适合小团体深入交流。

（3）陪席式讨论。专家先发言，成员随后提出见解，适合引入专业观点。

（4）论坛式讨论。多位专家提出不同观点，成员讨论以达成共识，适合多角度探讨。

（5）辩论式讨论。成员分为正反两方，就话题进行辩论，有助于明确立场。

（6）脑力激荡法。又称"头脑风暴法"。鼓励自由提出解决方案，原则包括暂缓批评、鼓励创意、自由联想、记录所有想法，旨在集思广益。

（三）角色扮演技术

角色扮演是在安全的环境中扮演不同的角色来探索和表达自己的感受、态度和行为。在团队心理辅导工作中，角色推演技术常包括心理剧和社会剧两种形式：心理剧是处理某人对他人（如学生对老师）的态度；社会剧则是某人对社会（如对外来人口的偏见）的态度。要注意在扮演过程中要尊重成员的自发性，提供自由轻松的氛围。

【心理剧院】

<h2 style="text-align:center">模拟人生</h2>

[背景]

大四毕业生张凯正处于人生抉择的关键时期，面对未来的方向，他摇摆不定。

[角色]

张凯：一名迷茫的大四毕业生。

小莉：沉浸式希格心理空间的AI助手，可以带来访者体验虚拟现实。

教师张凯：虚拟现实中的教师张凯，实际上教学压力大，行政任务多。

公务员张凯：虚拟现实中的公务员张凯，实际上公务缠身，焦头烂额。

研究生张凯：虚拟现实中的研究生张凯，实际上学术能力不强，还在进步中。

网红张凯：虚拟现实中的网红张凯，实际上热度不高，还总是被观众嫌弃。

[剧情简介]

开场：大四毕业生张凯正处于人生抉择的关键时期，他抉择不定，是继续考研考公，还是走一条不寻常的路。

空椅子技术：咨询师让其他模拟时空中的张凯扮演不同的职业，其实就是角色扮演，运用空椅子技术与内心的自己对话。

情感探索：主人公张凯在观看模拟人生的时候，也逐渐明晰了自己的职业道路。

解决：最后，张凯略微拨开了心中的迷雾。与其踟蹰不前，不如向前冲，做一个破局者！

在这个故事中展示了心理剧如何帮助人们进行职业探索。运用了角色扮演、情感探索以及格式塔派的空椅子技术，参与者可以更深入地了解自己的内心需求，从而做出符合自身的选择。此外，心理剧可以帮助参与者更好地理解自己的情感和行为模式，以及与他人的关系。

（四）团体行为训练技术

团体训练是依据行为学习理论，旨在通过系统化的程序来培养和加强积极的行为模式，识别和消除不适应的行为。在团体心理辅导中，行为训练是通过领导者的示范和成员间的人际互动来实现的，需要遵循由易到难、提供示范、及时强化等原则。

行为训练的步骤包括以下几点。

（1）情境选择与描述。该情境是一个明确的关键时刻，且互动的、反应结果是负面的。

（2）确定训练目标。确定想要达到的目标和愿意承担的风险。

（3）团体讨论与分享。由成员提供可能的反应，自由讨论，收集资料。

（4）示范。领导者指定一位成员扮演情境中的人，另一位扮演遇到问题的人，使提出问题的人可以通过他人的表演来了解别人对于该情境的反应和处理。

（5）正式训练。成员分组后，公开练习在情境中的反应，然后互相评估，提出意见。

（6）综合评估。领导者对情境做分析，对成员的训练进行分析总结，鼓励合适的行为。

（五）家庭作业或行动练习

在团体心理辅导中，家庭作业或行动练习能够帮助成员将团体中获得的想法、技能和策略应用到日常生活中。

常见的家庭作业或行动练习方式包括以下几点。

（1）行为实验。鼓励成员尝试新的行为或应对策略并记录，有助于测试和巩固在团体中学到的技能。

（2）日记记录。记录日常感受、想法和行为。日记可以提供自我反思的机会，并作为团体中讨论的依据。

（3）情感调节练习。成员被指导如何识别和管理自己的情绪。这可能包括深呼吸、正念冥想或情绪释放技巧。

（4）沟通技巧练习。鼓励在日常生活中练习有效的沟通技巧。这可能包括倾听、非言语沟通、断言性表达等。

（5）家庭作业反馈。在下一次团体会议中分享成员的家庭作业体验，有助于提供反馈、鼓励和指导。

四、团体结束阶段常用技术

团体结束阶段是十分重要的。在这个阶段，成员需要整理和巩固在团体中获得的知识，有信心并以积极向上的态度对待生活，应对生活中出现的问题。结束阶段也可能会出现各种各样的情况，如成员产生离别情绪，对现实生活的担心等。

（一）结束的技术

1. 每次聚会结束的技术

每次聚会结束和团体整个历程使用结束的技术都是结束阶段的技术。领导者在每次团体聚会结束前，都应该留出至少10分钟来使用一些技术以顺利结束。例如，邀请成员分享和领导者总结的方法，布置家庭作业，预告或提醒下一次团体聚会的时间、地点和内容等。

2. 预告团体结束的技术

如果是多次的团体心理辅导，在整个团体结束前的一两次聚会中，团体领导者最好能预告团体即将结束，使得团体成员可以提前做好结束和分离的心理准备，珍惜与团体相处的时间，处理未解决的问题，成员之间也可以讨论分离的情绪、整理所得、制订或修改行动计划。如果是单次的团体心理辅导，领导者可以一开始就说明此次团体心理辅导有初始、过渡、工作、结束4个阶段，结束阶段将进行总结。

3. 团体历程结束技术

团体心理辅导的结束应当是领导者可以预期的自然且顺利的过程。一般而言，有4种方式可以使团体愉快地结束：①成员在结束前互相赠送小礼物、互相道别和祝福；②在结束之前，领导者对团体心理辅导进行简要的回顾与总结；③团队成员应评估自己在团队中所扮演的角色，是否达到了期望，并体会自己的亲身感受；④帮助团体成员展望未来，明确如何持续和利用好团体心理辅导的效果。

4. 采用团体活动的技术

领导者可以通过团体练习来引发成员回顾在团体中所学、做自我总结、互相给予或接受最后的反馈，还可以组织一些活动，如"联欢会""化妆舞会""茶话会""大团圆"等，在轻松愉快的氛围中互相道别，互祝珍重。若是自发性强的非结构团体，可以让团体成员自己决定结束的方式。

（二）需要注意的几个问题

团体心理辅导结束阶段的活动需要领导者精心安排。结束活动若不安排或安排不当，会直接影响团体心理辅导的效果。领导者在安排结束阶段的活动时应该注意以下问题。

1. 让成员有机会回顾团体经验

参与团体是一个不断学习和变化的过程。在选择结束活动时，领导者应该注意让成员有机会回顾参加团体以来得到的感受、困扰、收获和改变等。比如，让观察者说出自己所观察对象从第一次到结束发生的改变，有些观察者不仅可以用文字记录下观察对象，还能用绘画的方式，画出观察对象每次参加团体的表情作为礼物和成长见证，赠送给观察对象。

2. 让成员彼此给予和接受回馈

在团体心理辅导中，成员可以得到团体领导者和其他成员的帮助，同时也可以成为助人的力量。当有相同的问题或困扰时，成员之间会产生情感共鸣，互相支持和提供建议，群策群力可以获得更多方法帮助解决问题。团体领导者可以安排一些反馈和感谢活动，如"真情留言""祝福心意卡""礼物大派送"等，让成员互相给予反馈，增强自信心。

3. 让成员自我评价和团体评估

在团体结束的时候，让成员再次思考自己的成长，这有助于他们更深入地认识自己，探索未来的发展机会，激发内在的潜力，提高自我觉察和对他人需求的感知能力，最终实现自我接纳、自我肯定、自我完善和自我实现。

4. 让成员相互祝愿和增强激励

在团体结束时，成员产生不舍或对孤独担忧的情绪是在所难免的。领导者可以选择一些能互相表达欣赏、祝福、建议的活动，增强成员面对问题的勇气，让他们学会激励自己，让他们在团体中相互分享，相互支持和帮助，从而获得成长的喜悦，增强自信，体验收获。

第三节　团体心理辅导活动设计与实施

本节将深入探讨团体心理辅导的实践操作，从理论依据出发，详细解析如何设计实施方案，并有效地开展实践操作。坚实的理论基础不仅为辅导活动提供了科学指导，还能确保其符合心理学原则和教育目标，从而提高辅导的有效性和针对性。同时，通过系统的效果评估方法来检验实践活动的成效，可以及时反馈调整，保证辅导过程的持续优化和改进，这不仅是衡量团体心理辅导成功与否的关键，也是不断提升服务质量、满足参与者个性化需求的重要途径。

一、理论依据

理论依据是开展团体心理辅导的根本，只有建立在坚实的理论基础上，团体心理辅导才能更具有明确的方向，也才能让效果得以保证。

（一）团体动力理论

团体动力理论是所有团体心理辅导的理论基础。在团体心理辅导当中，团体动力就像是一条循环往复的河流，每个人向里面倾注动力，带动团体发展，达到预防、发展和治疗的目的。

1. 团体气氛

勒温等人（1939）的实验研究发现，民主式的领导方式所创造的团体氛围更加具有信任感与创造力，成员间也更加友善，而专制式领导方式下的团体成员更加具有攻击性。

（1）专制式领导方式。所有政策的决定由领导者操纵；实现目标的步骤不明晰，团体成员不知道团体的发展方向；领导者经常操控成员的行为；领导者不与成员待在一起，仅仅批评或表扬团体工作。

（2）民主式领导方式。所有政策都由集体决定，领导鼓励、支持，最后认定；领导者解释工作的步骤与行动方案，需要技术指导时，领导会提出两到三种可行方案；成员可以自由选择搭档，分工由大家决定；领导不参加实际工作但时时关注，对整个团体的工作提出表扬或批评。

（3）专制式成员行为。成员的攻击性行为显著；成员以自我为中心；成员满意程度和满足感低；遇到困难时，成员容易互相推卸责任。

（4）民主式成员行为。成员彼此之间友好相处；成员更注重集体；成员满意程度和满足感高；遇到困难时，成员团结一致试图解决问题。

2. 团体凝聚力

团体凝聚力是指团体成员之间相互吸引、团结一致并对组织目标认同的程度。它就像一股强大的磁力，将团队成员紧紧地吸引在一起，使他们共同努力，实现团队的目标。团体凝聚力受到很多因素的影响，主要可以分为内部和外部。团体内部的影响包括团体的规模、成员的相似性、领导者与成员关系；团体外部的影响则主要指团体之间的竞争。

（二）人际沟通理论

人际沟通理论是研究人们在互动中如何交流信息、理解、表达和解释的过程的理论。它涉及符号交换、言语与非言语交流、社会认知等多方面的内容。

1. 沟通形式

巴维拉斯（A. Bavelas）提出了一个团体沟通网络（Bavelas Communication Networks），探索不同的沟通结构如何影响团体效率与决策过程。常见的沟通网络类型包括以下几点。

（1）轮状网络（Wheel Network）。中央成员充当信息的主要分配者，适合快速决策。

（2）链状网络（Chain Network）。信息沿固定路线传递，常用于层级结构的组织。

（3）环状网络（Circle Network）。每个成员与相邻成员沟通，适合平等参与讨论。

（4）全通道网络（All-Channel Network）。所有成员自由沟通，适合创造力和复杂任务。

2. 沟通渠道

团体内的沟通渠道分为言语渠道和非言语渠道。言语在沟通当中是直接有效的方式。语言的交谈方式多种多样，说话的方式不同所引起的效果也是不同的。如何说话像是让人沐浴在三月春风中，是一门值得探讨的艺术。可以使用以下策略来提升沟通效率：①寻找共同点。与对方沟通自己身上的相似之处，如喜欢的歌，喜欢的食物，以此来产生最初的共情。②共情。指从对方的角度看问题，能设身处地地考虑问题。③真诚赞美。人们都希望得到欣赏和赞美，这是人的心理需求。④学会拒绝。在人际关系中适当地拒绝一些不合理的要求，能减轻自己的负担。⑤幽默。与人交往中，如果有幽默的语言，可以激发别人对你的兴趣。

非言语也是非常重要的沟通渠道，包括肢体动作、面部表情等多种形式。恰当的非语言沟通可以帮助我们更好地与他人进行交流，比如：

（1）肢体语言。我们的头、手、脚以及躯干的运动都可以帮助我们传达吸引、喜爱的信号，拉近与他人的距离。

（2）目光接触与面部表情。"眼睛是心灵的窗户"，适当的目光接触配上具有亲和力的表情可以帮助我们控制、引导沟通中的互动。

（3）触摸。触摸被认为是人际沟通中最有力的形式。人不仅会喜欢舒适的触摸感，也会对触摸对象产生情感依恋。

总之，人际沟通研究为团体心理辅导提供了宝贵的指导，包括增进沟通效果、建立良好关系、减少交往障碍的方法。它还为领导者选择沟通方式、指导成员、增进相互理解提供了技巧。由于团体心理辅导本质上是人际互动，这些研究成果在辅导中非常适用。

（三）社会学习理论

班杜拉主张把依靠直接经验的学习和依靠间接经验观察学习整合起来来说明人类的学习。社会学习理论对团体心理辅导中如何改变成员不适应行为提供了有效的方法。社会学习理论认为，人的行为不是由内在动机或外部环境单独决定的，而是由个人与环境的交互作用决定的。这意味着行为、环境和个人内在因素三者相互影响，构成一种三角互动关系。行为同时受到环境和个人认知、需要的影响，人的行为又创造、改变了环境。

社会学习理论指出，人们通过观察和模仿他人来学习新行为，包括攻击性和适应性行为。团体心理辅导通过营造一个充满理解、关爱和信任的环境，促进个体行为的积极改变。

二、活动设计

针对团体内不同的发展阶段，方案设计和活动选择的重点也会有所不同。

（一）创始阶段的设计

此阶段的目标主要是打破僵局，激发团队活力，营造安全的环境，并构建和谐互信的人际关系。设计的重点包括营造温馨轻松气氛、设计轻松的相识活动、澄清成员的期望、制定团体契约与规范，同时需要注意设计的活动避免深层次的分享。

（二）过渡阶段的设计

在团体过渡阶段，成员之间还未达到完全信任，分享层次较浅，只会进行比较形式化的人际互动，成员对待团体心理辅导的态度不一。在设计活动方案时，应选用能够提升团队信任感和团结力的活动，以此激发团队动力。设计重点包括：此时此地的分享性活动、引发成员中不同层次自我表露的活动、探讨人际关系的活动、催化团体动力的活动。

（三）工作阶段的设计

在团体工作阶段，成员之间已经建立了团体信任感、凝聚力，成员渴望在团体中学习、成长，并期望他们的个人问题能得到解决或整体目标能被实现。领导者可降低对团体的掌控程度，让成员享有更多的自由，以促进他们的互动和成长。此时领导者可以设计引发深层次的自我表露或者探讨个人问题的活动等。设计重点包括：针对团体目标设计活动、针对成员需求设计活动、针对团体特殊事件设计活动、针对领导者专长来设计活动。

（四）结束阶段的设计

在团体结束阶段，成员产生离别情绪，对现实生活的担心或者还有一些悬而未决的问题的情况是非常常见的。为此，领导者应设计回到中层、表层进行自我表露的分享活动，让成员有机会回顾团体经验，让成员彼此给予接受与反馈，让成员自我评价和团体评估，处理好分别情绪与未完成事项，让成员互相祝福与激励。在团体结束后，领导者也可在设计方案中加入追踪辅导或聚会等活动，借此来评估团体成效，同时也可鼓励成员继续成长。

三、操作要领

团体心理辅导的操作实践包括确定活动目的及名称、设计活动方案及程序、甄选成员组成团体、实施活动计划、分享活动感受、总结与评价六个步骤。

（一）确定活动目标及名称

设立准确的目标至关重要。通常目标分为一般目标（处理人际关系等）、个人目标（因人而异）和过程目标（认识自己、生涯规划等）。设立清晰的目标有利于个人学习新技能，团队发展协作能力。团体的命名应区分为"宣传名称"和"学术名称"。宣传名称应具有吸引力，而学术名称则应准确反映团体的目标和受众。例如，针对抑郁患者的团体，学术名称可能是"抑郁者乐观训练"，而宣传名称则可以是"我看世界不一样"。这样命名既能吸引参与者，又能准确传达团体的性质和目的。

（二）设计活动方案及程序

具体的活动方案设计中，计划要点需要体现团体名称、对象、规模、性质等，而具体内容则需要对要点再进行细化。

（1）确定团体名称。选定主题，考虑主题的来源和细化。

（2）确定团体对象与规模。包括对象筛选和团体规模。

（3）确定团体性质。如结构式、非结构式、半结构式；发展性、训练性、治疗性；开放式、封闭式；同质性、异质性。

（4）设置团体目标。包括整体目标、阶段目标和每次聚会的具体目标。

（5）确定团体活动的理论依据。相关心理理论的支持。

（6）确定团体活动时间和频率。包括持续式和集中式团体的组织方式。

（7）活动组织、协助者的选择。角色分配和人员选择。

（8）选择团体活动场所。考虑环境布置和座位安排。

（9）确定评估团体心理辅导效果的方法。包括过程与结果评估、团体互动状况与个体成员评估。

（10）撰写团体心理辅导方案。包括总体方案设计、团体心理辅导流程设计、单元心理辅导执行计划设计以及每次具体活动程序设计。

（三）甄选成员组成团体

策划团体的辅导方案时，领导者就应该清楚活动的服务对象，同时还要明确团体的独特价值。在进行筛选时，要根据目标来明确服务对象。不仅要考虑成员的性别、背景、知识能力水平、行为表现、同质性程度等方面，成员还应具备自愿报名参加、积极性强、愿意与人沟通、能坚持完成活动并且服从团体规则等基本条件。筛选通常采用面谈法、测验法或书面报告法来进行。要注意的是，筛选面谈其实是双方一起选择的过程，因此，领导者必须向申请者说明情况，以及签订协约。对于学校团体心理辅导，很多时候是以班级为单位进行，这种情况下团体的对象和规模都是确定的，属于较为特殊的情况。

（四）实施活动计划

准备阶段，需要了解服务对象的潜在需要、确定团体的性质主题与目标、搜集相关文献资料与计划书、修订并完成团体心理辅导计划书，并在此基础上规划整体框架及流程，然后设计招募广告，开始招募成员。创始阶段，由于仍是一个定向和探索的时期，因此，需要建立团体的初步结构与成员之间的联系。通过开团会议、破冰活动来建立信任感，并且要确立好团体目标与个人目标。过渡阶段，通过更具挑战性的团队合作活动，加深成员间的信任和合作。同时进行情感分享和角色扮演和讨论，鼓励成员分享个人经历和感受，增强团体的情感支持。工作阶段，实施一系列主题活动和技能训练来帮助成员实现目标。同时根据成员的反馈和进展，适时调整活动计划。结束阶段，总结团体经历，庆祝成就，并为成员提供后续支持。制订跟进计划，定期检查成员的进展，并提供必要的支持。

（五）分享活动感受

设立一些环节让成员进行分享是有必要的，这有利于增强团体凝聚力，促进个人成长。同时领导者可以根据成员的反馈做出适时的调整。通常，在活动结束之前要预留出10分钟的时间来邀请成员讨论，鼓励他们说出自己在本次活动中的收获。要确保每个成员都有机会分享，同时要注重尊重成员的隐私和舒适度，对于不愿意公开的成员可以采用匿名写纸条的方式进行分享。最后由领导者进行总结，帮助整合分享内容，强化学习点。

（六）总结与评价

结束时，要进行总结性评估，确保公正地了解团体效能。总结性评估相对较正式，多采用先前已经设计好的评估表或者测验让团体成员在结束时进行填写，以了解成员的满意度水平、对团体的凝聚力看法以及行为变化等，有利于确定团体心理辅导的效果，便于今后进行调整。此外，除了成员自己的感受，领导者也可以通过参与观察的形式，对整个团体效果进行把控。

学校团体心理辅导通常以班级为单位开展，团体中的成员并不会立刻解散，而是还要继续一起学习生活。因此，在学校团体心理辅导过程中发生的一切情形，对今后都有可能产生长期、深远的影响，需要尤为注意。

四、效果评估

评估是一种长期性、系统性、持续性的过程。效果评估应注重多重视角和多元化方法。

（一）基本原则

选择正确有效的评估方法，有助于研究者获得真正的团体方案实施结果资料的方法。在选择评估方法时，需要把握以下基本原则：①评估方法适合团体方案的目标；②领导者能够熟练掌握的方法；③方法适用于评估对象等条件；④所选方法应简易、实用、客观。

（二）评估方法

1. 行为量化法

该方法要求成员自己、成员之间或与成员有关的人（如家人、老师、朋友等）观察并记录成员的行为，以便于评估成员行为是否有改善。例如，对于内向的人在人际交往的改善过程中，假设领导者希望通过团体活动增加该成员主动交流的次数，学会与他人建立起人际关系。此时，领导者可以设计一份行为观察表，让成员自己或他人记录其主动与他人交流的次数，然后进行评估以及针对性指导。行为量化法不仅可以记录外在表现，同时也可以记录成员的思维或情绪，如高兴、愤怒、悲伤等。

该方法的优点是具体、可操作，同时也是成员本身自我监督的过程，有助于行为的及时调整和改进。但也有一些不足，如耗时耗力、准确度较低、受记录者熟练程度和判断标准的影响较大、准确度难以把握。

2. 心理测验法

心理测验是了解成员的变化是较为常用的方式，它是一种对人的心理和行为进行标准化测定的技术。在选取时需要选取信度和效度高的量表，可以真实有效地反映团体成员在过程中或结束后的变化情况，以评估团体心理辅导的效果。例如，为降低学生学业压力的减压训练团体，在正式开始前采用相关的压力量表进行前测，初步了解成员的评估状况，在结束后再后测，将前测和后测所获得的数据分析结果进行比较和评估。

3. 问卷法

调查问卷是指由领导者设计一系列有针对性的问题，让团体成员填写，其内容包括团体心理辅导过程、内容、成员关系、团体气氛、目标的达成、领导者的态度和工作态度等。其问卷内问题可以是开放式问题，例如"今天有什么活动或者成员对你觉得有帮助？为什么？"也可以是封闭式的。调查问卷的优点是可以自由发表成员的想法和感受，也可以获得第一手资料。不足之处在于，自制问卷的编制过程、实施过程、量化与统计等都有可能对评估结果产生偏差。

除了以上的3种方法，还可以通过主观量表、开放式问卷、自我报告和他人报告等方式来评估团体的发展和效果。

第四节　团体心理辅导的案例

本节的案例可以为团体心理辅导方案的制定提供参考，但需要根据团体成员的心理特点、活动材料以及实施过程中可能会遇到的一些问题进行调整。

一、人际关系——信任乌托邦

信任可以鼓励个人冒险和尝试新事物。当中小学生处于信任的环境中,更能接受挑战,从而促进其更好地发展。

1. 团辅主题:人际关系
2. 团体名称:信任乌托邦
3. 团辅对象:中小学生
4. 团体性质:同质性、发展性、结构化、封闭性
5. 理论依据:团体动力学理论、人际关系理论、社会交换理论
6. 团辅目标

(1)认知目标:认识信任在人际关系中的重要性。

(2)情感目标:体验信任带来的积极情绪(如喜悦、满足、放松)。

(3)行为目标:帮助成员学会信任他人,并能较好地与他人相互配合。

7. 团辅总时长:45分钟
8. 活动材料:眼罩,彩带,水瓶,A4纸,彩笔,水笔
9. 辅导流程

(1)热身活动:信任蹲蹲蹲。

【活动目的】活跃团体氛围,调动成员的积极性。

【活动时长】5分钟。

【活动材料】无。

【活动规则】

①按"信任乌托邦"循环报数,分为5组。

②小组讨论1分钟,以信任的成语为小组命名,如"一言九鼎""深信不疑"等。

③小组成员双手搭肩,站成一排,领导者首先发令随机指向一个小组,该小组听到指令后,小组成员以双手搭肩的方式开始蹲,一边蹲一边喊自己小组的队名,并叫出下一个要蹲的小组队名。如,一言九鼎蹲,一言九鼎蹲完,深信不疑蹲。

④活动进行三轮。

【注意事项】不能重复叫已经蹲过的小组;小组成员需要相互搭肩蹲,且动作要协调一致。

【活动采访】对失误组进行采访,你认为什么是信任?你有过什么样的信任经历?(可以是积极方面的,也可以是消极方面的。)

(2)主题活动一:穿越地雷阵。

【活动目的】感受彼此信任的重要性;学会信任与合作。

【活动时长】15分钟。

【活动材料】眼罩,彩带,水瓶,A4纸。

【活动规则】

①以小组为单位进行,每个小组选出一个"引路人",其余成员皆为"跟随者"。

②小组两两比赛，每组可为"敌方"队伍设置障碍通道，限时2分钟。

③活动中，每个小组的"引路人"站在队伍的第一个，其余的"跟随者"紧随其后，戴上眼罩将手搭在前一队友的肩上。

④每个小组从设定的起点，穿过各自的障碍通道，抵达终点。

⑤成员每碰到一次路障，最终时间各增加5秒，小组中用时最短者为胜方。

⑥组内讨论：在刚刚的活动中你的心情如何？可以采用什么方法缓解不安全感？

【代表分享】每个小组选派一名代表分享上述的讨论情况。

（3）主题活动二：信任之树。

【活动目的】通过绘制信任之树，帮助成员探索信任的要素。

【活动时长】15分钟。

【活动材料】A4纸，彩笔，水笔。

【活动规则】

①每位成员在便利贴上写下通过活动学到的一个信任的要素。

②这些纸条粘贴到树上，形成"信任之树"。

③成员组内分享自己对于"信任"的理解。

【代表分享】

①组员们认为的信任是什么？

②给大家展示小组的"信任之树"作品，并简要介绍。

（4）分享与总结：信任传递。

【活动目的】总结此次团辅经验；加强成员间的情感连接，激发彼此间的信任与支持。

【活动时长】10分钟。

【活动材料】无。

【活动规则】

①全体成员围成一个大圆。

②每位成员轮流向其中一位成员表达感谢或信任。（可以选择在团辅过程中给予自己帮助或支持的成员，也可以是表达自己对团队的感恩。）

③接收到感谢或信任的成员则需作简短回应，例如，"谢谢你的信任""有你真好"等。

【活动分享】

①本次的信任之旅团辅，你印象最深刻的环节/活动是哪个？

②在本次团辅中你有什么收获？

③对本次团辅有什么意见或建议？

【活动结束】概括成员的分享，并进行最后的总结。

二、压力管理——与压力共舞

中小学生个体会面对各种压力，如家庭、人际、学业等方面。这些压力若无法得到正确的释放，将可能会积累成严重的问题，影响其生活和学业。

1. 团辅主题：压力管理
2. 团体名称：与压力共舞
3. 团辅对象：中小学生
4. 团体性质：同质性、发展性、结构化、封闭性
5. 理论依据：团体动力学理论、人际关系理论、情绪ABC理论
6. 团辅目标

（1）认知目标：认识自身的压力及其压力源，体验面对压力时的感受。

（2）情感目标：学会表达与分享面对压力时的感受，促进情感宣泄和内心的自我接纳；能够辩证地看待压力，体验社会支持带来的正向感受。

（3）行为目标：以积极的思维方式应对学习和生活中的各种压力，学会与压力共舞。

7. 团辅总时长：45分钟
8. 活动材料：角色卡，气球，白纸，音乐
9. 辅导流程

（1）热身活动：击鼓传压力。

【活动目的】活跃团体氛围；认识到压力的普遍性，感受压力。

【活动时长】5分钟。

【活动材料】水笔，音乐。

【活动规则】

①全体成员围成一圈。

②领导者播放音乐，成员依次传递气球。

③当音乐停止时，气球停留在哪位成员的手中，该成员则需进行表演。

④对表演者进行采访，请问："在传递气球过程中，你有什么样的感受？"

（2）主题活动一：天使与恶魔。

【活动目的】从不同的角度看待压力，体验社会支持带来的正向感受。

【活动时长】20分钟。

【活动材料】角色卡、水笔、白纸。

【活动规则】

①按"与压力共舞"循环报数，分为5组，在指定的位置围成圈坐下。

②成员轮流担任"凡人"角色，其相邻的左右二人分别是"天使"和"恶魔"。

③凡人需在30秒内说出自己最近的压力事件；恶魔说出令其压力增大的话语；天使则说出令其压力减小的话，帮助凡人缓解压力。

④一轮完成后，成员向左手边传递角色卡，进行角色传递，依次扮演，直至所有小组成员扮演完"凡人"，活动结束。

⑤每轮扮演凡人的同学需进行记录"天使语录"和"恶魔语录"。

⑥组内分享：印象深刻的天使和恶魔的语录是什么？分别给你什么样的感受？

【代表分享】

①概述小组成员的压力事件是什么。

②代表性的天使与恶魔语录分别是什么？
③给大家什么样的感受？
（3）主题活动二：做自己的守护者。
【活动目的】培养积极的思维，从乐观的视角看待压力，缓解压力。
【活动时长】15分钟。
【活动材料】水笔、白纸。
【活动规则】
①改写恶魔语录，从积极的视角帮助自己缓解压力。
②成员完成后依次向右手边的组员传递恶魔语录卡，组员需要在其恶魔语录卡上续写，给予对方积极面对压力的方法或鼓励的话语。
③直至活动结束，各自的语录卡都回到自己手中。
④成员组内分享各自改写后的恶魔语录卡。
【代表分享】
①组员们改写语录卡的情况如何？
②认为写得最积极乐观的话语，或是印象最为深刻的是什么？
（4）分享与总结：压力变动力，我们一定行。
【活动目的】通过分享收获，深化对压力的理解；并将所学转化为实际行动，积极面对压力，坚定"我能行"的信念。
【活动时长】5分钟。
【活动材料】白纸。
【活动规则】
①全体成员围成圈，并将恶魔语录卡折成纸飞机。
②引导成员共同飞出纸飞机，并说："压力变动力，我们一定行。"
【活动分享】
①本次团辅你的收获及感悟。
②活动过程中你印象最深的环节是什么，为什么？
③对本场团辅有什么建议？
【活动结束】概括成员的分享，并进行最后的总结。

三、自我意识——探索自我，我心飞扬

中学阶段和小学高年级阶段是个体自我意识急剧增长、迅速发展和趋于完善的重要时期。在这阶段，学生如果没有形成对自我的正确认识，将会形成不良的生活体验及情绪。

1. 团辅主题：认识自我
2. 团体名称：探索自我，我心飞扬
3. 团辅对象：中学生，小学高年级学生
4. 团体性质：同质性、发展性、结构化、封闭性
5. 理论依据：青少年自我发展特点、乔哈里窗口理论

6. 团辅目标

（1）认知目标：认识自我，包括对自身特质、能力、优势和不足的了解。

（2）情感目标：接纳真实的自我，培养自我认同感。

（3）行为目标：将自我意识的提升转化为行动力，促进个体成长。

7. 团辅总时长：45分钟

8. 活动材料：A4纸，水笔，彩笔，剪刀，透明胶带

9. 辅导流程

（1）热身活动：成长三部曲——蛋—小鸡—鸟[①]。

【活动目的】调动参与热情，体验成长的不易。

【活动时长】5分钟。

【活动材料】无。

【活动规则】

①所有成员进行从蛋—小鸡—鸟的三级进化。代表性动作，蛋是蹲的姿势；小鸡是半蹲，并且双手上下扑腾；鸟是站立，并且双手上下扑腾。

②每一次进化是通过"锤子、剪刀、布"的猜拳方式进行，相同物种间竞猜，赢方进化一级。输方继续寻找同类竞猜，赢方进化，直至进化为鸟。

③最后请进化成功的成员为未进化为鸟的成员协助进化。

【活动采访】采访最后进化的成员：刚刚你在进化的过程中遇到了什么困难？

（2）主题活动一：我的自画像——"我眼中的自己"。

【活动目的】认识自我、了解自我；了解自身的优势和潜能。

【活动时长】20分钟。

【活动材料】A4纸、水笔、彩笔。

【活动规则】

①按"认识自我"循环报数，分为4组。

②在规定时间内完成"自画像"。画像不拘泥于形式和要求，只要能表达自己即可。

③完成后，在组内分享各自的"自画像"，解释有什么含义。

④选出小组代表，将组内的情况跟全体成员进行分享。

【代表分享】

①可以分享自己的，也可以是其他组员的自画像，先分享一下总体的情况。

②请分享并展示一下印象最深刻的一幅自画像，为什么？

（3）主题活动二：背上悄悄话——"别人眼中的自己"。

【活动目的】从他人视角认识自我，发现不一样的自己。

【活动时长】15分钟。

【活动材料】A4纸、水笔、剪刀、透明胶带。

---

① 名称中"鸟"是意向，重点在成长，并非指鸡真的会变成鸟。

【活动规则】

①组员互相将A4纸贴到背上。

②相互在组员背上的A4纸上进行留言。

③内容可以是你想对这位同学说的话,例如,对他/她的认识、看法,或是他/她曾经对你的帮助等。

④进行背上留言时,每一位同学先保密,直到活动结束。

⑤相互留言结束后,进行组内分享,看到大家的留言有何感想?哪一句留言最有感触?

【注意事项】只能是支持性的语言,不可以是人身攻击或诋毁的语句;是否签名自愿。

【代表分享】

①组员们在阅读留言时的情况如何?

②通过这个活动你有何感受和发现?

(4)结束环节:我真的很不错。

【活动目的】回顾并分享收获与感悟,强化成员对自身优势与成长的认同感。

【活动时长】5分钟。

【活动材料】无。

【活动规则】

①以小组为单位,让成员轮流用"虽然……但是……"进行造句并大声说出来。

②其余成员边做动作边说"你真的很不错"。

【活动分享】

①本次团辅你最喜欢的活动是哪个?为什么?

②在本次活动中你有何收获?

③对本场团辅有什么建议?

【活动结束】概括成员的分享,并进行最后的总结。

四、时间管理——塑造你的完美日程

中学阶段由于学业压力重,很多学生常常发出"时间明明很多,但怎么都不够用呢?"的感叹。相信这个时间管理的团体心理辅导可以帮助学生提高时间管理效率,提升生活体验感。

1. 团辅主题:时间管理

2. 团体名称:塑造你的完美日程

3. 团辅对象:中学生

4. 团体性质:同质性、发展性、结构化、封闭性

5. 理论依据:时间管理四象限法则

6. 团辅目标

(1)认知目标:了解时间管理对学习、工作和生活效率提升的重要性。

(2)情感目标:形成对时间管理的积极态度。

（3）行为目标：掌握时间管理方法，培养良好的时间管理习惯。

7. 团辅时长：45分钟

8. 活动材料：A4纸，水笔，彩笔

9. 辅导流程

（1）热身活动：一分钟鼓掌。

【活动目的】调动成员参与的积极性，并让成员感受一分钟的长短。

【活动时长】5分钟。

【活动材料】无。

【活动规则】

①鼓掌前先让成员们自我判断一下，一分钟可以鼓掌几次。

②计时一分钟，成员在一分钟内尽可能多地鼓掌，并记住次数。

③领导者询问，预估和实际情况的差距，对差距较大的成员进行采访。

【活动采访】你平时觉得一分钟长吗？在一分钟内你可以完成哪些事情呢？刚刚的活动你有何不一样的感受？

（2）主题活动一：周末时间派。

【活动目的】通过具体化技术，让成员对自己周末一天的时间进行分配。

【活动时长】15分钟。

【活动材料】A4纸，水笔，彩笔。

【活动规则】

①成员们在纸上画一个百分比饼图，将周末一天吃饭、睡觉、学习、娱乐等事件所需时间以百分比的形式呈现在饼图里。

②组员轮流在团体内分享各自的周末时间派，并侧重说明自己觉得是否合理。

③组内讨论，谁在一天内完成的事情最多？谁的时间分配最合理，为什么？

【代表分享】

①展示组内公认的最合理的周末时间派，为什么？

②有哪些分配是成员们觉得可以借鉴的？

（3）主题活动二：时间管理四象限。

【活动目的】学习时间四象限的使用。

【活动时长】20分钟。

【活动材料】A4纸，水笔，彩笔。

【活动规则】

①列出12件最近一周需要完成的事情。

②按自己的方式分配做这些事情的先后顺序，在组内分享这样安排的原因。

③领导者介绍"时间四象限"的使用方法。

④画出四象限，根据"重要""不重要""紧急""不紧急"的程度将12件事情填在四个象限中。

⑤完成后，在组内轮流分享各自的时间四象限。

⑥讨论在日常生活中什么时候可以运用。

【代表分享】

①组内四象限的总体情况怎样？

②大家讨论的结果如何？

（4）结束环节：时间管理，我能行。

【活动目的】鼓励成员将所学运用到日常生活中，实现自我成长与提升。

【活动时长】5分钟。

【活动材料】无。

【活动规则】领导者带领成员一起跳"你真的很不错"手势舞，并且喊三遍口号"时间管理，我能行"。

【活动分享】

①本次团辅中你印象最深刻的人或活动或事是什么？为什么？

②本次活动你收获了什么？

③对本场团辅你有什么建议？

【活动结束】概括成员的分享，并进行最后的总结。

五、职业规划——扬梦想之帆，启未来之航

在中学阶段进行职业规划能够帮助学生明确目标和方向，避免迷茫，增强学习动力；同时促进学生自我认知和成长，让学生了解自身优势和劣势，培养综合素质。

1. 团辅主题：职业规划
2. 团体名称：扬梦想之帆，启未来之航
3. 团辅对象：中学生
4. 团体性质：同质性、发展性、结构化、封闭性
5. 理论依据：霍兰德职业兴趣理论
6. 团辅目标

（1）认知目标：了解职业规划的重要性。

（2）情感目标：通过分享和互动，建立对职业发展的积极情感。

（3）行为目标：尝试在日常生活中践行职业规划的方法。

7. 团辅时长：45分钟
8. 活动材料：A4纸，身份牌，水笔，彩笔，招聘信息卡片，便利贴，小型邮筒
9. 辅导流程

（1）热身活动：你的职业我来猜。

【活动目的】初步了解部分职业的工作场景；提高成员的兴趣，为后续活动做铺垫。

【活动时长】5分钟。

【活动材料】无。

【活动规则】

①给每位成员发放一张标注职业的纸条（如教师、公务员、歌手、咨询师等）。

②每位成员表演纸条上的职业场景，并让其他成员猜一猜所表演的是什么职业。

【活动采访】你觉得什么样的工作是好工作？你以后会倾向于从事什么职业？

（2）主题活动一：谁是职业卧底。

【活动目的】带领成员从不同的视角挖掘不同职业的特点，开拓视野。

【活动时长】15分钟。

【活动材料】垫板，A4纸，水笔，四组身份牌（写有职业名称的纸条称为身份牌，每组有一张身份牌的职业名称与其他不同，便是卧底）。

【活动规则】

①按"职业规划"分4组，每一组推选一名小组长。

②小组长分发身份牌，每位成员只能看到自己的身份牌。

③成员在A4纸上写下关于该职业的一个关键词。

④写完，成员在组内介绍自己的关键词。

⑤组内选出"卧底"，如果投出的是"平民"，则继续写下其他关键词并进行分享。

⑥组内讨论，在刚刚的活动中，你为什么会选择介绍该职业的这个特点？

【代表分享】

①你们小组是哪方获胜？组员们是怎么介绍该职业的？

②你们认为该职业需要什么样的人才呢？

（3）主题活动二：招聘会。

【活动目的】结合自身特点和优势，思考自身的职业选择。

【活动时长】20分钟。

【活动材料】招聘信息卡片。

【活动规则】

①小组成员分别选择公司投递自荐信。

②依次模拟面试，进行自我介绍。

③组内其他成员担任面试官，评判其是否符合公司用人标准。

④成员分享自己面试时自我介绍的方法技巧，并推选出代表分享组内的情况。

【代表分享】

①为什么选择该公司，主要考虑哪些因素。

②组内模拟面试的结果如何？

（4）结束环节：给未来自己的一句话。

【活动目的】深入思考并展望自己的未来人生与职业发展；将自己的所思所想以便利贴的形式"寄"向未来，以此深化团辅带来的收获、感悟与心得。

【活动时长】5分钟。

【活动材料】便利贴、小型邮筒。

【活动规则】

①全体成员围坐成一圈，在便利贴上写下自己对未来人生的思考和规划，或者是对未来职业的憧憬和期待。

②邀请成员将自己的便利贴投到邮筒中。

【活动分享】

①本次团辅中你印象最深刻的环节是什么？

②本次团辅你收获了什么？

③对本场团辅有什么建议？

【活动结束】概括成员的分享，并进行最后的总结。

本章小结

基本概念

团体心理辅导　团体心理辅导原则　团体创始阶段技术　团体过渡阶段技术　团体工作阶段技术　团体结束阶段技术　团体心理辅导效果评估

要点回顾

1. 团体心理辅导是在团体情境下进行的一种心理辅导形式，是针对有共同心理需要的同质性群体，通过团体成员间的相互分享、支持、互动、认识并解决自己的心理问题。

2. 团体心理辅导中需要遵循保密性、民主性、共同性、启发性和发展性等原则，这些原则有助于创建一个相互信任和尊重的环境氛围，让成员勇于表达自己，从而促进个人和集体的发展。

3. 团体心理辅导技术可以用来探索成员的自身感受，诱发谈话，促进相互讨论，以达到最终团体心理辅导目标。在团体创始阶段，采用技术主要是为了增进成员之间的沟通交流，营造积极氛围。在团体过渡阶段，采用技术主要是给予成员提供支持、鼓励，让成员能够正视并且处理他们的冲突、消极情绪以及焦虑，促使团体向成熟阶段发展。在团体工作阶段，采用技术主要是帮助成员之间相互讨论自身或他人的心理问题或成长经验，并且发现自身的不足，努力加以纠正，通过不断练习改善自己的心理和行为，以期拓展到现实生活中。在团体结束阶段，技术主要是帮助成员总结和巩固所获得的经验和方法，肯定积极变化，增强信心。

4. 团体心理辅导设计和实施的流程主要包括确定活动目的及名称、设计活动方案及程序、甄选成员组成团体、实施活动计划、分享活动感受、总结与评价等。在各个阶段的设计中，创始阶段设计的重点包括营造温馨轻松气氛、设计轻松的相识活动、澄清成员的期望、制定团体契约与规范。过渡阶段在设计活动方案时，应选用能够提升团队信任感和团结力的活动，以此激发团队动力。工作阶段可以设计引发深层次的自我表露或者探讨个人问题的活动。在团体结束阶段要处理好分别情绪与未完成事项，让成员互相祝福与激励。

练习题

1. 团体心理辅导的功能和原则有哪些？

2. 甄选成员组成团体时，需要考虑哪些因素？
3. 如何应对具有攻击性的成员？
4. 团体心理辅导结束阶段的活动应该注意哪些问题？
5. 请你设计一节以中小学生为对象的团体心理辅导活动方案。

拓展阅读

［1］樊富珉，何瑾. 团体心理辅导［M］. 2版. 上海：华东师范大学出版社，2022.
［2］张文霞. 团体心理辅导［M］. 北京：清华大学出版社，2022.
［3］杨国愉，郑毅. 我国团体心理训练研究进展与趋势（2003—2022年）——基于CiteSpace和VOSviewer的可视化分析［J］. 陆军军医大学学报，2023，45（23）：2403-2412.
［4］冯愉涵，张逸梅，樊富珉. 国外团体咨询与治疗伦理守则综述［J］. 中国临床心理学杂志，2017，25（02）：326-332.
［5］邵瑾，樊富珉，吴洁琼，汪薇. 团体咨询中的共情表达：基于共识性质性研究［J］. 中国健康心理学杂志，2023，31（06）：820-826.

第七章 学校心理危机干预

> **学习目标**
>
> 1. 理解学校危机干预的概念，识别学生心理危机。
> 2. 掌握学生心理危机评估的方法与流程。
> 3. 掌握学生心理危机干预的技术。
> 4. 了解学校心理危机预警与干预体系。
> 5. 学习虚拟仿真实训平台，运用虚拟仿真实训平台帮助自己提高技能。

课前导学

心理健康的重要性愈发凸显，尤其是在学生群体中，心理危机已成为一个亟须关注的问题。心理危机对学生的生理、心理和社会功能产生全方位的影响，且三者常常互相作用，形成恶性循环。你是否曾注意到，身边的朋友、同学有时候会因个人压力、学业负担或家庭问题而变得情绪低落、行为异常？这些表现可能是心理危机的早期信号，若得不到及时干预，可能会发展成更为严重的后果。一项来自中国心理学会的研究显示，在某些压力较大的中学生群体中，约有15%曾经经历不同程度的心理危机，且这些危机在学业高峰期尤为明显。这不仅影响了学生的心理健康，还直接影响了他们的学习和生活质量。因此，学校在面对学生心理危机时，应该采取主动、及时的干预措施，防止事态恶化。

学校心理危机干预工作得到党和国家的高度重视。2023年，教育部印发的《行动计划》指出要健全健康教育、监测预警、咨询服务、干预处置"四位一体"的学生心理健康工作体系。2024年7月，党的二十届三中全会通过的《中共中央关于进一步全面深化改革　推进中国式现代化的决定》，提出了健全社会心理服务体系和危机干预机制，这就要求学校在危机干预机制、危机干预流程、危机干预人员培训等方面积极探索。当前，随着社会压力增大和心理健康问题日益复杂，针对自杀、暴力等严重心理危机如何及时有效干预，亟待我们思考和解决。

课前思考

1. 什么是学校心理危机干预？
2. 学校心理危机的评估方法与流程有哪些？
3. 学校心理危机干预的理论有哪些？
4. 开展学校心理危机干预的技术有哪些？

思维导图

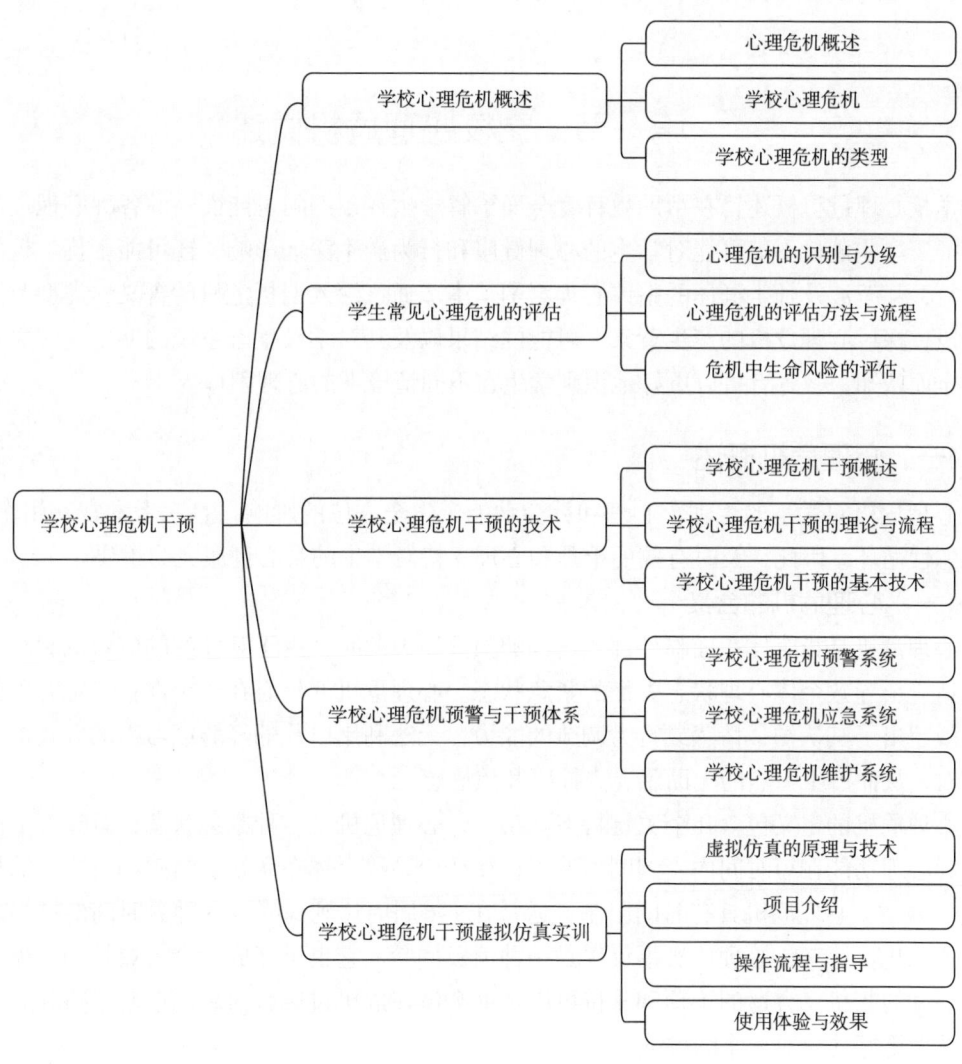

学校心理危机干预是确保学生在遭遇心理创伤或突发危机时，能够获得及时、有效支持的重要环节。随着社会压力的增加、家庭结构的变化及学业负担的加重，学生心理健康问题在校园内日益突出。学校作为学生成长和发展的重要环境，在心理危机预防和干预中发挥着不可或缺的作用。有效的危机干预不仅能够帮助个体学生渡过难关，恢复心理健康，还能维护校园整体的安全，防止危机对其他学生产生连锁反应。本章将从危机概述、学生常见心理危机的评估、学校心理危机干预的技术和学校心理危机预警与干预体系等几个方面，帮助教育者理解并掌握学校心理危机干预的方法。

第一节　学校心理危机概述

学校心理危机概述旨在帮助教育者全面了解学生在校期间可能面临的各种心理危机及其特征。这些危机不仅可能对学生的心理健康和行为产生深远影响，还可能干扰学校的正常运行，甚至波及师生群体的整体心理氛围。本节通过深入剖析危机的含义、类型及其发展阶段，探讨心理危机的产生背景、可能的结果以及其对学校生态系统的冲击，建立对危机的全面认知，教育者可以更好地识别学生在不同情境下的心理困境。

一、心理危机概述

心理危机对学生的生理、心理和社会功能产生全方位的影响，且三者常常互相作用，形成恶性循环。因此，及时有效的干预和心理支持对学生的身心健康尤为重要。

（一）心理危机的含义

心理危机是指个体在面临外部或内部的强大压力源时，由于其原有的应对机制和资源无法适应，导致个体心理状态失衡的紧急状态。心理危机的核心在于个体在特定时刻面对的挑战超出了其认知、情感或行为调节的能力，无法利用以往的经验或习得的方式进行有效应对，从而产生强烈的无助感、失控感和焦虑感。

心理危机的定义包含几个关键特点。第一，心理危机是一种紧急状态，意味着个体的情绪和心理功能在短时间内受到剧烈冲击，往往会导致个体在认知、情感和行为上的显著变化。第二，心理危机具有时间限制，通常在4~6周内达到高峰，并随着时间的推移逐渐缓解或恶化。第三，心理危机不仅仅是一种消极体验，它也可能成为个人成长和心理适应能力提升的契机。合适的干预和支持可以帮助个体在危机过后获得新的应对策略和心理资源，从而更好地应对未来的挑战。

心理危机的发生通常与突发事件、重大生活变化或持续的压力源相关。引发危机的因素可以是突发性的外部事件，如自然灾害、事故、暴力事件等，也可以是个体内部的冲突或发展性变化，如青春期的心理调整、亲密关系破裂或重大职业选择等。不同的个体对同一事件的反应可能大相径庭，这与个体的认知评估、应对方式及其社会支持系统的有效性密切相关。换句话说，心理危机的本质不仅仅在于事件的客观性，更在于个体如何主观感知和应对这一事件。

（二）心理危机的阶段

心理危机的阶段划分有助于我们更好地理解个体在危机中的心理状态及应对变化，并为干预提供适当的时机和策略。一般而言，心理危机可分为4个主要阶段，分别是冲击期、防御期、解决期和成长期。

1. 冲击期

在危机的初始阶段，个体通常会感到震惊和困惑。面对突发事件或压力源，个体的认知和情感系统受到剧烈冲击，可能出现短暂的麻木感或否认反应。此时，个体无法立即采取有效的应对措施，可能会表现出高度的焦虑、恐慌或情绪失控。

2. 防御期

随着时间的推移，个体进入防御期。在这一阶段，个体会尝试使用已有的应对机制来处理危机。这可能包括寻求社会支持、使用问题解决策略，或者逃避问题。然而，如果危机的强度超过了个体的应对能力，防御机制将会失效，个体可能表现出更强烈的焦虑、抑郁、无助或绝望感。如果未能有效应对或获得足够支持，个体可能会进入长期的心理问题状态，甚至演变为精神障碍。

3. 解决期

解决期是危机干预的关键阶段。在这个阶段，个体开始逐渐接受危机事件的现实，并尝试通过具体的行动或认知调整来恢复心理平衡。在这一阶段，情绪波动逐渐趋于稳定，个体的认知功能逐渐恢复，并开始采取有效的应对策略。个体开始重新审视危机事件，调整自己的认知和情感反应，逐步恢复心理平衡。解决期的关键在于个体能够找到新的应对策略或重建失衡的生活结构。

4. 成长期

成长期是心理危机的最终阶段，也是危机干预的理想结果。在这一阶段，个体不仅从危机中恢复过来，而且通过危机事件获得了成长和进步。成长期的特点是个体从危机中学到了新的应对技巧，提升了心理韧性，甚至在某些方面达到了更高的心理成熟度。

这4个阶段的划分并非严格固定，不同个体可能在不同的阶段间反复徘徊。因此，理解个体所处的危机阶段对于制定适当的危机干预策略至关重要。

（三）心理危机的结果

心理危机的结果主要取决于个体在危机过程中是否能够获得有效的支持与干预，以及其自身的心理弹性。总体上，心理危机可能带来3种结果：负性结果、适应性结果和成长性结果。

1. 负性结果

如果危机没有得到及时和有效的干预，个体可能陷入持续的心理困境，导致一系列负性结果。这些负性结果可能包括：情绪障碍（如抑郁症、焦虑症）、自我效能感下降，甚至引发自杀或他伤行为。此外，个体在社会功能上也可能受到严重影响，表现为人际关系恶化、学业或工作绩效下降、社会退缩等。这种负性结果往往使个体难以恢复正常的生活状态，形成长期的心理健康问题。

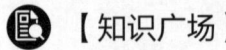
【知识广场】

心理应激相关障碍的分类

心理应激反应不等于心理应激障碍，只有应激反应超出了一定强度或者持续时间超过一定程度，并对个体的社会功能和人际交往产生影响时，才构成心理应激障碍。

1. 急性应激障碍

急性应激障碍的特点是"急"，是指遭遇应激性事件后的一过性状况，一般在应激事件刺激后数分钟至数小时内出现，并且在几天内消失，快的几小时可以恢复，出现与否取决于打击严重程度、个体的易感性和应对方式。典型临床表现包括意识改变、行为改变和情绪改变。

2. 创伤后应激障碍（PTSD）

创伤后应激障碍是对异乎寻常的威胁性、灾难性事件的延迟和持久的反应，一般在1~6个月内出现，少数在6个月以后出现，为延迟性PTSD。主要临床表现：①侵入性的回忆和反复出现的噩梦，反复体验创伤性事件（闪回）；②回避与创伤有关的刺激（少数学生不愿意上学），情感麻木并且兴趣下降，除了行为回避的同时，也会出现情感回避状态，这也称为"心理麻木"或"情感麻痹"；③持续性的焦虑和警觉水平增高，如难以入睡、警觉性过高、容易受惊吓、无法专心做事等。大多数PTSD患者一年内可以恢复，少数则持续数年不愈而造成持久的精神负担，有的还可能造成终身精神残疾，再也无法正常生活。

2. 适应性结果

在一些情况下，个体能够通过自身的努力或借助外界支持，逐步恢复心理平衡并适应新的生活状态。这种情况下，危机虽然对个体造成了一定的冲击，但其生活质量在危机过后逐渐恢复到正常水平，情绪、认知和行为功能也趋于稳定。适应性结果表明，个体通过危机的应对过程，保持了基本的心理健康和社会功能。

3. 成长性结果

危机不仅仅意味着威胁，也可能是个体成长的机会。在某些情况下，个体通过有效的危机处理，不仅恢复了危机前的状态，还能从中获得个人成长。这种成长可能体现在应对能力的增强、问题解决策略的丰富、生活目标的重新定义，甚至心理韧性的提升。成长性结果体现了危机的潜在积极意义，表明个体能够从危机中汲取经验，提升未来应对挑战的能力。

在学校环境中，心理危机的结果也可能对整个学校系统产生影响。例如，学生的心理危机若未能妥善处理，可能引发校内的集体性焦虑或恐慌，影响到其他学生和教职员工的心理状态和工作效率。因此，学校层面的系统干预对于减少负性结果和促进适应性或成长性结果至关重要。

通过有效的危机干预，不仅可以减少危机对个体的负面影响，还可以促进个体的心理成长，使其在面对未来压力和挑战时更具弹性。

二、学校心理危机

了解学校心理危机及其常见类型能帮助教育者及时识别学生的心理问题，采取有效干预措施，预防危机进一步恶化，保障学生心理健康和校园安全，促进学生的全面发展。

（一）学校心理危机的含义

学校心理危机是指在学校环境中，学生由于个人内部或外部的压力源，如学业压力、家庭问题、同伴关系冲突等，无法有效应对这些应激因素，导致心理功能暂时性失调，出现情感、认知和行为上的异常表现。学校心理危机通常具有突发性和短期性，但如果得不到及时的干预和支持，可能导致严重的后果，包括自杀、伤人等极端行为。

学校心理危机的含义包含以下几个特点。

突发性和不可预测性：心理危机通常是在短时间内爆发，难以提前预测。学生可能在经历了长时间的积累性压力后突然出现心理崩溃。

短期性和急性反应：心理危机具有急性反应的特点，通常表现为学生无法承受突如其来的应激事件，进而产生情感上的剧烈波动，如焦虑、愤怒、抑郁等。

高度个人化：每个学生对于同一危机事件的反应可能大相径庭，取决于他们的个性特征、家庭背景、社会支持系统等因素。即使面对同样的学业压力，有的学生可能能够快速恢复，而有的学生则会陷入长期的心理困境。

风险性和潜在危害：如果不及时处理，心理危机可能会升级为极端行为，如自伤或攻击他人，甚至可能发展为长期的心理障碍，包括焦虑症、抑郁症等。

系统性：学校心理危机不仅仅是个人问题，它常常会影响到整个学校环境，尤其在集体性危机事件中，如校园暴力、自然灾害等，危机影响可能蔓延至其他学生、教师及家长群体。

（二）常见的学校心理危机

学校心理危机可以按照不同的维度进行分类，从个体的成长过程到外部环境的影响，都可能导致不同类型的心理危机。常见的学校心理危机主要包括以下几种。

1. 学业压力危机

随着教育竞争的加剧，学生面临着巨大的学业压力。考试成绩和升学压力常常成为学生心理危机的主要来源。面对这种危机，学生可能表现出焦虑、抑郁、失眠，甚至出现逃学或辍学的倾向。

2. 人际关系危机

在人际交往方面，特别是在同伴关系和师生关系中，学生容易因为冲突、孤立或排挤而产生心理危机。被同伴排斥或遭遇校园欺凌的学生尤其容易陷入自卑、愤怒等负面情绪，进而产生心理危机。

3. 适应不良危机

新入学或转学的学生可能因环境的改变，尤其是在从小学升入中学或从中学进入大学阶段时，面临适应不良的危机。适应不良常表现为焦虑、孤独、与新环境的隔离感，甚至可能影响学业成绩和生活质量。

4. 创伤性危机

创伤性危机是指学生在遭遇重大突发事件后，由于心理承受能力有限，无法有效应对创伤带来的强烈应激反应而导致的心理危机。这类突发事件通常具有强烈的破坏性和冲击力，如校园暴力、交通事故、自然灾害、亲人突然去世等。这些事件可能直接威胁到学生的生命安全或深刻改变其生活方式，从而引发强烈的情绪波动和心理反应。

5. 自杀危机

自杀是严重的学校心理危机之一。自杀通常是多种因素共同作用的结果，如长期的心理问题（抑郁、焦虑等）、人际关系失败、生活事件的打击等。及时识别自杀风险，进行干预，是学校心理危机干预的重要内容。

三、学校心理危机的类型

在学校环境中，学生所经历的心理危机种类繁多，不同的危机类型源于个体的成长过程、环境影响以及心理健康状况的复杂交织。根据危机的起因和性质，可以划分为成长性、境遇性与存在性危机，以及反应性危机与病理性危机。

（一）成长性、境遇性与存在性危机

成长性、境遇性和存在性危机是三种与个体发展和环境密切相关的心理危机类型，它们反映了学生在不同阶段和情境下的心理挑战和困境。

1. 成长性危机

成长性危机通常与个体的生理和心理发展过程相关，尤其是在青春期。随着身体发育、心理成熟和社会角色的转变，学生可能面临身份认同困惑、学业压力以及与同伴关系的调整等问题。青少年阶段，学生在生理上快速成长的同时，也承受着社会期望的增加，如升学压力、家庭责任感等。这些发展性变化带来的心理不适可能引发成长性危机。在这个阶段，学生需要适应生理和心理的双重变化，如果得不到及时的支持和指导，可能导致焦虑、抑郁和自我认同问题。成长性危机尽管是自然发展的一部分，但也具有潜在的危险，尤其是当学生未能有效应对时。

2. 境遇性危机

境遇性危机则是由于突发的外部事件或持续的外界压力源引发的心理危机。这类危机通常难以预测且影响较大，学生在面对诸如家庭问题（如父母离异、亲人去世）、学业失败、同伴冲突等情境时，可能会感到无力应对，进而陷入危机。面对这些不可控的外部环境变化，学生的情绪波动较大，表现为易怒、焦虑、孤立等。境遇性危机的特征在于事件的突发性和不确定性，因此，在干预时需要迅速识别并及时提供支持，帮助学生恢复心理平衡。境遇性危机往往具有短期性，但如果未及时干预，可能演变为长期的心理困境。

3. 存在性危机

存在性危机源于个体对生命意义、人生目标和价值观的深刻质疑。学生在特定的成长阶段，尤其是在面对毕业、职业选择或重大人生转变时，可能会感到迷茫和困惑。这种危

机通常伴随着自我认同的重构过程，学生可能对自身存在的意义和未来的发展方向产生疑问，进而陷入存在性危机。例如，临近毕业的学生可能会对未来的职业发展感到焦虑，质疑自我价值和人生意义。这种危机不仅涉及认知层面的思考，还可能引发强烈的情感反应，如无助感、空虚感和无意感。存在性危机通常要求个体通过深层次的认知调整来重建自我和人生意义，学校心理辅导员可以帮助学生反思和重新定位自我。

成长性、境遇性和存在性危机各自表现出不同的心理挑战，但都对学生的心理健康产生重要影响，需要关注和及时干预。

（二）反应性危机与病理性危机

除了由成长、环境变化引发的危机外，学生还可能经历反应性和病理性危机，这两类危机反映了个体对外界压力和内部心理健康问题的不同反应。

1. 反应性危机

反应性危机通常是由某一特定应激事件引发的情绪反应，是个体在面对外部压力时的即时反应。例如，学生在遭遇考试失败、学业压力或同伴矛盾时，可能会出现强烈的情感波动，如焦虑、愤怒、沮丧等。反应性危机的特点在于情绪反应的短暂性，通常随着应激事件的解除而缓解。然而，如果学生未能有效应对这些短期压力，反应性危机可能会加剧，进而影响其正常的学习和生活功能。应对反应性危机时，教师和家长应当及时关注学生的情绪变化，通过情感支持、问题解决和社交支持来帮助学生恢复心理平衡。反应性危机虽然是一种自然的情绪反应，但需要在危机初期进行有效的干预，以防止其进一步恶化。

2. 病理性危机

与反应性危机不同，病理性危机通常由个体深层次的心理疾病或精神障碍引发，如抑郁症、焦虑症或精神分裂症。学生在面临长期的心理困扰或精神疾病时，可能表现出持续的情绪低落、认知功能障碍，甚至有自残、自杀等极端行为。病理性危机的特点是持续性和深度性，它并非单纯的情绪波动，而是严重的心理健康问题的外显。应对病理性危机需要结合专业的心理治疗、药物干预以及学校和家庭的长期支持。对处于病理性危机中的学生，学校心理辅导员应联合精神卫生专业人员，采取系统化的干预措施。病理性危机不仅仅是学生个体的心理问题，还需社会系统的长期关注与支持。

反应性和病理性危机在学生心理危机中占有重要位置，两者的及时干预和支持对于学生心理健康的恢复至关重要。

第二节　学生常见心理危机的评估

心理危机的有效评估是危机干预的关键一步。评估不仅有助于了解危机的严重程度，还能为制定个性化的干预策略提供科学依据。在评估过程中，识别心理危机的表现和对其进行分级是重要的环节。本节将详细探讨如何通过生理、心理和社会功能的变化来识别学生的心理危机，并介绍常用的分级标准，以帮助危机干预人员更好地判断和处理不同程度的危机。

一、心理危机的识别与分级

心理危机的表现通常涉及生理、心理和社会功能的多个层面。通过对这些方面的观察，可以有效地识别危机的存在和严重程度。

（一）心理危机的表现

1. 生理表现

心理危机常伴随明显的生理反应。常见的生理表现包括睡眠障碍，如失眠或过度嗜睡，食欲的显著改变，体重波动等。此外，学生可能会感到持续的疲劳、头痛、胃痛等身体不适。这些生理变化往往是由于长期的心理压力或情绪困扰导致的生理紊乱反应。心跳加快、出汗增多或颤抖等自主神经系统过度激活的症状也较为常见，是个体应激反应的标志。

2. 心理表现

心理层面的变化是心理危机中最明显的部分。学生可能表现出极端的情绪波动，如极度的焦虑、悲伤或愤怒等负性情绪。这种情绪反应常常是对危机事件无法应对或无法接受的结果。认知功能也可能受损，如出现注意力难以集中、记忆力下降或决策困难等情况。同时，学生可能会表现出消极的自我评价，甚至产生自我否定或无助感，这是心理危机的主要心理特征之一。

【心理剧院】

同学们为什么不求助呢？

2024年，某市12岁男生在开学前自杀死亡，班主任翻看同学们和他的聊天记录发现，在两周前12岁生日时他就和同学们告过别了，有同学问他想要什么生日礼物，他说："不用了，这是最后一次了。"班主任老师想不通，平时教过孩子们，当感到自己和同学有危险需要帮助时要向老师和家长说，为什么同学们不求助呢？

生命安全教育是预防自杀的有效途径，教会学生正确求助需要向学生们很具体地讲清楚什么时候、向谁（机构）、用什么方式求助，不能只是简单交代一下"感到有危险要求助"。

3. 社会功能表现

在社会功能层面，心理危机常表现为社交关系的改变。学生可能变得孤立，避免与他人互动，甚至与亲友疏远。此外，他们的学业表现也可能受到严重影响，出现学习成绩下降、缺课或对学业失去兴趣的情况。部分学生在危机中还可能表现出行为上的极端变化，如冲动、易怒，甚至出现攻击性行为或自我伤害行为。这些社会功能的变化通常是危机深度发展的表现。

这些生理、心理和社会功能的表现不仅帮助我们识别危机的存在，也为进一步的干预提供了评估依据。

（二）心理危机的分级

心理危机可以根据其严重程度分为不同等级，以便采取相应的干预措施。常见的分级方法将危机分为轻度、中度和重度。

1. 轻度危机

轻度危机通常表现为学生情绪的短暂波动或对生活压力的反应。这类危机一般不会严重影响学生的日常功能，他们仍能维持正常的学业、社交和个人生活。然而，轻度危机可能伴随短期的焦虑、失眠或烦躁不安，且学生能够较好地应对危机情境。轻度危机往往通过及时的情感支持、放松训练等干预手段，能够得到有效缓解。

2. 中度危机

中度危机通常表现为更显著的情绪和行为改变，影响到学生的学业和社交功能。这类学生可能表现出持续的情绪低落、焦虑加重，甚至出现逃避学业或人际交往的行为。他们的生活质量可能受到明显影响，且较难通过自身调节或简单的支持系统恢复。在这种情况下，心理辅导和专业干预显得尤为重要，帮助学生重建应对机制。

3. 重度危机

重度危机往往伴随严重的生理、心理和社会功能紊乱，可能会导致自伤、自杀等高危行为。学生的情绪处于极度的绝望或无助状态，完全无法应对日常的学业和生活。重度危机通常需要立即的专业干预，可能涉及药物治疗、密切监控和危机干预小组的介入。这类危机如果不及时处理，可能会对学生的身心健康造成不可逆的损害。

通过对心理危机的分级，我们能够为每个学生制订更加个性化的危机干预计划，从而更有效地帮助他们走出危机。

二、心理危机的评估方法与流程

心理危机的评估方法多种多样，涵盖问卷评估、行为观察及访谈问询等手段。通过系统化的评估流程，干预人员能够全面了解学生的心理状况和危机的严重程度。

（一）心理危机的评估方法

评估方法的选择需根据学生的具体情况灵活调整，以下为常见的心理危机评估方法，帮助干预人员更好地掌握学生的危机状态。

1. 问卷评估法

问卷评估法通过标准化量表对学生的心理状况进行定量评估，是心理危机评估中的常用方法。常见的问卷工具包括症状自评量表（SCL-90）和患者健康问卷（PHQ-9）。SCL-90是一种广泛应用的心理评估工具，涵盖抑郁、焦虑、强迫症等多个维度，有助于了解学生的整体心理健康状况。PHQ-9则专注于抑郁症的筛查，通过9个问题评估个体的抑郁症状严重程度。问卷评估法的优点是高效、标准化，适用于大规模筛查。然而，该方法无法深入探讨个体的具体危机经历，因此常常需要与其他评估手段结合使用。

2. 行为观察法

行为观察法通过观察学生的行为、情绪和社交表现，来判断其是否处于心理危机中。这种方法的优点在于，它能够在学生未主动寻求帮助时，通过日常行为的异常变化捕捉到

危机信号。例如，学生的学习成绩突然下滑、情绪波动明显、与同伴关系紧张或缺乏社交活动等，都是潜在的危机迹象。干预人员通过长期观察学生的行为变化，能够识别出他们面临的潜在心理危机，并及时提供干预。该方法的局限性在于观察的主观性较强，且需要较长的观察时间才能得出准确判断。

3. 访谈问询法

访谈问询法是通过面对面交流来评估学生心理状态的常用方法。干预人员通过开放式提问，了解学生的情绪、认知及应对能力，同时通过观察学生的言语和非语言行为，获取更加全面的信息。访谈问询法不仅帮助评估个体的危机现状，还可以通过深度探讨，了解危机背后的成因和触发因素。此方法的优势在于灵活性高，能够针对个体情况进行深入探讨，缺点是耗时较长，且需要评估者具备较高的专业技能。

（二）心理危机的评估流程

访谈评估是了解学生心理危机的关键步骤，通常包括4个阶段：访谈评估前准备、建立信任关系、评估风险等级，以及共同决定应对策略。

1. 访谈评估前准备

在进行访谈评估之前，干预人员需要充分的准备工作。首先，了解学生的基本信息和潜在的危机线索，如近期的学业表现、社交关系变化等。其次，设置合理的访谈目标，确定希望了解的关键问题，并为不同的危机等级预设相应的处理方案。此外，准备好适合的访谈环境，确保学生能够在私密、安全的空间中进行表达。最后，干预人员应熟悉相关的心理评估工具，以备必要时使用。

2. 建立信任关系

在访谈中，建立信任是了解学生真实想法的前提。学生在危机中往往处于高度警觉状态，可能对外界存在戒备心理。因此，干预人员需要通过表达理解和关心，逐渐消除学生的防御。表现出对学生感受的尊重和无条件的支持，能够使他们感到被理解和接纳，从而更愿意开放内心世界。信任关系的建立有助于学生更加坦诚地表达自己的情绪和需求，为后续的评估打下坚实基础。

3. 评估风险等级

在信任关系建立后，干预人员需通过深入的提问，评估学生当前的危机风险等级。评估内容包括学生的情绪强度、心理功能的变化、自杀或自伤的意念及计划、社交功能受损的程度等。此外，还应评估学生的支持系统，如家人、朋友及学校的支持是否充足。通过多维度的评估，干预人员能够判断学生的危机处于轻度、中度或重度，从而为下一步的干预措施提供依据。

4. 共同决定应对策略

评估结束后，干预人员应与学生共同制定危机应对策略。这一过程包括帮助学生识别现有的支持资源、设置可行的短期目标（如情绪调节、压力管理等），并根据学生的需求安排后续的专业辅导或治疗。干预人员应确保学生对制订的计划感到满意，并帮助他们逐步恢复情绪稳定和功能。通过与学生的合作，能够增强他们的自我效能感，促进心理危机的积极应对。

(三)常见精神障碍的识别

在学生心理危机评估中,识别潜在的精神障碍非常重要。以下为几种常见精神障碍的识别要点。

1. 精神分裂症

精神分裂症是一种严重的精神障碍,通常表现为妄想、幻觉、思维紊乱及社会功能的明显受损。学生可能会表现出与现实脱节的言行,常常坚信不符合实际的事情(如妄想),或听到不存在的声音(幻觉)。此外,情感冷漠和社交退缩也是精神分裂症的重要症状。精神分裂症患者的行为和言语往往难以理解,评估人员需特别注意这些异常行为的出现,并及时采取干预。

2. 双相情感障碍

双相情感障碍的特点是情绪在极端的高涨(躁狂期)和极度的低落(抑郁期)之间交替。学生在躁狂期可能表现出精力过剩、过度自信、言语快速、冲动性强等,而在抑郁期则会出现情绪低落、失去兴趣、疲劳等症状。评估双相情感障碍时,干预人员需要注意学生的情绪波动是否异常强烈,且是否伴随明显的行为变化。

3. 抑郁症

抑郁症是学生中较为常见的情绪障碍,表现为持续的情绪低落、兴趣丧失、疲劳及自我评价降低。抑郁症患者可能会出现长期的情绪困扰,伴随失眠、注意力不集中及对未来的悲观感。严重时,学生可能产生自杀念头或行为。评估抑郁症时,需特别关注学生的情绪表现和生活功能的变化。

4. 焦虑症

焦虑症以持续的担忧和紧张为特征,学生常表现出对未来的不确定性感到极度恐惧。焦虑症还伴随一系列生理症状,如心悸、出汗、呼吸急促等。长期的焦虑会对学生的学业和社交功能造成严重影响。评估焦虑症时,干预人员需了解学生是否长期处于紧张状态,并关注这些症状是否已严重影响其日常生活。

5. 强迫症

强迫症的核心症状是反复出现的强迫思维和强迫行为。学生可能会反复检查某些物品,或反复进行某些仪式性行为,以减轻内心的焦虑感。强迫症状通常难以控制,且会耗费大量的时间和精力,影响学生的正常学习和生活。评估强迫症时,干预人员需特别注意学生的强迫行为是否影响其日常功能。

三、危机中生命风险的评估

在心理危机干预中,评估生命风险是防止危机进一步恶化的重要步骤。学生在危机中可能会出现自杀或伤害他人的风险,因此,危机干预人员需要具备敏锐的风险识别能力,并采取适当的措施保护学生及其周围人的安全。

(一)自杀风险的评估

自杀风险评估是心理危机干预中至关重要的一环。学生在遭遇心理危机时,可能会因绝望、无助或无法承受的压力而产生自杀的念头。因此,干预人员需要通过系统的评估流程，准确判断学生是否存在自杀风险，并采取及时有效的措施进行干预。以下是自杀风险评估中的几个关键步骤。

1. **直接询问自杀意念**

在评估自杀风险时，最直接的方式是询问学生是否有自杀的念头。虽然有些人担心直接提问可能会引发自杀行为，但事实上，研究表明直接询问反而有助于学生表达他们的痛苦，从而获得必要的帮助。干预人员应以共情和尊重的态度询问，例如："你有没有想过结束自己的生命？"或"最近有没有感觉到生活没有意义？"

2. **评估自杀计划的详细性**

如果学生承认有自杀的想法，接下来应评估他们是否有明确的自杀计划。具体的计划可能包括何时、何地以及如何自杀。计划的详细程度与自杀风险成正比，计划越详细，风险越高。例如，如果学生已经选择了时间和地点，已经拥有自杀工具，那么干预人员应立即采取紧急干预措施。

3. **评估自杀的工具可获取性**

在评估自杀风险时，干预人员还需了解学生是否能够轻易获得实施自杀计划的工具。例如，如果学生计划使用药物，干预人员应询问这些工具是否在学生的可获取范围内。如果工具容易获取，自杀风险也会大大增加。这时，干预人员应考虑将工具从学生的环境中移除，以减少自杀的可能性。

4. **评估学生的过往自杀行为**

过往的自杀行为是自杀风险的强烈预测指标。如果学生曾经有过自杀企图，他们再次自杀的风险会显著增加。干预人员应询问学生是否曾尝试自杀，并了解具体的情境和动机。了解过往自杀行为的详细情况，有助于评估当前的风险程度，并决定干预的紧迫性。

5. **评估心理痛苦的程度**

自杀意念通常与学生感受到的心理痛苦程度密切相关。学生的绝望感、无助感以及对未来的负面预期都可能加剧自杀的风险。干预人员应通过问询了解学生的情感状态，评估他们的痛苦是否已经达到难以承受的地步。此外，情感的急剧变化，尤其是从深度绝望到突然平静，可能是自杀即将发生的预警信号。

6. **评估社会支持系统**

社会支持系统是影响自杀风险的一个重要因素。如果学生在危机中感到孤立无援，缺乏来自家人、朋友或学校的支持，他们的自杀风险可能更高。干预人员应评估学生的社交网络，包括他们与家人、朋友及老师的关系，以及他们是否能够依赖这些关系来应对危机。

一旦确定学生有较高的自杀风险，干预人员应立即采取行动，包括联系学生的家长、专业心理老师和学校管理者。此外，还可以考虑将学生转移到安全环境中，如医院或专业心理治疗机构进行评估和治疗。

（二）伤人风险的评估

除了自杀风险，学生在心理危机中也可能表现出伤害他人的风险，尤其是在经历强烈的愤怒、挫折或绝望情绪时。评估伤人风险的过程与自杀风险评估类似，同样需要系统化的观察和问询，以确保学生和他人的安全。以下是伤人风险评估的几个关键方面。

1. 评估愤怒和敌意水平

愤怒和敌意是伤人风险的重要信号。学生如果在危机中表现出极度的愤怒，尤其是针对特定人群（如同学、老师或家人），干预人员应特别警惕。例如，学生可能会表达出报复、伤害他人或"教训"某人的强烈欲望。这类情绪的持续时间和强度往往预示着潜在的伤人风险。

2. 评估暴力行为的历史

评估学生是否有暴力行为的历史对于预测未来的暴力风险至关重要。如果学生曾经有过攻击他人的行为，如打架、威胁或实际伤害他人，那么他们在当前危机中的暴力风险可能更高。干预人员应了解过去的暴力行为的性质、频率以及触发因素，以帮助评估当前危机中的潜在风险。

3. 评估当前的冲突和压力源

学生在危机中的压力源和冲突状况也会影响他们的伤人风险。例如，如果学生当前正面临学业、家庭或社交压力，并且这些压力源与某些特定的人物相关，他们可能会将情绪转化为暴力行为。干预人员应深入探讨学生的冲突情境，评估他们是否存在报复或宣泄情绪的倾向。

4. 评估暴力计划和工具获取

类似于自杀风险评估，干预人员还应评估学生是否有详细的伤人计划及其实施的可能性。如果学生表现出明确的伤人计划，特别是已经考虑使用具体的工具（如刀具或其他武器），那么伤人风险会大大增加。干预人员需及时采取行动，例如，向相关人员发出预警，并确保潜在受害者的安全。

5. 评估冲动控制能力

冲动性是评估伤人风险的另一个重要指标。高冲动性学生往往缺乏对情绪和行为的自我控制能力，更容易在愤怒或挫折情境下采取暴力行为。干预人员可以通过了解学生平时的行为模式，评估他们在危机中的冲动水平。如果学生平时表现出较强的冲动行为，那么当前危机中的伤人风险也会更高。

在评估出学生存在伤人风险后，干预人员应立即采取行动，确保潜在受害者和学生本人的安全。这可能包括通知相关的学校管理者，暂时限制学生的活动范围，甚至联系警方或专业安全机构以防止暴力事件的发生。同时，干预人员应与学生进行深入沟通，帮助他们认识到暴力行为的后果，并为他们提供适当的情绪管理辅导和支持系统。

第三节 学校心理危机干预的技术

掌握学校心理危机干预的重要性在于它能够帮助教育工作者及时、有效地应对学生在危机中的心理困境，防止心理问题恶化或扩散，促进学生的心理康复和情绪稳定。同时，系统的危机干预能够维护校园的整体心理安全氛围，减少危机对学校群体的负面影响，保障学校的正常运转。通过科学的干预手段，还能提升学生应对未来压力和挑战的能力，推动长期的心理健康发展。

一、学校心理危机干预概述

掌握学校心理危机干预的含义、目标和原则至关重要，它为教育工作者提供科学的指导，有助于及时应对学生危机，促进心理康复和校园安全。

（一）学校心理危机干预的含义

学校心理危机干预是指在学生遭遇重大心理冲击、创伤或精神压力时，学校通过一系列专业的心理学方法，帮助其恢复心理健康的过程。这种干预的核心目标是减轻学生的心理痛苦，避免危机对其心理发展产生长远的负面影响。通常情况下，学校心理危机干预涉及一系列紧急、短期和长期的心理援助活动。这些活动不仅需要心理学专业人员的参与，还需要学校管理层、教师、学生家长等多方协同合作，确保干预措施的全面性和有效性。

学校心理危机干预与普通的心理辅导有所不同，后者主要面向一般性的心理问题，而前者则主要应对极端事件，如学生自杀、校园暴力、重大意外伤害等。这些事件往往对学生的心理和生理状态产生深远的影响，因此，干预措施需要具备针对性和时效性。此外，学校心理危机干预强调团队合作和系统性介入，学校不仅需要提供心理支持，还要对校园内的风险进行全面评估，制定切实可行的干预方案。

根据心理学家卡普兰（Caplan）的研究，危机干预模型包括四个阶段：危机事件的发生、个体反应、干预行动和恢复期。在学校情境下，这一过程通常伴随着紧急心理援助的启动、学生的心理评估、危机缓解方案的实施，以及后续的心理跟踪与支持。因此，学校心理危机干预的成功取决于干预的及时性、专业性和系统性。

（二）学校心理危机干预的目标

学校心理危机干预的目标可以从三个层面来理解：个体目标、学校目标和社会目标。首先，从个体的角度来看，干预的核心目标是帮助学生恢复心理平衡，减轻其心理痛苦并促进情绪的稳定性。危机干预并非仅仅为了缓解当下的心理创伤，而是为了帮助学生重新获得应对生活压力和挑战的能力。因此，心理支持的提供不仅是暂时性的，而是着眼于学生的长期心理健康发展。

其次，从学校的角度来看，危机干预的目标是维护学校的整体心理安全环境，防止危机事件引发更多的心理连锁反应。例如，在校园内发生了某起学生自杀事件后，学校需要通过及时的危机干预，防止其他学生受到负面影响。这种干预不仅仅是面向直接的受害者，还包括间接受到影响的群体。因此，学校必须建立完善的心理危机预警和干预系统，确保在危机发生后迅速采取行动，降低危机对全校学生的心理冲击。

最后，从社会角度来看，学校心理危机干预的目标是促进学生社会功能的恢复与发展。学校不仅是学习的场所，也是学生社会化的主要环境。当学生的心理遭遇危机时，其社会功能往往受到不同程度的影响，可能表现为人际交往的退缩、学业表现的下降，甚至是社会角色的脱离。通过危机干预，学校可以帮助学生恢复其正常的社会功能，并为其未来的发展提供支持和引导。

因此,学校心理危机干预不仅要关注个体的心理康复,还要从更广泛的社会和系统视角出发,促进学生群体的整体心理健康与社会功能的恢复。

(三)学校心理危机干预的原则

在实施学校心理危机干预时,教育工作者和心理学专业人员应遵循以下几个核心原则,以确保干预的有效性和可持续性。

1. 及时性原则

心理危机往往具有突发性和紧迫性,及时的干预是防止危机恶化的关键。研究表明,越早进行干预,越能减少学生的心理创伤程度。因此,学校应建立迅速反应的危机干预机制,确保在危机发生的第一时间启动援助行动。

2. 针对性原则

每个学生在面临危机时的心理反应各不相同,干预措施需要根据个体的特点量身定制。例如,有些学生在危机中可能表现为情绪失控,而另一些学生则可能表现为完全退缩。个体化干预能够针对学生的具体需求提供更为有效的心理支持。

3. 系统化原则

心理危机干预不仅仅是一个单一的过程,而是一个系统化的连续性干预行动。学校应从心理健康评估、危机干预实施到后续跟踪支持,形成一个完整的危机干预链条。团队合作也是系统化原则的体现,学校心理辅导员、教师、行政管理人员和家长都需要在危机干预中发挥重要作用。

4. 伦理性原则

在进行心理危机干预时,专业人员必须遵循伦理规范,尊重学生的隐私和自主性。同时,干预过程必须确保不对学生造成二次伤害。例如,在进行心理访谈时,干预者应避免过度探讨创伤细节,以防加重学生的情绪负担。

5. 持续性原则

心理危机的影响往往是长期的,因此干预不应局限于危机发生后的短期阶段,而应提供持续的心理支持和跟踪服务。学校应在危机干预结束后,继续评估学生的心理状态,必要时提供进一步的心理辅导和社会支持。

二、学校心理危机干预的理论与流程

学校心理危机干预的理论与流程为教育工作者应对校园中的心理危机提供了系统化的框架。通过明确的理论指导和规范的操作流程,学校可以高效、有序地应对学生的心理困境,帮助他们尽快恢复心理平衡。

(一)学校心理危机干预的理论

学校心理危机干预的理论有很多,本书重点介绍美国危机事件应激基金会的"危机事件应激管理"(Critical Incident Stress Management,Safer-R)模型。该模型基于危机后心身反应阶段性变化规律提出,具有管理视角,需要不同的部门参与联动,强调通过5个连续步骤有效干预学生的心理危机,帮助其恢复心理健康。

1. 稳定情绪（Stabilize）

在危机发生的初期，干预者的首要任务是帮助学生稳定情绪，防止情绪失控或危机进一步恶化。通过与学生建立信任和提供情感支持，干预者能够缓解其心理压力，避免冲动行为。

2. 确认危机（Acknowledge）

干预者需要确认学生正在经历的心理危机，并对其情感反应给予理解与支持。通过表达对学生困境的共情，帮助他们感受到被关注和理解，这有助于缓解其无助感，增强其应对信心。

3. 促进理解（Facilitate Understanding）

帮助学生理解危机的发生原因，澄清事件的前因后果，引导他们认识到可以通过具体的策略应对危机。此过程旨在增强学生的掌控感，减轻危机带来的不确定性和无力感。

4. 鼓励应对（Encourage Effective Coping）

干预者鼓励学生通过积极的应对机制处理危机。例如，引导学生运用情绪调节技巧、寻求支持系统或制订应对计划，以此提升其自我效能感，增强应对能力。

5. 转介转诊（Recovery of Referral）

如果危机超出学校的处理能力或需要长期专业心理支持，干预者应及时将学生推荐给外部心理健康机构，确保其获得持续的治疗和支持。这一步骤对于预防危机复发和促进长期康复尤为重要。

Safer-R模型通过结构化的干预步骤，确保危机干预的科学性和完整性，为学校应对复杂的心理危机提供了有效的理论框架。

（二）学校心理危机干预的流程

学校心理危机干预的流程是一个系统化的操作程序，旨在确保危机应对的有序和高效。以下是学校心理危机干预的标准流程，包括危机识别、评估、干预计划的制订与实施以及后续支持与跟踪。

1. 危机识别

危机识别是干预流程的起点。学校工作人员（如教师、辅导员、行政人员）需要具备基本的危机识别能力，能够及时发现学生在情绪、行为或学业上的异常表现。常见的危机信号包括突发的情绪失控、持续的焦虑或抑郁、暴力或自残倾向等。一旦识别出潜在危机，学校应立即启动干预机制。

【知识广场】

心理危机干预的对象

心理危机干预是一种短期的帮助过程，它的目的是随时对那些经历个人危机，处于困境或遭受挫折和将要发生危险（自杀）的人提供支持和帮助，使之恢复心理平衡，顺利渡过危机，并学会正确的应付危机的策略与方法，回归正常发展轨道。干预的最低目标应是保护当事人，预防各种意外，可动用各种社会资源，寻求社会支持。

下面出现心理危机的学生是重点帮助对象。

（1）遭遇突发事件而出现心理或行为异常的学生，如家庭发生重大变故、遭遇性危机、受到自然或社会意外刺激。

（2）患有严重心理疾病，如患有抑郁症、恐怖症、强迫症、癔症、焦虑症等疾病。

（3）既往有自杀未遂史或家族中有自杀者。

（4）身体患有严重疾病、个人很痛苦、治疗周期长。

（5）学习压力过大、学习困难而出现心理异常。

（6）个人感情受挫后出现心理或行为异常。

（7）人际关系失调后出现心理或行为异常。

（8）性格过于内向、孤僻，缺乏社会支持。

（9）严重环境适应不良导致心理或行为异常。

（10）家境贫困、经济负担重、深感自卑。

（11）由于身边同学出现个体危机状况而受到影响，产生恐慌、担心、焦虑、困扰。

（12）其他有情绪困扰、行为异常的学生。

尤其要关注上述多种情况并存的学生，其危险程度更大，应成为重点干预的对象。

2. 危机评估

在识别到危机后，专业的心理辅导员或学校心理学家应对学生的心理状态进行全面评估。评估的内容通常包括情绪状态、认知功能、应激反应，以及是否存在自杀或伤害他人的风险。评估工具可以包括自杀风险评估量表、心理应激问卷等。通过评估，干预团队可以确定危机的严重性和紧急程度，从而决定干预的具体策略。

3. 制订干预计划

根据评估结果，干预团队制订个性化的干预计划。对于轻度危机，干预计划可能包括一对一的心理咨询、团体支持等。而在严重危机（如自杀风险较高的情况）下，计划可能涉及与家长的紧急沟通、联系外部心理机构或医院，甚至请求警察的协助。干预计划应具有灵活性，能够根据学生的状态进行调整。

4. 实施干预

学校的心理干预团队按照制订的计划开展行动。对于轻度的情绪危机，干预可能包括情感支持、压力管理技巧的教学等。对于较为严重的危机，团队可能需要采取紧急措施，如暂时隔离学生，确保其安全。此外，在危机干预过程中，团队应注重与学生家长的沟通，确保家长了解危机的进展并能够提供支持。

5. 后续支持与跟踪

干预结束后，学校应继续为学生提供后续的心理支持。后续支持包括定期的心理评估、持续的情感辅导以及必要的学业和社交支持。干预团队应与家长保持联系，确保学生在家庭中也能得到持续的支持。如果学生需要长期的心理治疗，学校应协助家长联系外部专业机构，确保学生的康复进程得到保障。

6. 危机总结与反馈

在危机事件结束后，学校应组织干预团队进行总结与反思。通过对整个干预过程的分析，团队可以评估干预措施的有效性，识别可能存在的不足之处，并为未来的危机干预积累经验。总结报告应包括危机的触发因素、干预过程的成效、后续跟踪的反馈等内容。这一过程有助于学校不断优化危机干预机制，提升团队的应对能力。

学校心理危机干预的流程不仅强调及时的干预，还注重后续的跟踪和支持，确保学生的心理健康得到长期维护。通过科学、系统的干预流程，学校能够有效应对各类心理危机，保障校园的安全和学生的心理健康。

三、学校心理危机干预的基本技术

学校心理危机干预技术可以分为针对个体和团体的两个部分，这些技术都旨在帮助学生恢复情绪平衡、增强应对能力，并促进他们尽快融入正常的学习和生活轨道。

（一）学校心理危机干预的个体技术

个体干预技术专注于帮助特定学生在危机情境下恢复心理平衡，重建正常的认知和情感状态。以下是常见的几种个体干预技术。

1. 稳定化技术

情绪稳定化是个体干预的首要任务，尤其在学生表现出高度焦虑、恐惧或情绪失控时。稳定化技术通过快速、直接的方式帮助学生恢复情绪控制，防止事态进一步恶化。

深呼吸法：引导学生通过缓慢的深呼吸降低心率、平稳情绪。深呼吸有助于减少生理上的紧张感，缓解焦虑。

渐进性肌肉放松：通过系统性地紧张和放松不同肌肉群，帮助学生释放身体中的紧张感，进而稳定情绪反应。

地面技术：这种技术通过引导学生关注身边的环境，感知真实的外部世界，从而帮助其转移对危机情境的关注，减少恐慌感。

稳定化技术的目的是在危机初期迅速减少学生的生理和情绪反应，为后续的干预措施奠定基础。

2. 倾听技术

倾听是危机干预中较基础且较重要的技术之一，通过积极倾听，干预者能够让学生感受到被理解和接纳。有效的倾听不仅包括对学生言语内容的关注，还需要理解其情感背后的需求和痛苦。

积极倾听：干预者需要通过目光接触、点头回应、简短的语句反馈（如"我明白了""继续说"）等方式，鼓励学生表达内心情感。

重复和澄清：通过重复学生的表述或进行澄清性提问（如"你是说你觉得被忽视了吗？"），干预者能够确保自己准确理解了学生的感受，帮助学生更好地梳理情绪。

倾听技术能够创造一个安全的对话环境，帮助学生释放情感压力，并为更深入的干预奠定基础。

3. 共情技术

共情是危机干预中的核心技术，它能够让学生感受到情感上的支持与理解。在共情的过程中，干预者不仅要理解学生的困境，还要表达出对其痛苦的理解和尊重。

情感反应验证：通过说出类似"我能理解你现在感到很沮丧，这很正常"的话语，干预者可以让学生感受到自己的情感是被认可的，从而减轻内心的孤立感。

非评判态度：干预者需要保持开放和接纳的态度，避免评判学生的行为或情感反应。通过这种方式，学生能够感到自由表达，而不会担心受到批评。

共情技术能够促进学生在情感上的开放，增强其与干预者之间的信任，提升干预的效果。

4. 正常化技术

正常化技术的目的是帮助学生认识到在危机情境下产生的情绪反应是正常的，这种认识能够减少其内在的焦虑和无助感。在危机中，许多学生可能会认为自己的情感反应是不正常或不恰当的，从而感到羞耻或困惑。

解释危机反应：干预者可以通过解释常见的危机反应（如"在这种情况下，感到焦虑是非常正常的"），帮助学生理解自己的情绪是合理的。

分享他人经历：有时可以通过分享其他人在类似情境中的应对反应，帮助学生意识到自己的感受并非孤立现象。

正常化技术能够降低学生对自己反应的负面评价，减轻他们的心理负担，使其更加专注于应对和解决危机。

5. 短期焦点解决技术

短期焦点解决技术（Solution-Focused Brief Therapy，SFBT）是一种面向解决的干预方法，特别适用于危机干预情境。它的核心思想是帮助学生集中精力于问题的解决，而非过多分析问题的根源。

设定目标：干预者应帮助学生设定可实现的小目标，逐步引导他们从当前的困境中迈出第一步。例如，可以问"如果明天情况能稍微好一点，你希望发生什么变化？"。

识别资源：干预者可以帮助学生识别其已有的应对资源和社会支持系统，如家人、朋友、老师等。这一过程有助于增强学生的自我效能感。

回顾成功经验：通过让学生回顾以往成功应对危机的经历，干预者可以帮助学生恢复信心，激发其内在的应对能力。

（二）学校心理危机干预的团体技术

学校心理危机干预的团体技术有很多，本书重点介绍的危机事件应激晤谈（Critical Incident Stress Debriefing，CISD）是一种专为团体危机干预设计的技术，可以应用于经历相同危机事件的群体中，以下是CISD的6个阶段。

1. 介绍阶段

干预者首先介绍此次干预的目的、流程和规则，确保参与者了解他们可以自由表达感受，并明确干预是一个安全、非评判的过程。此阶段旨在建立一个支持性的环境，让参与者感到放松和安心。

2. 事实阶段

在这一阶段，参与者分享自己对危机事件的客观认知，描述事件发生的过程。干预者引导参与者逐一陈述他们目睹或经历的事实，以帮助群体形成对事件的共同理解，避免混乱或误解。

3. 感受阶段

这一阶段是CISD的核心，参与者深入探讨危机事件对其情感的影响，表达恐惧、愤怒、悲伤等情绪。干预者在此过程中给予支持和引导，确保每个参与者都能自由表达自己的情感，帮助他们释放积压的情绪。

4. 症状阶段

干预者在此阶段帮助参与者识别危机者是否存在创伤事件所导致的躯体或心理症状。参与者讨论他们在危机事件后的生理和心理反应，包括失眠、焦虑、噩梦或社会功能短暂下降。

5. 辅导阶段

干预者向参与者提供有关危机应对的辅导，包括情绪调节技巧、压力管理策略、寻求支持的方法等。例如，正常化解释上一阶段出现的应对危机后的常见反应，减轻其恐惧或担忧。此阶段的目的是帮助参与者理解他们的情绪反应，同时为其提供实际的技能以应对未来的压力源。

6. 恢复阶段

本阶段对整个晤谈做出总结，评估哪些人需要随访或转介到其他服务机构。引导准备恢复正常的社会活动和生活秩序。引导正向思维，挖掘积极资源，促进行动，澄清、回答一些可能被忽略或者不清楚的问题。

在进行CISD时，由2名干预者共同带领，应注意以下事项：确保干预环境的安全和保密性，尊重参与者的隐私；保持中立、无评判的态度，避免强迫表达；适时提供情感支持与心理教育，防止参与者二次创伤；控制干预时长，避免过度讨论创伤细节；确保提供后续支持资源，帮助参与者在干预后得到持续的心理帮助。

第四节 学校心理危机预警与干预体系

学校心理危机预警与干预体系是学校确保学生心理健康的重要工具。通过系统化的预警机制和干预措施，学校可以及时识别潜在的心理问题，采取有效的干预行动，避免危机的发生或进一步恶化。该体系不仅关注个体学生的心理状态，还通过群体监测和评估，为整个校园提供安全的心理环境。本节将探讨学校心理危机预警系统的任务、组成及危机系统的建设，以帮助学校全面预防和应对心理危机。

一、学校心理危机预警系统

学校心理危机预警系统是保障学生心理健康、及时识别和防止危机的重要机制。通过系统化的监测和评估,该系统能够提前发现潜在的心理危机信号,并采取有效措施,防止危机的进一步发展。

(一)学校心理危机预警系统的任务

学校心理危机预警系统的核心任务是通过监测、识别、评估和干预,帮助学校在危机发生前采取行动,预防学生心理问题的恶化,以下是具体任务的详细介绍。

1. 识别潜在风险群体

学校心理危机预警系统的首要任务是及时识别潜在的心理危机群体。这包括那些可能面临家庭变故、学业压力、同伴冲突等风险的学生。这一过程要求学校通过定期心理评估、教师观察、同伴报告等手段,收集有关学生情绪、行为和心理状态的反馈。通过早期识别,学校能够为这些高危学生提供个性化的支持与干预,防止危机的发生或恶化。

2. 评估危机风险

在识别出潜在风险群体后,学校预警系统需要进一步评估这些学生面临的危机风险。这一评估包括心理健康状况的评估、行为问题的分析以及家庭、社会背景的综合考量。学校可以借助标准化的心理评估工具(如SCL-90、PHQ-9等)来确定学生的心理风险水平。评估的结果将帮助学校判断需要立即干预的学生和可以进行长期观察的学生。

3. 监测和跟踪进展

心理危机预警系统的最后一项任务是对已经识别和干预的学生进行持续的监测和跟踪。学校需要通过定期的心理评估、师生反馈和家校合作等方式,了解学生的心理健康状态是否有所改善,干预措施是否有效。如果学生的情况未见好转,学校则需调整干预策略,确保学生的心理健康问题得到及时处理。

(二)学校心理危机预警系统的组成

一个有效的学校心理危机预警系统需要由多个相互协作的组成部分构成。每个部分都发挥着至关重要的作用,共同构建起一个全面、系统的心理危机预防和干预框架。以下是学校心理危机预警系统的关键组成部分。

1. 心理健康监测系统

心理健康监测系统是学校心理危机预警系统的基础部分。学校可以通过定期心理健康筛查、情绪和行为表现的监测、教师和辅导员的观察,及时发现学生的心理异常情况。学生在日常表现中的情绪波动、学习成绩的显著下降、人际关系的恶化等都是预警信号。学校应结合这些观察数据,通过问卷、心理测试等方法进行持续的心理监测。

2. 危机评估与反馈系统

在监测到心理异常后,危机评估与反馈系统需要及时对学生的情况进行评估。此系统主要负责分析和评估心理监测数据,利用标准化的心理评估工具,结合教师和家长的反馈,全面评估学生的心理健康状况。评估结果会反馈给心理辅导员和相关教师,并作为后续干预的依据。评估的及时性和准确性是有效干预的前提。

3. 教师和家长的参与系统

教师和家长是学生生活中十分密切的支持系统，因此他们的参与对于心理危机预警系统的成功至关重要。学校应通过定期的教师培训、家长会议和家校沟通渠道，确保教师和家长能够识别学生心理问题的早期信号，并及时与学校沟通。教师和家长的合作能够在危机发生前为学生提供更多的支持。

4. 信息保密和安全保障系统

在心理危机预警系统中，确保学生信息的保密性和安全性是至关重要的。学校应建立严格的保密制度，确保心理评估、监测和干预的相关信息不被外泄。只有必要的相关人员（如心理辅导员、负责干预的教师等）能够获取学生的心理健康信息，以保护学生隐私并减少他们的心理压力。

二、学校心理危机应急系统

学校心理危机应急系统旨在应对正在发生的心理危机事件，确保学生的安全并最大程度减轻危机对其心理健康的影响。该系统通过快速反应、及时评估和有效的干预措施，帮助危机中的学生渡过最紧急的阶段。

（一）学校心理危机应急系统的任务

当心理危机已经发生时，学校心理危机应急系统的核心任务是确保学生的安全，并通过有效的干预和支持，防止危机的进一步恶化。具体任务包括以下几方面。

1. 保护学生安全

首要任务是保护处于危机中的学生的生命安全。当学生表现出自杀、自残或暴力倾向时，学校应立即采取保护性措施，例如，将学生转移到安全地点、隔离危机源或防止其进一步伤害自己或他人。此时，校方需要联系相关的医疗服务、紧急部门或专业的心理健康机构，确保学生在最短时间内得到专业支持。

2. 稳定学生情绪

在危机发生的过程中，学生的情绪往往极不稳定，可能表现出极度的恐慌、愤怒、绝望等情绪反应。学校心理危机应急系统的另一重要任务是通过稳定化技术、情感支持等方式，帮助学生在最初阶段恢复部分情绪控制。这包括通过深呼吸、放松训练、简短的情感倾听等手段，帮助学生缓解情绪波动，为接下来的干预提供基础。

3. 迅速评估危机

在应急反应中，快速评估危机的严重性是必不可少的。学校危机干预小组应对学生的心理状态、行为表现及危机背景进行快速评估，判断危机的风险等级。例如，通过观察学生的行为（如自伤行为、极端语言）以及其对干预的反应，干预者可以评估危机是否需要外部紧急服务的介入。

4. 协调外部资源

当危机超过学校能力范围时，及时联系外部资源是应急系统的一项关键任务。这些外部资源包括专业的心理健康机构、医疗服务、当地社区的危机干预团队等。学校心理危机应急系统需要与这些外部资源保持密切合作，确保学生能够得到持续的专业帮助。

5. 提供后续干预

在危机得到初步控制后,学校应立即为学生制订后续的心理支持和干预计划。应急系统不仅要在危机发生时提供即时支持,还应规划学生在未来的心理康复和学校重返计划。通过持续的心理辅导和观察,确保学生在未来不再受到类似危机的影响。

(二)学校心理危机应急系统的组成

一个有效的学校心理危机应急系统需要多个组成部分的协同工作,以确保在危机发生时能够提供全面的干预和支持。以下是应急系统中的4个关键组成。

1. 领导指挥组

领导指挥组是学校心理危机应急系统的核心指挥机构,负责协调和指导整个应急响应过程,确保每个小组的任务和行动得到有序执行。领导指挥组通常由学校领导层、心理健康专家以及其他关键决策人员组成。

危机决策与指挥:在危机发生的第一时间,领导指挥组必须迅速召开紧急会议,分析危机的严重程度,并制定应急处理方案。这个小组负责做出重要的决策,如是否需要紧急撤离、是否需要外部资源的介入(如医疗机构或执法部门),以及后续的危机沟通策略。

协调各小组工作:领导指挥组的另一个核心任务是协调其他应急小组的行动,确保现场干预组、宣传信息组和后勤保卫组各司其职,行动统一。领导指挥组需要实时监控事态发展,调整干预策略,并根据危机的变化进行资源的重新分配。

外部资源调配:当危机超出学校的能力范围时,领导指挥组负责联系外部资源,如心理健康机构、医院和社区危机应对团队等。这需要有清晰的外部协作机制,确保在需要时能够快速调用外部资源,提供及时支持。

领导指挥组是整个应急系统的"中枢神经",其决策的迅速和准确性直接影响危机干预的成效。

2. 现场干预组

现场干预组是学校心理危机应急系统中直接接触学生、进行心理干预的核心小组。该小组由学校心理辅导员、教师代表和经过危机干预培训的工作人员组成,其主要职责是处理危机中的学生情绪、实施心理干预措施,并确保学生的安全。

情感支持与心理安抚:在危机发生时,学生的情绪往往极度不稳定。现场干预组的首要任务是通过心理安抚、倾听和共情,帮助学生稳定情绪。

心理危机评估:干预组还需要对学生的心理状态进行初步评估,确定危机的严重程度。通过观察学生的言语、行为、情绪反应等,干预组能够评估学生是否存在自伤或伤害他人的风险,并采取相应措施,如隔离学生或寻求紧急医疗支持。

实施干预措施:现场干预组负责在危机现场实施必要的干预措施,包括稳定学生情绪、提供心理辅导或进行暂时的危机疏导。如果学生的情绪和行为已经失控,干预组需要确保现场安全,并在需要时联系其他支持力量,如医疗服务或家长。

现场干预组在危机发生时直接面对学生,是一线的危机管理者,他们的行动迅速与否、干预措施的效果如何,直接影响到学生的心理安全与否与危机处理的进程。

3. 宣传信息组

宣传信息组的主要任务是危机事件中的信息管理和对外沟通。危机事件发生后，及时、准确地传达信息可以有效防止谣言传播，减少校园内外的恐慌情绪。宣传信息组通常由学校的公关人员、媒体协调人员和信息技术专家组成。

对内沟通：在危机事件发生时，宣传信息组负责第一时间将准确信息传递给学校内部的教师、工作人员和学生家长。通过校内的公告、电子邮件、手机短信等方式，宣传信息组确保校园社区了解到危机的性质、学校的应对措施以及学生的安全状况。信息的透明性有助于减少恐慌，并增强学生和家长对学校处理能力的信任。

对外沟通与媒体处理：当危机事件涉及广泛关注，宣传信息组需要与外部媒体保持沟通，确保外界对危机的报道准确无误。宣传信息组负责准备官方声明、新闻发布会等，确保学校的立场和行动得到清晰的阐述，避免媒体误报或夸大危机情况引发更大的社会影响。

谣言控制与信息反馈：在危机中，谣言往往会迅速传播，特别是在社交媒体上。宣传信息组需要密切监控信息的传播渠道，及时发布澄清信息，防止谣言扩散。同时，宣传信息组也会通过反馈机制，收集校内外的舆论意见和建议，以便调整学校的危机应对策略。

宣传信息组是学校与公众之间的桥梁，其有效的信息传播能够为学校赢得时间，帮助学校专注于危机的内部处理。

4. 后勤保卫组

后勤保卫组负责在危机事件中确保校园的物质保障与安全管理。这个小组由保安人员、设施维护人员和后勤管理人员组成，其主要职责是在危机期间维护校园的物理安全与后勤保障。

校园安全保障：后勤保卫组的首要任务是确保危机事件中学生和教职员工的物理安全。例如，如果危机涉及校园暴力，后勤保卫组负责控制现场，确保其他学生不受到影响，必要时配合执法部门进行安全隔离。此外，他们还需要确保校园的出入口安全，防止未经许可的人员进入校园。

物资调配与后勤支持：在危机处理中，后勤保卫组负责为现场干预组和学生提供必要的物资支持，包括饮食、医疗用品、心理支持工具等。尤其在危机需要长时间处理的情况下，物资的持续供应对于维持稳定的危机处理进程至关重要。

危机现场控制与疏散：如果危机需要进行学生疏散或校园封锁，后勤保卫组负责实施这些行动，确保疏散过程有序、迅速。学校应有详细的危机疏散计划，确保每个学生都能安全到达指定的安全区域，避免在危机处理过程中发生次生事件。

后勤保卫组的工作为心理危机干预提供了坚实的物质基础和安全保障，他们的及时响应能够有效减少危机的物理威胁，为整个应急系统的顺利运作提供支持。

三、学校心理危机维护系统

学校心理危机维护系统的目标是在危机发生后，帮助学生和校园社区恢复心理平衡，预防潜在的危机余波。该系统通过系统化的维护和跟踪，确保危机事件后学生的心理健康得到持续关注,并为未来类似事件的预防提供支持。

(一)学校心理危机维护系统的任务

在危机事件发生后,学校心理危机维护系统承担着多个关键任务,旨在为学生提供长期的心理支持,减少危机对其未来发展的负面影响。具体任务包括以下几点。

1. 心理康复支持

危机发生后,学生的心理健康需要持续的关注和支持。维护系统的首要任务是为学生提供个体或小组的心理康复服务。此类服务可能包括长期的心理咨询、团体支持或心理治疗,帮助学生从情绪低落、焦虑或创伤中逐渐恢复。根据危机的严重性,心理康复支持的强度和时间可能有所不同。

2. 情感和社交功能恢复

危机事件通常会对学生的情感和社交功能产生负面影响,导致他们在人际交往中出现退缩或难以信任他人。学校心理危机维护系统的任务之一是帮助学生重新融入校园生活,恢复正常的人际关系。这可以通过促进学生参与校园活动、建立支持性同伴关系以及提供社交技能培训来实现。

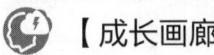
【成长画廊】

简易应对问卷

以下列出的是当你在生活中经受到挫折打击,或遇到困难时可能采取的态度和做法。请你仔细阅读每一项,然后在下边选择最适合你本人情况的选项。

遇到挫折打击时可能采取的态度和方法	不采取	偶尔采取	有时采取	经常采取
1. 通过工作学习或一些其他活动解脱				
2. 与人交谈,倾诉内心烦恼				
3. 尽量看到事物好的一面				
4. 改变自己的想法,重新发现生活中什么重要				
5. 不把问题看得太严重				
6. 坚持自己的立场,为自己想得到的斗争				
7. 找出几种不同的解决问题的方法				
8. 向亲戚朋友或同学寻求建议				
9. 改变原来的一些做法或自己的一些问题				
10. 借鉴他人处理类似困难情境的办法				

续表

遇到挫折打击时可能采取的态度和方法	不采取	偶尔采取	有时采取	经常采取
11. 寻求业余爱好，积极参加文体活动				
12. 尽量克制自己的失望、悔恨、悲伤和愤怒				
*13. 试图休息或放假，暂时把问题（烦恼）抛开				
*14. 通过吸烟、喝酒、服药和吃东西来戒除烦恼				
*15. 认为时间会改变现状，唯一要做的便是等待				
*16. 试图忘记整个事情				
*17. 依靠别人解决问题				
*18. 接受现实，因为没有其他办法				
*19. 幻想可能会发生某种奇迹改变现状				
*20. 自己安慰自己				

注：*表示消极应对的条目。

简易应对方式问卷由积极应对和消极应对2个维度（分量表）组成，包括20个条目。积极应对维度由条目1~12组成，重点反映了积极应对的特点，消极应对维度由条目13~20组成，重点反映了消极应对的特点。问卷为自评量表，采用4级评分，由受试者根据自己情况选择一种作答。结果为积极应对维度平均分和消极应对维度平均分，得分越高，表明采用该种应对方式的倾向越高。所谓积极和消极是相对的。并不是积极的应对方式就一定有积极的后果，或者消极的应对方式就产生消极的后果，不同应对方式，在不同时间和情景，在不同的人身上，会有不同的结果。

自测后提醒：此问卷仅作为了解自己的参考，如有疑问，请咨询专业人员。

3. 学业支持与调整

心理危机的发生可能影响学生的学业表现，导致学习兴趣下降或成绩滑坡。因此，学校应为受危机影响的学生提供学业支持，包括学业辅导、课业调整或延长考试时间等措施。通过这些个性化的学业支持，确保学生的学业进程不因危机受到长时间影响。

4. 危机后预防与评估

危机维护系统的另一个任务是对危机后的干预和支持措施进行评估，了解学生在危机后恢复的具体情况。这一过程不仅有助于确保干预措施的有效性，还能为学校未来的危机预防和应对提供宝贵的经验。通过评估可以识别出系统中存在的不足，并针对性地改进未来的应对措施。

（二）学校心理危机维护的流程

当学生重大危机事件发生后，学校需要迅速启动心理危机应对流程以有效处理危机，并为学生、教职员工、家长以及整个校园社区提供支持。

1. 立即启动危机应急系统

学生重大危机事件的发生通常会对校园产生重大冲击,因此学校应当立即启动预先设立的危机应急系统。学校领导、心理辅导员、教师和行政管理人员应迅速集合,召开紧急会议,评估事态严重性并启动应对流程。

信息确认:学校应首先确认重大危机事件的事实,并确保相关细节的准确性。错误的信息或未经确认的谣言可能引发恐慌,因此,第一步是核实事件的具体情况。

指挥协调:学校应指定一个专门的危机指挥小组,负责协调后续应对措施。该小组应由校长、心理辅导员和其他关键人员组成,负责管理整个危机处理过程,并确保各个小组(如心理辅导组、信息沟通组、后勤保障组等)在明确分工下高效运作。

2. 控制信息传播与沟通

学生发生重大危机后,学校需要迅速控制信息传播,以防止谣言扩散和恐慌情绪蔓延。有效的信息沟通不仅能够帮助学校保持校园的稳定,还能减少学生、教职工和家长的焦虑。

内部通报:学校应向教师和教职员工发布内部通报,提供准确的事件信息,并向他们解释接下来将采取的步骤。教师应当了解如何支持受影响的学生,如何回答学生可能提出的问题,以及如何识别可能受到影响的高危学生。

学生和家长的通知:学校应向学生和家长发布经过审核的正式声明,简要说明事件情况,并告知学校将提供心理支持和相关资源。这种声明应以尊重和敏感的语气传达,避免过度详细描述重大危机事件,以防止其他学生受到不必要的心理伤害。

媒体沟通:如果事件受到媒体关注,学校应指定一名发言人负责对外沟通,确保信息传达一致,避免引发媒体误导或扩大报道可能带来的负面效应。

3. 提供紧急心理支持

在事件发生后,心理支持是学校应对危机的重要任务之一。学校需要为学生、教师和其他受影响的群体提供快速的心理辅导,帮助他们应对突发的情感冲击。

个体心理支持:学校应首先为与重大危机学生关系密切的同伴、亲友和班级成员提供一对一的心理辅导服务。这些学生可能处于极大的心理痛苦中,因此需要通过紧急心理干预(如情绪稳定技术、情感支持等)帮助他们处理悲伤、震惊、内疚等情绪。

团体辅导:对于整个班级或年级的学生,学校可以提供团体心理辅导服务。通过集体分享和讨论,帮助学生表达感受,避免他们封闭自己或产生孤立感。团体辅导也有助于让学生意识到他们并不孤单,其他同学也在经历类似的情感困扰。

教职工的支持:重大危机事件对教师和学校工作人员也可能产生情感冲击,尤其是与学生密切接触的教师。学校应为教职工提供心理支持和辅导,帮助他们应对自己的情绪,并为学生提供必要的支持。

4. 监测并支持高危学生

在重大危机事件发生后,学校应特别关注可能因事件受到极大影响的高危学生。这类学生可能包括与产生重大危机学生关系密切的朋友、目击事件的学生,或已有心理问题的学生。这一阶段的重点是预防事件引发的模仿效应或进一步的心理危机。

心理评估：学校的心理辅导员应对这些高危学生进行心理评估，了解他们的情感状态和心理健康状况。评估工具可以帮助学校确定这些学生是否存在重大危机倾向或其他心理风险。

个性化支持计划：对于被评估为高风险的学生，学校应制订个性化的心理支持计划。这可能包括更频繁的心理咨询、与家长的沟通和合作，甚至在必要时推荐外部心理健康服务。

持续观察：学校应对这些高危学生进行定期的心理跟踪和观察，确保他们在事件发生后的情感波动得到及时处理，并为他们提供持续的心理支持。

5. 制订后续支持计划

重大危机事件的影响通常是长期的，因此学校需要为危机后的长期心理支持做出规划。通过制订后续的心理维护计划，确保受影响的学生能够持续得到关注和支持。

长期心理跟踪：学校应安排心理辅导员对受事件影响的学生进行定期跟踪，评估他们的心理恢复情况。通过定期的心理评估和辅导，确保学生情感上的康复。

心理教育：学校可以在事件后加强心理健康教育，向学生普及心理危机的识别与应对知识，帮助他们了解如何寻求心理帮助，减少重大危机等极端事件的发生。

家校合作：学校应与家长密切合作，共同关注学生的心理健康。通过家长会、家校沟通平台等方式，学校可以为家长提供识别心理问题的建议，确保学生在家庭中也能得到有效支持。

第五节 学校心理危机干预虚拟仿真实训

当校园危机发生时，迅速而有效的干预至关重要。但是，校园危机尤其是涉及自杀等高危的心理问题干预，它具有关键性、高危险性和不可重复性等特点，如何提前掌握学校心理危机干预的基本流程和技术，成为心理健康教育工作者专业训练的重要内容。学校心理危机干预虚拟仿真实训，通过模拟危机情境，为学生提供了一个安全的学习空间，使他们能够在没有实际风险的情况下，掌握必要的心理支持和应对技巧。

一、虚拟仿真的原理与技术

学校团体心理危机干预的基本原理建立在危机理论、团体动力学和发展心理学的基础上，借助虚拟仿真技术，可以创建安全、可控的模拟环境，实验者可真实感受心理危机下个体的常见应激反应，并通过智能语义识别技术实现人机对话。

（一）虚拟仿真的基本原理

学校团体心理危机干预虚拟仿真技术结合现代信息技术，如3D、VR（虚拟现实）和语音识别等，来模拟现实教学中难以实现的场景。通常，在真实的团体设置中，讨论敏感话题或者模拟危机情境可能让部分成员感到不适或者触发负面情绪，而虚拟仿真技术可以创建安全、可控的模拟环境，参与者可以在虚拟环境中练习应对危机情境，而无须担心真实世界中的负面后果。

同时，虚拟仿真技术能够创造高度逼真的情境，引发参与者更强烈的沉浸感和情感共鸣，参与者更有可能体会到危机情境中个体的感受，从而提升他们的共情能力，并更好地理解危机干预的必要性，同时也结合了认知行为疗法、角色扮演和沉浸式技术，以增强学习效果和干预效果。

因此，将学校团体心理危机干预和虚拟仿真技术结合起来，可以提供一个安全、经济、可重复且高度参与的学习环境，使学生能够在无风险的情况下练习应对各种危机情境，提高他们的危机处理能力、团队协作和决策能力，同时收集数据以优化干预策略，为学生在现实世界中遇到紧急情况时提供必要的准备。

（二）虚拟仿真的技术运用

虚拟仿真技术与学校团体危机干预的结合，是通过一系列先进技术的融合来实现的，共同构建了一个沉浸式、交互式、多维的虚拟环境。

1. 场景建模与环境模拟

通过三维建模软件，可以创建出精细的虚拟环境，这些环境不仅复制了现实世界的视觉细节，还通过声音、气候和时间变化等多维度因素，增强了学生的沉浸感和体验的真实性。例如，在模拟自然灾害或校园暴力等危机情景时，学生能够感受到环境的紧迫感和不确定性，从而更深刻地理解和掌握应对策略。

2. 人物建模与行为模拟

人物建模与行为模拟丰富了虚拟环境的互动性，利用三维建模技术，可以设计出具有不同特征和行为反应的虚拟人物，模拟在特定危机情景下个体的可能反应，这种模拟有助于学生学习如何在危机中与他人有效沟通和协作，理解不同个体在压力下的行为模式。

3. 智能语音识别技术

智能语音识别技术依靠机器学习算法，特别是深度学习模型，为虚拟仿真实训提供了更为生动的交互方式。通过语音识别，学生可以与虚拟环境中的个体进行对话，系统能够识别学生的语音指令并做出相应的反应。这种技术不仅提高了模拟的逼真度，还为评估学生在压力环境下的沟通能力提供了工具。

4. 数据管理与分析系统

本项目运用数据管理与分析技术收集和分析学生在虚拟仿真环境中的行为数据，评估危机干预的效果，并提供改进建议。这些数据可以帮助教师和心理学研究者更好地理解学生的需求，并调整干预策略以提高效果。

二、项目介绍

国家级心理危机团体辅导虚拟仿真实验教学项目将虚拟仿真技术与团体心理危机干预相结合，能够让实验者在一个真实、安全的环境中体验到在心理危机中个体的常见应激反应，熟悉团体心理辅导的流程与操作。

（一）项目简介

本项目主要采用案例教学法，创设典型的心理危机事件——校园自杀事件，通过虚拟仿真技术进行情境模拟教学，将实验者带入仿真的心理危机团体辅导实验情境中，并通过智能语音识别技术进行现场教学，让实验者真实地进行一场心理危机的团辅活动。实验过程中，主要采用系统的程序教学法，分步分层进行心理危机团体辅导的流程和技术训练，结合在线答疑等教学指导，提升团体心理辅导的综合运用能力。

（二）项目特色

学校心理危机干预虚拟仿真实训平台突破传统的角色扮演的方式，是对传统危机干预教学方法和评价体系的拓展和创新，极具教学特色和建设性。

1. 教学模式

本项目利用虚拟仿真技术，模拟因校园自杀事件而受影响的学生群体和团体辅导的环境，让实验者能够真实体验在心理危机中个体的常见应激反应。同时，本项目创新性地引入智能语义识别技术，通过人机对话的实时交互模式，以10个环节和45个步骤的实验流程，真切再现心理危机团体辅导的整个过程。

2. 教学方法

本项目包含了理论学习、操作演示，分步实验，操作考核，以及成绩查询等多个教学模块。在巩固理论知识的基础上采用系统的程序化教学，让学生通过分步实验不断练习，直至熟练掌握所有流程和方法并通过考核。每一步骤系统都会根据学生的操作情况自动给出实时的反馈、指导或评价。此外，辅之以专业教师的在线答疑、评价、布置作业等方式实现真实的师生互动，形成虚实结合、双线教学，创新了团体心理辅导技术的有效教学方法。

3. 评价体系

该项目形成了"三位一体"全面、多层次的实验教学效果评价体系。重点考查学生对团体心理危机干预中的技术要点和操作流程的掌握，包括理论测试、操作考核和教师评价。将量化分析和质性评价结合起来，全方位、多层次地评价学生的学习效果。

4. 教学环境

本项目突破时空限制，通过传统课堂教学与虚拟仿真实验平台的良好融合，延伸并拓展了传统教学，使学习者能够在真实的危机干预情境中练习团体心理辅导，掌握相关流程和技术。此外，学习不再受时间和空间的限制，提升了实验教学的效率和效果。

三、操作流程与指导

熟悉并掌握实验的操作流程是有效使用虚拟仿真实训平台进行学校心理危机干预的前提，通过详细的操作流程和指导，学生可学习如何登录系统、熟悉操作界面及完成实验报告。

（一）登录方式与基本设置

登录链接：https://www.ilab-x.com/details/page?id=2332&isView=true。

单击"我要做实验",会弹出相应网址,单击网址进入本实验项目首页,单击"查看项目详情"进入实验界面。

当选择进行虚拟实验时,系统会出现2个选项:实验和考核。实验模式旨在练习操作,会伴有详细的操作指南,而考核模式则是正式进行实验并记录成绩的环节。在进行考核时,留意界面左上方是否清晰显示"考核"字样,同时确认正上方是否准确显示了登录的用户名,只有在这些条件都满足的情况下,实验成绩才会被系统记录。

(二)操作界面与流程

本实验的操作流程共包括10个基本环节,45个交互性实验操作步骤(图7–1),具体如下。

第一环节:开场介绍。

步骤1:介绍身份及团辅目的。实验者进入虚拟实验情境,对虚拟群体进行自我介绍并告知本次团辅目的,以营造温馨安全的团体氛围。

第二环节:活动约定。

步骤2:建立活动契约。实验者与虚拟成员共同建立活动契约。

步骤3:重申约定。在成员回应较少的情况下实验者应进行活动契约的再次强调。

第三环节:聆听事实。

步骤4:介绍环节。实验者介绍本环节活动的进行方式,引导成员讲述自己在危机事件中的所在、所见和所闻,帮助成员适当地宣泄情感。

步骤5~16:回应成员。实验者在成员宣泄情感的过程中,应关注成员的反应。

第四环节:询问应激反应。

步骤17:询问应激反应。实验者对前一个环节进行小结,随后引导成员表达在危机事件中的所感,帮助成员在认知上和情感上消化不良体验,获得支持和安慰。

步骤18~30:倾听与回应应激反应。实验者在成员表达情感的过程中,给予适当回应。

步骤31:总结应激反应。实验者在成员分享完应激反应之后能够总结成员的应激反应。

步骤32:考核应激反应。实验者在屏幕呈现的输入框中输入常见的应激反应,并单击"提交"。

第五环节:探讨调节方法。

步骤33:介绍规则。实验者介绍本环节活动如何开展。

步骤34~36:参与讨论。实验者任意单击由团辅成员组成的2个圆圈,对成员提出的问题进行回应,鼓励成员参与思考和讨论。

步骤37:结束讨论。实验者总结成员的讨论结果,并让成员重新围成一个大圈。

步骤38:分析讨论结果。实验者对成员提出的调节应激反应的方法进行分析。

第六环节:放松训练。

步骤39:放松训练。实验者对上一个环节进行小结,并过渡到放松训练环节。

步骤40:知识考核。实验者完成放松训练技术基本知识点的理论考核。

第七环节：分享团辅感悟。

步骤41：分享感悟。实验者应鼓励成员分享本次团辅的收获与体会，并进行反馈。

第八环节：总结提升。

步骤42：生命教育。实验者总结本次活动，并进行生命教育，激励成员珍爱生命，热爱生活。

步骤43：收尾活动。实验者通过语音，让团辅成员将双手搭在旁边同学的肩膀上，围成圆圈。

第九环节：结束活动。

步骤44：结束活动。实验者用适当的语言结束团辅活动。

第十环节：事后评估。

步骤45：事后评估。实验者在弹出的选择框中，选择其认为需要进行个别辅导的成员，单击提交。

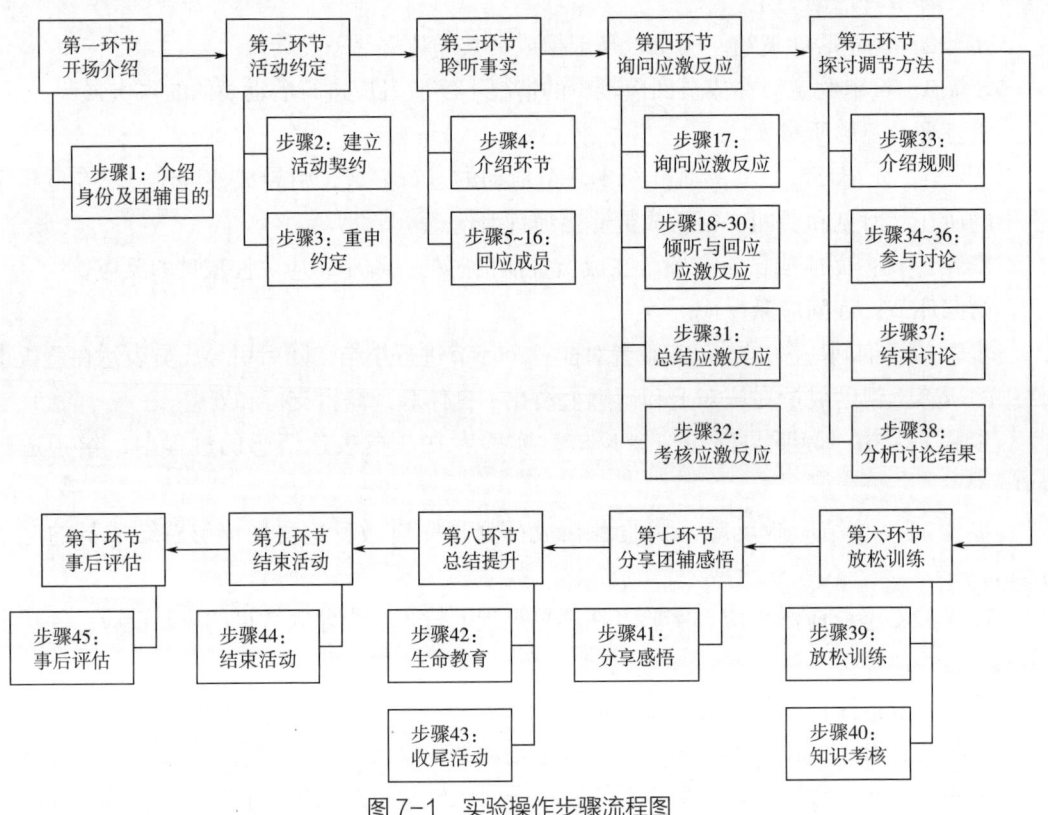

图7-1 实验操作步骤流程图

（三）实验报告范式

完成考核之后，即可查看成绩和下载实验报告单，实验报告模板如表7-1所示。

表7-1 实验报告模板

实验报告			
实验名称	心理危机团体辅导虚拟仿真实验教学项目		
姓名	用户名		考试时间
实验目的			
实验器材			
实验过程			
实验结果	做完考核之后,下载实验报告的时候系统会根据用户的完成情况自行给出		
实验结论	当前成绩为:(成绩是系统给出的,不可自行修改)系统会根据完成情况和成绩给出相应的评价		
实验体会			

四、使用体验与效果

心理危机团体辅导虚拟仿真实验教学项目通过模拟真实的心理危机干预场景,学生可以将理论知识应用于实践,通过不断地实验和试错,深化对心理危机干预的理解,激发了学生的好奇心和探索欲,收到了大量用户的良好体验评价(图7-2)。

图7-2 用户体验评价节选

虚拟仿真项目打破了以往被动接受知识的模式,学生需要主动搜寻信息、分析情境,并尝试不同的干预策略,这一过程有效地提升了他们的独立操作能力,使其能够在虚拟环境中自信地应对复杂的危机场景。此外，该项目的反馈功能通过即时监测学生的操作和决策，提供了实时的反馈。基于这种反馈功能，学生可以及时了解自己的表现，促进自我评估和反思，从而促进持续学习和改进。这种及时性让学生能够在实验过程中立即了解自己的行为后果，从而促进了自我评估和反思的能力。

本章小结

基本概念

学校心理危机　心理危机评估　心理危机干预　心理危机干预的基本技术　学校心理危机预警系统

要点回顾

1. 学校心理危机是指在学校环境中，学生由于个人内部或外部的压力源，无法有效应对这些应激因素，导致心理功能暂时性失调，出现情感、认知和行为上的异常表现。如果得不到及时的干预和支持，可能导致严重的后果，包括自杀、伤人等极端行为。

2. 心理危机的表现通常涉及生理、心理和社会功能的多个层面。通过对这些方面的观察，可以有效地识别危机。访谈评估通常包括四个阶段：访谈评估前准备、建立信任关系、评估风险等级，以及共同决定应对策略。

3. 学校心理危机干预是指在学生遭遇重大心理冲击、创伤或精神压力时，学校通过一系列专业的心理学方法，帮助其恢复心理健康的过程。危机干预模型包括四个阶段：危机事件的发生、个体反应、干预行动和恢复期。

4. Safer-R模型强调通过5个连续步骤有效干预学生的心理危机：稳定情绪、确认危机、促进理解、鼓励应对、转介转诊。

5. 学校心理危机个体干预技术分别是：稳定化技术、倾听技术、共情技术、正常化技术、短期焦点解决技术。危机事件应激晤谈（CISD）是团体危机干预的技术，分为介绍阶段、事实阶段、感受阶段、症状阶段、辅导阶段和恢复阶段。

6. 学校心理危机预警系统的任务包括识别潜在风险群体、评估危机风险与监测和跟踪进展；应急系统的任务包括保护学生安全、稳定学生情绪、迅速评估危机、协调外部资源和提供后续干预；维护系统的任务包括心理康复支持、情感和社交功能恢复、学业支持与调整和危机后预防与评估。

7. 学校心理危机干预虚拟仿真实训，通过模拟危机情境，为学生提供了一个安全的学习空间，使他们能够在没有实际风险的情况下，掌握必要的心理支持和应对技巧。

练习题

1. 怎样识别学校心理危机？
2. 评估学校心理危机的方法和流程有哪些？
3. 学校心理危机的干预采用了什么理论？

4. 在实际学校心理危机干预过程中可以应用哪些技术?

5. 校园本该是文明的殿堂。然而，近年来校园暴力事件时有发生，给宁静的校园蒙上了一层阴影，校园暴力对学生心理上的影响远大于实际的危害。请应用本章所学知识，谈谈校园暴力发生后，学校应该如何开展心理危机干预?

拓展阅读

［1］张琳，徐凯. 对一例自杀未遂高中生的校园心理危机干预及反思［J］. 中小学心理健康教育，2025，（08）：52-54.

［2］周红萍. 家校如何形成合力——心理危机干预转介中的困境与应对［J］. 中小学心理健康教育，2025，（08）：66-69.

［3］于晓丽. 构建心理危机干预体系，打造"大心理"健康教育新模式［J］. 中小学心理健康教育，2025，（08）：62-65+47.

［4］马瑀涵，黄庆之，陈云. 我国突发公共事件心理危机干预政策法规梳理［J］. 精神医学杂志，2024，37（05）：537-541.

［5］浙江省中小学心理健康教育指导中心. 中小学心理危机筛查与干预工作手册［M］. 宁波：宁波出版社，2019.

［6］广东省中小学心理健康教育指导中心. 广东省中小学心理危机干预手册［M］. 广州：广东教育出版社，2022.

第八章 心理健康教育的校家社协同

> **学习目标**
> 1. 理解学校、家庭以及社区在心理健康教育中的不同作用及相互关系。
> 2. 掌握校家社协同促心理健康教育的具体实施途径。
> 3. 培养心理健康教育工作的系统观思维。

课前导学

2023年4月，教育部等17个部门联合印发《行动计划》，明确提出要以"五育并举"促进学生心理健康，实现学校心理健康教育的全面推进。2023年1月，教育部等13个部门联合发布了《关于健全学校家庭社会协同育人机制的意见》，强调要"坚持科学教育观念，增强协同育人共识，积极构建学校家庭社会协同育人机制"。2024年11月，教育部等17个部门联合印发《家校社协同育人"教联体"工作方案》，提出"教联体"是以中小学生健康快乐成长为目标、以学校为圆心、以区域为主体、以资源为纽带，促进家校社有效协同的一种工作方式。政策的出台指明了家庭、学校和社会三方面在促进青少年健康成长中的责任与作用，强调各方要形成合力，共同为学生的心理健康保驾护航。这意味着心理健康教育已经成为国家和社会共同关注的重点领域，而校家社协同育人机制则是实现这一目标的关键。

家庭、学校和社会三方面的协同合作对青少年的心理健康具有显著的积极影响。一项研究表明，家长的积极参与和支持能够显著提升学生的情绪调节能力和自我效能感；学校通过开展心理健康教育课程和活动，可以帮助学生建立正确的心理健康观念，提高应对压力的能力；社会层面的支持，如社区心理健康服务，为学生提供了更多的外部资源和帮助。

课前思考

1. 什么是心理健康教育的校家社协同？
2. 为什么要重视心理健康教育的家庭支持？
3. 社区如何支持学校心理健康教育？

思维导图

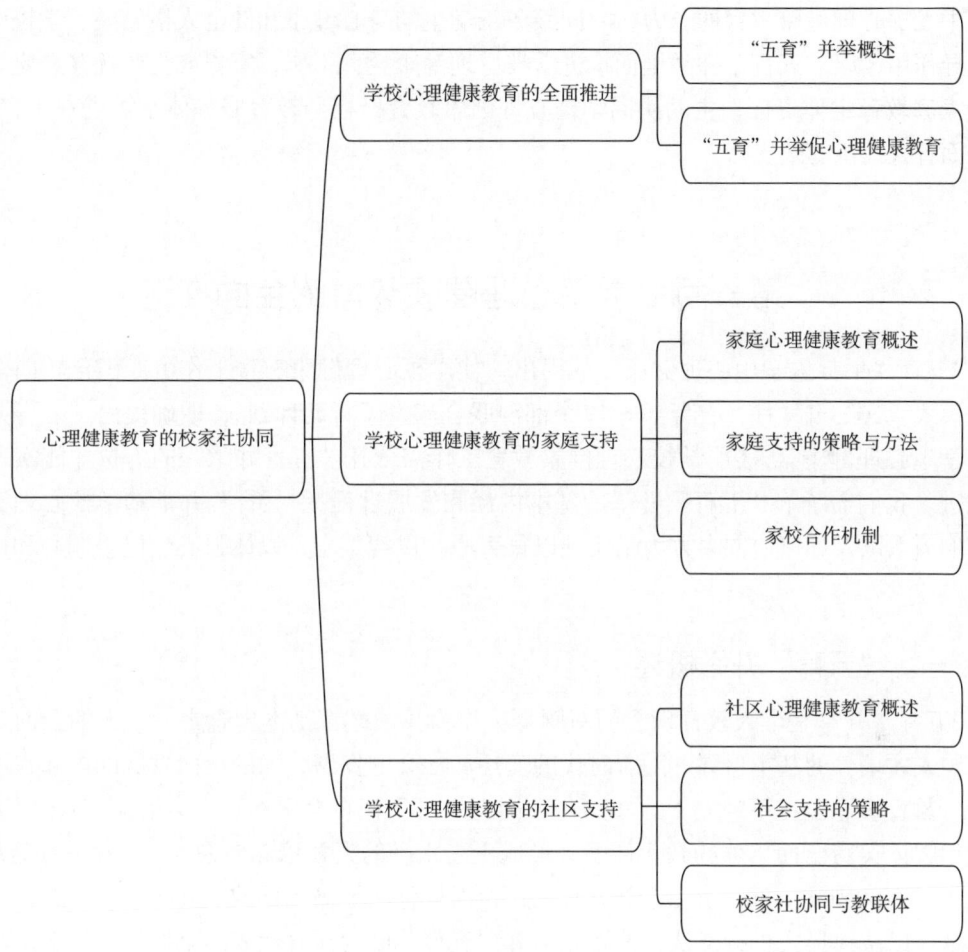

心理健康教育的校家社协同是指家庭、学校和社会三者在相互协调、通力合作、同向而行中发挥心理健康教育的合力，共同服务于学生的身心健康和健全人格发展。学校应发挥主导作用，以"五育"并举全面推进学校心理健康教育工作；家长或主要抚养人应切实履行家庭教育主体责任，主动协同学校心理健康教育；社会教育服务体系需进一步完善，为全面育人提供有效支持。

第一节　学校心理健康教育的全面推进

"五育并举促进学生心理健康"的提出，使学校心理健康教育工作由专门化转向全面推进模式。2023年4月，教育部等17个部门联合印发《行动计划》，明确提出"五育并举促进学生心理健康"，表明学校心理健康教育工作需依托"五育并举"的力量才能实现全面推进。我们需了解"五育"并举的基本内涵和发展过程、"五育"并举和学校心理健康教育的关系以及如何协同多方力量实现以德育心、以智慧心、以体强心、以美润心和以劳健心。

一、"五育"并举概述

"五育"并举是全人教育理念的新阐释。作为我国教育基本理念之一，人的全面发展是我国人才培养的基本追寻。随着时代的变迁和社会的发展，人的全面发展的内涵在不断丰富，教育理念也在不断完善。2018年，习近平总书记在全国教育大会上谈到："要努力构建德智体美劳全面培养的教育体系，形成更高水平的人才培养体系。"这为人的全面发展赋予了新的内涵。2021年，《中华人民共和国教育法》做出修改，正式将"'五育'并举"育人以法律形式进行确认，德智体美劳"五育"成为新时代人的全面发展的新内涵和新要求。

（一）"五育"概念及其发展

五育是指德育、智育、体育、美育和劳动教育。德育以学生身心发展特点和规律为基础，按照特定的社会要求和规范，对学生施以思想道德与政治、价值观念等方面的教育。智育主要是传授系统的现代文化科学知识、培养能力，发展学生智力的教育。体育是指传授健身知识、技能，养成锻炼身体的习惯，增强体质和机能，提高身体综合素质的教育。美育是形成学生正确的审美情趣和审美观，培养感受美、鉴赏美、创造美的能力的教育。劳动教育则是以培养学生的劳动意识、劳动技能为核心，塑造个体良好的劳动习惯为目的的教育活动。德智体美劳五个方面相辅相成，"德"定方向，"智"长才干，"体"健身躯，"美"塑心灵，"劳"助梦想，"五位一体"共同促进人的全面发展。

根据不同历史时期的客观实际，德智体美劳全面发展的育人思想经历了由发展德智向德智体美劳全面发展的演进过程，大致可以分为4个时期：①雏形萌芽期（1921—

1956年)注重发展德育和智育;②初步形成期(1957—1998年),德智体"三育"成为党的教育方针中有关全面发展教育的基本组成部分;③探索发展期(1999—2014年)则将美育与"德智体"视作全面发展教育的组成部分;④完善提升期(2015年至今),"劳动教育"被纳入全面发展教育,"四育"扩展为"五育",丰富了新时代下的全面发展教育的内涵。

(二)"五育"并举或"五育"融合

"五育"并举是德、智、体、美、劳全面发展。2019年,《中共中央 国务院关于深化教育教学改革全面提高义务教育质量的意见》明确提出"坚持'五育'并举,全面发展素质教育",强调"五育"的全面性、平等性。"五育"融合是"五育"并举高质量发展的新阶段。2019年,《中国教育现代化2035》提出要更加注重学生全面发展,大力发展素质教育,促进德育、智育、体育、美育和劳动教育的有机融合,旨在通过"融合"的方式实现德、智、体、美、劳全面发展。

"五育"并举和"五育"融合既有区别又存在密切联系。"五育"并举主要关注于全面发展教育体系,旨在解决"智育"占主导地位,其他各育被忽视和边缘化的问题。"五育"融合则侧重于全面发展教育的实施机制和方法,重点是解决实践中出现的"五育"各自孤立、相互竞争的问题,推动"五育"的有机整合和全面实施。从这个角度看,"五育"并举是一个偏向宏观的政策概念,而"五育"融合则是偏重于微观的政策实施细节。"五育"并举是"五育"融合的基础与前提,"五育"融合则是对"五育"并举的深入和具体化。两者的最终目标都是培养能够肩负民族复兴重任的、德智体美劳全面发展的社会主义建设者和接班人。

(三)"五育"与学校心理健康教育的关系

"五育"和心理健康教育是全人教育理念的一致性体现。"五育"顺应了社会变革之所需,更是回应了教育本源(即全面育人)之所是。同时,心理健康是人的全面发展的重要体现,也是蕴含在五育之中的内在要求。"五育"和心理健康教育是全面发展素质教育、实现整体育人的必然要求。

首先,"五育"有助于提高学生整体心理健康水平。现阶段引发学生心理问题的原因多与学业问题、人际关系和家庭环境等有关,这些因素阻碍了学生适应不断变化的社会环境。五育涵盖了道德、智力、体育、艺术和劳动等多个方面,能够全面培养和发展学生的各种能力和素养,有助于学生适应各种环境,进而提高整体心理健康水平。如果只强调"五育"的某一个方面,而忽视其他方面,则不利于人的全面发展,甚至会影响学生的身心健康。例如,过度强调智育,会给学生带来过大的学业压力,又因缺乏其他渠道纾解,长此以往便容易造成心理问题。

其次,心理健康教育也可以为"五育"提供基础保障,为"五育"的落实提供更为良好的环境。当学生心理健康水平提高时,他们在道德、智力、体育、艺术和劳动等领域的学习和发展能力也会随之增强。良好的心理状态可以促进学生的学习兴趣和动机,使他们更愿意参与各类活动,从而实现全面发展。例如,心理健康教育强调自我认知和情绪管理,有助于激励学生在体育锻炼和艺术活动中主动表达自我,深化对美的理解和追求,促进身心协调发展。

心理健康教育与"德智体美劳"五育之间的关系可以比作人的一只"手","德智体美劳"是点石成金的五根"手指",而心理健康教育则是"手掌",连接着五育中的每一个要素。"五育"的每一个要素均有助于学校心理健康教育的推进,反过来,学校心理健康教育也为"五育"的实施提供支持和保障。通过五育并举,将心理健康工作贯穿于育人的全过程、各方面、各环节,并产生协同效应、互补效应和累加效应,从而实现整体育人功能。

二、"五育"并举促心理健康教育

"五育"并举对学校心理健康教育的全面推进,离不开学校管理者、心理健康教育教师和全体科任教师的多方联动。只有在多方协同合作下,才能够达到各育促心理健康教育的途径细化。

(一)"五育"并举促学校心理健康教育的多方联动

学校心理健康教育是一个系统工程,需要各个教育工作者的协同合作。

首先,学校管理者需要站在更高的全局化视角,统筹实施全员融合育心工作。学校管理者要思考教育的目的、学校的发展以及当下应有的行为。从更高的视角出发,加强顶层设计与统筹规划,例如,将教师、管理人员、家长等纳入学校的心理育人队伍,发挥不同岗位人员的育心功能,有机地将各育与心理健康教育融合,同时发挥每一种育人活动的作用,形成合力,提升心理健康教育的整体效果。此外,学校管理者还需要加强心理健康教育的效果评估,健全教育评价方式。

其次,心理健康教师应发挥其专业性优势,更好地促进学校心理健康教育的全面推进。在做好课程教育、监测评估、咨询服务(个体咨询和团体辅导)和干预处置等心理健康专业工作的同时,更应在全面推进学校心理健康教育的过程中,发挥专业性优势。第一,心理健康教师需以开放包容的研究态度,主动尝试与多学科、多领域的研究者进行交流合作,为学校心理健康教育的全面推进注入新活力;第二,加强与各"育"工作者的联动,做好心理健康水平的监测、评估和反馈工作,助力于心理健康教育和"五育"的双向构建;第三,积极与家长和社会资源沟通,通过家长会、讲座等方式传播心理健康专业知识,提升家长和社区对学生心理健康的重视,促进良好心理健康氛围的营造。

最后,全体科任教师应回归教育使命,实现"经师"和"人师"相统一。全体科任教师应从"五育"并举视角,重新理解和深度反思学校教育教学,挖掘和再现教材中本就具备的育人育心内容。同时,也应有意识地利用各自的学科优势,在教育教学过程中推动学生心理健康发展,最终实现"既教书又育人"。

(二)"五育"并举促学校心理健康教育的细化途径

"五育"并举促进心理健康,要求教育工作者采取科学合理的教学策略,并在德育、智育、体育、美育、劳动教育等育人活动中融入心育,在心理健康教育过程中也同时关注其全面育人的功能,实现"五育"和心理健康教育的双向构建。目前已有不少学校进行了"五育"促心理健康教育的实践探索。

1. 以德育心

心育和德育，都应为"立德树人"服务。作为德育的重要工作内容，心理健康教育不应偏向"补救"理念，应以道德品质培养为主要内容，以教育环境为载体，形成优化的教育生态环境并作用于中小学生，使其能建构一种良好的心理环境；同时将德育内容通过心理学方法转化为中小学生更易接受的个体德性价值，以更好地提升德育效果。通过"统合心育德育，实践相融共育"的融合理念，形成"你中有我，我中有你"的教育模式，共同服务于"立德树人"的根本任务。

（1）重视思政的心育功能。德育处和班主任可以通过举办学习榜样人物等主题活动，将科学家精神、伟大建党精神等带进校园、引入课堂，形成优化的教育生态环境。例如，某市中小学以重要传统节日、纪念日、节庆活动为契机，定期举办形式多样的德育实践活动，积极组织"新时代好少年"等各类评优表彰活动，以培养学生正确的道德认知和积极向上的心态，有利于学生的身心健康发展。

（2）强调德育的价值导向。个体的社会适应需与社会文明和道德准则同步，在进行自我认知、人际交往、情绪调节等相关心理健康主题教育时，也应通过价值引领帮助学生积极探索和体悟人生的意义，帮助其形成正确的世界观、人生观和价值观，进一步促进个体的社会适应，提高心理健康水平。

2. 以智慧心

智育活动本身便属于心理活动的范畴，无论记忆、思维、想象和问题解决，都是基本心理过程的实现。智育不仅仅包括知识的传授与接收，更强调学生能力和素养的培养与训练。这不但为心理健康教育提供了前提条件（心理健康的标准之一就是智力正常），而且是学生将知识与技能转化为心理机能、实现心理潜能的内在动力因素。

（1）重视教学中的积极心理品质的培养。作为心理健康教育的题中应有之义，提升学生现有的智力水平、开发其潜能，需要教师在教学设计、教学过程和教学反思等教学流程中，时刻遵循学生的心理发展规律，培养积极的心理品质。

【心理剧院】
小组作业的挑战与应对

初一13班王老师在小发明课上安排了一次小组作业。学生们被分为八个小组，每组需完成一个小发明项目，并在两周后展示。在课上巡视每个小组的进度时，王老师发现，小明同学参与度不高。经观察后发现：讨论时，其他同学积极发言，而小明的想法常常被打断，因此小明选择不再参与。了解到这一情况，王老师选择立即介入这一小组的互动，鼓励每名学生分享自己的观点，并引导学生尊重不同的意见，发挥团队合作的力量。经王老师的引导后，小组成员开始重视小明的贡献；小明也开始在讨论中积极分享自己的见解；团队氛围逐渐融洽。

这个案例如何体现"教学中的积极心理品质的培养"？

案例分析：首先，王老师发现小明在小组中的被忽视状态，体现了教师应具备的敏锐觉察。其次，发现问题后，王老师进行及时介入，以尊重和鼓励学生，让每位同学都有表达的机会，提升小明的自信心和参与感。最后，及时的干预不仅解决了小明被忽视的问题，还促进了小组成员间的沟通和理解，增强团队合作意识。因此，教师需在教学实施中关注学生的情感变化，促进智力的提升与积极品质的发展。这提示我们，教师不仅是知识的传播者，更是心理的引导者。

（2）强调在教学内容中挖掘心理健康的内容。教师可以依据不同学科的特点，在延伸教学内容时顺势开展心理健康教育，更好地促进学生掌握相关技能、形成核心素养。例如，语文教学具有较强的综合性，语文教师在引导学生分析人物对话和主人公的神态、情绪变化的基础上，可以强调主人公的美好品质，促使学生模仿学习；道德与法治学科本身便包含许多心理健康教育内容，如"不一样的你我他""当冲突发生"。

（3）关注智力比赛或活动中的创造力和非智力因素。创造力作为智力发展的最高形式，是个体在心理健康高级发展阶段的自我实现；学习兴趣、习惯、动机等非智力因素，都是与智力活动密切相关的非认知性心理因素。例如，某学校通过学科小竞赛、诗词大赛等丰富多样的比赛或活动，培养学生的创造力、增强学习动机、养成良好的学习习惯。

3. 以体强心

体育除了强身健体，也具有"健心"的功能。从"身心一体"和"身心健康"的角度来看，体育是心理健康教育的体质基础。应充分利用学校的体育教学和运动赛事等相关资源，帮助学生提升"身体自尊"、强化情绪调适能力等，以全面提升学生积极心理品质。

（1）重视体育课及课间活动的情绪调适功能。首先，要保证一定量的体育知识和技能教学课。让学生在完成充足的运动、增强体质的同时，享受运动的乐趣、磨炼意志，使体育活动的"育心"作用充分发挥出来。其次，发挥体育在压力疏解、情绪调节方面的作用，如组织多姿多彩的体育大课间活动（跑步、做操）以及课后服务活动。如某小学增设阳光大课间，创编"本草纲目操"，推广"快乐足球""快乐篮球"。

（2）关注体育团体活动的社会性功能。在体育比赛或活动（如篮球赛）以及社会实践等课外大型活动中，不仅可以增强体质、磨炼意志，还可以提升学生的团队合作和集体意识。例如，某市中小学共成立篮球、足球、乒乓球、轮滑等多种的体育社团，并根据季节开展多场的校园"体育节"等体育比赛活动。

4. 以美润心

美育中的心理健康教育，重点在于关注学生的审美心理过程。无论是感受、鉴赏还是创造美，都是心理对客观现实的反映，是心理活动的必然产物。通过开展一系列审美活动，让学生在不同的艺术形式中感知美、理解美、欣赏美、创造美，从而维持心理的健康与和谐。

（1）以一定量的艺术课程或心理产品引领学生发现美、理解美。教师在音乐课、美术课等艺术课程中，带领学生发现美、用美的眼睛去看待世界，以达到平心静气的作用。例如，某市某区开发"心海导航"绘本、"心灵驿站"明信片、"情绪小怪兽"玩偶套装、"心灵花园"桌游等系列心理健康文创产品，以艺术赋能心育。

（2）重视各种艺术活动对于自我或是集体的积极促进作用。学校可以举办单人的书法比赛、绘画比赛，引导学生在"美"中发挥自己的特长，提升自我效能感；在校园文化节、艺术节等大型活动中，举办团队性质的课本剧、舞台剧等比赛或是表演，有助于进一步增强人际交往、团队合作等意识。

（3）关注校园环境塑造过程中的"创造美"功能。校园环境的塑造是学生自己动手创造"美"的过程，例如，在合适的主题下，进行板报、墙报等内容的设计，发挥学生主体的审美认知，加强自己的"主人翁"意识。

5. 以劳健心

劳动教育中的心理健康教育，重点在于培养学生的劳动意识和劳动技能。在开展劳动教育时，教师可以着重引导学生回顾参与劳动时的感受，让学生体会劳动的乐趣，并学会尊重、感恩和分享，从而提升自身的道德水平和心理素质。

（1）通过劳动教育促进尊重、感恩等积极心理品质的培养。在通过多种不同形式的劳动教育培养劳动意识和劳动技能的同时，引导学生体会劳动的艰辛，进而学会珍惜劳动成果。例如，某区的中小学利用校园空余土地，引领学生在劳动课上种植玉米、土豆以及萝卜等农作物，并且每学年还设立劳动周，以集体劳动为主，利用劳动实践教育基地，开展多种形式的劳动教育，促进对于劳动的尊重、对于劳动者的感恩；某学校还开设"别出'昕'裁"课程，通过剪纸、掐丝画等，让学生在手工劳作中体验自我、增强自信。同时，校内日常卫生的打扫工作，可以帮助学生养成良好的生活习惯，形成尊重劳动、尊重他人的意识。

（2）重视劳动教育对社会责任感的提升作用。劳动教育中的志愿服务活动，有助于进一步培养学生的社会责任感。例如，某小学开展的"环保在心—行动在手"主题志愿服务活动，让学生切实认识到生态环保的重要性，并且每一个人都应该承担起自己的社会责任。

总的来说，在"五育"并举促进心理健康教育的理念指导下，各个学校通过多种途径开展实践探索，为学校心理健康教育的全面推进提供了有力的支持。但学校心理健康教育的全面推进，只靠教育行政部门的组织、学校的力量以及校长和教师的努力是难以实现的，它需要集聚学校教育力、家庭教育力和社区教育力协同解决。

第二节　学校心理健康教育的家庭支持

家庭是孩子的第一所学校，父母是孩子的第一任老师。家庭教育在学生心理健康和全面发展中发挥着基础性作用。只有家庭与学校的紧密协作，才可以为学生构建一个更加稳固、健康的心理成长环境。

一、家庭心理健康教育概述

在构建学生心理健康教育体系的过程中，家庭教育作为整个教育体系的基础，承担着重要的责任。它不仅是个体心理成长的基础，也是学校教育与社会支持的重要补充。因

此，了解家庭心理健康教育的概念、目标与任务，探讨家庭教育对学生心理健康的影响，明确家庭与学校心理健康教育之间的紧密联系是至关重要的。

（一）家庭心理健康教育的概念、目标与任务

随着时代的发展、政策的颁布、研究成果的产出等，人们也越来越关注家庭心理健康教育，熟知其概念、目标和任务是我们了解家庭心理健康教育的第一步。

1. 概念

家庭心理健康教育是指在家庭环境中，家长通过学习和实践有关心理健康的理论知识与技能，有意识地引导和支持家庭成员的心理发展，以促进其心理健康水平的提升，并帮助他们解决心理问题的一系列活动。家庭心理健康教育不仅关注儿童青少年的成长与发展，也重视成年人（特别是父母）自身的心理健康状况，其核心在于构建一个支持性的、开放的家庭环境，在这个环境中，每个成员都能感受到被尊重、被理解和被接纳。

2. 目标

家庭心理健康教育的目标是通过一系列有计划、有组织的活动，帮助家庭成员建立积极的心理健康观念，增强自我认知与情绪管理能力，促进个体的社会适应性，以及预防和处理可能出现的心理问题。这些目标可以被分为两大类：发展性目标和防治性目标。这两类目标相辅相成，共同构成了家庭心理健康教育的核心内容。

（1）发展性目标。家庭心理健康教育的发展性目标在于培养家庭成员健全的人格特质、积极的生活态度及良好的心理素质。这一目标强调在日常生活中逐步构建起有利于个人成长的支持系统，鼓励每个成员发挥自身潜能，实现全面而均衡的发展。

第一，它致力于提高家庭成员对自我的认识水平，包括理解自己的情感需求、兴趣爱好、优势劣势等方面，从而能够更加客观地评价自己，并在此基础上设定合理的人生规划。第二，加强人际交往能力也是发展性目标的重要组成部分之一。这不仅涉及如何与家人建立亲密关系，还包括在学校、工作场所乃至更广泛的社会环境中有效地沟通交流。家长应该示范如何尊重他人意见、解决冲突矛盾，并且鼓励孩子们积极参与集体活动，在实践中锻炼社交技能。第三，激发创造力和想象力对于个人全面发展具有重要意义。家庭应提供一个自由探索的空间，允许孩子尝试新事物而不必担心犯错，这样可以激发他们的创新思维，丰富其精神世界。

（2）防治性目标。与侧重于积极发展的目标相对应的是防治性目标，该目标关注的是预防潜在的心理健康问题，并及时干预已经出现的问题，防止它们进一步恶化。

第一，家长需要掌握一些基本的心理学知识，能够敏锐地察觉到孩子或伴侣的情绪变化及异常行为模式。例如，当孩子突然变得沉默寡言、成绩下滑或是频繁抱怨身体不适时，就可能是心理问题的早期信号。此时，家长应及时与其进行沟通，了解背后的原因，并给予适当的支持与安慰。第二，传授有效的压力管理和情绪调控技巧也是防治性目标的关键内容之一。例如，教导家庭成员学习冥想、瑜伽等放松身心的方法，或者定期安排户外运动、旅行等活动，以缓解疲劳和妥善处理各种不良情绪反应。第三，针对特定人群（如单亲家庭、离异家庭等）可能面临的一些特殊心理困扰，家庭心理健康教育还应提供专门的支持服务。

家庭心理健康教育的发展性目标与防治性目标紧密相连，缺一不可。发展性目标侧重于培养个体积极向上的心理品质，为其健康成长奠定坚实基础；而防治性目标则聚焦于预防和解决可能出现的问题，确保每个人都能在一个安全稳定的心理环境中茁壮成长。

3. 任务

家庭心理健康教育的任务在于通过系统性的教育活动，增强家庭成员对心理健康的重视程度，明确各自在维护心理健康中的角色和责任，并掌握科学的教育方法以促进个体的心理发展，最终达到提升整个家庭心理健康水平的目的。

（1）增加心理健康重要性的认识，提升全体家庭成员的心理健康水平。家庭心理健康教育的一个基本任务是增加家庭成员对心理健康重要性的认识。随着社会的发展和个人生活压力的增加，心理健康问题日益凸显，而很多家长对于心理健康的认识仍然停留在表面，甚至存在一定的误解或偏见。因此，提高家长及孩子对心理健康的认识成为家庭教育的重要组成部分。与此同时，也不应忽略成年人尤其是父母自身的心理健康状况。一个幸福的家庭是由多个身心健康、彼此关爱的个体组成的。

（2）认清角色，强化责任意识。家庭心理健康教育还需要帮助家长认清自身在孩子心理成长过程中的角色，并强化其责任感。家长在孩子心理发展的关键时期扮演着无可替代的角色。然而，现实中许多家长往往忽视了这一点，或者因为缺乏正确的育儿理念而采取了一些不利于孩子心理健康的教养方式。为了改变这种情况，家长需要重新审视自己作为教育者和引导者的身份，明白自己的言行举止对孩子有着深远的影响。同时，也要学会倾听孩子的声音，尊重他们的选择，给予适当的自主空间。

（3）掌握科学教育方法。现代心理学倡导一种更为灵活多变的方法论，旨在激发个体潜能，促进其自我实现。这就要求家长们不仅要更新自己的教育观念，还要掌握科学的教育方法。此外，家长还可以借鉴新兴的心理干预手段如正念冥想、艺术治疗等，为孩子提供多样化的心理健康支持。当然，在运用这些方法时，必须根据孩子的年龄特点和发展阶段进行适当调整，确保教育内容既符合实际情况又具有针对性。

家庭心理健康教育的任务涵盖了从提高心理健康意识、明确角色定位到实际操作层面的具体实施等多个维度。它不仅关注于解决当前存在的问题，更重要的是着眼于长远。在这个过程中，家长扮演着至关重要的角色，他们的态度、行为乃至整个家庭的文化都将直接影响到教育的效果。

（二）家庭教育对学生心理健康的影响

在家庭心理健康教育中，个体的心理健康状况受到多种家庭因素的影响，其中较显著的包括家庭背景、教养方式以及亲子关系这3个方面。这些因素相互交织，共同作用于个体的成长过程，从而对其心理健康产生深远的影响。

1. 家庭背景

家庭背景是构成个体成长环境的基础，它涵盖了家庭的社会经济地位、文化水平、家庭结构等多方面的内容。

社会经济地位通常与家庭收入、父母职业等因素有关，而较高的社会经济地位往往能够为孩子提供更好的教育资源和发展机会，这不仅有利于他们的学业成就，同时也促进了

自信心和自我效能感的提升。此外，父母的文化水平也会影响家庭教育的质量。受过良好教育的父母更有可能采用科学合理的育儿方法，并能更好地指导孩子的学习和生活。

同时，家庭结构的变化同样会对个体产生重要影响。核心家庭（即由父母及未婚子女组成的小家庭）相对而言更加稳定和谐，有利于培养孩子的安全感和社会适应能力；然而，随着离婚率的上升，单亲家庭、重组家庭日益增多，频繁的家庭变动或家庭内部冲突则可能导致孩子感到不安，从而影响其心理健康。

2. 教养方式

教养方式是指父母在日常生活中对孩子进行抚养和教育的方法，它是影响个体心理健康的关键因素之一。心理学家鲍姆林德（Baumrind，1967）将父母的教养模式分为权威型、专制型、纵容型和忽略型四种。

权威型教养方式的特点在于既给予孩子一定的自由度，又设定明确的行为规范，鼓励他们独立思考并承担相应责任。在这种环境下成长起来的孩子通常具有较强的责任心、自律性和解决问题的能力，而且他们在面对挑战时表现得更为乐观自信。

相比之下，专制型教养方式强调绝对服从和严格控制，不允许孩子有太多自主空间。长期处于这种高压状态下的孩子可能会变得过分依赖他人，缺乏创造力和批判性思维，容易产生逆反心理，甚至形成消极的人格特质。

纵容型教养方式则走向另一个极端，表现为对孩子的要求过于宽松，很少设立界限。虽然短期内看似让孩子过得轻松愉快，但长远来看却可能导致他们缺乏必要的规则意识和社会责任感，难以适应复杂多变的社会环境。

忽略型教养方式则是指父母对孩子的需求漠不关心，几乎不参与其日常生活。被忽视的孩子往往会感到被遗弃，内心充满不安和恐惧，这将严重影响到他们的自我价值感和社交能力的发展。

3. 亲子关系

亲子关系作为家庭内部最重要的一种人际关系，对个体的心理健康起着至关重要的作用。良好的亲子关系不仅能为孩子提供情感上的慰藉和支持，还能促进其认知发展和社会交往能力的提升。

首先，安全依恋是亲子关系中最基本也是最重要的组成部分。根据鲍尔比（Bowlby，1969）的依恋理论，婴儿期形成的依恋类型会影响个体一生的情感体验和人际互动模式。安全型依恋的孩子与父母之间建立了牢固的信任感，知道无论遇到什么困难都能得到及时的帮助和安慰，因而表现出更高的探索欲和冒险精神；而非安全型依恋（如回避型、矛盾型或混乱型）的孩子则往往因为缺乏足够的关爱而变得敏感脆弱，容易产生逃避现实、退缩内向等问题行为。

其次，亲子沟通也是维系亲密关系的关键环节。有效的沟通能够让双方了解彼此的想法感受，增进理解与包容，减少误会和冲突。尤其是在青春期这一特殊阶段，青少年渴望获得更多的自主权，如果家长愿意倾听孩子的意见，平等对话，那么就能建立起一种基于尊重和平等基础上的新型亲子关系，这对于维护青少年的心理平衡极为有利。此外，家庭中的正面互动活动也能增强亲子间的情感联结。例如，共进晚餐、户外运动、阅读故事书等简单而温馨的时刻都能够拉近彼此的距离，让孩子们感受到来自家庭的温暖和力量。

家庭背景、教养方式以及亲子关系构成了影响个体心理健康的主要家庭因素。它们以各自独特的方式渗透进个体的成长历程之中，相互联系、互相影响。因此，在开展家庭心理健康教育时，需要从整体出发，综合考虑各种因素之间的关联性，制定出针对性强且行之有效的干预措施。

【成长画廊】
修订版成人依恋量表及结果解释

请阅读下列语句，并衡量你对情感关系的感受程度。请考虑你的所有关系（过去的和现在的），并回答有关你在这些关系中通常的感受。如果你从来没有卷入过情感关系中，请按你认为的你的情感会是怎样的来回答。

1=完全不符合；2=较不符合；3=不能确定；4=较符合；5=完全符合

请在量表的每个题右侧填写与你感受一致的数字1~5。

（1）我发现与人亲近比较容易。
（2）我发现我要去依赖别人很困难。
（3）我时常担心情侣并不真心爱我了。
（4）我发现别人并不愿像我希望的那样亲近我。
（5）能依赖别人让我感到很舒服。
（6）我不在乎别人太亲近我。
（7）我发现当我需要别人帮助时，没人会帮我。
（8）和别人亲近使我感到有些不舒服。
（9）我时常担心情侣不想和我待在一起。
（10）当我对别人表达我的情感时，我害怕他们与我的感觉会不一样。
（11）我时常怀疑情侣是否真正关心我。
（12）我对与别人建立亲密的关系感到很舒服。
（13）当有人在情感上太亲近我时，我感到不舒服。
（14）我知道当我需要别人帮助时，总有人会帮助我。
（15）我想与人亲近，但担心自己会受到伤害。
（16）我发现我很难完全信赖别人。
（17）情侣想要我在情感上更亲近一些，这常使我感到不舒服。
（18）我不能肯定，在我需要时，总找得到可以依赖的人。

计分方式：本量表包括3个分量表，分别是亲近、依赖和焦虑分量表，每个分量表由6个条目组成，共18个条目。亲近量表题号为1、6、8、12、13、17。依赖量表题号为2、5、7、14、16、18。焦虑量表题号为3、4、9、10、11、15。

先计算3个分量表的平均分数，再将亲近和依赖合并，产生1个亲近依赖复合维度。

亲近依赖复合维度计算方法：亲近依赖均分=（亲近分量表总分+依赖分量表总分）÷12

依恋类型的划分及解释如下：

安全型（亲近依赖均分＞3，且焦虑均分＜3）：在感情上很容易接近他人。不管是依赖他人还是被人依赖都感觉心安。不会担忧独处和不为人接纳。

焦虑型（亲近依赖均分＞3，且焦虑均分＞3）：希望在亲密关系中投入全部的感情，但经常发现他人并不乐意把关系发展到如自己期望的那般亲密。没有亲密关系让我不安，有时还担心伴侣不会像我看重他一样看重我。

拒绝型（回避型）（亲近依赖均分＜3，且焦虑均分＜3）：即使没有亲密关系也安心。对我而言，独立和自给自足更加重要，我不喜欢依赖别人或让人依赖。

恐惧型（矛盾型）（亲近依赖均分＜3，且焦虑均分＞3）：和他人发生亲密接触使我不安。感情上我渴望亲密关系，但很难完全相信他人或依赖他人。担心自己和他人变得太亲密会受到伤害。

（三）家庭教育和学校心理健康教育的关系

良好的家校关系能够为孩子提供一个全方位的支持系统，不仅有助于预防心理问题的发生，还能促进其积极人格的形成与发展。具体来说，家庭与学校心理健康教育之间的关系主要体现在三个方面：相互补充以实现科学育人；资源共享以构建生态育人体系；以及通过家校合作达到协同育人的效果。

1. 相互补充，科学育人

家庭和学校各自拥有独特的功能优势，在心理健康教育方面可以互相补充，共同促进孩子的全面发展。具体来说，家庭教育更侧重于情感支持和价值观塑造，而学校则倾向于传授知识技能和社会化过程中的行为规范。此外，家庭是孩子学习情绪管理、压力管理、社交技巧的第一个课堂，父母的态度和应对压力的方式会在很大程度上影响到孩子的心理调适能力。相比之下，学校则提供了更加专业化的心理健康服务，如心理咨询室、心理辅导课程等，并且能够利用集体活动培养学生的团队协作能力和社交技巧。这种互补性使得家庭和学校能够在不同层面上满足孩子的需求，从而形成一个全面覆盖的支持网络。当两者保持良好互动时，才能真正实现科学育人的目标。

2. 资源共享，生态育人

除了功能上的互补外，家庭和学校还可以通过资源共享进一步优化心理健康教育资源配置，创造有利于孩子健康成长的良好生态环境。一方面，学校可以充分利用自身的专业力量为家庭提供必要的指导和服务；另一方面，家长也可以将自己在生活中积累的经验教训分享给其他家庭成员甚至是整个社区，形成一种互助互利的局面。事实上，许多成功的心理健康教育项目都是基于这样的理念设计而成的，即鼓励人们打破壁垒，共同参与到维护心理健康的工作当中去。"家长学校"就是一个很好的例子，它不仅为家长们提供了一个交流心得的平台，同时也促进了家庭之间乃至家庭与学校之间的联系。

3. 家校合作，协同育人

要实现真正的协同育人，关键在于建立起一套行之有效的家校合作机制。由教育部等13个部门在2022年发布的《关于健全学校家庭社会协同育人机制的意见》强调，各级政府要充分发挥统筹协调作用，加强组织协调、部门联动，从统筹规划、发展管理、协调保障等方面为协同育人工作提供有力保障。在宏观层面上，政府及相关机构应该出台相关政策法规，明确各方责任义务，为家校合作提供法律依据；同时也要加大对心理健康教育领域的投入力度，确保有足够的资金用于师资培训、设施建设等方面。而在微观层面上，则需要学校和家庭共同努力，探索适合自身实际情况的合作模式。

通过相互补充、资源共享以及家校合作，我们可以构建起一个全方位、多层次的支持体系，不仅能够有效预防和解决儿童青少年面临的心灵困扰，还能助力其成长为身心健康、具有社会责任感的新时代人才。

二、家庭支持的策略与方法

家庭成员在孩子的成长过程中扮演着至关重要的角色，而学校作为孩子学习和社交的重要场所，不仅承担着传授知识的任务，也肩负着对家长进行心理健康教育的责任。通过优化家长的教育理念、应用科学的教育方法以及对问题家庭提供心理治疗支持，能够有效促进学生的心理健康发展。

（一）优化家长教育理念

随着社会的发展和信息时代的到来，传统的家庭教育观念面临着前所未有的挑战。许多家长由于缺乏心理学与教育学的专业知识，往往难以准确把握孩子的心理发展规律，从而导致教育方式上的偏差。

学校应主动承担起指导家长的角色，帮助他们树立正确的心理健康教育观。首先，学校可以通过举办讲座、工作坊等形式向家长普及儿童青少年心理发展的基本理论，强调心理健康对于个体全面发展的重要性。其次，学校应当鼓励家长转变观念，认识到每个孩子都是独一无二的个体，需要根据其特点采取差异化的教育策略，而不是盲目地追求"标准化"的成长路径。此外，学校还应该定期邀请心理学专家来校开展专题研讨，解答家长在育儿过程中的困惑，分享成功的案例经验，以此激发家长的学习兴趣，促使他们更加积极主动地参与到孩子的心理健康教育中来。

（二）普及科学教育方法

家庭成员掌握科学合理的教育方法是实现高效家庭心理健康教育的关键。一是要理解孩子的心理发展特点。个体的成长遵循从简单到复杂、从量变到质变的过程，每个阶段都具备独有的特征并且相互间存在连续性。家长应该知晓孩子在各个发展阶段的行为模式和特定需求，确保教育活动既能满足孩子当前的需求又不会超前或滞后于其发展进程。二是重视正向教育和积极心理学的应用。科学教育方法提倡通过激励和鼓励来促进孩子的自信心和自尊感。家长应多关注孩子的优点和努力，鼓励其在挑战中成长，帮助孩子建立自我效能感和内在动机。三是可以通过培养良好的情绪管理和应对能力、树立榜样作用等多维度来支持孩子的心理健康成长。科学的教育方法强调情绪教育，父母可以通过示范和指导

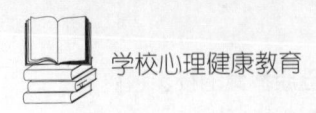

来帮助孩子识别和管理情绪。家庭成员应当为孩子提供一个支持性强的环境，让孩子在面对情绪困扰时能得到理解与疏导。

通过上述举措，从科学的教育理念、教育方法入手，可以为孩子构建一个和谐稳定的成长环境。

（三）开展家庭心理咨询

学校有必要加强对以下问题家庭的关注和支持，必要时介入进行心理干预。有一部分家庭，因为种种原因存在结构功能不健全的问题，如单亲家庭、重组家庭或是父母间关系紧张等情况，这些都会对孩子的心灵造成深远的影响。

具体而言，学校可以设立专门的心理咨询中心，配备专业的心理咨询师团队，为有需要的学生及其家庭成员提供一对一的心理辅导服务。当发现某个学生表现出明显的心理障碍症状时，应及时通知家长，并建议他们寻求专业机构的帮助。另外，对于那些已经出现严重心理问题的孩子，除了常规的心理咨询外，还需要考虑采用更为系统的治疗方法，如认知行为疗法、家庭系统治疗等，以期从根本上解决问题。值得注意的是，在处理这类敏感事务时，学校必须严格遵守保密原则，保护好个人隐私，避免给当事人带来额外的压力。

家庭成员的学校心理健康教育是一项系统工程，它涵盖了从理念更新到方法实践再到特殊干预等多个层面。

三、家校合作机制

家校合作是构建青少年儿童健康成长环境的关键环节。家校合作不仅需要学校与家庭之间的良好沟通，还需要双方共同努力。

（一）开设心理健康教育微课

随着互联网技术的发展，在线教育资源变得越来越丰富多样，为家庭教育提供了新的可能性。学校可以利用这一优势，开设心理健康教育微课，为家长提供灵活便捷的学习机会。这些微课通常由专业心理咨询师或心理学教师录制，内容涵盖了从基本的儿童心理发展阶段知识到具体的应对策略等多方面的主题。此外，还可以设置互动环节，让家长能够在观看视频后提出疑问，并得到及时解答。

同时，学校还应该定期更新微课内容，以反映最新的研究成果和社会发展趋势，确保家长获取的信息始终处于前沿状态。为了鼓励更多家长参与，学校可以通过设立积分奖励制度等方式激励家长学习，从而形成一种积极向上的学习氛围。通过微课的形式，家长不仅能学到理论知识，还能了解到实际操作方法，这将极大地提升他们在处理孩子心理问题时的信心和能力。

（二）布置任务单

除了线上课程外，学校还可以设计一些实践性强的任务单，要求家长与孩子共同完成，促进家庭教育的实际效果。这类任务单应当具有以下特点：一是根据学生年龄特点及心理发展阶段精心设计；二是涵盖自我认知、情绪调节、人际关系等多个方面；三是兼具趣味性和挑战性，以吸引孩子的兴趣；四是贴近学生和家长实际需求，从而达到最佳的教育效果。例如，低年级学生的任务单可能包括记录一周内自己感到最快乐的事情，并与父母分享；高年级学生则可能被要求制定一份个人目标清单，并邀请家长作为见证人监督其实现过程。这样的活动不仅能帮助孩子建立起良好的自我意识，还能让他们学会设定并追求目标，培养解决问题的能力。

（三）组织工作坊

工作坊是一种更为深入且互动性更强的教育形式，它允许参与者在专业人士指导下进行小组讨论、角色扮演等活动，从而获得更加直观的学习体验。学校可以定期举办面向家长的工作坊，围绕特定主题展开探讨，如青春期心理特征解析、如何处理考试焦虑等。在工作坊中，专家会首先讲解相关理论知识，然后引导家长们分组讨论，分享各自的经验教训，最后通过案例分析或模拟情境的方式让家长们亲身体验不同的应对策略。

因此，学校应当重视工作坊的设计与实施，确保其内容既科学又贴近实际，能够满足家长多样化的需求。工作坊的主题选择要基于当前社会热点问题以及家长普遍关心的话题，这样才能吸引更多家长的关注和参与。此外，学校还可以邀请校外的专业机构或专家参与进来，以增加工作坊的专业性和权威性。

（四）建立特殊工作机制

家校合作的特殊工作机制，其核心在于针对学生和家长的特殊心理需求，制定并实施个性化的干预策略，构建个性化心理需求的工作模式。

学校积极与家长沟通，深入了解学生的家庭背景、成长经历及个性特点，以便提供更加精准的心理辅导方案。教师和心理咨询师通过定期的家庭访问、电话访谈、线上会议等多种形式与家长建立紧密的联系，了解学生在家中的表现和生活习惯，以及家庭成员之间的互动模式。这样的沟通有助于学校获取第一手资料，从而在制订心理健康教育计划时考虑到学生的具体需求，确保干预措施的有效性和针对性。在了解学生家庭背景的基础上，学校可以根据每个学生的实际情况，设计个性化的心理支持计划。通过与家长的交流，学校能够及时更新学生的心理健康档案，跟踪他们的心理变化，适时调整辅导策略。

（五）成立家长互助组

为了进一步强化家校合作的效果，学校可以考虑成立家长互助组，这是一种基于自愿原则的自发性组织，旨在为面临相似挑战的家庭提供一个相互支持和学习的平台。互助组可以按照孩子所处的不同年级或面临的特定问题来划分，每个小组都有明确的目标和活动计划。成员们定期聚会，分享经验、交流心得，并互相提供情感上的支持。

此外，学校还可以安排心理学专家定期出席互助组会议，为家长们解答疑惑，传授专业的育儿知识。互助组的存在也为学校提供了一个宝贵的反馈渠道，通过倾听家长的声音，学校能够更加准确地把握家庭教育中存在的问题，并据此调整自身的教育和服务内容。为了保证互助组的高效运作，学校需要制定相应的管理制度，明确职责分工，并确保有足够的资源投入。同时，学校还应该鼓励更多的家长加入进来，不断扩大互助网络的影响力，使之成为推动心理健康教育发展的重要力量。

通过开设心理健康教育微课、布置任务单、组织工作坊、建立特殊工作机制以及成立互助组等多种方式，学校与家庭可以在心理健康教育领域实现紧密的合作。这些举措不仅能够有效提升家长的心理健康素养，还能促进亲子关系的和谐发展，为孩子营造一个有利于其身心健康成长的环境。同时，它们也为学校提供了宝贵的反馈信息，有助于不断优化和完善心理健康教育体系。在未来，随着社会对心理健康重视程度的不断提高，家校合作将在青少年儿童的心理健康教育中发挥越来越重要的作用。

第三节 学校心理健康教育的社区支持

学校心理健康教育不仅需要学校和家庭的努力，还需要社区的支持和配合。社区心理健康教育是学校心理健康教育的重要延伸和补充。

一、社区心理健康教育概述

社区心理健康教育作为一种专业化的助人活动，旨在通过科学和有效的方法帮助面临困境和心理需求的社区居民。鉴于其在现代社区服务中的关键作用，本文将进一步探讨社区心理健康教育对学生心理健康发展的影响及社区支持的具体策略等内容。

（一）社区心理健康教育的概念

社区心理健康教育（Community Mental Health Education）是指，在社区服务工作中，运用心理科学的理论与原则来保持与促进人们的心理健康，从而达到预防身心两方面疾病的目的。社区心理健康教育的内涵并不是一成不变的，而是一个相互承接的、动态的、在一定脉络中体现的过程。在这个过程中，每个时期的社会问题、社会政策、意识形态、专业化程度以及科学理论的发展变化、文化习俗、特别事件的发生等，都是影响社区心理健康教育含义的重要因素。

在人类的文化制度里，社区不仅是人类的居住方式，也是人作为社会的人得以存在和成长的具体场所。自19世纪末滕尼斯（Ferdinand Tönnies）在其著作《共同体与社会（Gemeinschaft Gesellschaft）》中首次提出"社区"（Gesellschaft）这一概念之后，"社区"就成为众多学者关注的焦点。随着学科的日益规范化，现代社会学进一步指出，所谓社区，即"有一定地理区域，有一定数量人口，居民之间有共同的意识和利益，并有着密切交往的社会群体"。社区是个体心理问题发生、发展的初级环境，也是心理健康维护与心理疾患防治的基本单位。

（二）社区对学生心理健康发展的影响

教育社会生态系统模型指出，个体心理健康发展受到时间系统、宏系统、外系统、中系统及微系统等多种因素的综合影响。从个体社会化的视角来看，教育社会生态系统影响个体心理健康水平各因素，呈互动关系（图8-1）。时间系统，即社会历史进程，直接形成个体生活的宏系统（科学技术、社会文化、教育社会结构）和外系统（家庭经济结构、社区环境、学校教师），并通过中系统（校家社）和微系统的中介（亲子关系、同伴关系、师生关系），作用于个体在认知、情感和行为等方面的心理健康发展。总的来说，个体心理健康发展的社会影响因素主要包括社会环境、社会关系、社会心理因素三个方面。

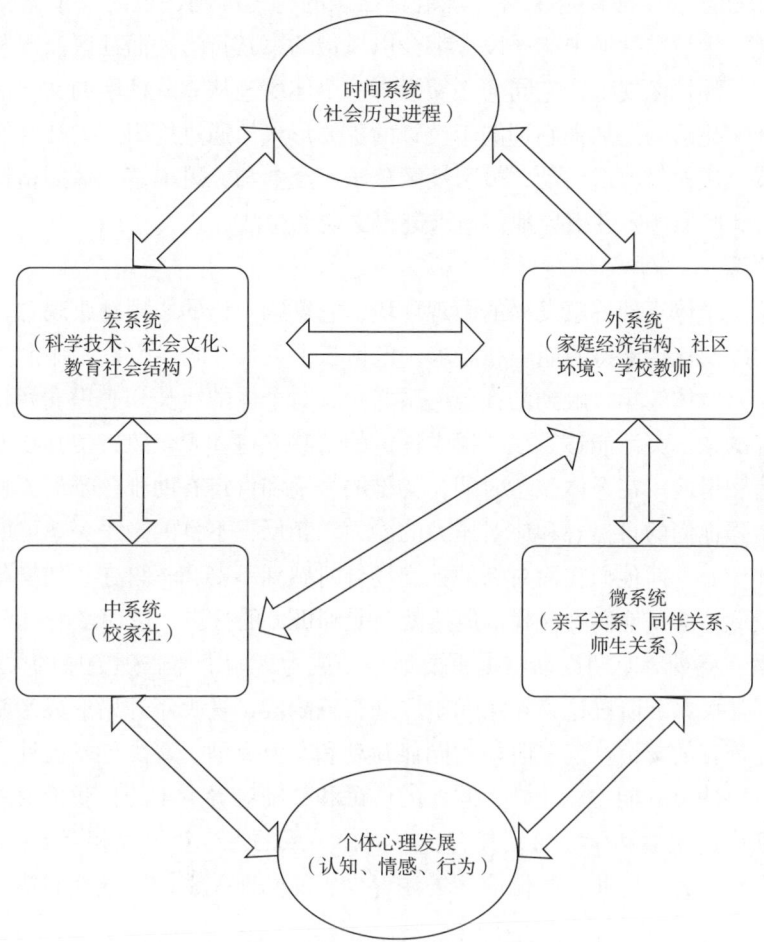

图 8-1 个体心理健康发展的教育社会生态系统模型

1. 社会环境

社会环境是个体心理健康发展的重要条件，包括物质环境和精神环境两个层面，共同构成了人们生活的宏观背景，对个体的心理健康产生深远影响。

物质环境影响个体的精神陶冶和身心健康。从自然环境来看，社区是一个个特定的地域聚落，不同地域具有不同的气候条件和地形地貌，这无疑能够陶冶学生的情操，提高他们的审美情趣。从人文景观来看，社区的建筑设计，直接影响心理健康教育的内容和形式，例如，在一些经济发达的社区，配有图书馆、博物馆、文化馆、少年宫、体育场馆等，利用这些设施，通过直观的、孩子喜闻乐见的方式，对他们进行道德教育、知识教育，能够开阔他们的视野、培养兴趣爱好等；社区的景观设计（例如绿化）可以净化空气、减少环境污染，增进人的身体健康。

社会的价值观、道德规范等精神环境影响着个体的道德观念和行为准则。与物质环境相比，社区的精神环境对个体心理健康的影响更为直接、持久。从社区的精神风貌来看，个体所处的社区氛围中普遍流行的价值观、生活方式、组织方式等，都会在其身上得到充分的体现。从社区的生活规范来看，规范是社区的行为准则，是约束个体行为的有效手段。一般来说，生活在社区中的居民大都会以风俗约束其行为；而社区法规和其他规章制度则是明文建立的社区规范，它同样必须为每一个体所遵从。从社区的文化活动来看，丰富多彩的社区文化活动是加强心理健康教育的重要形式，通过组织广大社区居民开展娱乐文体活动、节日庆典等习俗活动，吸引社区孩子广泛参与，可丰富个体的精神生活，增强社区的凝聚力和归属感，并引导他们追求健康文明的生活方式。

2. 社会关系

社会关系是个体心理健康发展的微观环境，它影响个体的心理健康观念、情感表达和情感体验方式以及社会支持的期望和需求，包括亲子关系、同伴关系、师生关系等。

亲子关系是个体较早接触到的社会关系之一，对个体的成长和心理发展具有至关重要的作用。良好的亲子关系能够为孩子提供稳定的情感支持和安全感，使其在面对困难和挑战时更加自信和勇敢。在个体孩童时期，父母的鼓励和肯定有助于孩子形成积极的自我概念和自尊，增强他们的自信心和应对压力的能力。相反，不良的亲子关系可能导致孩子缺乏社交技能和信心，使他们在面对新的社交场合时感到不安和不自在。如果孩子从小就被父母否定、贬低，那么他们的自我价值感就会受到极大的打击，进而影响自尊心和自信。

同伴关系在青少年时期逐渐占据重要地位，成为影响个体心理健康的关键因素之一。根据塞尔曼同伴关系五阶段论，在第四阶段和第五阶段，青少年开始形成亲密的共享关系和自主的相互依赖的友谊。这些阶段的同伴互动和交流有助于青少年发展社交技能，如沟通、协商和解决冲突的能力。此外，同伴的认可和鼓励对青少年的自我价值感有着重要影响。面对生活中的挑战和压力时，具有良好同伴关系的青少年可以相互支持、共同应对，从而减轻焦虑和压力。因此，我们应该关注青少年的同伴关系，引导他们建立积极、健康的同伴关系。

【知识广场】

塞尔曼同伴关系五阶段理论

美国儿童心理学家塞尔曼（Selman）提出了儿童友谊发展的五个阶段论。

第一阶段（3~7岁）：尚未形成友谊的概念，儿童间的关系只是暂时的游戏关系，朋友的意义更多与实利、物质属性或邻近性相联系。

第二阶段（4~9岁）：单向帮助阶段，儿童要求朋友能服从自己的愿望，例如，在游戏中，把能顺从自己的人当作朋友，否则就不是朋友。

第三阶段（6~12岁）：双向帮助阶段，儿童能做到合作和互惠，但带有明显的功利性特点，不能共患难。

第四阶段（9~15岁）：亲密的共享阶段，儿童可以做到在心理上的互相信任和支持，具有强烈的排他性和独占性。

第五阶段（16岁以后）：自主的相互依赖的友谊阶段，是友谊发展的最高阶段。此阶段选择朋友更加严格，建立起来的朋友关系持续时间比较长，朋友之间以双方互相提供心理支持和精神力量、互相获得自我的身份为特征。

师生关系是学生在校园中最常接触的一种人际关系，对学生的心理健康产生着重要影响。教师不仅是知识的传授者，更是青少年成长过程中的引路人。根据陶行知提出的新型师生关系理论，良好的师生关系可以为学生提供情感上的支持和指导，帮助他们解决成长中遇到的问题。相反，不良的师生关系可能给学生带来恐惧、不安和压力，使他们自卑、沮丧和失望。长此以往，这种师生关系问题可能导致学生产生逃避和挫败感，影响他们的学业和心理健康。

除了家庭、同伴和学校关系外，青少年还需要与社会中的其他成员建立联系，如邻居、社区工作者、志愿者等。这类型的社会关系有助于青少年拓宽视野，了解社会的多样性和复杂性。与不同社会成员的交往，青少年也能够学会适应社会环境，培养自己的社会责任感和公民意识。

3. 社会心理因素

根据社会影响理论，社会影响是一种非常普遍的社会心理现象，是指由于社会压力而发生的个人行为与态度朝社会占优势的方向变化的过程。具体包括从众、服从、社会助长与社会惰化、群体极化与群体思维等。个人所受来自他人的影响与他人的数量、他人的重要性以及他人与个体的接近性有关。

第一个社会影响要素是他人的数量。根据拉塔纳的观点，当个体面临大量他人的意见或行为时，更容易受到这些意见或行为的影响。这是因为多个人的观点或行为往往被视为更有说服力和代表性。一方面，在青少年时期，个体在群体压力下，自愿与群体中多数人保持一致，这有助于形成共同的语言、价值观和行为方式，增强社会凝聚力。但也可能导致个体放弃独立思考，盲目从众，从而做出错误决策。此外，长期的从众行为还可能削弱个体的创新能力和自我认同。另一方面，根据群体极化与群体思维观点，当青少年面临决策并在群体中进行讨论时，往往会出现成员观点变得比讨论前更加极端的现象，在决策过程中，群体可能会忽视或压抑与大多数人不同的意见，导致做出非理性的决策。这种现象对青少年的影响是显著的，它们可能导致青少年在群体环境中形成过于偏激或片面的观点，并抑制其独立思考和理性判断的能力，从而对其个人成长和社会适应产生不利影响。

第二个社会影响要素是他人的重要性，这取决于这个"他人"的地位、权力以及他人是不是专家，表现为服从现象。例如，当一个孩子面临学业选择时，他们可能会更加关注父母或老师的建议，因为这些人在他们心中具有更高的权威性和重要性。在权威或专业人士的指导下，服从有助于个体获取正确信息和高效完成任务。然而，过度的服从可能导致个体失去自主性和创造力，甚至产生盲目崇拜和依赖心理。当权威或专业人士的指示存在错误时，服从还可能引发更严重的后果。

第三个社会影响要素是他人与个体的接近性。所谓接近性是指，他人在时间与空间上与个体的接近程度，与一个相隔20米的人相比，一个与个体面对面相处的人，对个体的影响更大。从社会助长与社会惰化角度来说，面对他人在场时，个体活动效率也会随之提高；与他人一起活动时，个体活动效率也会降低。简单来说，正面的社会助长有助于激发个体的积极性和创造力，提高工作和学习效率；负面的社会惰化可能导致个体在团队中缺乏责任感，依赖他人，从而降低整体工作效率。

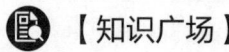

社会影响理论

一般来说，在他人的作用下，个体或多或少会产生这样或那样的变化。他人在场很可能对个体行为产生抑制作用，那些受助者本来是想感恩的，然而由于他人在场，他的这一行动便受到抑制。从这些受助者的个体特征来说，他们的年龄还比较小，经历的事情和场面也比较少，出生在比较贫苦的家庭使他们更倾向顺应困难，听天由命，这些个体特征都使他们对他人在场反应强烈。社会影响的另一现象便是从众现象，或者每一个受助者都有感恩的心，然而没有一个人率先打破沉默，于是所有的受助者都保持沉默，与群体保持一致，这也是个体在群体中的去个性化现象。这也可以用群体心理理论来解释，一般来说群体会有自己的规范，而且群体会借助规范的力量，对其成员心理形成一种群体压力，使其成员与群体保持一致。

（三）社区与学校心理健康教育的关系

社区与学校心理健康教育之间存在着密切且互补的关系，两者共同构成了维护和促进个体心理健康的重要体系。在这个体系中，社区在学校心理健康教育中扮演着多种角色，并支持着学校心理健康教育的发展。

首先，社区是学校心理健康教育外部环境的塑造者。社区作为学校所处的外部环境，对学校的心理健康教育起着至关重要的塑造作用。一个和谐、积极、支持性的社区氛围能够为学生提供良好的心理成长土壤。例如，社区可以为学生创造一个安静、安全的学习和生活环境，能够降低他们的焦虑和恐惧等负面情绪，从而间接促进学校心理健康教育的发展。

其次，社区是学校心理健康教育资源的重要提供者。一方面，社区可以依托自身的资源优势，如公益组织、志愿者团队等，为学校提供专业的心理健康服务；另一方面，社区还可以为学校提供必要的物质资源，如心理健康图书、教学设备等，以支持学校心理健康教育课程的开设和活动的举办。

最后，社区是学校心理健康教育效果的评估者。通过对学生、家长、教师等利益相关者的调查和访谈，社区可以了解学校心理健康教育的实施情况、学生的心理健康状况以及家长和教师的满意度等。同时，社区还可以根据评估结果，为学校提供针对性的指导和支持，共同推动学校心理健康教育的发展。

除此之外，社区与学校之间的紧密合作是提升学校心理健康教育质量的重要途径。社区可以通过多种方式支持学校开展心理健康教育，共同为学生的心理健康保驾护航。首先，社区可以为学校提供心理健康教育的资源和支持。如社区与学校共同开展心理健康周、心理健康月等活动，以提高学生的心理健康意识。其次，社区可以协助学校建立心理健康支持网络，形成一个全方位的心理健康支持体系。此外，社区还可以与学校共同开展危机干预工作。面对突发事件或学生个体危机，社区和学校可以迅速联动，共同为学生提供必要的心理援助和支持。总的来说，社区在心理健康教育中承担着的重要角色以及社区积极支持学校开展心理健康教育工作充分证明了社区在学校心理健康教育中起着不可替代的重要作用。

二、社会支持的策略

社会支持在构建有效的社区心理健康教育体系中扮演着核心角色，其基本原则包括全面性、协同性、针对性、持续性和科学性。根据这些原则，多方主体各司其职，共同推动实施策略的制定与执行，旨在确保心理健康教育服务能够全面覆盖、高效协同、精准施策、持续改进。

（一）政府层面

政府作为政策制定者和监管者，应当依据全面性原则，出台覆盖心理健康教育全链条的政策法规，确保心理健康教育的法制化、规范化。例如，由教育部等17个部门联合印发的《行动计划》强调了学生心理健康工作的重要性，并将其上升为国家战略，提出了"五育并举促进心理健康"的重要理念，阐释了"五育"与心理健康的内涵关系，明确了加强心理健康教育、规范心理健康监测、完善心理预警干预等主要任务。在中央的指导下，相关部门也先后出台了《中国教育现代化2035》《国务院关于实施健康中国行动的意见》等文件，对学生心理健康教育提出了相关要求和指导。

这些政策法规为学生心理健康教育提供了有力的法制保障和规范引导。一方面，政府可以推动建立覆盖全社区的心理健康服务体系，发挥基层社区在心理健康服务中的网底作用，通过搭建基层心理健康服务平台，包括心理咨询、心理干预、心理评估等，以满足不同群体的心理健康需求。另一方面，政府可以积极推动心理健康服务人才队伍建设，提升心理健康服务的整体水平。总的来说，政府应明确各方的责任和任务，为构建完善的学生心理健康教育工作体系奠定坚实基础；同时也有助于实现心理健康教育的全面性和系统性。

（二）社区层面

社区作为心理健康教育服务的直接提供者，应遵循协同性原则，整合社区内各类资源，共同为学校心理健康教育提供支持。

首先，社区应积极设立心理咨询室或热线，为社区居民提供心理咨询服务，帮助他们解决心理困扰和问题。为了提升社区心理健康服务工作的专业水平，社区可以邀请专家团队定期开展培训活动，帮助社区工作者更好地了解居民的心理需求，提供更精准、更有效的心理健康服务。在心理援助服务与及时干预方面，社区应依托心理援助热线，为面临重大挫折、家庭变故或有心理障碍的居民提供及时的心理援助服务。其次，社区应积极建立"心灵驿站"等心理健康服务阵地，配备专用设施，并组建专业的心理健康服务团队，为居民提供一个舒适、温馨的倾诉环境。此外，社区应充分利用公众号、微信群等新媒体平台，积极转发心理健康宣传教育精品和公益视频，推送心理健康科普知识。将心理健康知识普及与提升群众满意度有机融合，旨在帮助居民了解心理健康的重要性，并掌握基本的心理调适技巧。最后，社区应针对老年人、青少年、严重婚恋纠纷群体、信访人员、吸毒人员、生活困难人员等特殊群体，提供心理疏导、家庭教育辅导、法律援助等个性化服务，旨在帮助特殊群体解决心理问题，给予他们生活关怀。

（三）社会组织层面

社会组织，特别是那些专注于心理健康教育的非营利组织、咨询机构或专业团体，通常汇聚了一批具有心理学、教育学、社会工作等相关背景的专业人士。社会组织作为心理健康教育的专业力量，应依据针对性原则，针对特定群体或心理健康问题，开展专项心理健康教育、辅导和培训。

一方面，社会组织需要通过各种渠道（如学校合作、社区调查等）识别出存在特定心理健康问题的学生群体，如学业压力大的高中生、经历家庭变故的学生、有特殊教育需求的学生等。在识别出特定学生群体后，社会组织应根据这些群体的特点和需求，制订专门的心理健康教育计划。除了教育计划外，社会组织应当提供个性化的心理辅导服务，旨在帮助学生解决具体的心理问题，如焦虑、抑郁、社交恐惧等。另一方面，社会组织需要为社区心理健康教育工作者提供专业培训，旨在提升社区心理健康教育工作的整体水平。社会组织在提供专业培训时，应采用多种形式的培训方式，包括线上课程、线下研讨会、工作坊、案例分析、角色扮演等，以满足不同学习者的需求。为了确保培训的有效性，社会组织应对培训效果进行评估和反馈，了解学习者的学习情况，及时调整培训内容和方法，以确保培训的质量。除了理论培训外，社会组织应为社区心理健康教育工作者提供实践机会，包括在社区中心、学校、医院等场所进行实习或志愿服务等，让学习者在实践中应用所学知识，提高实际操作能力。

（四）医疗机构层面

习近平总书记多次强调心理卫生的重要性：心理健康是健康的重要组成部分，没有心理健康，就没有全面小康。医疗机构作为心理健康教育的技术支持者，在这一背景下承担着更为重要的责任，需要遵循科学性原则，为心理健康教育提供专业的医学指导和支持。

首先，医疗机构可以提供具有高度科学性的健康教育内容。医疗机构需要依据心理学、精神病学等领域的最新研究成果来制订教育计划和材料，确保内容既前沿又贴近大众需求，以帮助人们了解心理健康的基本概念、常见问题及其应对策略。其次，医疗机构可以为心理健康教育提供专业的医学指导。心理医生、精神科医生等专业人员凭借深厚的医学知识和丰富的临床经验，能够精准判断个体的心理状态，包括抑郁、焦虑、睡眠障碍等常见心理问题的严重程度。在制定个性化治疗方案时，能够综合考虑患者的生理、心理和社会因素，采用药物治疗、心理治疗、物理治疗等综合手段，确保治疗方案的科学性和针对性。最后，医疗机构可以与社区心理健康服务机构建立合作关系，共同为社区居民提供全面的心理健康服务。通过举办心理健康讲座、心理健康月、心理健康筛查项目等活动，深入普及心理健康知识，鼓励居民关注自身及家人的心理健康状态，并勇于寻求专业帮助。此外，医疗机构还可以与社区机构通过建立转诊和协作机制，确保需要专业治疗的居民能够及时获得更高层次的医疗服务。当社区机构发现居民存在严重心理问题或需要专业治疗时，可以迅速与医疗机构对接，安排转诊，确保居民得到及时、专业的治疗。医疗机构在治疗过程中也会与社区机构保持沟通，共同监测患者的康复进展，为患者提供持续的支持和跟踪服务，确保治疗效果的巩固和延伸。

三、校家社协同与教联体

校家社协同机制不仅能够有效整合社区资源，为学生提供更全面的支持；还能够充分发挥学校、家庭和社区的优势，形成心理健康教育的合力，为学生的心理健康发展提供全方位的支持。主要体现在以下几个方面。

（1）学校作为知识和信息的集散地，能够整合来自家庭和社区的资源，包括心理健康教育资源、专业心理咨询服务以及社区支持网络，实现资源共享和优化配置。学校可以设计和实施心理健康教育项目，邀请家长和社区成员参与，共同提高对心理健康问题的认识和理解，促进心理健康意识的形成和普及。

（2）家庭是学生心理健康发展的重要基础。学校可以通过家访、家长会和家庭教育指导等方式，帮助家长了解心理健康知识，提高家长的心理健康意识和教育能力。家庭可以利用学校提供的家庭教育指导资源，如研讨会、手册或在线课程，学习如何在家中创造一个有利于孩子心理健康的环境。家庭的支持和参与对于学校心理健康教育的成功至关重要，有助于形成一个支持性的教育环境，让学生在家庭和学校的共同关爱下健康成长。

（3）社区可以作为学校和家庭之间的桥梁，促进双方的沟通和合作，共同关注和解决学生的心理健康问题。社区可以提供社会实践的机会，让学生在参与社区服务和活动中学习社会技能，增强社会责任感，这对他们的心理健康有积极影响。社区可以倡导和推动有利于心理健康的政策和措施，例如，建立社区心理健康服务网络，提高心理健康服务的可及性。社区还可以为家庭提供支持，包括家庭教育指导、亲子活动等，帮助家长更好地理解和支持孩子的心理健康。概言之，社区不仅能够为学校和家庭提供支持和资源，还能够直接参与到心理健康教育中，形成校家社协同的有力支撑，共同促进学生的心理健康和全面发展。

校家社协同机制能够充分发挥学校、家庭和社区的优势，为学生的心理健康发展提供全方位的支持。为了实现校家社协同在构建社区心理健康教育体系中的有效性，需要各方积极参与、明确职责、加强沟通与协调。同时，还需要建立有效的合作机制和激励措施，鼓励各方发挥自身优势，共同为提升学生的心理健康水平贡献力量。

为了实现校家社协同全面育人理念，2024年，教育部等17个部门联合印发的《家校社协同育人"教联体"工作方案》提出"教联体"概念，这是以中小学生健康快乐成长为目标、以学校为圆心、以区域为主体、以资源为纽带，促进家校社有效协同的一种工作方式。"教联体"的核心目标是促进学生健康快乐成长，解决学生成长过程中面临的各种问题，如心理健康、体质健康、创新能力不足等。作为"教联体"的核心，学校需要发挥主导作用，做好"联"文章。例如，学校需要主动与家庭、学校特定的社区和地域范围内的社会资源单位（如博物馆、体育馆、科技馆）建立联系，实现育人资源的互联互通。学校要设置专业的协调联动机构，配备专职学校辅导员、家社联络员等，使家校社协同育人的角色明确化、专业化。学校还需要构建更契合社会需求的课程体系与创新模式，强化立德树人，加强职业启蒙教育，有针对性地引导学生接触社会，丰富"五育"内涵。此外，学校要组建家庭教育指导师团队，为家长提供家庭教育咨询和培训，帮助家庭内部树立和确立形成科学的育儿观念。通过"教联体"建设，学校、家庭和社会各方将共同承担育人责任，实现资源共享、优势互补、协同育人。

"教联体"建设需要建立互补、互助、互通的开放机制。政府、相关部门、学校、家庭、街道社区、社会资源单位都有各自的育人优势，同时也都存在着程度不同的育人局限。因此，为了给儿童青少年身心发展提供更好的空间环境，就需要建立互补性的开放机制，将各自的优势特色资源向育人需求单位开放。除了优势特色资源以外，其他资源也需要完善互助性的开放机制，当育人单位出现资源供给紧张与短缺时，"教联体"内的其他组织成员若有相应的资源，在条件允许的情况下应提供义务性的支持与帮助。

作为校家社协同育人机制的载体，"教联体"是县域内基础教育协同发展共同体。"教联体"不是家庭、学校和社会的简单联合，它是基于为儿童青少年创造更美好的教育环境和条件而建立的协同育人联合体，是一个以教育为核心、以立德树人为目标的有机整体。它以学校为"圆心"，通过整合家庭、社区以及社会资源，把"不教之教"与"有形之教"结合起来，把人生"第一所学校"的教育与学校教育、社会教育结合起来，形成全方位、全过程的育人网络。

校家社协同与"教联体"建设是新时代教育改革的重要举措，二者相辅相成，共同为学生的全面发展和心理健康提供全方位的支持。通过校家社协同，学校、家庭和社区能够充分发挥各自的优势，形成教育合力，为学生创造一个支持性的教育环境。而"教联体"作为校家社协同的载体，通过资源整合、问题导向和开放机制，进一步优化了协同育人的模式，提升了教育效果。未来，随着"教联体"建设的不断推进，学校、家庭和社区之间的合作将更加紧密，协同育人的机制将更加完善。通过打造家校社协同育人的"同心圆"，"教联体"将为学生的全面发展和心理健康提供更加坚实的基础，助力学生健康快乐成长。

本章小结

基本概念

校家社协同　五育并举　家庭心理健康教育　家校合作　社区心理健康教育

要点回顾

1. 五育并举与心理健康教育是全人教育理念的一致性体现。"五育"并举促进心理健康，要求多方教育工作者采取科学合理的策略，在"五育"活动中融入心育，以心育促进"五育"，实现"五育"和心理健康教育的双向构建。

2. 家庭教育作为个体心理成长的基础，承担着情感支持、价值观塑造等重要任务。家庭心理健康教育通过增强家庭成员对心理健康的重视，普及科学的教育方法，以提升整个家庭的心理健康水平。

3. 社区心理健康教育是学校心理健康教育的重要延伸和补充，为学校心理健康教育提供资源和支持，共同构建心理健康支持网络。政府、企事业单位、社区、医疗机构等应共同参与，形成多元化的心理健康教育服务体系。

4. 校家社协同：健全校家社协同的心理健康教育机制是新时代背景下的必然要求。新时代背景下，家庭、学校和社会三方面在促进青少年健康成长中具有关键作用与重要责任。未来，应继续加强校家社之间的沟通与协作，形成合力，共同为学生的心理健康保驾护航。同时，政府、学校、家庭和社会各界应共同努力，不断完善心理健康教育体系，提升心理健康教育水平，为培养德智体美劳全面发展的社会主义建设者和接班人贡献力量。

练习题

1. 简述校家社协同在心理健康教育中的重要性。
2. 五育并举与心理健康教育之间存在怎样的关系？
3. 家庭心理健康教育为什么重要？
4. 心理健康教师在家校合作中担任什么样的角色？
5. 设想一个社区与学校合作的心理健康教育活动，阐述其目的、形式、参与对象及预期成果。

拓展阅读

[1] 杜丽萍. 如何开展全员参与的心理健康教育[J]. 人民教育，2018，(12): 54-57.
[2] 蔺秀云，刘张行，邱辰琰. 新时代学校心理健康教育工作思路[J]. 人民教育，2023，(12): 41-45.
[3] 刘宇文，侯钰婧. 我国五育思想的百年演变、基本遵循与未来展望[J]. 中国人民大学教育学刊，2021，(04): 111-124.
[4] 俞国良. 心理健康教育理论政策研究[M]. 北京：北京师范大学出版社，2020.
[5] 俞国良，靳娟娟. 心理健康教育与"五育"关系探析[J]. 教育研究，2022，(01): 136-145.

第九章 困境儿童的心理健康教育

学习目标

1. 理解困境儿童的定义和类型，把握困境儿童的心理特征和行为表现。
2. 学会识别流动儿童和留守儿童的心理问题，掌握针对性干预策略。
3. 培养关爱困境儿童的意识，提高同理心和责任感。

课前导学

第七次全国人口普查数据显示，我国14岁以下儿童总数约为2.5亿人，困境儿童占据近一半的比例，是一个数量庞大的群体。在工业化转变以及社会结构性变迁的背景下，我国困境儿童群体规模愈发庞大，其心理问题在贫困、偏远、经济发展落后地区更为突出。作为社会发展的未来力量，困境儿童的心理健康状况不仅关乎个体成长，更直接影响社会和谐与稳定。因此，提升困境儿童的心理健康水平，为其营造有利于健康成长的环境，已成为一项紧迫而重要的社会任务。

自党的十八届三中全会明确提出"健全农村留守儿童关爱服务体系"和"健全困境儿童分类保障制度"的任务目标以来，困境儿童的心理健康问题日益成为社会关注的焦点。2023年10月，民政部等5个部门联合发布《关于加强困境儿童心理健康关爱服务工作的指导意见》，明确提出要加强心理健康教育，开展心理健康监测，及早开展有效关爱，畅通转介诊疗通道，健全心理健康服务阵地。同年12月，民政部联合14个部门发布《农村留守儿童和困境儿童关爱服务质量提升三年行动方案》，进一步强调加强心理健康教育，关注困境儿童心理需求，提供规范心理诊疗服务。2024年8月，民政部等21个部门出台了《加强流动儿童关爱保护行动方案》，这是国家层面首个面向流动儿童群体专门制定的关爱保护政策文件，明确提出为流动儿童提供分类化心理健康服务，畅通家校社医协同的预防、转介、干预、就医通道。

课前思考

1. 相较于普通学生，困境儿童存在哪些主要的心理问题？
2. 相较于普通学生，如何更有针对性地对困境儿童开展心理健康教育？

思维导图

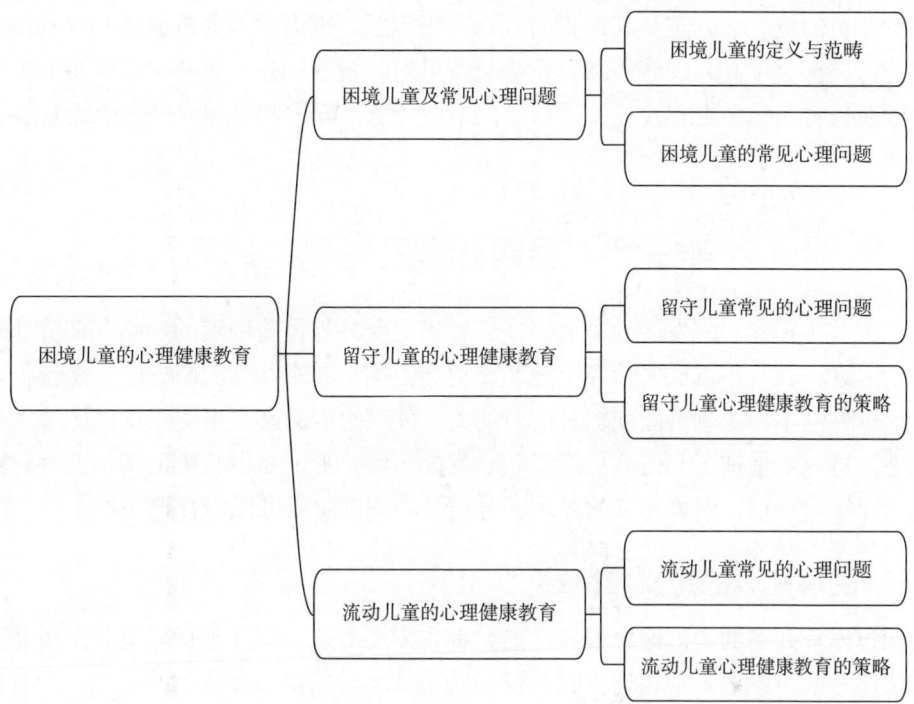

困境儿童作为儿童群体中的一个特殊而脆弱的部分，面临着更复杂的生活挑战。开展困境儿童的心理健康教育，是实现心理健康教育"共同富裕"的重要组成部分。本章先概括了困境儿童的概念、分类及其面临的特殊心理问题，进而深入分析流动儿童和留守儿童的心理特点，探讨了其心理健康教育策略及侧重点，旨在构建一个科学、系统的框架，以指导教师在教育实践中更有效地关爱和保护困境儿童，促进其心理健康和全面发展。

第一节 困境儿童及常见心理问题

儿童因其生理和心理发展的未成熟性，普遍易受外界风险因素的影响。部分儿童由于特定环境因素，其受伤害的风险较一般儿童更高。困境儿童往往面临着一个恶性循环，即一次生活事件的不利影响可能削弱其应对能力，使其更容易陷入更深层次的困境，而这种困境状态又进一步增加了其遭遇后续不利事件的风险，形成难以打破的负面循环。随着社会对儿童保护的重视，困境儿童的界定、分类及心理健康服务保障日趋完善。

一、困境儿童的定义与范畴

在探讨困境儿童的心理健康教育之前，首先需要对这一群体进行界定。困境儿童的定义与其法律和政策框架紧密相连，它不仅反映了社会对儿童权益认识的深化，而且体现了社会进步对儿童保护工作的持续推动。自1992年我国首次提出"保护困难条件儿童"起，这一特殊群体的概念便正式步入政策视野。此后，困境儿童的概念在法律和政策文件中经历了从初步形成到逐步完善的发展过程。下面的内容将通过梳理这一过程，揭示困境儿童定义的发展脉络及其在国内外法律政策中的定位，为深入探讨其心理健康教育奠定基础。

（一）困境儿童的界定

"困境儿童"作为一个法律与政策概念，经历了从模糊到清晰的演变。

2010年之前，困境儿童定义较为模糊，主要指孤儿、残疾儿童等具体群体。困境儿童的系统性表述最早出现在1992年《九十年代中国儿童发展规划纲要》中，该纲要指出，对于处于困难条件的儿童要进行保护。之后随着不同类型困境儿童专项政策的出台，困境儿童作为一个概念逐渐进入政府政策。2006年4月，民政部联合15个部门出台《关于加强孤儿救助工作的意见》，明确界定了新形势下儿童福利保障的对象，包括两类：一是失去父母的未成年人，含机构内集中养育的孤儿、弃婴，以及社会上的散居孤儿；二是事实上无人抚养的未成年人、流浪儿童、无人抚养的服刑人员未成年子女等困境儿童。该意见首次把福利院之外的儿童福利问题纳入政策视野，困境儿童的界定从民政系统传统的保障对象（孤儿）拓展到了与孤儿有着很大相似度的"事实无人抚养儿童"。

2010年后，随着普惠制儿童福利制度的不断探索，"困境儿童"的界定不断完善。2013年7月，民政部召开全国适度普惠型儿童福利制度建设试点推进会，将儿童群体分为孤儿、困境儿童、困境家庭儿童、普通儿童四类。2016年后，困境儿童的类型也更为明确。国务院出台的《国务院关于加强农村留守儿童关爱保护工作的意见》和《关于加强困境儿童保障工作的意见》，明确了困境儿童的概念范畴，将困境儿童界定为家庭困境、自身困境和监护困境三类。

困境儿童可以界定为：由于自身、家庭或外部环境的原因，缺乏适当的照料、保护或支持，面临生理、心理或社会性挑战，因而需要特别保障和帮助的儿童群体。这类儿童包括但不限于孤儿、残疾儿童、贫困儿童以及受到监护缺失或不当对待的儿童。

对困境儿童的理解应注意两点：①形成原因是类型划分的基础，福利政策将困境儿童产生归为自身、家庭和外部环境三个原因，基于此困境儿童被划分为自身困境儿童、家庭困境儿童和监护困境儿童三种类型；②外延进一步扩大，困境儿童从原来的孤儿等群体扩展到多元的类型，包括事实无人抚养儿童、留守儿童、流动儿童等。

（二）困境儿童的类型

基于《关于加强困境儿童保障工作的意见》的指导框架，困境儿童根据困境成因可分为自身困境型、家庭困境型以及监护困境型三种类型。自身困境儿童是指因先天或后天疾病而面临生理困境的儿童，如残疾、重大疾病患儿。家庭困境儿童是指受经济贫困制约的儿童，包括特困、低保及低保边缘家庭儿童。监护困境儿童是指因家庭监护缺失或监护不当遭受虐待、遗弃、意外伤害、不法侵害等导致人身安全受到威胁或侵害的儿童，如孤儿、事实无人抚养儿童、服刑人员子女等。

留守儿童和流动儿童是两类特殊的困境儿童类型。首先，在中国城镇化快速推进的背景下，人口大规模流动带来了流动儿童与留守儿童群体数量激增，这两个群体已成为困境儿童中数量庞大且增长迅速的一部分。其次，留守儿童和流动儿童的困境，既表现为监护缺失或不力，又涉及教育资源的不平衡、情感支持的缺乏等多维度因素。因此，它们不仅在监护困境类别中占据重要位置，也反映了社会变迁下儿童成长所面临的独特挑战。

二、困境儿童的常见心理问题

儿童时期的心理健康，关乎成年后的行为方式。困境儿童由于其所处环境的特殊性，更易形成自卑和孤独的负面心理。调查显示，超过90%的困境儿童存在自卑与孤独的负面情绪，大约60%的困境儿童表示曾经遭遇过歧视。相较于普通儿童，困境儿童的常见心理问题包括情绪、行为、学习、社会适应和人格等问题。

（一）情绪问题

情绪问题是指个体在情绪体验和表达上出现的异常或不适切的状态，包括青少年经历的一些不愉快或消极的情绪情感，如抑郁、焦虑、退缩等。相较于非困境儿童，困境儿童的情绪问题更为普遍，这一现象主要归咎于他们家庭结构的瓦解以及亲子关系的断裂。家庭作为青少年成长的首要环境，也是提供情感支持和安全感的重要场所。对于困境儿童而言，与家庭的隔离或情感上的疏离极大地削弱了家庭本应提供的情绪支持功能。

具体而言，困境儿童的情绪困扰主要体现在依恋障碍、孤独感以及抑郁和焦虑情绪。由于与家庭的隔离或亲子关系的疏离，许多困境儿童形成了不安全型的依恋风格，这导致他们在情感交流中显得冷漠和自私。这种不安全的依恋风格使其在人际交往中感到孤立无援，进一步加剧了他们的孤独感。数据显示，留守儿童感知到的孤独感程度是普通儿童的6.4倍。同时，困境儿童普遍面临经济压力、社会排斥等负性生活事件，容易产生抑郁和焦虑情绪，约29.8%的留守儿童存在不同程度的抑郁症状，其自伤行为检出率也显著高于普通儿童。这些情绪问题不仅加重了他们的心理负担，还对其社会适应和情感发展造成了深远影响。

（二）行为问题

行为问题是指儿童或青少年成长发育过程中出现的不符合年龄特征的异常行为，其严重程度以及持续时间通常都超过了年龄相对应的心理年龄特征。典型的行为问题包括自伤、自杀、逃学、酗酒、吸烟等危害身心健康的不良行为，以及斗殴、破坏公共财产等危险行为。这些问题的根源在于家庭监护缺位和社会支持系统薄弱，导致困境儿童缺乏法制教育和行为规范引导，进而容易从轻微违纪行为升级为盗窃、暴力犯罪等严重违法事件。当前留守儿童存在行为问题的比例显著高于普通儿童。

（三）学习问题

学习问题涉及一系列影响困境儿童学业发展的行为和心理状态，包括学习动机不足、学习态度消极、学业拖延、学业倦怠等。研究表明，困境儿童尤其是流动儿童和留守儿童的学习问题发生率显著高于普通儿童，这与其家庭支持系统的缺失和教育资源的匮乏密切相关。

困境儿童的学业倦怠问题十分显著，这在他们的学习态度上表现得尤为明显。在学习上，他们普遍感受到较低的自我效能感，数据显示，在流动儿童中，有43.1%的学生对自己的成绩表示"不太满意"，另有4.3%的学生对成绩持"无所谓"的态度。因缺乏父母的学习监督和情感支持，困境儿童缺乏明确的学习目标，对学习的自我要求不高，课外学习活动也缺少必要的辅导。随着时间的推移，他们的学习态度逐渐散漫，表现为迟到、早退，甚至对学习完全失去耐心。而流动儿童因频繁的转学导致学业连续性受到中断，适应新的学习环境和教学方式也需要一定的时间精力，加剧了学业倦怠感。因此，困境儿童在适应新环境、新教学体系的过程中，往往面临更多的挑战，这些挑战如果没有得到及时的帮助和支持，就会转化为学习上的问题。

（四）社会适应问题

社会适应指的是个体在与环境相互作用的过程中达到人们期望的、与其年龄和所处文化群体相适应的发展标准的程度。社会适应是一个多维度的概念，主要涉及行为、情绪和社会关系等方面。良好的社会适应能力是心理健康的重要标志，也是个体社会化过程中的重要标志。由于困境儿童面临的特殊生活环境和心理压力，这些儿童不仅更易遭受情绪困扰，而且也更倾向于表现出人际适应不良。

在人际适应方面，困境儿童存在更多的社交退缩与依赖问题。由于父母监护教育的缺失或不足，导致他们在社交上面对陌生人时感到恐惧，从而倾向于只与自己熟悉的人进行互动，表现出胆小、内向和孤僻的性格特征。这种社交圈子的局限性，不仅限制了他们的社交范围，还影响了他们的社交技能和情感发展。研究指出，农村留守儿童的同伴交往问题检出率为18.9%，亲社会行为问题检出率为16.8%，均高于普通儿童。此外，困境儿童在面对挑战时，缺乏独立解决问题的能力，自信心不足，对家长或老师的依赖性较强，共同加剧了他们在社会适应中的困难。

（五）人格问题

人格是指个体在对人、对事、对己等方面的社会适应行为中的内部倾向性和心理特征。困境儿童在成长过程中，因长期处于特殊生活环境（如家庭结构动荡、频繁迁移及重大生活事件冲击），容易形成与普通儿童不同的人格特质，如自尊心较低、身份认同混乱、自我评价偏低等。

首先，自尊心较低是困境儿童较为普遍的表现之一。由于长期缺乏家庭成员的情感支持，他们很难感受到自己在家庭和社会中的重要性，可能导致其对自己缺乏认同，常表现为频繁的自我否定，缺乏自信心和自我肯定。其次，困境儿童的身份认同常常处于混乱状态。不稳定的生活环境，如父母缺位或居住地迁移，使得他们在家庭和社会中难以清晰地定义自己的角色。这种身份认同混乱和归属感缺失使困境儿童感到迷茫，尤其是在面对家庭、学校及社区的不同期望时，他们往往感到无所适从，缺乏应对挑战的心理准备和能力。最后，自我评价偏低也是困境儿童的一个显著问题。由于缺乏情感支持和积极反馈，他们常常将自己的不足归咎于个人能力的缺陷，产生负面的自我评价。这种消极的自我认知进一步加剧了他们的孤独感和社交障碍，使得他们在人际交往中更加自卑和退缩。这些人格问题不仅影响困境儿童的情感健康，还制约了他们的社交能力和心理发展，导致其心理困扰更加严重。

第二节　留守儿童的心理健康教育

留守儿童是指父母双方或一方在乡镇街道外出流动半年及以上，无法与父母共同生活留在原籍的儿童。根据2020年第七次全国人口普查数据显示，中国农村留守儿童的数量达到4177万人，占农村儿童人口的37.9%。留守儿童身心发育尚未成熟，自我认识与调控能力较弱，心理承受能力有限，特别需要父母的关爱与引导。然而，父母的长期外出务工导致情感上的缺失，留守儿童无法得到及时的心理疏导和情感支持，容易形成心理冲突并产生认识偏差。若这些心理问题长期得不到解决，留守儿童将更容易成为心理问题的高发群体。

一、留守儿童常见的心理问题

由于父母的缺席，留守儿童在成长过程中面临诸多挑战，其心理发展将置于不利处境；部分留守儿童因父母感情关注和呵护的匮乏，在成长过程中容易遭受某些心理困扰，产生一些心理适应问题。研究显示，相对于非留守儿童，留守儿童存在更多的心理健康问题。

（一）亲情缺失与依恋障碍

亲情缺失与依恋障碍是留守儿童面临的核心问题。亲情缺失是指一个人在成长过程中，由于种种原因，未能得到来自家庭成员，尤其是父母或其他主要抚养者足够的关爱、支持和陪伴。由于进城务工面临住房、高昂的借读费和缺乏照顾等问题，许多农民工不得不将孩子留在农村，由长辈或其他亲属照看。这种无奈的选择导致了父母与孩子分隔两地的现象，也导致了留守儿童亲情缺失的现实问题。亲情缺失影响个体的情感发展和人际关系，究其原因是个体的依恋发展受到了破坏。依恋是个体与他人之间形成的一种情感联结，依恋障碍是指个体难以形成爱、持久和亲密关系的一种症状。由于亲情的物理缺失、情感缺失和功能缺失，留守儿童在成长期间难以与养育者建立关爱、安全、舒适等依附关系，其依恋需求无法满足、依恋关系受损，便表现出依恋障碍。

1. 物理缺失引发依恋安全感缺失

亲情的物理缺失指的是留守儿童与父母因长时间分离，缺少了日常的亲密互动。父母在外工作产生的物理分离导致孩子们无法享受到父母陪伴，如共同用餐、亲子沟通等，同时也导致孩子们无法在成长关键期与父母建立稳定、安全的依恋关系，进而导致归属感和安全感的缺失，孩子们更容易感到焦虑和孤独。

2. 情感缺失导致依恋需求无法满足

亲情的情感缺失是指留守儿童在日常生活中无法获得父母与监护人的情感支持，无法及时向父母倾诉困惑和感受。由于缺少情感支持，留守儿童更容易感到孤独和被遗弃，久而久之依恋需求得不到满足，从而使他们形成更加焦虑、不信任他人的依恋倾向，表现为情绪波动大、过度依赖他人或极度回避亲密关系。

3. 功能缺失导致依恋关系受损

亲情的功能缺失是指父母无法履行家庭教育、安全保护等家庭功能，导致孩子在成长过程中缺乏必要的引导。父母无法亲自参与孩子的学习和教育过程，缺乏对子女学习态度、行为习惯、价值观念的引导和培养，缺乏有效的安全监护和保护。教育引导功能和安全保护功能的不足会影响留守儿童依恋关系的发展，这些孩子常常在关系中表现出回避、焦虑等不稳定的情感反应，也容易产生对父母和他人的不信任。

由于亲情缺失，留守儿童容易形成不安全型的依恋模式，这对其情绪调节、人际关系和心理发展产生深远影响。在情绪方面经常感到焦虑、不安，难以表达或控制情绪，在人际交往中难以与他人建立稳定的关系，容易表现过度依赖或过度回避等行为。若留守儿童的依恋障碍未得到及时有效的处理，容易导致成年后持续的心理健康问题。

（二）自我认同感低下

自我认同是指个体对自身的认知和理解，是个体在社会互动中逐步形成的自我概念。它帮助个体在时间和空间中理解自己的存在，从而明确自我价值。自我认同的形成是一个复杂且动态的过程，依赖于外部社会关系的支持，并通过社会实践逐步实现。个体通过自我认知意识到自己在不同情境下的稳定性、一致性以及生命经历的连续性，从而获得"我是谁"的答案。然而，留守儿童由于长期缺乏亲情支持和情感关怀，其自我认同在形成过程中往往面临多重挑战，主要体现在自我一致性、稳定性和连续性方面。

1. 一致性问题

一致性问题是指留守儿童在应对外部社会压力与内心需求时，容易产生认知和行为上的冲突，导致自我认同的混乱。由于父母长期在外工作，留守儿童往往在家里由祖父母或其他亲属照顾。这些监护人由于自身的局限性，更多关注的是孩子的学习成绩和未来的职业前景，忽略了孩子的情感需求和兴趣发展。例如，一位留守儿童非常热爱篮球，但由于家长对学业成绩的高度重视，常常要求他将所有时间都投入学习中。当孩子在家里表现出对篮球训练的渴望时，家长却认为这是浪费时间，甚至责备他不努力学习。这种内心渴望与外部压力之间的矛盾，让孩子在追求学业与兴趣之间感到迷茫。长期处于矛盾中，留守儿童便会失去对自身兴趣的坚持，甚至对自己的能力产生怀疑，难以形成一致的自我认同。

2. 稳定性问题

稳定性问题指的是留守儿童因为长期缺乏情感支持和稳定的生活环境，导致他们的人生目标和价值观产生混乱，进而影响自我认同的稳定性。留守儿童往往生活在多变的环境中，父母的缺席、祖辈的教育方式、同学间的差异等因素都会让他们在面对社会和学业压力时产生动摇。例如，有一位留守儿童的父母都在外地工作，他与祖父母生活，常常得不到父母的关心和指导。虽然学校里教师不断强调"好好学习才能改变命运"，但孩子却在内心感到迷茫，因为他无法理解为什么要拼命读书才能有所作为。当他看到其他孩子早早辍学去打工，赚取自己的零花钱时，他也开始对学习产生怀疑，甚至觉得自己追求的目标没有意义。这种目标的不明确和价值观的动摇，使得他难以保持稳定的自我认同，甚至感到自己处于"空白"状态。

3. 连续性问题

连续性问题指的是留守儿童缺乏对自己生活经历的连贯性理解，难以在过去、现在和未来之间建立起一致的自我认同框架。由于亲情的缺失，留守儿童更容易将注意力集中在未来的期望，而忽视当前的成长经历和过去的生活经验。例如，有一位留守儿童的父母在他年幼时就离开了家，他与祖父母一起生活，过着相对简单的生活。每当谈论到未来时，他总是被告知"读书很重要，将来才能有更好的工作"，然而，他并没有理解为什么当前学习的知识与自己的未来有什么关系。他的父母总是强调"为了更好的未来"，但他却难以感受到当下努力与未来生活之间的直接联系。这种缺乏连贯性认知的状态，使他很难在过去的经验、现在的生活和未来的期望之间建立起完整的自我认同感，从而影响他对生活意义的理解和自我价值的实现。

儿童的健康成长依赖于稳定且连贯的自我认同感，而缺乏自我认同或认同感低的儿童难以实现全面心理发展。留守儿童在自我认同的一致性、稳定性与连续性上面临显著困境，若这些问题得不到有效解决，可能导致他们在面对挑战时出现逃避倾向，进而影响其情绪调节能力、社会适应能力及未来的发展潜力。

（三）学习动力不足

留守儿童的学习动力不足是其学业成就低下的一个重要原因，表现为学习目标模糊、对学习存在逃避情绪和"读书无用"的心态。学习动力不足不仅影响他们的学业表现，还可能进一步波及家庭关系、心理健康及社会适应能力，形成多层面的连锁反应。

1. 学习目标模糊

留守儿童普遍缺乏明确的学习目标，这直接影响了他们对学习的兴趣和动力。由于父母长期外出工作，孩子们无法在日常生活中获得来自父母的学习期望和情感支持。父母的缺席使得他们在学业上的目标感缺失，无法形成清晰的学业规划和未来发展愿景。缺乏对学习意义的深入理解，导致留守儿童难以明确学习的长远目标，从而在课堂上表现出对知识的兴趣缺乏，学习积极性低下。在这种情况下，他们对学习成果的期待也较为消极，常常认为努力与成果之间缺乏直接联系，进一步加剧了他们的学习动机缺乏。

2. 逃避学习情绪

留守儿童在情感支持上的缺失使得他们在学习上常常表现出逃避情绪。由于父母长期不在身边，孩子们缺乏日常的情感关怀和心理支持，尤其在面对学习中的困难和压力时，他们难以得到及时的情感安慰和鼓励。尽管父母会通过电话或短期回家关注孩子的学业成绩，但对于孩子在学习过程中的情感需求和心理问题却没有充分的关注。这种情感上的空缺，使得留守儿童在面对学业压力时，产生了逃避学习的情绪，甚至在严重的情况下，部分孩子出现了厌学情绪和辍学的念头。长时间处于孤独和无助的状态，使得他们对学习产生排斥和逃避心理，影响了学习的投入和积极性。

3. "读书无用"心态

长期缺乏父母的榜样作用和教育支持，留守儿童逐渐形成了"读书无用"的心态。父母的长期外出使得孩子们无法感受到父母对学业的重视，缺乏来自父母的学习期望和职业发展指导，导致他们对学习的意义和价值产生怀疑。在许多留守儿童的眼中，学历和学业成绩似乎无法改善他们的社会地位，相反，他们更倾向于认为外出打工、早早谋生是更为现实的选择。这种"读书无用"的心态在留守儿童中广泛存在，并严重影响了他们对学业的态度和学习的动力。缺乏有效的学习规划和对未来的希望，他们在学习上不仅表现为消极应对，甚至对学业成绩持无所谓的态度，进一步丧失了自我提升的动力。

二、留守儿童心理健康教育的策略

尽管留守儿童的父母对亲子分离的影响逐渐有所感知，也尽力尝试各种方式去弥补，但是对留守儿童来说依然远远不够。留守儿童的心理健康问题是一个深层次且迫切的社会挑战，需要家庭、学校和社会三方面齐心协力，共同构建一个全方位的心理健康教育网络，为留守儿童提供更加坚实的心理支持和引导。

（一）加强家庭亲情联系与教育引导

家庭是儿童心理健康和人格发展的最初场所。对留守儿童而言，长期与父母的分离导致的亲情缺失不仅影响孩子的情感支持系统，还可能引发依恋障碍、情感孤独等心理困扰，进而影响自尊心、情绪调节等方面的健康发展。因此，家庭教育的重点应当放在弥补亲情缺失的空白上，注重孩子身心素质和人格的培养，帮助他们树立积极的自我认知和责任感，培养独立性与社会适应能力。

1. 加强亲情陪伴与情感关怀

留守儿童因长期与父母分离，常面临亲情缺失和情感孤独的问题，因此亲情陪伴和情感关怀显得尤为重要。留守儿童的父母更应该建立有效的亲子沟通方式，加强亲子交流，增加陪伴时间，提高陪伴质量。父母应通过现代通信手段，如电话和视频通话，与孩子保持定期联系，每周至少一次，确保情感上的连接和陪伴。父母还可以通过与教师沟通及时了解孩子在学校表现，给孩子传递更多积极的信号，给孩子更多的关心、理解和鼓励，对孩子学习遇到困难予以及时支持与鼓励，以及保证孩子学习时间，并督促他们按时完成学习任务等。

亲情陪伴不仅体现在日常沟通中，还应通过言语和行为传递爱与关怀。父母可以在交流中表达对孩子的爱，如常说"我爱你"，并通过关怀和鼓励帮助孩子建立安全感和归属感。父母还应教导孩子如何表达情感和调节情绪，培养他们的情感管理能力和人际交往技巧，有效缓解留守儿童的情感孤独，增强心理健康和情感稳定性。

2.注重品德培养与教育理念引导

长期与父母分离的留守儿童，缺乏父母的陪伴和关怀，不仅影响其情感发展，还可能导致品德和人格发展上的不稳定。家庭教育应该不仅关注学业成绩，还要重视品德的培养。留守儿童的父母或其他监护人应将立德树人作为家庭教育的首要任务，将思想品德教育融入日常生活，帮助儿童开拓视野、认识社会，通过身边人、身边事，培养儿童的好思想、好品德、好习惯，引导儿童树立正确的世界观、人生观、价值观，从小学会做人、学会做事、学会学习，扣好人生第一粒扣子。同时，发挥父母或监护人的榜样和示范作用，教育引导儿童传承尊老爱幼、男女平等、夫妻和睦、勤俭持家、亲子平等、邻里团结的家庭美德。

（二）优化学校心理支持与教育服务

学校作为教育的主阵地，它不仅是知识传授的场所，更是孩子们心灵得以滋养与成长的温床。面对留守儿童这一特殊群体，学校更应发挥其不可替代的作用，为他们提供全面而细致的心理支持。

1.开设心理健康教育课程与专题教育

学校应将心理健康教育纳入正式课程体系，有针对性地关注留守儿童的心理发展需要，设计符合留守儿童需求的课程内容。留守经历可能会降低儿童的亲子依恋水平、心理韧性、自尊水平，并增加孤独感、抑郁水平、焦虑水平等。因此，心理健康教育课程内容应着重于自我认同、学习动机、情绪管理、人际关系建立等方面的主题，结合角色扮演、小组讨论等多元的教学形式，使留守儿童感受到集体的温暖和应有的心理归属感，体会到生命成长的快乐与幸福，提高留守儿童的心理韧性和自我认同感，激发其学习兴趣和学习动机，帮助留守儿童顺利度过人生发展的关键时期，提升心理健康水平和社会适应能力。

2.提供心理干预与个性化支持

学校应构建留守儿童心理健康教育、咨询服务、危机干预等心理健康服务网络，关注留守儿童的需求，提供个性化关怀和支持，帮助他们克服学习、生活中的困难和心理障碍。学校应设立专业的心理咨询室，提供专业的心理咨询和辅导，帮助留守儿童处理依恋障碍和情感孤独问题，通过一对一的交流深入了解留守儿童的内心世界。学校还应定期开展心理筛查与评估，通过问卷调查、个别访谈等方式密切关注留守儿童的心理动态，及早发现并干预心理问题。另外，学校需要关注留守儿童在心理健康、社会交往、情绪情感发展等方面的需求，提供个性化的关怀和支持。例如，教师可以通过增加与留守儿童的沟通频率，主动了解他们在学习和生活中遇到的困难，给予更多的鼓励和肯定，帮助他们建立自信。对于性格内向、不善于沟通的留守儿童，教师可以通过观察或询问他们身边的人来了解其状态。此外，学校应建立家校合作机制，定期与家长沟通孩子的心理状况，共同制定个性化的教育策略，形成家校共育的良好氛围，提升孩子的学习动力和情感支持。

（三）整合社区资源与关爱机制

社区作为情感交流与互助的纽带，是为留守儿童提供关爱与心理支持的重要平台。通过整合社会资源，社区能够为留守儿童提供一个充满温暖与支持的成长环境。

1. 提供家庭教育指导与实践支持

社区通过整合资源，努力为留守儿童创造健康、友好的成长环境，助力其身心全面发展。一方面，社区可以依托家长学校、城乡社区公共服务设施、妇女之家、儿童之家等，设立家庭教育指导服务站点，为留守儿童的父母及其监护人提供专业的家庭教育指导。考虑到留守儿童的父母外出务工情况，社区可以大力建设家庭教育信息化共享平台，开设网上家长学校和家庭教育指导课程。以"看得见、摸得着"的实际家庭教育指导帮助其监护人掌握科学的教育方法，提升家庭教育质量。另一方面，社区可以通过多种方式帮助留守儿童及其家庭应对心理健康问题。例如，发挥各级工会、共青团和妇联等群团组织的作用，为留守儿童提供假期照料、课后辅导、心理疏导等关爱服务，以增强留守儿童的幸福感与归属感；建立志愿者、社工和邻里互助组成的支持网络，为留守儿童提供情感支持和社交机会；依托关心下一代工作委员会等组织，构建留守儿童关爱机制，提供多方位帮助。

2. 构建社区关爱网络与协作机制

社区应积极构建覆盖全面、功能多样的关爱网络，通过整合现有资源，如图书馆、文化活动中心等公共设施，为留守儿童提供丰富的课外活动与教育支持，帮助他们拓宽视野、提升能力。同时，社区应发挥政府与社会组织的协作优势，通过政府购买服务的方式，应支持专业社会组织深入城乡社区、学校和家庭，开展针对留守儿童的专业服务。这些服务包括监护指导、心理疏导、行为矫正、社会融入和家庭关系调适，旨在满足留守儿童的多层次需求。此外，通过完善社区支持体系，营造温暖包容的成长环境，社区能够有效帮助留守儿童缓解孤独感，增强归属感，促进他们心理健康与全面发展。社区儿童之家等场所可以成为留守儿童课后和假期的重要活动场所，提供安全、有益的环境。社区还可以通过开展心理健康教育讲座、现场心理咨询和心理疏导等活动，提升留守儿童的心理健康水平。在节假日期间，社区可以利用"小手拉大手"的宣传方式，让更多的群众关心、保护留守儿童，为孩子们的健康成长打造良好的社会环境。随着更多社会力量的参与，社区能更大程度地为留守儿童办好事、办实事，营造全社会关心留守儿童健康成长的良好氛围。

【心理剧院】

福建省莆田市仙游县留守儿童心理关爱项目

2024年，仙游县民政局倾力打造的留守儿童心理关爱项目正式拉开序幕。作为一项为民办实事的服务项目，该项目于2024年1月正式启动心理关爱服务热线，旨在为仙游县各乡镇（街道）的留守和困境儿童搭建一座快速响应的心理健康支持桥梁。各乡镇（街道）社工站肩负起热线接听的重任，以专业的知识与热忱的态度，为来电的孩子们及其家庭提供细致入微的咨询与解答。此外，项目社工团队还将深入村（居）家庭，通过入户走访，精准把握孩子们的心理需求，并给予面对面的专业心理支持。通过这些贴心的服务，能够为仙游县农村留守儿童群体及其家庭带来深切的关爱与温暖，共同推动未成年人心理健康和社会的和谐发展。

留守儿童的心理健康教育是一个长期而艰巨的任务，需要家庭、学校和社区的共同努力和协作。当家庭教育超越距离、学校教育保驾护航、社区教育提供支持时，留守儿童的心理健康和个人发展将获得坚实屏障。

第三节　流动儿童的心理健康教育

流动儿童是指随父母或其他监护人双方或一方离开户籍地，跨县域异地居住或生活6个月以上、不满16周岁的未成年人。流动儿童并非仅指从乡村流动到城市的儿童，他们也包括那些因家庭或其他原因，跨地域、跨城市生活的儿童。根据2020年第七次人口普查数据，全国流动人口总数已达到3.76亿，其中随迁子女义务教育阶段的儿童规模达到1429.73万，占全国城市义务教育阶段学生总数的23.4%。流动儿童的成长过程中同样面临诸多独特的风险和挑战，包括家庭教育支持不足、身份认同困惑以及孤独、焦虑等问题，影响了他们在情感支持、社会适应和心理健康上的全面发展。为更好地帮助流动儿童适应新环境、应对成长挑战，应从家庭、学校和社区三个层面构建系统化的支持与教育体系，通过心理健康教育与社会支持网络的完善，促进他们的身心健康与社会融入，为其未来发展奠定坚实基础。

一、流动儿童常见的心理问题

在频繁迁移、环境变化以及家庭背景等因素影响下，除了一些客观的现实生活中的困难和挑战，流动儿童还面临着诸多心理健康挑战，包括情感孤独与焦虑倾向、身份认同困惑与社交适应困难等。

（一）情感孤独与焦虑倾向

流动儿童在频繁的迁移过程中，往往表现出明显的情感孤独感和焦虑倾向。

首先，他们面临着较强的亲子隔阂，难以获得父母较高的情感支持。虽然流动儿童能够与父母生活在一起，相比于留守儿童这无疑是一种幸运，但这种陪伴却往往伴随着父母的沉重负担。由于大多数流动儿童的父母从事体力劳动，长时间的工作使得他们无法提供足够的情感支持和有效的教育关怀。父母的焦虑与工作压力常常传递到孩子身上，使得亲子关系日益疏远，孩子们在情感上感到更加孤独和无助。

其次，流动儿童的社交网络较为脆弱，难以与周围的同学建立稳定的关系，因而很难建立起属于自己的群体归属感和稳定的社交支持。每次搬迁都会让他们面临重新适应新环境的挑战，无法在短期内融入新的同学群体，这种隔阂让他们在与同龄人交往时总是感到疏离和不安。他们害怕被同学嘲笑、排挤或歧视，这种对拒绝和孤立的恐惧使得他们在社交中变得更加谨慎甚至回避。因此，无论是在新学校还是新社区，流动儿童常常感到孤立和排斥，因而避免主动社交，形成恶性循环。长期处于这种状态下，流动儿童不仅在情感上感到孤单，还会逐渐形成社交焦虑，害怕面对陌生人和新的社交场合。

这些情感孤独与焦虑的表现，往往会影响流动儿童的心理发展和社交能力。流动儿童在缺乏有效情感支持和社交互动的情况下，逐渐失去了与他人建立亲密关系的信心，从而限制其适应社会的发展，进而影响了他们的学业成绩和社会融入。

（二）身份认同困惑

身份认同是指个体对自己所属社会群体的认知和归属感。对于流动儿童来说，身份认同的形成较为困难。尤其是从乡村流动到城市的儿童，他们的身份认同问题更加突出，他们通常处在"城乡夹缝"之中，既无法完全融入城市社会，也不再适应原生地的生活环境，呈现出一种双重边缘化的状态。这种身份认同的困惑主要体现在以下几个方面。

1. 身份归属感的模糊性

流动儿童常常在城乡身份之间徘徊。受户籍制度的影响，他们可能被视为"外地人"或"农村人"，但由于长期在城市或不同地区生活、接受城市文化，他们的身份认同逐渐模糊，甚至可能与原有生活产生疏离感。在城市，流动儿童常因"外地人"身份受到排斥，而在农村，因对城市生活的接触和认同又常常被视为"城市人"。这种双重身份的模糊性让他们难以在社会中找到明确的定位。

2. 社会接纳感的缺失

流动儿童的身份认同困惑还来源于他们在新环境中的社会接纳问题。由于社会阶层、文化背景等差异，流动儿童与本地儿童的互动往往受到制约。城市同龄人可能由于对"外地人"的偏见或无知，产生排斥、歧视的态度，使得流动儿童难以融入新的社交圈子。这种疏离感使得他们在心理上难以获得认同，进一步加剧了身份认同困惑。

3. 城乡文化差异造成的心理冲突

城乡和地区之间的文化差异是流动儿童身份认同困惑的重要源头。无论是方言口音、日常生活习惯，还是价值观念，流动儿童都会感受到强烈的文化冲突。在城市生活中，流动儿童可能因方言、衣着、行为方式等因素受到他人的异样眼光，从而感到与当地文化的割裂。文化上的隔阂，使得他们既不能完全融入城市文化，又对乡土文化产生不认同。

流动儿童的身份认同困惑，不仅源于城乡身份的模糊性，也与社会接纳度的不足和文化适应的挑战紧密相关。乡土文化对个体的影响是深远的，流动儿童身上往往带有明显的农村印记，这使得他们在城乡交界处感到迷茫。一方面，他们对自己的农村身份产生犹豫；另一方面，城市生活又让他们对自己是否能够完全融入城市产生疑问，形成了"双重边缘化"的困境，从而加剧了自我认知的不确定性。

（三）社交适应困难

适应问题对于流动儿童来说，涉及环境适应、人际适应、学习适应和文化适应等多个方面，这些问题因流动儿童生活状态的特殊性而显得尤为显著。流动儿童在面临适应问题时，既有来自城市环境的挑战，也有来自家庭和原住地的背景差异。

1. 人际适应困难

流动儿童在人际交往中的适应问题主要表现在同伴关系和自我认同上。与城市儿童相比，流动儿童由于自身的身份差异，他们可能在教育背景、家庭经济状况、语言口音等方面感到自卑，害怕受到更多的排斥和忽视，因而导致他们在同龄人中难以融入。长期的负面自我评价可能导致他们更加封闭，这使得他们的人际关系发展受阻，难以形成稳定的友谊，增加了其心理孤独感。

2. 环境适应困难

流动儿童的环境适应问题，往往体现在从一个生活环境转变到另一个陌生环境的过程中，尤其是从乡村地区转入城市的情况最为典型。城市环境的节奏较快，社会结构和人际关系较为复杂，城市的居住条件、交通方式和日常生活习惯与他们原有的乡村生活有着较大差异，流动儿童往往在面临快速变化的城市生活时感到不适应和缺乏安全感。

3. 学习适应困难

流动儿童在学业上也常面临较大的适应难题。特别是从乡村地区流动到城市学校的儿童，他们可能会发现城市学校的教学方式、课程进度和评价体系都与他们之前的学校有所不同。例如，城市学校通常实行互动式教学和小组合作，这对于习惯传统教学方式的流动儿童来说是一个挑战。同时，在教育质量和家庭支持差异较大的背景下，流动儿童缺乏必要的学业支持和资源，他们可能在课业上感到力不从心，学习成绩也容易受到影响。

4. 文化适应挑战

流动儿童尤其是从乡村流动到城市的儿童，常常会面临文化冲突。城乡在价值观、行为规范、消费观念、语言习惯等方面存在显著差异，流动儿童难以完全认同其中任何一方的文化。他们往往在城市中感到"局外人"的身份，也难以融入城市文化的主流中，造成他们的文化归属感缺失。与此同时，原生家庭或社区中的文化背景又难以适应城市的快速变化，使得流动儿童在文化认同上处于夹缝之中，容易产生心理上的不适感和焦虑。

综上所述，流动儿童在社交、环境、学业和文化方面的适应困难中相互交织，严重影响着他们的心理健康、学业表现和社会融入。针对这些适应问题，开展针对性的心理健康教育干预帮助他们更好地适应新环境、促进心理与社会功能的发展显得尤为必要。

二、流动儿童心理健康教育的策略

随着人口流动日益频繁，流动儿童作为一个特殊的群体，其心理健康与社会融合问题日益凸显。流动儿童家庭通常缺乏较强的家庭支持和社会资源，亟须突破现有的障碍，为需要帮助的家庭提供支持和服务。为了应对流动儿童的特殊需求，必须引导家庭、学校、社区之间的合作，构建一个全面且系统的支持体系。

（一）增强家庭与社区支持

增强家庭与社区的支持，是解决流动儿童心理健康问题的有力支撑。通过优化家庭教育和加强社区支持，可以有效缓解流动儿童的情感孤独、社交障碍和适应困难，促进其身心健康发展。

1. 家庭支持网络的构建

流动儿童的家庭在教养方式和情感陪伴方面普遍存在不足。由于缺乏科学的教育理念，流动儿童的家长往往倾向于采用工具性沟通（如围绕学习成绩、日常事务进行交流），忽略了情感性沟通（如关注孩子的内心世界、关心其情感需求）。长期以来，这种沟通模式容易导致亲子关系疏离、信任感减弱，加剧流动儿童的情感孤独和焦虑问题。

为了增强家庭支持网络，流动儿童家庭需要在以下方面进行改进。第一，优化教育理念。家长应树立儿童身心健康并重的教育观念，尊重孩子的情感需求，为孩子提供更多的关爱和理解。第二，建立合理的教育期望。家长应避免过度高压或专制的教育方式，取而代之的是民主、尊重与理解的沟通方式。第三，维系和谐的夫妻关系。家庭和谐有助于为孩子提供一个温馨、稳定的成长环境，减少家庭内部的冲突对儿童心理健康的负面影响。通过改进家庭教育方式和加强情感支持，流动儿童能够在一个更加健康和温暖的家庭环境中成长，进而减轻他们的心理困扰，促进其全面发展。

2. 社区支持系统的完善

社区通过搭建立体化的服务平台，为流动儿童家庭提供多元服务。具体而言，要健全以社区为依托、面向流动儿童家庭的管理和服务网络，提升专业服务能力，促进流动儿童及其家庭融入社区。第一，社区提供心理咨询、法律援助和健康咨询服务，帮助流动儿童及其家庭应对生活中的挑战，减少现实挑战带来的心理压力。第二，社区定期组织社区特色活动，如节日庆典和当地文化活动，为流动儿童提供融入社区的机会，增强他们的社会参与感，减少孤独感和适应困难。第三，建立社区志愿者网络，通过提供学业辅导和心理支持，帮助流动儿童克服学习和生活中的困难，促进他们的社会融合。

【心理剧院】

从进入社区到融入社区，打造流动儿童"第二个家"

福建省厦门市湖里区江头街道后埔社区辖区流动人口约有5万多人，其中流动儿童5751人，占比近10%。为进一步提高辖区流动居民的社区归属感、认同感，推动流动居民的社区融入和参与，后埔社区引入厦门市湖里区培善社会服务中心开展社会工作专业服务。社工以流动儿童为服务对象，围绕"保护、服务、赋能"三个维度，聚焦"资源链接、服务开展、社区参与"三项服务，打造流动儿童在城里的"第二个家"。

1. 保护：打造儿童空间，促进流动儿童环境融入

社工充分挖掘社区资源，解决流动儿童缺乏娱乐空间的问题。通过社区文化中心改造，建立了300平方米的儿童活动空间，包括科普室、图书室等，并利用小区党支

部活动室、公益图书馆、篮球场等资源开展活动。

2. 服务：开设童学堂，促进流动儿童文化融入

社工开展"闽南童谣闹元宵"等活动，以闽南文化为媒介，促进流动儿童与本地儿童的交流，增强流动儿童对闽南文化的认同。同时，举办传统节日活动，如"粽情端午和谐邻里""中秋博饼"，增进流动儿童对节日文化的了解，提升社区归属感。

3. 赋能：推动"童参与"，促进流动儿童行为融入

社工培育流动儿童骨干，组建"红领巾"和"学习帮帮团"志愿服务队，实现从服务接受者到提供者的转变，提升社区参与度。开展"洁净家园"行动、植树、环保服务，增强流动儿童的价值感和参与感。寒暑假期间，开展图书管理员服务，满足流动儿童的阅读和娱乐需求。社工还进行"义起来"系列培训，提升志愿服务队能力，并通过团建活动增强团队凝聚力。

资料来源：儿童服务案例｜从进入社区到融入社区，打造流动儿童"第二个家"[EB/OL]．[2025-4-17]．https://mp.weixin.qq.com/s/q_dB7_y7YVW2Ca72UA16Gg.

3. 家社合作机制的强化

在城乡差异、家庭资本相对薄弱和城市归属感较弱等因素的影响下，流动儿童家庭在面对家庭教养问题和困境时，无法寻求更多的支持。加强家庭与社区的联结，有助于流动儿童家庭建立朋辈互助群体，并构建正式与非正式的社会支持网络，为更多有需求的流动儿童家庭带去支持和帮助。第一，建立家庭与社区之间的信息共享平台，家长可以及时了解社区资源和活动信息，同时社区也能了解流动儿童的家庭状况，从而更好地提供支持。第二，社会工作者可以动员社区资源，开展丰富多彩的社区亲子活动，亲子活动涉及娱乐、教育和服务，为社区流动家庭创造更多亲子互动的机会，在娱乐和学习的过程中感受到朋辈和社区的支持，减少流动儿童及其家庭的孤独感和社交困难问题。第三，社区工作者应倡导街道办事处、社区居委会和外来人员和出租屋管理中心加强对社区流动家庭的关注与支持，对受经济条件制约的流动家庭申请经济补助，对有问题和需求的流动家庭链接资源和提供帮助，增强流动儿童家庭的家庭资本，解决其现实问题。

（二）开展有针对性的心理辅导

流动儿童在适应新环境的过程中，不仅要面对地理迁移，还需要应对语言、文化、教育方式和社交圈的转变。同时，他们还会遇到身份认同和心理适应方面的问题。学校针对性的心理辅导对缓解流动儿童因文化差异和身份认同困惑引发的心理问题有所帮助。专业的心理辅导能在以下几个方面为流动儿童提供重要帮助。

1. 处理情绪波动

迁移带来的环境变化往往会引发流动儿童的焦虑、孤独和不安等负面情绪。心理辅导的第一步是为流动儿童提供一个安全的表达空间，帮助他们识别并理解自身的情绪。通过倾听和共情，心理辅导教师可以帮助儿童识别情绪的根源，同时教授情绪管理的技巧，使他们能够更有效地应对新环境中的情感波动，减少适应过程中的情绪困扰，从而加快融入新环境的速度。

2. 缓解心理压力

流动儿童常常在学业、人际关系、家庭经济等方面承受较大的压力，这些压力会加重他们的心理负担。心理辅导通过提供一系列有效的应对策略，如时间管理、情绪调节和积极思维等，帮助流动儿童从困境中寻找积极意义，提高自尊、心理韧性和主观幸福感。

3. 建立积极自我认同

流动儿童常常面临身份认同的困惑，可能源于文化差异、家庭背景的变化以及融入新集体的困难。心理辅导要在认知和情感上帮助流动儿童接受并珍视自己原有的文化背景，鼓励他们培养开放心态，增强自尊和自信，缓解身份认同困惑。在行动上，鼓励流动儿童积极参与文化交流和多元文化活动，通过接触和理解不同文化来建立更加积极的自我认同感。

总而言之，心理辅导教师应具备同理心和跨文化沟通的能力，敏感地理解流动儿童在新环境中遇到的挑战与困难，并根据每个孩子的具体情况提供量身定制的支持。通过建立深入的师生关系与信任感，为流动儿童提供更加个性化、有效的心理支持，帮助他们更好地应对困境，实现心理健康发展。

（三）营造接纳氛围与加强心理支持

城市居民与儿童对流动儿童的偏见和排斥，往往产生于群体的隔离与误解。为有效推进流动儿童的社会融合与接纳进程，需从营造社会接纳氛围和提供心理健康关爱服务两大维度出发，共同构建一个更加包容和谐的社会环境。

1. 营造社会接纳氛围

为了让流动儿童感受到社会的温暖与包容，减少流动儿童社交障碍和情感孤独，首先，需要在社会范围内普及反歧视教育。学校、社区以及企业等应通过开展反歧视宣传，增强公众对流动儿童的理解与接纳，促进流动儿童的社会融合，消除人们对流动儿童的负面偏见，建立一个更加包容的社会氛围。其次，媒体应发挥其重要作用，推动社会观念的转变。媒体可以通过报纸、广播、电视、短视频平台及社交媒体等多渠道报道流动儿童的正面事迹，展示他们在学业和生活中的奋斗精神以及德才兼备的典型事例，从而帮助改变公众对流动儿童的误解和偏见，营造一个更加尊重和理解流动儿童的社会环境。此外，媒体还可以强调流动儿童和城市居民共同生活在同一个城市空间，强调相互信任和帮助的重要性，从而促进大众对流动儿童的心理认同和接纳。

2. 提供心理健康关爱服务

除了社会氛围的建设，提供专业的心理健康关爱服务同样至关重要。学校教师、医生、儿童督导员、社会工作者、心理咨询师以及志愿者等都应当发挥各自的作用，为有需要的流动儿童分类提供情绪疏导、心理慰藉、个性化辅导等服务，帮助他们缓解心理压力，增强自我调节能力。当专业人员在工作中发现流动儿童存在心理或行为异常时，应当积极配合其父母或监护人采取及时干预措施。对于有较严重心理问题的流动儿童，应考虑将其纳入精神障碍社区康复服务体系，帮助其进行长期跟踪和干预。各地教育、民政、卫生健康、团委等部门和组织应加强协作，畅通家庭、学校、社区、12355青少年服务台、社会心理服务机构等与医疗卫生机构之间预防转介干预就医通道，为流动儿童提供及时有效的心理干预与支持。

综上所述，通过强化家庭和社区的支持、开展有针对性的心理辅导以及促进社会的接纳，能够帮助流动儿童克服心理、社交和文化适应过程中遇到的困难，并为他们的未来发展奠定坚实基础。要确保这些策略成功实施，离不开各方的共同努力，只有全社会携手合作，才能为流动儿童创造一个更加温暖、包容和支持的成长环境。

【知识广场】
22个部门联动，加强流动儿童关爱保护

民政部、最高人民检察院、共青团中央等22个部门联合印发《加强流动儿童关爱保护行动方案》，提出"到2026年，流动儿童相关政策制度更加优化健全，关爱服务工作更加精准有效，重点领域惠民措施更加平等均衡，儿童信息台账更加精准，基层基础更加坚实牢固，流动儿童关爱保护整体水平得到明显提高。到2035年，流动儿童关爱保护工作取得显著成效，关爱保护体系全面健全，基本公共服务供给更加均等优质，流动儿童身心健康发展权益得到全面保障"。该方案要求各地通过摸底排查、完善保障措施、加强关爱服务等措施，为流动儿童健康成长和全面发展创造良好环境。这是国家层面首个面向流动儿童群体专门制定的关爱保护政策文件，有效填补了民生保障领域政策空白。

本章小结

基本概念

困境儿童　留守儿童　流动儿童　自我认同感　身份认同困惑

要点回顾

1. 困境儿童因生理和心理发展未成熟，易受外界风险影响，特别是环境因素导致的风险。困境儿童分为自身困境、家庭困境和监护困境三大类，以及多重困境儿童。他们面临的心理问题包括情绪障碍、行为问题和社会适应问题，如自卑、孤独、抑郁、焦虑、行为退缩、依赖、攻击性和逆反行为，以及学习和社会交往的困难。这些问题对困境儿童的心理健康和社会适应能力构成挑战，需要针对性的心理健康教育策略和干预措施。

2. 留守儿童是指父母双方或一方在乡镇街道外出流动半年及以上，无法与父母共同生活留在原籍的儿童。他们常面临亲情缺失、依恋障碍、自我认同感低下和学习动力不足等问题。为应对这些挑战，需校家社协同，构建留守儿童的心理健康教育网络。具体而言，要加强家庭亲情联系与教育引导、优先学校心理支持与教育服务以及整合社区资源与关爱机制，为留守儿童提供更加坚实的心理支持和引导。

3. 流动儿童是指随父母或其他监护人双方或一方离开户籍地，跨县域异地居住或生活6个月以上、不满16周岁的未成年人。在频繁迁移、环境变化以及家庭背景等因素影响

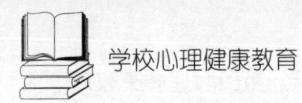

下,流动儿童面临着诸多心理健康挑战,包括情感孤独与焦虑倾向、身份认同困惑、社交障碍与适应困难等。为应对流动儿童的特殊需要,必须增强家庭社区支持、开展有针对性的学校心理辅导、营造全社会接纳的氛围与加强心理支持,构建一个全面且系统的社会支持体系。

练习题

1. 困境儿童面临的主要心理问题有什么?
2. 留守儿童和流动儿童的区别体现在哪些方面?
3. 如何构建一个有利于留守儿童心理健康发展的校家社支持体系?
4. 如何构建一个有利于流动儿童心理健康发展的校家社支持体系?

拓展阅读

[1] 中华人民共和国中央人民政府. 民政部 教育部 国家卫生健康委 共青团中央 全国妇联关于加强困境儿童心理健康关爱服务工作的指导意见[EB/OL].(2023-10-26)[2024-10-30]. https://www.gov.cn/zhengce/zhengceku/202311/content_6913516.htm.

[2] 任苇. 留守儿童心理健康教育[M]. 北京:开明出版社,2020.

[3] 毕重增,任志林. 留守儿童社区心理健康服务[M]. 重庆:西南大学出版社,2023.

[4] 杨娜. 流动儿童社会融合问题与社会支持体系构建研究[M]. 天津:南开大学出版社,2018.

[5] 王中会,蔺秀云,侯香凝,等. 流动儿童城市适应及影响因素——过去20年的研究概述[J]. 北京师范大学学报(社会科学版),2016,(02):37-46.

第十章 教师的心理健康与专业成长

学习目标

1. 掌握教师的常见心理问题及表现。
2. 掌握指导教师调适心理健康的基本方法。
3. 理解心理健康教师的专业素养模型，了解提升专业素养的主要途径与方法。
4. 理解心理健康教师的专业发展过程，掌握促进专业发展的途径与方法。
5. 理解心理健康教师的常见心理问题，学会自我调适的主要方法。

课前导学

全面实施素质教育对教师提出了更高要求。教师的教育任务和责任更重，教育环境复杂多变，社会竞争愈加激烈，学生、家长、社会对教师的期望更高，这些都对教师心理健康造成了极大的冲击。教师心理健康不仅关系着教师自身专业成长和职业幸福，而且还影响着学生心理素质的发展。作为"人类灵魂的工程师"，教师的心理健康需求亟待得到应有的重视。

党和国家高度重视教师的心理健康工作。2018年，《中共中央 国务院关于全面深化新时代教师队伍建设改革的意见》中明确指出，要提高教师的社会地位和待遇，改善教师的工作条件和生活环境，这包括关注教师的心理健康。2024年，教育部等7个部门印发的《进一步加强尊师惠师工作的若干措施》，强调要尊重和关爱教师，包括关注他们的身心健康，提供必要的健康检查和心理辅导服务。

课前思考

1. 教师常见的心理问题有哪些？如何进行调适？
2. 如何促进心理健康教师专业发展？

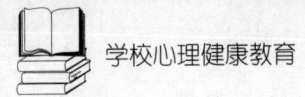

思维导图

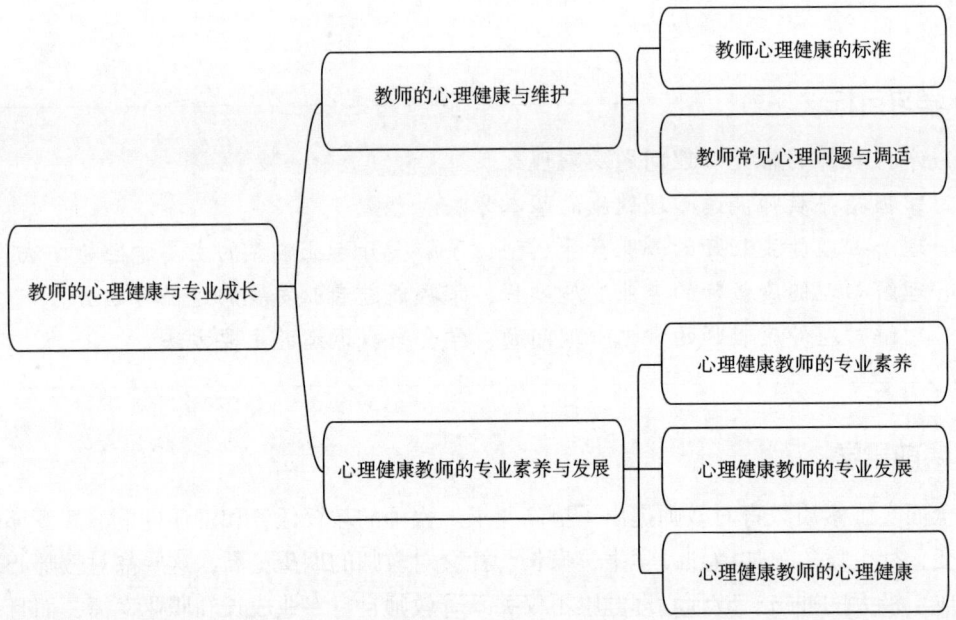

本章主要介绍教师的心理健康与维护，以及心理健康教师的专业素养与发展，具体包括：教师心理健康的标准、教师心理健康的维护、心理健康教师的专业素养以及心理健康教师的专业发展。通过这些内容的介绍，旨在帮助教师了解和提升自身的心理健康水平，了解心理健康教师的专业素养和发展路径，从而更好地促进学生的发展和教育质量的提升。

第一节 教师的心理健康与维护

了解教师心理健康的标准和常见的心理健康问题，掌握心理调适的方法，有助于教师进行心理的自我检查、自我维护。

一、教师心理健康的标准

教师心理健康的标准是多方面的，涉及个人认知、情感、行为等多个层面，同时也要考虑到教师职业的特殊性。教师心理健康的标准可以概括如下。

（一）稳定积极的情绪状态

在教育过程中，教师能够保持平和的心态，正确看待挫折与失败，能够承受来自学生、家长和学校的各方面压力，恰如其分地控制情绪，保持乐观积极的心态。尽管有时会出现沮丧、焦虑、愤怒等负面情绪，但总是能够以合理的方式调节，不将个人情绪带入课堂。

（二）乐教爱生的教育态度

这是指教师对职业角色的认同与悦纳，理解职业价值所在，将教育视为职业志向和理想信念。这种态度不仅要求教师在工作过程中要充满激情，勤于教育工作，热爱教育事业，还要求他们以仁爱之心对待学生，以真诚愉悦的情感去感化陶冶学生，真心实意关爱学生。

（三）启智润心的教育智慧

教师应具备从事教育工作必需的基本能力，如敏锐的观察力、开展教育教学活动的能力等。同时，教师对自己的能力有正确的评估，了解自己的优势和劣势所在，在教学中能自我监控，调整教学行为以达到工作目标。再者，教师能够准确认识并妥善对待客观环境，确保个人行为符合社会要求，与外界环境保持平衡，以教学热情和积极人格温润学生心灵，从而在教育岗位上充分发挥自身能力。

（四）良好和谐的人际关系

教师除了能处理好与家庭、朋友的关系外，还应处理好与学生、家长和同事的关系。与学生在相互信任和尊重的基础上，开展教学活动，营造积极的学习气氛；与家长积极沟通和反馈学生的学习情况，共同制订学生的教育计划，获得家长支持，形成教育合力。与

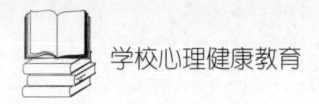

同事相互支持，相互学习，共同研讨，能够在团队的帮助下改进教学水平。

这些标准不仅是评价教师心理健康水平的标尺，也是教师专业发展的重要方面。教师的心理健康状况直接关系到教育质量和学生的发展。因此，维护和提升教师的心理健康是教育工作中不可忽视的一部分。

二、教师常见心理问题与调适

保持健康的心理不仅有利于教师自身的生理健康，有利于提高教育教学质量，而且有利于促进学生心理健康的发展。对当前教师常见心理问题进行探究，提出科学的心理健康调适方法，对教师的身心健康起到积极的促进作用。

（一）工作压力与职业倦怠

1. 教师工作压力与职业倦怠的关系

一般认为，工作压力和职业倦怠是一对因果关系，职业倦怠是由工作压力引起的以身心极度疲惫为标志的综合反应。教师的工作压力来源于多个层面。

（1）个体层面。教师的个人心理特质对职业倦怠有直接影响，具有高度抗压性格和乐观性格的教师更善于应对各种工作压力。另外，生活中的其他压力，如家庭问题、健康问题等也可能加重职业倦怠的程度。当教师在工作以外的生活中感知到压力时，可能导致教师工作时专注力大幅下降，进而感到更加沮丧和疲惫。

（2）工作环境层面。工作环境中高度的管理压力、不合理的工作量分配等都会导致教师感到无助和疲惫。工作单位的文化和价值观也与教师的职业倦怠有关，强调竞争、高压或采用过度刻板工作流程的单位可能增加教师的工作压力，让教师对工作失去热情和动力，引起职业倦怠。

（3）社会层面。社会的教育政策和制度变革可能给教师带来额外的压力。如频繁的教育改革、课程调整或评估体系的变化迫使教师不断地适应新环境，进而增加其工作负担。同时，教师可能面临社会评价的压力，或面对家长和社会的过高期望，教师往往产生沉重的心理负担，可能陷入自我怀疑的困境，引发教师的职业焦虑与职业倦怠。

2. 教师工作压力与职业倦怠的调适

（1）个体层面。深度挖掘自身性格优势，将乐观、坚韧等特质化作应对职场琐碎与重复事务的有力武器，减轻心理负担。另外，进行有效的压力管理，将压力控制在合理水平。具体包括，觉察生理信号、情绪信号等压力预警信号，分析压力的来源并通过改变压力认知、环境调节法、宣泄释放法等合适的方式化解烦恼。同时，教师也可以寻求社会的支持，包括情感上的支持和工具性的支持来缓解职业压力、职业倦怠带来的负面情绪。

（2）工作环境层面。学校管理者要通过各种途径营造适度压力的工作环境，合理安排工作量和工作难度。学校组织氛围包括价值观、信念、文化等，是学校间独特的心理标识。学校规章制度是组织氛围的重要体现，构建科学合理的规章制度关键在于聚焦"心理"维度。比如，制定考核制度时，兼顾教学成果与努力过程，避免唯分数论，用多元指标激励教师奋进。

（3）社会层面。稳健推进教育改革，即充分考虑教师适应周期，提前解读改革详情，给予充足培训，分步推进，同时建立反馈渠道，依据教师意见优化方案。媒体应客观展现教师工作全貌，让公众知晓教师不仅教书，还承担心理辅导、组织活动等任务，塑造理性评价观。

（二）人际关系与情绪问题

在教师所处的微观环境中，学生、家长、同事是教师直接接触的对象，他们与教师的互动较频繁和直接，对教师的情绪体验有着重要的影响。

1. 同事关系引发的情绪问题

（1）竞争压力导致的嫉妒和焦虑。在学校环境中，教师之间可能会因为职称评定、教学竞赛、评优评先等产生竞争。例如，当一位教师看到同事获得了优秀教师的荣誉，而自己却与之失之交臂时，可能会产生嫉妒情绪。这种嫉妒可能会进一步转化为焦虑，担心自己在学校的地位和发展前景。他们会不断地反思自己的教学工作是否做得不够好，在比较中陷入自我怀疑，出现情绪低落、失眠等情况。

（2）合作中的矛盾引发的愤怒和委屈。教师在教学研究、班级管理等工作中需要合作。如果在合作过程中，双方的教育理念、工作方式存在较大差异，就容易产生矛盾。比如，在设计跨学科教学方案时，一位教师注重实践操作，另一位教师更倾向于理论讲解，双方无法达成共识，可能会引发激烈的争论，产生愤怒情绪。而如果在争论中自己的意见没有被重视，还可能会感到委屈，觉得自己的努力和专业见解没有得到尊重。

2. 学生关系引发的情绪问题

（1）师生冲突带来的挫败和伤心。在教育教学过程中，教师和学生可能会发生冲突。例如，学生违反课堂纪律，教师进行批评教育，但学生不仅不接受，还顶撞老师。这种情况会让教师产生强烈的挫败感，觉得自己的教育工作没有成效。尤其是当教师付出了很多心血去引导学生，却换来学生的不理解和反抗时，会感到伤心，怀疑自己的教育方法是否正确。

（2）对学生成绩和发展的过度担忧导致的焦虑。教师通常对学生的学习成绩和未来发展非常关注。如果班级里有学生成绩一直不理想，或者出现行为偏差，教师会为此感到焦虑。他们会担心学生无法达到学业要求，影响升学，进而反复思考如何帮助学生提高成绩，如何纠正学生的行为。这种过度担忧可能会使教师在工作之余也无法放松，长期处于紧张的情绪状态。

3. 家长关系引发的情绪问题

（1）家校沟通不畅引发的烦躁和无奈。当教师和家长在学生的教育问题上沟通不顺畅时，容易产生情绪问题。例如，教师向家长反馈学生在学校的不良行为，家长却不相信或者不配合教师的工作，反而指责教师教育方式不当。这会让教师感到烦躁，因为他们觉得自己的工作没有得到家长的支持。同时，又会感到无奈，毕竟教育学生需要家校协同，而家长的不合作让教师在解决学生问题时面临很大的困难。

（2）家长不合理期望带来的压力和委屈。有些家长对孩子的期望过高，要求教师确保孩子取得优异的成绩或者在学校各种活动中都出类拔萃。如果孩子达不到家长的期望，家长可能会对教师产生不满。教师面对这种不合理的期望，会感到很大的压力，因为他们需要在满足家长期望和遵循教育规律之间寻找平衡。如果受到家长的无端指责，教师还会觉得委屈，明明自己已经尽力在教育学生，却得不到家长的理解。

4. 教师情绪问题调适的方法

（1）情绪识别。格式塔学派十分重视情绪察觉。该学派认为有效调节情绪的第一步就是能够正确地识别情绪，觉察自己的情绪。当事件发生时，先暂停、中断目前的情绪，保持冷静，觉察自己当下的情绪、内心体验。因此，教师在面临一些突发事件或者处于冲突的情境中，应该要先将自己抽离，回归内心并且保持冷静，学会辨别自己真正的情绪。

（2）合理情绪疗法。合理情绪疗法又称情绪ABC理论，由美国心理学家阿尔伯特·艾利斯（Albert Ellis）提出。他认为情绪不是由某一诱发事件本身所引起的，而是由人们对于这一事件的解释和评价引起的。该理论认为，只要改变了人们的不合理的观念，建立合理的观念，就会产生积极的情绪反应。因此，教师要注意和识别不合理信念，像"我必须受到欢迎"这种绝对化要求，"学生不喜欢我说明我一无是处"这种过分概括化的观念，或者"不顺心就感觉非常糟糕"这种糟糕至极的想法，用合理的信念取代，从而改善情绪状态。

（3）情绪宣泄。教师总是被要求要控制自己的所有情绪，以学生为重，这渐渐钝化了情绪表达的技巧和方式。根据精神分析学派的理论，情绪的适当宣泄可以使情绪能量得到释放，用来恢复自己身心机能的平衡和稳定。情绪宣泄通常可以采取以下方式：①找人倾诉或者自我倾诉。当有了消极情绪，也可以通过写日记、画画等方式来释放压力。②自我宣泄，如在一个空地、空旷的地方大声喊叫。③音乐调节。可根据情绪选择不同类型的音乐，如紧张时听舒缓的音乐。④运动调节。通过参加某些运动如跑步、打球来达到释放消极情绪的目的。⑤外出旅游。外出旅游能开阔视野、放松身心，和朋友一起更能增添乐趣，有效缓解心理压力。

（4）心理换位法。在人际交往中，当与别人发生矛盾和冲突时，如果能暂时离开自己的立场，把自己放在别人的位置上，设身处地地考虑问题，就能理解别人，以宽容的态度谅解对方，烦恼和不快自然就消除了。

（5）自我暗示法。自我暗示是用内部语言或表面语言的形式来自我调节情绪的方法。自我暗示有积极自我暗示与消极自我暗示之分，积极的自我暗示能唤起人的良好的情绪情感，消极的自我暗示唤起的是人的不良的情绪情感。暗示对人的情绪和行为都有奇妙的影响，既可以用来松弛过分紧张的情绪，也可以用来激励自己。例如，心情不好时，对着镜子笑一笑，并暗示自己：我笑了，说明我很高兴，我的心情很愉快。

（三）教师的心理危机

研究发现，相比其他职业，教师这一职业患常见心理健康问题与精神障碍的风险相对较高且在增加。俞国良（2024）等人采用元分析方法对2000年至2022年我国大中小幼教师的心理健康问题检出率进行了系统分析和分类比较，结果显示：我国中小学教师的心理健康状况不容乐观。

1. 焦虑和抑郁障碍

焦虑障碍也称为焦虑症，是反复并持续的伴有焦急、恐慌症状和自律神经紊乱的精神障碍。主要表现为：无明确客观对象的紧张担心，坐立不安，还有自律神经紊乱的症状，如心悸、手抖、出汗、尿频等。抑郁障碍也称为抑郁症，以显著而持久的心境低落为主要临床特征，是心境障碍的主要类型。主要表现为：以心境低落为主，并伴随有思维迟缓、躯体症状、意志行为降低和情绪低落。

教师出现焦虑障碍和抑郁障碍可以从以下多个方面进行调适。一是心理调节，包括认知行为调整、学会情绪调节技巧、心理自助与积极心理暗示等；二是生活方式调整，包括规律作息与合理饮食、适度运动、休闲与爱好培养等；三是工作环境调整与支持系统构建，包括改善工作环境与时间管理、寻求专业支持与构建支持网络等。

2. 应激障碍

"应激"是指一个系统在外力作用下，竭尽全力对抗时的超负荷过程。在应激状态下，人的超常表现是动用大量人体储备能量的结果。而这种储备能量一经消耗，在短时间内很难补充。经常动用潜在能量，会降低对应激源的抵抗能力，加速人的衰老过程。严重的可能出现心理崩溃。

教师可以从认知层面、情绪层面和行为层面进行调适。认知层面，教师要学会用积极的视角看待应激源、建立合理的职业期望；情绪层面，教师要提高自己对应激情绪的觉察能力、学会情绪调节策略；行为层面，保持健康的生活方式、合理安排教学任务和工作时间。如果感到应激问题严重影响到自己的生活和工作，教师要积极寻求专业支持。

3. 自我伤害

自我伤害是指个人在意识清楚的情况下，自愿地采取伤害甚至是结束自己生命的行为。在导致教师自我伤害的因素中，学校是直接原因，表现为工作超负荷、内部管理不合理、学生品行与学习情况引起的压力、评价体系不科学等；社会是现实原因，包括待遇偏低、社会对教师的高要求、教育的改革和变化等；个体因素是内在原因，包括对"完美形象"的认知误区、对自身专业能力的自我认识偏差、个体的不良性格等。

为了减少教师自我伤害等恶性事件的发生，学校、社会和教师应该携手创设有利于教师心理健康和幸福生活的良好环境：①学校方面，营造积极工作氛围、提供心理支持服务、合理安排工作任务与职业发展；②社会方面，正确的舆论引导、完善社会支持体系；③个体层面，加强心理调适能力、保持良好的生活习惯。

【知识广场】

焦虑与焦虑障碍

焦虑本身是一种普遍存在的正常现象，焦虑、恐惧能够使个体对生存威胁产生警觉，并采取适当的行为，因而具有帮助个体适应的功能；适当的焦虑可以改善个体的功能水平。

只有当焦虑、恐惧过于强烈，与刺激、实际或可能的危险不一致，或者在公认无害的环境中诱发，甚至在根本没有任何原因时发生，才被视为是病理性的。临床上判断患者的恐惧或焦虑是不是过度和不合适的，需要考虑患者所处的文化背景。从焦虑到焦虑障碍的过程如下：

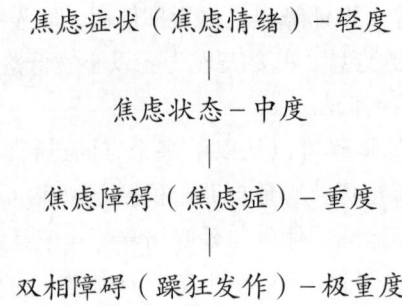

焦虑症状（焦虑情绪）—轻度

焦虑状态—中度

焦虑障碍（焦虑症）—重度

双相障碍（躁狂发作）—极重度

第二节 心理健康教师的专业素养与发展

心理健康教师专业素养主要是指教师应具备的，能够适应终身发展和社会发展需要的必备品格和关键能力。专业素养是关于心理健康教师在知识、技能、情感、态度、价值观等多方面要求的综合表现。教师的专业素养是教师进行高效工作的前提。

一、心理健康教师的专业素养

作者在对大量中小学校心理健康教育工作的需求调研，以及毕业生走访座谈等基础上，构建了一流学校心理健康教育未来人才的核心素养模型及指标体系（图10-1）。该模型包含4个一级指标（知识基础、自主学习、心育情怀、心育行动）和13个二级指标（心育框架知识、心育理论知识、心育操作知识；乐学善学、行动反思、数智意识；以德育心、以智慧心、以情润心、健康教育、健康监测、咨询服务、干预处置），旨在培养"厚专业基础、善自主学习、能心育行动、浓心育情怀"的卓越未来心理名师。

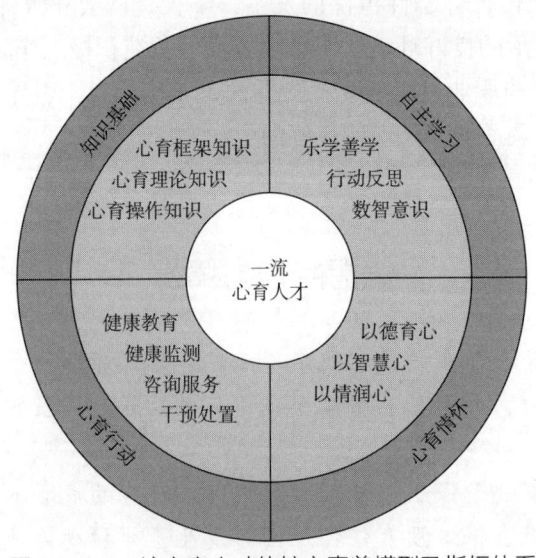

图10-1 一流心育人才的核心素养模型及指标体系

（一）知识基础

1. 心育框架知识

心理健康教育框架知识涵盖了多个重要层面，包括心育发展、心育体系及心育一体化等整体性知识。

（1）心育发展是指既了解国内外心理健康教育的发展历程、现状与趋势，传承过往有效的理念与方法，又能依据历史与现状提出见解，推动心育发展。

（2）心育体系是指心理健康教育的整体框架体系，包括心理健康教育的目标、内容、原则、途径和方法。

（3）心育一体化是指确立一体化心理育人理念，推进教育教学、实践活动、咨询服务、预防干预"四位一体"的心理健康教育工作格局横向拓展和纵向贯通，不断强化大中小学资源整合、衔接。

2. 心育理论知识

心育理论知识在整个心理健康教育中占据着极为关键的支撑地位，其涵盖了多个重要方面，包括心理健康教育、学生心理健康问题以及困境儿童心理健康等基本知识。

（1）心理健康教育的主要内容包括：普及心理健康基本知识，树立心理健康意识，了解简单的心理调节方法，认识心理异常现象，以及初步掌握心理保健常识。除此之外，还应能够根据从不同地区的实际和学生身心发展特点出发，做到循序渐进，设置分阶段的具体教育内容。

（2）学生心理健康问题表现为学习上的焦虑，人际关系里的社交恐惧、同伴冲突，以及情绪情感领域的抑郁、暴躁等。这些问题受多方面因素制约，需要从个人、家庭、学校、社会多方面进行预防与干预。

（3）困境儿童心理健康在心育理论知识体系里至关重要。深入探究这些困境儿童的心理健康状况，针对性地开展心理援助与关爱保护行动，全力为这些特殊群体的孩子营造有利的心理康复环境，助力他们成功跨越心理困境，重新构建健康积极的心理状态。

3. 心育操作知识

心育操作知识是一个有机的整体，各环节紧密相连。心育伦理如同基石，规范着整个心育过程，确保教师尊重隐私、遵循保密原则等，保障学生权益；心育途径丰富多样，涵盖课堂教学、心理辅导、心理评估、心理危机干预、课外实践活动、校园文化建设等，全方位渗透心理健康理念；心育课程需要依据学生年龄、心理特点精心设计，传授心理知识与调适技巧；心理监测是指定期收集数据，追踪学生心理状态变化轨迹，为后续干预提供依据；心理评估运用专业量表、访谈等精准判断学生心理问题类型与程度；心理咨询则面向个体，一对一地帮学生排忧解难，运用倾听、共情等技术化解心理困扰；团体辅导聚焦相似问题群体，利用团体动力促进成员相互支持、共同成长；心理危机干预更是关键时刻的救命稻草，识别高危信号，迅速启动预案，守护学生生命安全，这些操作性知识共同为学生心理健康保驾护航。

（二）自主学习

1. 乐学善学

乐学即心理健康教师对于知识的热爱以及在学习过程中表现出来的积极学习态度。愿意投入大量时间与精力，面对变化的环境和挑战，能够主动学习提升自己。善学即心理健康教师通过掌握高效学习方法与策略，为促进学生心理健康提供有力支持与坚实保障。

2. 行动反思

行动反思即在实践中进行反思和总结，实现知行合一。通过行动反思，有助于提升教师教学质量、促进专业发展。在活动中，心理健康教师要能够对活动过程进行反思，判断是否与活动目标一致；能够对活动的结果进行及时的分析与评估，总结活动成功与失败的经验并反思其原因。

3. 数智意识

数智意识是教师基本的数字素养，即培养教师对数字化和信息化的理解和运用能力，提升其运用数字和信息技术解决学校心理健康教育问题的能力。心理健康教师要能够熟练使用各种数字化工具和智能系统，具备收集、整理、分析和解读数据的能力，能够利用数据进行问题诊断和咨询。

（三）心育情怀

心育情怀包括以德育心、以智慧心、以情润心。三方面协同支持，全方位保障学生心理健康成长。心育情怀既是思政育人目标的体现，同时也反映了五育并举促心理健康的理念。

1. 以德育心

德育是学生思想道德和人格塑造的关键途径。将学生心理健康教育贯穿德育思政工作全过程，融入教育教学、管理服务和学生成长各环节，纳入"三全育人"大格局，坚定理想信念，厚植爱国情怀，引导学生树立正确的世界观、人生观、价值观。

2. 以智慧心

智育是促进学生心理健康的重要支撑。优化教育教学内容和方式，有效减轻义务教育阶段学生作业负担和校外培训负担。根据不同学生的年龄特点，推广多样化教学方法，因材施教。教师要注重学习掌握心理学知识，在学科教学中注重维护学生心理健康，培养学生的智慧和创新能力，引导他们独立思考、创新探索，提升解决问题的能力。

3. 以情润心

教师的情感支持让心理健康教育充满温度。心理健康教师在日常的工作中要能够以真诚、尊重和关爱的态度对待每一个学生。主动了解学生的兴趣爱好，关注学生的情感和情绪管理能力，与学生建立起良好的关系。心理健康教师的情感支持能激发学生的内在动力，让他们更加积极主动地参与到心理健康教育活动中。

（四）心育行动

心育行动反映了新时代学校心理健康教育工作体系要求，包含健康教育、健康监测、咨询服务、干预处置。

1. 健康教育

健康教育包括心育教学、校本心育、学科融合和家庭教育4个方面。

（1）心育教学是健康教育的核心组成部分，专注于向学生传授系统的心理健康知识和技能。通过专门设计的课程，学生能够深入了解心理健康的基本概念，常见心理问题的识别与应对方法，以及培养积极心理品质的途径。

（2）校本心育强调结合学校自身的特点和学生的实际需求，开展具有针对性的心理健康教育活动。每个学校的学生群体在文化背景、学习氛围、社会环境等方面存在差异，校本心育能够充分考虑这些因素，制订符合校情的心理健康教育计划。

（3）将心理健康教育理念渗透各学科教学中，各学科教师在传授学科知识的同时，关注学生的心理状态，挖掘学科内容中的心理健康教育素材，通过巧妙的教学设计将心理健康教育融入课堂教学的各个环节。比如，在语文教学中，通过分析文学作品中人物的性格特点和心理变化，引导学生理解人性、培养同理心。

（4）家庭环境是孩子成长的第一课堂，家长的教养方式、家庭氛围、亲子关系等直接塑造着孩子的心理品质。家长要关注孩子的心理健康需求，学习基本的心理健康知识，以便及时发现孩子可能存在的心理问题，并给予正确的引导和干预。

健康教育的心育教学、校本心育、学科融合和家庭教育4个方面相互联系、相互补充，共同构建了一个全面、系统的健康教育体系。

2. 健康监测

健康监测由心理测评、数据分析、心理档案以及数智监测4个部分组成，共同构建起一个全面且动态的心理健康监测体系。

（1）心理测评是健康监测的基础手段，通过一系列科学设计的标准化问卷、量表以及心理测验等工具，对个体的心理特质、认知能力、情绪状态、人格特征、心理健康状况等多个维度进行系统评估。

（2）数据分析是运用统计学方法、数据挖掘技术以及专业的心理测量学理论对数据进行深入处理和分析。了解群体心理特征的分布情况，如均值、频率等。探索不同心理变量之间的内在关系，发现潜在的心理模式和规律。

（3）心理档案是对个体心理健康状况的系统记录和长期跟踪，犹如个体心理健康的成长日志。它涵盖了个体在不同阶段参与心理测评的结果、接受心理咨询与治疗的记录、重大生活事件对心理影响的记录以及日常心理健康维护情况等多方面信息。

（4）数智监测即能够通过数字化工具，实时采集个体的生理数据、行为数据以及心理自我报告等数据。利用人工智能算法和大数据分析技术对这些数据进行实时分析和深度挖掘，实现对个体心理健康状态的动态监测和智能预警。

3. 咨询服务

咨询服务包括伦理规范、个体咨询、团体辅导和家庭辅导，其中伦理规范是基石，它确保咨询遵循道德准则，保护来访者权益，维护行业声誉；个体咨询针对个体心理问题，咨询师与来访者一对一深度沟通，运用多种技术深入剖析问题根源，定制个性化方案助力其成长；团体辅导将相似需求者聚成团体，借由成员互动和团体动力，在安全环境中共同探索解决问题，提升社交等能力并获得支持；家庭辅导主要通过改善家庭成员的沟通方式、明确角色边界，营造和谐的家庭氛围，从而从家庭系统层面帮助个体解决心理问题。

4. 干预处置

干预处置是维护个体心理健康的关键环节，主要包括危机预警、危机干预和家校医协同这三个紧密相连的部分。危机预警是对个体行为、情绪等多方面的细致观察与专业评估，运用心理测评等手段，及时发现可能引发心理危机的潜在迹象。危机干预即运用专业知识与技能，如心理疏导、认知调整等方法，为处于危机中的个体提供紧急且有效的援助，稳定其情绪，防止危机恶化。而家校医协同则形成强大合力，家庭提供个体生活背景信息，学校发挥日常教育与危机发现功能，医疗机构提供专业诊断与治疗，共同制定并实施最适宜的干预方案，全方位地保障个体心理健康，促进其恢复与成长。

【心理剧院】

默默无闻的小明

一个普通的春日午后，学校接到了一个特殊的任务——为即将毕业的六年级学生组织一场以"梦想启航"为主题的演讲比赛。对于大多数孩子来说，这是一个展示自我、勇敢表达的机会，但对于班上性格内向、成绩平平的小明来说，却像是一座难以逾越的大山。

小明平时总是默默无闻，甚至在课堂上也鲜少发言。李老师注意到了这一点，她决定用自己的方式帮助小明跨越这道心理障碍。每天放学后，当校园逐渐归于宁静，李老师都会特意留下，陪小明一起准备演讲稿。她耐心地倾听小明的每一个想法，用鼓励的话语引导他勇敢表达自己的梦想。"小明，每个人心中都有一颗梦想的种子，你的呢？也许它现在还很小，但只要我们用心去浇灌，总有一天会开出最灿烂的花朵。"在李老师的鼓励下，小明逐渐敞开了心扉，他告诉老师自己梦想成为一名天文学家，探索宇宙的奥秘。李老师听后，眼中满是赞赏，她帮助小明整理思路，一字一句地修改演讲稿，还亲自示范如何运用语调和表情让演讲更加生动。终于，比赛的日子来临了。小明站在舞台上，面对着全校师生的目光，心中虽有忐忑，但更多的是前所未有的坚定。演讲结束，掌声雷动，小明在泪光中看到了李老师欣慰的笑容。他知道，是李老师用无私的师爱为他插上了翅膀，让他勇敢地飞向属于自己的星辰大海。

李老师在日常的教育教学中能够敏锐地觉察到小明的心理状态的变化，感受到小明对于演讲比赛的恐惧，她耐心地倾听小明的每一个想法，用鼓励的话语引导他勇敢表达自己的梦想，并针对小明的具体情况进行指导，给予小明支持与鼓励。这些体现了教师专业素养中的心育操作知识与以德育心、以智慧心、以情润心的心育情怀。

二、心理健康教师的专业发展

心理健康教师是能够根据学生的心理活动规律，在心理学、教育学和社会学等多学科理论的指导下，有目的、有计划地培养学生良好的心理素质，维护其心理健康，开发其心理潜能，提高其心理机能的教育工作者。

（一）心理健康教师的专业角色

与其他学科教师一样，心理健康教师也具有其很强的专业性。但在实践工作中，心理健康教师经常面临角色定位与角色混乱等问题，如"心理健康教师与传统教师的角色有何区别""做一名心理健康教师究竟意味着什么""我作为心理健康教师究竟是谁"，严重影响了心理健康教师的专业发展。心理健康教师究竟应具有怎样的专业角色与定位呢？

1. 学校心理辅导的专家

学校心理健康教师应是全校师生心理健康的维护者，心理问题的诊断者和辅导者，扮演着学校心理辅导专家的角色。

（1）学生心理健康的塑造者。心理健康教师与传统教师角色的工作重点明显不同，心理健康教师的一个重要任务就是帮助学生更好地认识自我及其与环境的关系，完善人格，创造人生的意义。因此，心理健康教师必须有高度的职业责任感，积极开展个别和团体辅导。此外，心理健康教师还要善于对个别辅导的案例进行追踪探讨，建立学生的心理档案，收集归类，综合分析，然后针对学生中普遍存在的共性问题，进行团体辅导，使所有学生对心理辅导和咨询有正确的认识，以积极的态度去求助，改进其不成熟的偏差态度与行为。同时，心理健康教师应具备心理测评和诊断的能力，要能够正确选择、运用、评估和解释各种心理量表，能够对学校全体学生智力发展、人格特征、社会适应能力等方面的发展水平进行测评，能够对个别问题学生做出正确的诊断与评估。

（2）家长与教师的教育与心理顾问。心理健康教育需要普及心理健康知识，树立心理健康意识，了解心理调节方法，认识心理异常现象，掌握心理保健常识和技能，其重点是认识自我、学会学习、人际交往、情绪调适、升学择业以及生活和社会适应等方面的内容。在家庭教育方面，心理健康教师协助家长共同开展家庭心理辅导，为家长维护子女心理健康提供咨询与帮助。在学校教育方面，心理健康教师的主要任务就是"助学"以及建立起和教师的咨询关系，能够与学校的各科任教师（包括班主任）讨论学生的问题，指导他们对学生进行心理健康教育，帮助改善师生关系，激励全体教师共同参与心理辅导工作并提供建议，同时要帮助教师缓解心理压力，维护教师的心理健康。

（3）学校管理工作的指导员。运用心理学的理论和技术，帮助学校制订课程计划、教学目标和行为管理目标，并对这些环节的缺陷进行评估与诊断，确立督促和检查的指标，从而使学校教学与行政管理都能为促进青少年学生的心理健康发展服务。

2. 学校心理健康教育工作的策划者

心理健康教师应根据学校的情况，与学校领导、教师讨论一些针对本校师生实际的心理健康教育计划，有针对性地了解服务对象的需求并形成具体方案。为了更好地为学校师生服务，心理健康教师需及时对学生的心理档案进行加工、分析和处理，及时记录跟踪学生的心理动向，对学生的各种心理资料进行存储和利用，并根据心理学的基本原理，为学校心理健康教育工作的开展提供切实可行的建议。

3. 学校心理健康教育活动的组织者

学校心理健康教师应该能够组织各种类型的心理健康教育活动，并在活动中对学生进行引导，使学生能在参与心理健康教育活动中获得心理的成长与体验。作为学校心理健康教育活动的组织者和引导者，心理健康教师应具备设计与实施心理课程、组织学生参与心理健康教育活动的能力，如心理健康知识讲座、心理电影观摩、心理沙龙以及心理素质拓展训练等。

4. 学校心理健康教育科研的承担者

心理健康教师可以为学校的教育科研进行相关的心理调查和测试，为教育改革的实践提供第一手资料。心理健康教师可以运用所学知识提出具体的建议，并把学校的心理科研课题有机地融入学校整体教育中去，将课题研究与心理辅导两者结合起来同步进行。同时，也要加强校本心理健康教育课程的研究与开发，探索符合本地区、本学校实际的心理健康教育课程，将心理健康教育工作做出实效，做出特色，从而推动素质教育和新课程改革的实施。

5. 学生心理健康的示范者

心理健康教师肩负的主要任务是指导学生维护心理健康，保持良好的心理状态。一名优秀的心理健康教师善于通过言传身教的方式，将心理健康的知识技能、教师本人的人格魅力及其对生活的理解融入心理健康教育教材中，使其自身的言行举止转化成丰富多彩的心理健康教育资源。

（二）心理健康教师的专业发展历程

心理健康教师专业发展大致分为新手型、熟手型和专家型心理健康教师三个阶段，其中，心理健康教师教龄在0~4年的为新手型心理健康教师，教龄在15年以上的教师为专家型心理健康教师，处于二者之间的为熟手型心理健康教师。

1. 新手型心理健康教师

新手型心理健康教师在教学工作中，因经验不足，教学方法可能稍显单一，更多依赖传统讲授，在把控课堂节奏、处理突发状况时稍显稚嫩，对教学内容重难点的把握也有待精进；在咨询工作中，虽有专业知识储备，但实践经验匮乏，建立信任关系、在运用咨询技巧时不够熟练，易受来访者情绪波动影响，难以迅速将理论转化为有效的干预策略；在辅导工作上，对学生需求的洞察不够精准，辅导计划的制订缺乏针对性，且在与家长、其他教师协作沟通方面存在欠缺，导致辅导效果难以达到预期。不过，他们热情高、学习意愿强，在不断实践中会快速成长。

2. 熟手型心理健康教师

熟手型心理健康教师在日常工作中，各方面表现都十分出色。教学工作里，他们能精准把握心理健康教育大纲，灵活运用多种教学手段，熟悉各种案例、小组讨论、情景模拟等活动组织得游刃有余，充分调动学生积极性，让心理健康知识生动有趣地走进学生心里。开展咨询工作时，丰富的经验赋予他们敏锐的洞察力，能迅速捕捉来访者话语中的关键信息，运用合适的咨询技巧，引导来访者剖析自身问题，帮助其排解负面情绪。在辅导工作方面，他们熟悉学生常见心理问题，制订的辅导计划贴合学生实际，还善于与家长、其他教师紧密配合，全方位关注学生心理健康状况，为学生的成长筑牢心理防线。

3. 专家型心理健康教师

专家型心理健康教师在日常工作中展现出非凡的专业素养。教学时，他们不仅能把晦涩的心理学知识转化为深入浅出的内容，还善于结合前沿研究创新教学模式，激发学生探索心理世界的热情，培养其自主解决心理问题的能力。咨询过程中，凭借深厚的专业积淀和丰富的阅历，他们能一眼看穿复杂心理问题的本质，灵活整合多种疗法，为来访者定制个性化方案，精准解决棘手难题。开展辅导工作时，他们以敏锐的教育眼光洞察学生心理动态，搭建起家校社协同辅导的高效桥梁，引领多方共同守护学生心理健康，成为学生成长路上的强大心理后盾。

4. 从新手型成长为熟手型心理健康教师

新手型心理健康教师成长为熟手型，需在多方面持续发力。教学上，积极参与各类教学研讨活动，观摩资深教师授课，从中学习多样化教学技巧，学会如何把角色扮演融入课堂，让学生在体验中理解心理健康知识；课后认真复盘，依据学生反馈调整教学环节，逐步优化教学设计，精准把握教学节奏。咨询时，主动增加咨询案例量，每次咨询后细致记录，和同行定期开展案例研讨，学习不同咨询技术的运用要点；主动寻求专业督导，在督导指导下改进咨询方式，提升咨询效果。辅导工作中，加强与学生的日常交流，了解他们的心理困惑和需求，据此制订更有针对性的辅导计划；另外，还要积极和家长、其他教师沟通，定期分享学生心理动态，合力解决学生心理问题，通过持续的实践与反思，完成从新手到熟手的蜕变。

5. 从熟手型成长为专家型心理健康教师

熟手型心理健康教师想要进阶为专家型，需在多个维度持续深耕。教学领域，不再满足常规授课，而是投身教育创新研究，结合前沿心理科学成果与学生发展需求，开发独具特色的课程体系，以开创性的教学理念引领行业潮流；咨询层面，主动挑战复杂棘手案例，深入钻研各类小众心理问题，参与国内外学术交流，与同行切磋经验，不断拓展咨询技术边界，为不同心理困境者提供定制化、高成效的解决方案；在辅导工作中，凭借深厚专业素养，构建涵盖校家社协同的全新辅导模式，深入挖掘学生心理问题根源，为学生心理健康成长提供全方位、系统性的保障，持续输出专业观点与实践成果，最终成长为专家型教师。

（三）可能遇到的问题及促进策略

1. 常见问题与原因分析

（1）心理健康教师专业知识与能力不足。产生这一问题的可能原因有教育培养体系不完善、职业发展与培训不足、个人因素及外部环境因素。比如，高校相关专业课程可能重理论轻实践，多以传统课堂教学为主，缺乏案例分析、实践操作；目前针对心理健康教师的专业培训主要有集中培训和远程培训等方式，然而，集中培训机会相对较少，远程培训体验感差，导致教师难以及时更新知识；在个人方面，教师自我提升意识淡薄、时间精力有限；在外部环境方面，一些学校对心理健康教师重视不足或学校资源短缺等因素，都会影响教师知识的应用和拓展。

（2）心理健康教师发展内动力不足。产生这一问题的原因首先可能是我国并没有制定统一的心理健康教育课程标准，使得大部分地区的心理健康教育课程设置不完善和课堂教学不够规范；其次是教材不统一。迄今为止，不论是高校还是中小学，其采用的心理健康教育课程教材版本各异，内容上也存在差异；最后是缺乏科学的评价方法。目前仍没有科学合理的评价体系来对心理健康教育教学工作进行评价，阻碍了心理健康教师专业水平的提升，同时学校也很难对心理健康教育工作进行绩效考核，从而难以调动教师的教学积极性。

（3）心理健康教师自我认同危机。心理健康教育学科较为特殊，其工作成效与其他学科相比，不能达到立竿见影的效果，且成效往往是较为隐蔽的，外界可能观察不到。当工作成果难以量化，得不到及时肯定和认可时，心理健康教师可能会对自身职业价值产生怀疑。这与社会和学校对心理健康教育工作的价值评估体系不完善有关，过于注重显性成果，忽视了心理健康教育的隐性价值。

2. 促进策略

针对心理健康教师专业发展存在的问题，可以从教师层面、学校层面、政府层面3个层面来提出对策。

（1）教师层面。心理健康教师应重视自我的成长和专业技能的实践，要保持终身学习的态度，并将专业知识、专业技能以及专业精神三者有机结合在一起，从而实现自身的专业发展。同时，心理健康教师需加强与学校及校外机构的联系，融入教师队伍以获得归属感，借助外部支持高效开展学校心理健康教育工作。

（2）学校层面。学校应提供心理健康教育工作所需的设施和教学条件，为了保障学校心理健康教育工作的顺利开展，学校应当加大经费投入，不仅要提高心理健康教师的薪酬待遇，也要推进心理咨询室、学生的心理健康档案以及专业心理测评软件的建设。同时，要开设、开齐和开足心理健康教育课程；大多学校对于心理健康教育学科的管理制度依旧同其他学科相同，为了更好地开展学校心理健康教育，各学校要健全心理健康教育学科的管理制度。

（3）政府层面。加强心理健康教师队伍的建设。强制要求各类学校按照学生的数量配备配齐心理健康教师，应首先考虑招聘心理学和教育学专业毕业的专职教师。心理健康教育的专业培训模式应多元化，结合学校、社会等多个渠道，采用多种形式，如校本培训、区域性教师培训模式等定期进行专业培训。

三、心理健康教师的心理健康

中小学心理健康教师的困惑、忧虑和压抑等消极心理不断增加，消极心理的累积使得中小学心理健康教师在日常生活和工作中表现出越来越多的心理问题，教师不健康的心态可能直接导致学生的心理障碍。因此，心理健康教师心理状况已成为不可忽视的问题。

（一）心理健康教师常见的心理问题

心理健康教师在履行其重要职责的过程中，常常面临着一系列独特的挑战，这些问题不仅直接影响他们的个人成长，也间接影响他们的心理健康。一般来说，心理健康教师面临的主要心理问题包括角色模糊、职业压力以及职业倦怠，这些问题的根源在于角色定位不清、多重职责带来的巨大工作负担，以及长期积累的职业发展受限感和低认同感。深入理解这些问题，可以更好地支持心理健康教师的专业成长和个人发展。

1. 角色模糊

心理健康教师与管理者、德育教师甚至与普通任课教师之间界限不清，彼此混淆，其背后的深层原因在于当下的教育体制和教育理念，将心理辅导和心理健康教育局限于学校德育系统，作为德育服务的工具，这导致我国的心理健康教师更接近心理辅导员的角色，出现了心理健康教师角色定位模糊的现象。同时，心理健康教师身份认同感不高，是因为缺乏专业的培训和评估机制。由于心理健康教育的特殊性，心理健康教师既要承担教学也要负责心理辅导工作，使其容易产生较多的心理压力。

2. 职业压力

心理健康教师不仅肩负着科任教师的职责，还肩负着学校心理咨询工作的职责。作为一名科任教师，心理健康教师需要运用各种教育手段向广大学生传授心理健康知识，解答其心理发展过程中所遇到的各种困惑。作为一名学校心理咨询工作人员，识别和解决学生心理问题也是其职责所在。再者，心理健康教师每天还要处理工作中的其他问题。一方面，要负责教学和心理咨询工作；另一方面，科研和学习进修又不可丢。心理健康教师还要面对各种检查和考核的压力，这些都会加重其职业压力。

3. 职业倦怠

心理健康教师出现职业倦怠，主要源于多方面因素。一方面，工作压力巨大。面对众多且复杂的咨询案例，工作强度不断攀升，身心俱疲。另一方面，职业发展受限。心理健康教师的工作成果难以直观量化，导致职业认同感低，在学校中地位不高，而且晋升机会稀缺，看不到职业晋升的希望。此外，从工作环境上讲，心理健康教师的办公地点与其他教师的办公场所和教学区域相距甚远，与其他教师交流的机会也不多，因而极易受到区别对待并形成离群之感。工作过程中的孤掌难鸣和工作结果的不理想难免会使心理健康教师缺乏归属感和自我价值感，因此产生职业倦怠感。

（二）心理健康教师的心理维护

健全的心理、良好的心态，不仅对心理健康教师自身发展有着积极的作用，并且在学生的成长和发展过程中也有着极其重要的作用。要维护学生的心理健康，就必须重视教师的心理健康。

1. 个人层面

一是调节情绪，保持心理平衡。心理健康教师在面对繁重的工作、复杂多变的教育对象、迅速变化的世界时难免会产生各种各样的消极情绪反应。当情绪不良时，可以试一试转移注意力法、情绪调节法，以保持心理平衡。二是建立良好的人际交往圈。心理健康教师要善于与人交际，将自己和谐地融入社会之中来确保心理健康。三是提高压力应对技术。常用的压力应对技术主要有认知调整、放松训练和时间管理训练。四是积极进取，努力工作。心理健康水平较高的个体，其重要特点是具有积极的进取精神，只有热爱自己的教育工作，把工作当作乐事而不是负担的教师，才能够保持健康的心理，从而缓解职业倦怠。

2. 学校层面

首先，明确心理健康教师角色定位至关重要，学校应该清晰界定心理健康教师在心理咨询、课程教学、活动组织等方面的职责。合理规划工作量，依据学生数量和心理问题状况科学分配任务。其次，通过学校文化熏陶、职业生涯规划、教师心理沙龙及学校教务推动等举措来提升教师的心理资本，进而促进教师自身的成长。最后，营造良好工作氛围，通过组织教师交流活动增进彼此理解与合作，学校领导也要给予教师充分的情感关怀，让其感受到尊重与支持，从而更积极地投入心理健康教育工作中，缓解角色模糊与职业压力带来的困扰。

3. 社会层面

社会应提供政策保障，创建良好的专业发展环境。第一，政府应健全中小学心理健康教师的职称评定制度，目前下发的文件中只提到心理健康教师享受与班主任同等的待遇，却并没有详细的职称评定标准。因而，政府应编定详细的职称评定标准，评定标准要重视学校心理健康教育工作的开展，避免出现过于看重研究而忽视实践的错误现象，从制度上保障心理健康教师能够安心从事本职工作。第二，政府也要健全中小学学校心理健康教育工作的考核制度，目前我国中小学心理健康教师在学校教育中仍处于边缘化的地位，日常工作内容极为复杂，专业化程度较低，并没有统一的评价标准。政府应结合各地的实践情况，从制度上明确中小学心理健康教师应承担的工作内容，明确其工作职责，保障其本职心理工作不被其他事务占用，规范日常心理健康教育工作。

提高心理健康教师的社会地位。首先，不仅要加大心理知识的宣传力度，让整个社会都意识到心理健康教育的重要性。通过全方位的宣传普及心理健康教育知识，让社会大众认识到加强学生心理健康教育工作的必要性，从而也让全社会意识到心理健康教师在学校心理健康教育工作中的重要地位。其次，还要充分了解心理健康教师的工作内容，对心理健康教师形成合理的期待。心理健康教师身份较为特殊，社会和学校都认为他们不仅是教师，还是家长的代理人和学生个人行为的解决者，这些不合理的期待严重打击了心理健康教师的积极性，因而要在充分了解心理健康教师工作的基础上，客观评价心理健康教师的工作开展情况，形成对心理健康教师合理的期望，充分肯定心理健康教师的贡献，提高对心理健康教师的尊重。最后，要加大优秀心理健康教师的宣传力度，心理健康教师同其他学科的教师有很大的区别，他们的工作成果基本不为外人所知，因而有必要宣传优秀心理健康教师的事迹，让全社会明白心理健康教师工作的重要性，逐渐形成尊重心理健康教师的社会风气。

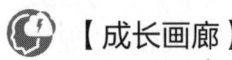【成长画廊】

教师心理资本

心理资本是个体在成长和发展过程中表现出来的一种积极心理状态，是提升工作绩效与组织竞争优势的个体重要内在资源，心理资本的内容结构具有一定的文化与群体差异性。充沛的心理资本有助于缓解社会角色转换冲突，帮助教师更加积极面对工作压力与挑战，提升工作满意度与幸福感。同时，教师心理资本与工作投入正相关，可通过补充能量，提高认同，激发动机，促进工作投入。

提升教师心理资本可以从个人层面和组织层面着手，具体方法如下。

1. 个人层面
①明确职业目标、增强职业认同感。
②学会自我调节、增强心理韧性。
③培养乐观心态、增强自我效能感。

2. 组织层面
①政策保障与宣传。
②打造完备的校园设施。
③营造和谐向上的校园文化。

本章小结

基本概念

教师心理健康标准　职业压力与倦怠　心理健康教师的专业素养　心理健康教师的角色　心理健康教师的专业发展

要点回顾

1. 教师心理健康的标准包括：正确的角色认同与自我认知、稳定而积极的情绪状态、乐教爱生的教育态度、启智润心的教育智慧和良好的人际关系。

2. 教师缓解工作压力、消除职业倦怠可以从以下几个方面入手：寻找职业认同感、在前进中寻找快乐、遇到问题解决问题、注重学习提高；教师进行情绪状态调适的方法：情绪识别、合理情绪疗法、情绪宣泄、心理换位法、自我暗示法等；教师完善自身人格可以从以下几个方面入手：树立崇高的职业理想、增强心理素质、时常自我反省、终身学习。

3. 心理健康教师专业素养包含：知识基础（心育框架、理论、操作知识）、自主学习（乐学善学、行动反思、数智意识）、心育情怀（以德育心、以智慧心、以情润心）、心育行动（健康教育、健康监测、咨询服务、干预处置）等方面。

4. 心理健康教师专业发展大致分为新手型、熟手型、专家型心理健康教师三个阶段；心理健康教师因其职业特殊性，容易产生的心理问题包括角色模糊、职业压力、职业发展的局限性造成的倦怠、职业特殊性滋生职业心理问题；维护心理健康教师的心理健康需要教师自身、学校和社会三方共同努力。

练习题

1. 教师心理健康的标准有哪些？
2. 如何调适教师常见的心理问题？

3. 心理健康教师的专业素养模型核心要素有哪些？

4. 比较新手型、熟手型和专家型心理健康教师在教学策略、成就目标和人格特征方面的差异，并阐述新手型教师成长为专家型教师的路径。

5. 分析心理健康教师常见心理问题成因，从个人、学校和社会层面探讨应对之策，构建全方位支持体系。

拓展阅读

［1］靳娟娟, 俞国良. 教师心理健康：现实样态与风险防范［J］. 教育研究, 2024, 45（07）: 134-147.

［2］张艳丽. 中小学教师心理健康研究的元分析［D］. 河北师范大学, 2010.

［3］俞国良. 新世纪以来我国教师心理健康问题：检出率分析与应对［J］. 北京师范大学学报（社会科学版）, 2025,（01）: 73-84.

［4］刘晓明. 职业压力、教学效能感与中小学教师职业倦怠的关系［J］. 心理发展与教育, 2004,（02）: 56-61.

［5］连榕. 教师教学专长发展的心理历程［J］. 教育研究, 2008,（02）: 15-20.

［6］张远. 后疫情时代中小学心理健康教育教师专业发展研究［D］. 西华师范大学, 2023.

参考文献

[1] Alhadabi, A., & Karpinski, A. Grit, self-efficacy, achievement orientation goals, and academic performance in University students [J]. International Journal of Adolescence and Youth, 2020, 25: 519–535.

[2] Berninger, V. W. Interdisciplinary frameworks for schools: Best professional practices for serving the needs of all student [M]. Washington: American Psychological Association, 2015.

[3] Cabrera, V., & Donaldson, S. PERMA to PERMA+4 building blocks of well-being: A systematic review of the empirical literature [J]. The Journal of Positive Psychology, 2023, 19: 510–529.

[4] Dinnen, H., Litvitskiy, N., & Flaspohler, P. Effective Teacher Professional Development for School-Based Mental Health Promotion: A Review of the Literature [J]. Behavioral Sciences, 2024, 14(09): 780.

[5] Fenning, P., Pearrow, M., & Politikos, N. NASP 2020 Professional Practice Standards: Applications and Opportunities for School-Based Consultation [J]. Journal of Educational and Psychological Consultation, 2022, (33): 1–9.

[6] Fretian, A., Kirchhoff, S., Graf, P., & Bauer, U. Promoting mental health literacy in schools [J]. *European Journal of Public Health*, 2020, 30: 165–273.

[7] Furlong, M.J., Gilman, R., Huebner, E.S.. 学校积极心理学手册 [M]. 2版. 张大均, 张骞, 王金良, 等, 译. 重庆: 西南师范大学出版社, 2017.

[8] National Association of School Psychologists. The professional standards of the national association of school psychologist. [EB/OL]. [2024-09-15]. https://www.nasponline.org.

[9] Peacock, G.G., Ervin, R.A., Daly, E.J., et al. 学校心理学实用手册: 21世纪的有效实践 [M]. 肖晶, 译. 长沙: 中南大学出版社, 2022.

[10] Small, J., Frey, A., Lee, J., Seeley, J., Scott, T., & Sibley, M. Fidelity of Motivational Interviewing in School-Based Intervention and Research [J]. Prevention Science, 2020, 22: 712–721.

[11] Turner, J., Roberts, R., Proeve, M., & Chen, J. Relationship between PERMA and children's wellbeing, resilience and mental health: A scoping review [J]. International Journal of

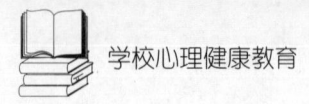

Wellbeing, 2023, 13(02): 20-44.

[12] Van Loon, A., Creemers, H., Beumer, W., Okorn, A., Vogelaar, S., Saab, N., Miers, A., Westenberg, P., Asscher, J., & Asscher, J. Can Schools Reduce Adolescent Psychological Stress? A Multilevel Meta-Analysis of the Effectiveness of School-Based Intervention Programs [J]. Journal of Youth and Adolescence, 2020, 49: 1127-1145.

[13] 毕重增,任志林.留守儿童社区心理健康服务[M].重庆:西南大学出版社,2023.

[14] 戴海琦.心理测量学[M].北京:高等教育出版社,2010.

[15] 樊富珉,何瑾.团体心理辅导[M].2版.上海:华东师范大学出版社,2022.

[16] 江光荣.心理咨询的理论与实务[M].北京:高等教育出版社,2012.

[17] 靳娟娟,俞国良.教师心理健康:现实样态与风险防范[J].教育研究,2024,(07):134-147.

[18] 连榕.教师教学专长发展的心理历程[J].教育研究,2008,(02):15-20.

[19] 林崇德,辛涛,邹泓.学校心理学[M].北京:人民教育出版社,2000.

[20] 林孟平.心理咨询与治疗[M].上海:生活·读书·新知三联书店,2022.

[21] 刘维良.学校心理健康教育实施与管理[M].重庆:重庆大学出版社,2006.

[22] 刘宇文,侯钰婧.我国五育思想的百年演变、基本遵循与未来展望[J].中国人民大学教育学刊,2021,(04):111-124.

[23] 任苇.留守儿童心理健康教育[M].北京:开明出版社,2020.

[24] 塔亚布·拉希德,马丁·塞利格曼.积极心理学治疗手册[M].邓之君,译.北京:中信出版集团,2020.

[25] 徐光兴.学校心理学[M].3版.上海:华东师范大学出版社,2016.

[26] 杨娜.流动儿童社会融合问题与社会支持体系构建研究[M].天津:南开大学出版社,2018.

[27] 杨彦平.学校心理测量与评估[M].上海:华东师范大学出版社,2020.

[28] 俞国良.心理健康教育理论政策研究[M].北京:北京师范大学出版社,2020.

[29] 俞国良.中小学校心理健康教育研究[M].北京:北京师范大学出版社,2020.

[30] 张文霞.团体心理辅导[M].北京:清华大学出版社,2022.

[31] 郑希付.心理咨询原理与方法[M].北京:人民教育出版社,2021.

[32] 朱迪丝·S.贝克.认知行为疗法:基础与应用[M].王建平,等,译.北京:中国轻工业出版社,2024.